Bertram, Bayer, Bauereiß: Familienatlas

Hans Bertram

Hiltrud Bayer

Renate Bauereiß

Familien-Atlas: Lebenslagen und Regionen in Deutschland

Karten und Zahlen

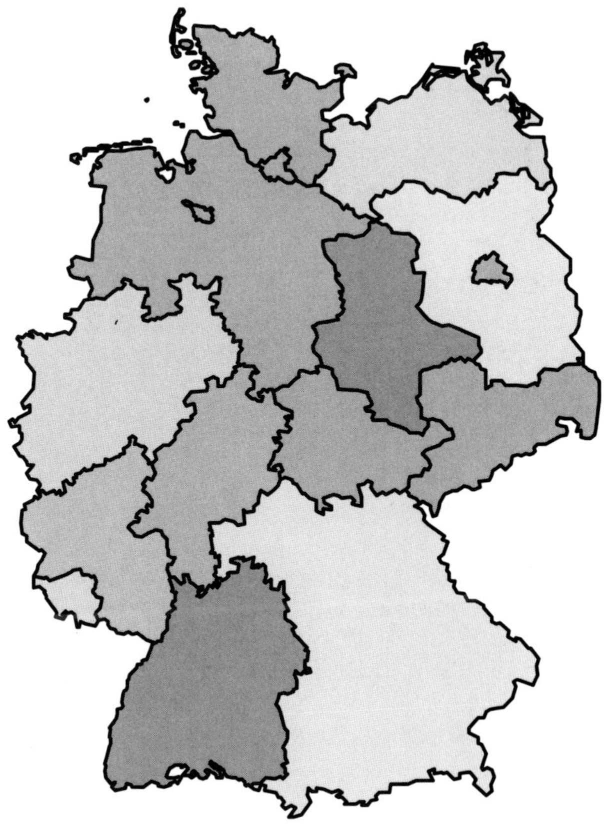

Leske + Budrich, Opladen 1993

Die vorliegende Publikation - herausgegeben vom Deutschen Jugendinstitut - wurde aus Mitteln des Bundesministeriums für Familie und Senioren gefördert.

Das Deutsche Jugendinstitut e.V. (DJI) ist ein zentrales sozialwissenschaftliches Forschungsinstitut auf Bundesebene mit den Abteilungen: Jugendhilfe, Jugend und Arbeit, Jugend und Politik, Mädchen- und Frauenforschung, Familie/Familienpolitik, Kinder und Kinderbetreuung, Medien und neue Informationstechnologien sowie Sozialberichterstattung/Dokumentation und Methodik.
Es führt sowohl eigene Forschungsvorhaben als auch Auftragsforschungsprojekte durch.
Die Finanzierung erfolgt überwiegend aus Mitteln des Bundesministeriums für Frauen und Jugend und im Rahmen von Projektförderung aus Mitteln der Bundesministerien für Familie und Senioren sowie für Bildung und Wissenschaft.

Weitere Zuwendungen erhält das DJI von den Bundesländern und Institutionen der Wissenschaftsförderung.

Die Deutsche Bibliothek - CIP-Einheitsaufnahme

Bertram, Hans:
Familien-Atlas: Lebenslagen und Regionen in Deutschland; Karten und Zahlen / Hans Bertram; Hiltrud Bayer; Renate Bauereiß. (Hrsg. vom Deutschen Jugendinstitut, München). - Opladen: Leske und Budrich, 1993
ISBN: 3-8100-1050-2
NE: Bayer, Hiltrud; Bauereiß, Renate.

Kartographie: cart/o/info Software GmbH, Karlsruhe. Die Karten und Grafiken wurden mit dem Kartenkonstruktionspaket cart/o/graphix erstellt.

Druck und Verarbeitung: Presse-Druck, Augsburg

Printed in Germany

Zur Zielsetzung des Familien-Atlas

Die zunehmende Vielfalt von Lebensformen in der Bundesrepublik, die fortschreitende Ausdifferenzierung von unterschiedlichen Lebensstilen, die Auflösung traditionaler sozialkultureller Milieus und die zunehmende Individualisierung der Lebensentwürfe des einzelnen gehören zu den großen Themen, die gegenwärtig in Politik und Sozialwissenschaften intensiv diskutiert werden.

In der Politik findet eine verstärkte Auseinandersetzung über eine angemessene Reaktion auf die veränderten Lebensvorstellungen und Lebensentwürfe junger Menschen statt. Miteinbezogen in diese Diskussionen werden die Sicherstellung der verstärkten Beteiligung von Frauen und Müttern am Erwerbsprozeß sowie die Weiterentwicklung der Gleichberechtigung zwischen Mann und Frau im Erwerbsleben und innerhalb der Familie. Daneben gibt es eine große und breit angelegte Debatte über die zukünftige Organisation der Pflege- und Unterstützungsleistungen für die ältere Generation. Einerseits soll aufgrund der gestiegenen Anzahl alter Menschen eine angemessene staatliche Pflege und Unterstützung gewährleistet werden, andererseits jedoch auch die Solidarität von Familie und Verwandtschaft gefördert werden.

In politischen Diskussionen kehren die Themen Ehe, Familie und Erwerbsbeteiligung von Frauen aufgrund der deutschen Wiedervereinigung wieder mehr ins Zentrum des Interesses zurück, da offenkundig unterschiedliche familienpolitische Grundkonzeptionen in der früheren DDR und der Bundesrepublik nun für alle Beteiligten in einer angemessenen Weise zusammengeführt und weiterentwickelt werden müssen.

Daneben gibt es auch in der sozialwissenschaftlichen Debatte eine intensive Diskussion um den Wandel und um die Entwicklung der Lebensstile bzw. der Lebensformen in der Bundesrepublik. In dieser Debatte geht es ebenfalls im wesentlichen um die Veränderung der Lebensformen von Ehe und Familie in der Bundesrepublik sowie um die zunehmende Erwerbsbeteiligung von Frauen in unserer Gesellschaft. Dabei wird die These vertreten, daß durch die zunehmende Ausdifferenzierung von industriellen Gesellschaften im Übergang zu Dienstleistungsgesellschaften jene traditionellen Formen der Lebensführungen in Ehe und Familie für immer mehr Menschen obsolet werden und diese im größerem Umfange versuchen, höchst individuelle Formen der eigenen Lebensführung zu entwickeln. Bei dieser Debatte geht es neben der empirischen Beschreibung dieser Entwicklung natürlich auch um die Abschätzung der Chancen und Risiken, die in solchen Entwicklungen zu vermuten sind.

Einerseits ermöglicht die Individualisierung Männern wie Frauen in unserer Gesellschaft eine zunehmend größere Selbstentfaltung in Beruf und Freizeit, andererseits wird dadurch in Bezug auf die Betreuung von Kindern sowie auf die Pflegeunterstützung alter Menschen und die sonstigen sozialen Leistungen in einer Gesellschaft ein hohes Gefahrenpotential vermutet. Diese Debatte ist keinesfalls eine rein bundesrepublikanische Debatte, sondern sie wird mit gleicher Vehemenz und den gleichen Verflechtungen im politischen und wirtschaftlichen Bereich z.B. in den USA geführt.

Die starke Konzentration der öffentlich-politischen Debatte auf den Wandel der amerikanischen Familie entspricht auf der wissenschaftlichen Ebene der intensiven Diskussion der Thesen von BELLAH (1987, 1991). Er stellt das Überleben der traditionellen amerikanischen Familie aufgrund des dort zu beobachtenden Individualisierungsschubes in Frage, da die Familienmitglieder zunehmend ihren eigenen individualistischen Interessen nachgehen und nicht mehr bereit sind, die

Solidarleistungen zu erbringen, auf die Familie und familiale Beziehungen nun einmal gegründet sind. Einige dieser Argumente finden sich auch bei anderen Autoren wissenschaftlich intensiv diskutierter Werke, wie beispielsweise bei COLEMAN (1990). Er befürchtet, daß in einer solchen Gesellschaft die Zeit der Erwachsenen für Kinder immer mehr abnimmt und damit wichtiges soziales Kapital vernichtet wird. Werte und kulturelle Perspektiven, die für eine arbeitsteilige und demokratische Gesellschaft notwendig sind, werden jedoch gerade in der Kindheit vorwiegend von den Eltern vermittelt.

In den Arbeiten von Bellah werden diese von ihm selbst problematisierten Entwicklungen mit der Verstädterung der Vereinigten Staaten in Beziehung gesetzt. Er entwickelt die These, daß insbesondere in den großen urbanen Zentren der Verfall der traditionellen amerikanischen Familie zu beobachten sei, wohingegen dies in den ländlichen Regionen nicht in gleicher Weise stattfände. Die deutsche Debatte wird von den meisten Autoren so geführt, als ob der beschriebene Trend ein völlig generalisierter Trend sei, der die gesamte Bundesrepublik in gleicher Weise erfaßt habe. Diese teilweise sehr abstrakte und generalisierende Argumentation um den Wandel der Lebensstile in der Bundesrepublik ist umso erstaunlicher, als die Bundesrepublik vermutlich stärker als die meisten europäischen Länder historisch, aber auch in der Gegenwart, durch die regionale kulturelle Vielfalt ihrer sozialen und wirtschaftlichen Entwicklung geprägt ist. Es ist in Deutschland fast eine Selbstverständlichkeit, daß sich Lebensformen in ländlichen katholischen Regionen z.B. in Bayern oder auch im Rheinland anders darstellen, als in den großen urbanen Zentren. Die regionale Differenzierung ist weniger offenkundig, es gibt in der gegenwärtigen Debatte bis auf wenige Ausnahmen (MIEGEL 1991) so gut wie überhaupt keine Autoren, die die Pluralität von Lebensformen als Ausdruck der regionalen Vielfalt in der Bundesrepublik interpretieren.
Im Unterschied zu vielen europäischen Nachbarn kennt die Bundesrepublik kein intellektuelles Oberzentrum, da sie intellektuell und auch politisch gesehen eher polyzentrisch organisiert ist. Die Entwicklungen in München decken sich nicht notwendigerweise mit denen in Hamburg oder Bremen.

Auch im wirtschaftlichen Bereich, angefangen vom Arbeitsmarkt bis hin zu Produktionsstrukturen, ist die Bundesrepublik ungewöhnlich vielgestaltig. Jeder Ökonom und jede politiknahe Beratungseinrichtung unternehmen in Prognosen etwa zum Arbeitsmarkt oder auch zur wirtschaftlichen Entwicklung den Versuch, zumindest die unterschiedlichen Tendenzen innerhalb der Regionen der Bundesrepublik darzustellen. Im Bereich der Politik ist der Ausgleich zwischen den einzelnen Bundesländern und innerhalb der Regionen der einzelnen Länder, aufgrund unterschiedlicher wirtschaftlicher Entwicklungen, eines der zentralen Diskussionsthemen. Fragen über Gleichheit und Gerechtigkeit werden im Bereich der Politik heute sehr viel häufiger nach Kriterien des Ausgleichs der Lebensbedingungen und Lebenschancen zwischen Regionen debattiert als zwischen sozialen Gruppen. Dabei wird in der Diskussion um die Entwicklungen von Lebensformen und Lebensstilen in der Bundesrepublik die regionale Vielgestaltigkeit im sozialen, politischen und kulturellen sowie im wirtschaftlichen Bereich überhaupt nicht zur Kenntnis genommen. Diese Diskussion ist sehr abstrakt und wird häufig statt auf der Basis empirischer Fakten, eher auf der Basis von Beobachtungen und Interpretationen einzelner Entwicklungen geführt. Sie krankt allgemein an einem theoretischen und an einem empirischen Defizit.

Das theoretische Defizit ist darin begründet, daß viele Soziologen infolge der Klassen- und Schichtungsdiskussionen der 60er und 70er Jahre verlernt haben, mit Kategorien wie Raum und Zeit umzugehen. Schwerpunkte der Untersuchungen sind der Wandel und die Entwicklung von Klassen- und Schichtungsstrukturen oder die Analyse des Einflusses moderner, wohlfahrtsstaatlicher Institutionen auf die Lebenslagen und Lebensbedingungen von Bürgern der Bundesrepublik. Die Fähigkeit, die regionale Vielgestaltigkeit der Bundesrepublik in ihren Analysen zu berücksichtigen, ist sowohl theoretisch als auch empirisch abhanden gekommen.

Heute noch stellen die Bildungsdebatten der frühen 60er Jahre, die die regionale Vielgestaltigkeit zum Ausgangspunkt theoretischer als auch empirischer Analysen genommen haben, die Grundlagen zu Untersuchungen über die Chancengleichheit im 20. Jahrhundert. In den gegenwärtigen Diskussionen gibt es keine vergleichbaren theoretischen Ansatz, der beispielsweise die Lebensform katholischer junger Frauen in ländlichen Regionen aus Arbeitermilieus im Vergleich zur Lebensform junger männlicher Intellektueller in vorwiegend protestantisch geprägten Großstädten untersucht.

DAHRENDORF (1957) oder PEISERT (1967) bezogen regional geprägte Differenzierungen unterschiedlicher Chancenstrukturen in der Bundesrepublik in ihre Untersuchungen mit ein, während heute über Lebensstile und deren Wandel in einer Weise reflektiert wird, die die Existenz einer regionalen Differenzierung ausschließt. Dafür gibt es eine relativ einfache methodische Erklärung: die ältere Soziologie, die als Basis der Bildungsreformdebatte eine regionale Differenzierung der Bildungschancen aufdeckte, arbeitete intensiv mit dem Material der amtlichen Statistiken und hatte damit auch die Möglichkeit, entsprechende Differenzierungen aufzubereiten und nachzuweisen. Im Gegensatz dazu erfolgt die heutige Diskussion um den Wandel und die Entwicklung von Lebensstilen und Lebensformen fast ausschließlich auf der Basis repräsentativer Bevölkerungsumfragen, die den Durchschnittsdeutschen konstruieren, ohne die unterschiedlichen Entwicklungen in der Bundesrepublik zu berücksichtigen. Diesen soziologisch konstruierten 'Umfragedeutschen' gibt es ebensowenig wie den 'homo öconomicus' oder den 'homo soziologicus'. Der repräsentative Umfragedeutsche ist ein Konstrukt, das für bestimmte Globalaussagen nützlich sein mag, aber nicht geeignet ist, den Wandel und die Entwicklung von Lebensformen in Ehe, Familie und Beruf in angemessener Weise beschreiben zu können. Um dies darzustellen werden Analysen zur regionalen Entwicklung innerhalb abgrenzbarer und kulturell zusammenhängender Regionen benötigt sowie Zeitreihen, die den Wandel und die Entwicklung verdeutlichen. Die Kritik einer Debatte kann wissenschaftlich erst dann fruchtbar sein, wenn sie mit entsprechenden Alternativkonstruktionen, die sich aus dieser Kritik ergeben, verknüpft werden kann.

Die in diesem Atlas vertretene Position wird im folgenden noch einmal erläutert. Wir sind mit Coleman, Bellah und den deutschen Vertretern dieser Debatte, wie Ulrich Beck, Stefan Hradil und Hans-Peter Müller, der Meinung, daß die Bundesrepublik einen tiefgreifenden Wandel der Lebensformen in den letzten Jahren und Jahrzehnten erlebt hat. Anders als die Vorgenannten vertreten wir die Meinung, daß dieser Wandel kein einheitlicher Wandel in der Bundesrepublik gewesen ist. Er hat sich entsprechend der Vielgestaltigkeit der kulturellen Regionen der Bundesrepublik unterschiedlich schnell entwickelt und auch zu verschiedenen Lebensformen in den Regionen geführt.

Das hier vorliegende Werk steht deshalb eher in der Tradition jener Sozialhistoriker, die für die Vergangenheit der Bundesrepublik (KÄLBLE 1983, FALTER 1991) sowie für andere europäischen Staaten wie etwa Frankreich (BRAUDEL 1989) deutlich gemacht haben, daß die Einheit und die Identität der jeweiligen Nationen, wie Braudel dies formuliert hat, auf ihrer kulturellen Vielgestaltigkeit der einzelnen Provinzen und Regionen basieren.

Die Autoren dieses Atlas sind davon überzeugt, daß ohne die Berücksichtigung der kulturellen Vielgestaltigkeit der Regionen in der Bundesrepublik ihre Sozialstruktur in unangemessener Weise vereinfacht wird und ihre sozialen und politischen Entwicklungen nicht begriffen werden können. Dadurch werden auch die Differenzen, die sich in einem wiedervereinigten Deutschland entwickeln, einsichtig. Sie zeigen nicht nur die Ungleichheit zwischen Ost-und Westdeutschland, sondern die unterschiedliche regionale Entwicklung in Gesamtdeutschland, wie die bisher vorliegenden regionalen Daten der neuen Bundesländer bestätigen. Daher verstehen wir diesen Atlas auch als eine mögliche Perspektive, wie man in Zukunft regionale Strukturanalyse betreiben kann.

Der eine oder andere Leser wird vielleicht enttäuscht sein, daß darauf verzichtet wurde, die inzwischen zur Verfügung stehenden regionalen Daten der früheren DDR bereits in diesen Atlas zu einem Ost-West-Vergleich zu integrieren. Wir haben viele dieser Daten gesammelt, dann aber beschlossen, nur in jenen Bereichen einen Vergleich herzustellen, in denen man davon ausgehen kann, daß Ost- und Westdaten wirklich vergleichbar sind. Dies hat bereits die Statistiker um Egon Hölder, den früheren Präsidenten des Statistischen Bundesamtes, bewogen, zwei Bände zu den Entwicklungen von 40 Jahren Bundesrepublik und 40 Jahren DDR zu publizieren, in denen auf einen unmittelbaren Vergleich verzichtet wird.

Bei der Entwicklung des Atlas gibt es neben dem theoretischen Interesse, die Pluralität der Lebensformen in der Bundesrepublik regionalspezifisch aufzuschlüsseln, auch ein starkes methodisches und empirisches Interesse. Soziologen, die über Strukturen reden, meinen in der Regel jene Aggregate, die als Rahmenbedingungen das Handeln der Personen beeinflussen. In ihren empirischen Untersuchungen verzichten sie häufig darauf, diese Strukturen auch tatsächlich zu messen und begnügen sich mit abgefragten Indikatoren. So wird z.B. die konkrete Berufsposition des Befragten, ein höchst individuelles Merkmal, als Indikatorvariable interpretiert. Damit läßt sich die Struktur sozialer Ungleichheit nicht messen.

Schon Ende der 60er Jahre hat Duncan darauf hingewiesen, daß regionale Analysen geradezu der Königsweg sein können, um Makrostrukturen mit Aggregaten sozialen Handelns von Individuen in Beziehung zu setzen. Im Rahmen von Regionalanalysen ist es möglich, auf der Basis amtlicher Daten den gesamten Kontext, in dem sich Personen bewegen, zu bestimmen und dann zu überprüfen, inwieweit diese Kontexte das individuelle Handeln, die individuellen Einstellungen der Personen beeinflussen. Diese außerordentlich schwierige methodische Frage konnte von uns im Rahmen der Arbeiten zur Entwicklung dieses Atlas sehr gut gelöst werden. Durch eine spezielle Ablagestruktur in der Regionaldatenbank ist es möglich, für jeden der Kreise der alten Bundesländer und in Zukunft auch für alle Kreise in den neuen Bundesländer ca. 300 bis 350 Aggregatmerkmale ohne technische und methodische Schwierigkeiten mit Individualdaten zu verknüpfen. In diesem Atlas werden zunächst nur mit Hilfe von Strukturdaten regionalspezifische Analysen zum Wandel und zur Entwicklung von Lebensformen durchgeführt. Die ausführliche Darstellung dieses Projektes, der Aufbau der regionalen Datenbank und die Dokumentation der abgelegten Variablen, können bei den Autoren angefordert werden.

Zum Inhalt des Familien-Atlas

Um die regionale Ausdifferenzierung von Lebensformen und Lebenslagen in einer sinnvollen und systematischen Weise darzustellen, liegt der Schwerpunkt dieses Atlas ganz eindeutig bei der Beschreibung der Lebenssituationen von Kindern und Familien sowie der Ehe und deren alternative Lebensformen. Mit der Volks- und Berufszählung 1987 steht im Rahmen der amtlichen Statistik sehr viel Material zur Verfügung, um Lebensformen in der Bundesrepublik differenziert zu erfassen.

Die Interpretationsmuster über die Ausdifferenzierung von Lebensformen in der Bundesrepublik sind sehr unterschiedlich. Einigkeit besteht nur über den deutlichsten Indikator für diese Ausdifferenzierung der Lebensformen in der Bundesrepublik und in den Vereinigten Staaten: neben die traditionelle Normalfamilie mit dem erwerbstätigen Haupternährer und der nichterwerbstätigen Hausfrau und Mutter mit mindestens zwei Kindern tritt die Familie mit zwei berufstätigen Ehepartnern mit und ohne Kinder bzw. vermehrt die Lebensform des Singles.

Ferner herrscht eine große Übereinstimmung über die Veränderung der Lebensverläufe. Die heutigen Biographien entsprechen nicht mehr der traditionellen Normalbiographie mit der klassischen Dreiteilung von Kindheit, Erwachsenenalter mit Berufstätigkeit und Alter mit Rente. Tiefgreifende Veränderungen gibt es im Lebensalter zwischen 20 und 40 Jahren. Durch verlängerte Ausbildungszeiten und höhere Bildungsbeteiligung bleibt heute ein immer größerer Anteil von jungen Erwachsenen über längere Zeit ökonomisch unselbständig, wodurch Eheschließung und Familiengründung immer weiter hinausgeschoben oder sogar aufgegeben werden. Diese Lebensphase mit eigenen Lebensformen und Lebensmustern hat in der Perspektive der Jugendlichen und jungen Erwachsenen einen eigenständigen Wert gewonnen und stellt nicht länger nur eine Übergangsphase in das Erwachsenenalter dar.

Neben dem tiefgreifenden Wandel im Bereich von Ehe und Familie, Kindheit, Familiengründung und Lebensverläufen sind der Bevölkerungsaufbau und die Bevölkerungsentwicklung weitere zentrale Themen des Atlas. Die gestiegene Lebenserwartung und die damit zusammenhängende Verlängerung der Altersphase verändern nicht nur die Zusammensetzung der Gesamtbevölkerung, sondern beeinflussen auch die familialen Lebensformen und den Bereich der sozialen Sicherungssysteme. Die Altersforschung zeigt, daß sich die 'neuen Alten' sogar als eine Gruppe mit eigenen Ansprüchen und Lebensvorstellungen in der Gesellschaft etablierten und sich nicht mehr in die klassischen Vorstellungen von Ruhestand und Alter integrieren lassen.

Im Rahmen der Bevölkerungsentwicklung können auch Mobilitätsprozesse innerhalb der Bundesrepublik verdeutlicht werden. Es erfolgte eine ausschließliche Konzentration auf die 18- bis 24jährigen sowie auf die 30- bis 49jährigen, da die Daten in diesen Altersgruppen die Grundlagen für die Differenzierungsthese von Lebensformen bilden. Die jüngere Altersgruppe der 18- bis 24jährigen stellt durch ihre Zuwanderung in die großen urbanen Zentren im wesentlichen die Trägergruppe des Wandels und der Entwicklung von neuen Lebensformen dar. Im Gegensatz dazu leben die 30- bis 49jährigen in traditioneller Weise. Sie weisen immer noch die höchsten Quoten Verheirateter mit Kindern auf. Anhand dieser Altersgruppe kann am besten geprüft werden, inwieweit sich Lebensformen ausdifferenziert und verändert haben.

Die Thesen über die Ausdifferenzierung von Lebensformen und Lebensstilen beziehen sich einerseits auf objektiv nachprüfbare Veränderungen in Ehe und Familie, auf Mobilitätserscheinungen und auf die Veränderungen innerhalb einzelner Altersgruppen. Andererseits werden die Veränderungen von Einstellungen sowie Orientierungsmustern innerhalb von Altersgruppen untersucht. Durch die Pluralisierung von Lebensformen entstehen neue Formen von Selbstverwirklichung,

Hedonismus und postmateriellen Orientierungen, die immer stärker neben die traditionellen Pflicht- und Gehorsamswerte treten. Die Daten hierzu wurden in der empirischen Umfrageforschung erhoben, da sie nicht aus der amtlichen Statistik hervorgehen. In diesem Fall konnten wir auf die Untersuchungen 'Die Familie in Westdeutschland' und 'Die Familie in Ostdeutschland' zurückgreifen, die auf insgesamt ca. 12 000 Befragten basieren. Bei der Ausdifferenzierung von Werten und Orientierungsmustern mußte bei der Berechnung auf die kleinräumige Regionseinheit 'Kreis' wegen der zu geringen Fallzahl verzichtet und auf größere Gebietseinheiten ausgewichen werden.

Die Bedeutung der Infrastruktur für die Entwicklung von Lebensstilen und Lebensformen ist einsichtig, weil beispielsweise die außerhäusliche Erwerbstätigkeit von Frauen sehr stark vom Grad der Versorgung mit entsprechenden Betreuungsmöglichkeiten für Kinder abhängig ist. Da die Infrastruktur in der Bundesrepublik durch die amtlichen Statistiken in vielen Bereichen außerordentlich gut erfaßt ist, haben wir uns auf die Kinderbetreuung und die Leistungen der Jugendhilfe konzentriert. Anhand dieser Leistungen lassen sich am besten Lebensverhältnisse von Kindern innerhalb der Bundesrepublik aufzeigen und nachprüfen, inwieweit sie den traditionellen Mustern des Familienlebens folgen oder von ihnen abweichen.

Von erheblicher Bedeutung sind auch die regionalen Differenzierungen im Bildungsbereich, ein Bereich, der sehr stark die Lebensformen und die Lebensstile prägt. Der Anteil derjenigen, die über bessere und höherqualifizierte Bildungsabschlüsse verfügen, ist in den letzten 20 Jahren in erheblichem Umfange gestiegen.

In die Diskussion über regionale Differenzierungen im Bereich der privaten Lebensführungen, der Lebensformen und des Bildungswesens gehört auch die Darstellung von möglichen Randbedingungen, die solche Differenzierungsprozesse beeinflussen. Im Atlas werden Einkommen und Wohlstand einer Region und die Wirtschaftsstruktur einschließlich der Beschäftigungsstruktur berücksichtigt. Beide Bereiche werden in der amtlichen Statistik ausführlich dokumentiert, so daß wir im Bereich von Einkommen und Wohlstand vor allem Fragen der Einkommensverteilung, der Wohnsituation und der Erwerbslosigkeit untersucht haben. Dem Leser des Atlas wird sehr schnell klar werden, daß in den alten Bundesländern die Differenzen so erheblich sind, daß keinesfalls von einer Einheitlichkeit der Lebensbedingungen gesprochen werden kann.

Im Bereich der Wirtschaftsstruktur werden neben den unterschiedlichen Wirtschaftsbereichen, Betriebsgrößen, Beschäftigungszahlen und Teilzeitbeschäftigten auch Indikatoren für die Bruttowertschöpfung dargestellt, um die unterschiedliche Wirtschaftskraft der einzelnen Regionen zu verdeutlichen.

Unserer Meinung nach sollten bei einer regionalen Differenzierung von Lebensformen zwei weitere Bereiche mitberücksichtigt werden, die bei der Diskussion um Lebensformen, Lebensführungen und Lebensstile keine direkte Rolle spielen.
So ist beispielsweise die zunehmende Abhängigkeit von Sozialhilfe, auch bedingt durch die Lebensform der Alleinerziehenden, besonders für Kinder und Jugendliche eine prägende Lebenserfahrung. Die Lebensstildiskussion, die sich hauptsächlich mit dem Gewinn neuer Freiheiten auseinandersetzt, kann nicht ohne eine entsprechende Analyse der Risiken in unserer Gesellschaft geführt werden. Beispiele sind die Säuglingssterblichkeit und die im Straßenverkehr verletzten bzw. getöteten Kindern und Jugendlichen, die Ausdruck des Risikos unserer mobilen Gesellschaft sind.

Zu den Daten

Die Hauptdatenquellen sind für viele Bereiche die Daten der Volks- und Berufszählung, der Arbeitsstättenzählung und der Gebäude- und Wohnungszählung von 1987, die uns von den Statistischen Landesämtern freundlicherweise zur Verfügung gestellt wurden. Ohne hier auf die Diskussion um die Volkszählung des Jahres 1987 einzugehen, wird in diesem Atlas deutlich, welch wertvolles Material zur Beschreibung regional differenzierter Lebensstilen und Lebensformen darin enthalten ist.

Aufgrund des Erhebungszeitraums 1987 der Volkszählung haben wir uns bemüht, die anderen Datenquellen zeitlich möglichst eng an das Volkszählungsdatum heranzulegen, um keine zeitlichen Differenzen berücksichtigen zu müssen. Daher sind die anderen Statistiken aus den Jahren zwischen 1986 und 1988. In manchen Fällen wurde aus Aktualitätsgründen dieses Prinzip durchbrochen und neuere Daten hinzugezogen, die aber für den Leser kenntlich gemacht wurden.

Nun mag man sich natürlich fragen, ob eine Volkszählung, die jetzt sechs Jahre zurückliegt, und die Datenquellen, die im zeitlichen Kontext zur Volkszählung mit herangezogen wurden, noch hinreichend in der Lage sind, die in der Bundesrepublik vorhandenen Differenzierungsprozesse zu beschreiben und zu überprüfen. Man kann davon ausgehen, daß in den Jahren 1986 oder 1987 existierende Differenzierungsformen bis zum Jahr 1993 nicht einfach verschwunden sind. Es mögen sich zwar bestimmte Anteilswerte verändert haben, aber die Grundmuster und Grundstrukturen sind sicherlich in gleicher Weise auch heute noch gültig.

Die Frage der Aktualität der Daten verweist auf die Weiterentwicklung des hier vorgelegten Atlas. Zum einen haben wir uns auf die Volkszählungsdaten von 1987 gestützt und damit die Möglichkeit geschaffen, in einem weiteren Schritt ältere Volkszählungsdaten, beispielsweise die von 1970, heranzuziehen, um in gleicher Weise regional differenziert Entwicklungen deutlich zu machen. Ferner ist davon auszugehen, daß in Zukunft der Mikrozensus bis auf die kleinräumige Ebene der Kreise aufbereitet werden kann, so daß mit Hilfe des Mikrozensus die hier skizzierte Differenzierung fortgeschrieben werden kann. Sollte dies gelingen, ist es in Zukunft mit Hilfe des Mikrozensus und anderer regelmäßig erhobener Statistiken oder eventuell einer weiteren Volks- und Berufszählung möglich, die regionale Weiterentwicklung der Pluralisierung und Ausdifferenzierung der Lebensformen zu untersuchen. Dafür sind noch eine Reihe von datenschutzrechtlichen und technischen Problemen zu lösen, um eine breite empirische Basis zu schaffen. Die künftige Analyse wird auch einen Vergleich zwischen den alten und den neuen Bundesländern ermöglichen und die Entwicklung der Lebensformen im vereinten Deutschland aufzeigen.

Dieser Atlas, der im Rahmen des Aufbaus einer regionalen Datenbank am Deutschen Jugendinstitut entstanden ist, wurde durch eine Vielzahl von Mitarbeitern und Mitarbeiterinnen des Deutschen Jugendinstitutes und Institutionen unterstützt. Die Herausgeber danken vor allem Herrn E. Lorenz, der zu Beginn das relationale Datenbankkonzept aufgebaut und die nötigen Programmierarbeiten in einer Oracle-Datenbank vorgenommen hat. Unser Dank gilt auch dem kartographischen Institut Reichenbach für die anregende und kooperative Zusammenarbeit bei der Gestaltung des Atlas. Weiterhin danken wir B. Kohler, A. Unruh, M.-Ch. Zeller, C. Dannenbeck und S. v. Below für ihre Arbeiten am Familien-Atlas und G. Hirschmann für die Eingabe der Zahlen in die Regionaldatenbank.

Wir möchten auch den Mitarbeitern der Statistischen Landesämter danken, insbesondere des Bayerischen Landesamtes für Statistik und Datenverarbeitung und des Statistischen Bundesamtes, die in einer von außen kaum nachvollziehbaren Kleinarbeit die Vielzahl dieser Materialien zusammentragen und veröffentlichen. Die Statistischen Landesämter sind die Ansprechpartner für regionale Auswertungen in der amtlichen Statistik unterhalb der Länderebene. Deren Arbeit hat uns gezeigt, daß der föderale Aufbau der amtlichen Statistik in der Bundesrepublik von unschätzbarem Wert ist, wenn es darum geht, regionale Differenzierungen in der Bundesrepublik zu analysieren und zu beschreiben. Zu danken ist auch dem Verleger, der mit großer Geduld auf die Fertigstellung des Manuskriptes gewartet hat. Prof. Dr. Bertram dankt den das Deutsche Jugendinstitut fördernden Ministerien für Frauen und Jugend sowie Familie und Senioren dafür, daß sie ihm genügend Zeit und Freiheit ließen, neben seinen Aufgaben als Direktor das vorliegende Werk zu konzipieren. Er entwickelte die Datenstruktur und verfaßte die Texte zu den Kapiteln 'Kinder, Ehe und Familie', 'Werte', 'Infrastruktur' und 'Soziale Sicherheit'. H. Bayer übernahm die Kartenbeschreibungen für die Kapitel 'Bevölkerung', 'Bildung', 'Risiken', 'Einkommen und Wohlstand', sowie 'Wirtschaftsstruktur'.

Hinweise für die Leserinnen und Leser des Familien-Atlas

Der Atlas gliedert sich in neun Kapitel über die unterschiedlichen Bereiche und Ausprägungen von Lebensformen und Lebensstilen. Diese Bereiche betreffen in erster Linie die familialen Strukturen und werden unter den Themenbereichen 'Kinder, Ehe und Familie', 'Bevölkerung', 'Infrastruktur', 'Bildung', 'Werte', 'Soziale Sicherheit', 'Risiken', 'Einkommen und Wohlstand' sowie 'Wirtschaftsstruktur' behandelt. Jedem Kapitel wurde zur leichteren Unterscheidung eine eigene Farbe zugewiesen, so daß der Leser durch die visuelle Unterstützung schnell spezielle Einzelthemen zuordnen kann.

Der Atlas kann wie ein Nachschlagewerk genutzt werden. Hundert Einzelthemen wurden in Form von Karte und jeweils einer zugehörigen Erläuterungsseite aufbereitet. Diese Einzelthemen können somit selektiv gelesen und verstanden werden. Auf den Kartenseiten findet sich die graphische Umsetzung der einzelnen Indikatoren auf der Kreisebene der alten bzw. der alten und neuen Bundesländer. Das bereits angesprochene Konzept der regionalen Differenzierung kann somit anhand der 328 Landkreise und kreisfreien Städte in den alten Bundesländern bzw. der insgesamt 545 Kreise der alten und neuen Bundesländer veranschaulicht und geprüft werden. Die Grenzwerte für die sechs Kategorien der Kartenlegenden wurden auf der Grundlage folgender statistischer Maßzahlen gebildet:

1. Kategorie: Minimum bis 15.-niedrigster Wert
2. Kategorie: 16.-niedrigster Wert bis Grenze des ersten Quartils
3. Kategorie: Grenze des ersten Quartils bis Median
4. Kategorie: Median bis Grenze des dritten Quartils
5. Kategorie: Grenze des dritten Quartils bis 16.-höchster Wert
6. Kategorie: 15.-höchster Wert bis Maximum

Lagen aus erhebungstechnischen Gründen keine Daten zu einzelnen Kreisen vor, wurden diese in der Kategorie 'Keine Angaben' zusammengefaßt. Diese Kreise fanden dementsprechend keine Berücksichtigung bei den statistischen Berechnungen.

Die linke Erläuterungsseite zur Karte umfaßt einen beschreibenden Textteil sowie Tabellen und Graphiken. Zu Beginn werden jeweils die 'Extremkreise', also die Kreise mit den fünf niedrigsten und den fünf höchsten Werten, aufgelistet. Gleichnamige Stadt- und Landkreise unterscheiden sich durch den Zusatz 'Stadt'. Anhand der Extremkreise sowie der Stadtkreise Berlin (West) und München wird in der Regel der vermutete Zusammenhang zwischen dem Indikator und drei ausgewählten Merkmalen untersucht. Anstelle eines entsprechenden Säulendiagrammes können aber auch Tabellen mit Entwicklungszahlen und mit Informationen auf Bundesländerebene stehen. Lag entsprechendes Zahlenmaterial auch für die neuen Bundesländer vor, so konnte ein Vergleich zwischen alten und neuen Bundesländern an dieser Stelle miteinfließen.
Am Ende der meisten Erläuterungsseiten werden sieben gleichbleibende Standardvariablen mit dem jeweiligen Indikator des Themas in Beziehung gesetzt:

- Lebendgeborene pro 1000 Einwohner 1986
- 0- bis 5jährige pro 100 Einwohner 1986
- Kindergartenplätze pro 100 3- bis 5jähriger 1986
- Quartanerquote 1989
- Zuzüge pro 100 Fortzüge der 18- bis 24jährigen 1986
- Erwerbstätigenanteil der 30- bis 39jährigen Frauen 1987 (%)
- Erwerbstätigenanteil der 40- bis 49jährigen Frauen 1987 (%)

Diese Variablen dienen als zentrale Merkmale zur Beschreibung von Lebensformen und Lebensstilen sowie deren Veränderungen.
Der Atlas wird von drei Registern ergänzt:

- einem Schlagwortverzeichnis
- einer Auflistung der Datenquellen
- einer Zusammenstellung der Kreise, die hinsichtlich eines Themas als Extremkreise auftreten

Vor der rückwärtigen Umschlagsseite befindet sich das Verzeichnis der amtlichen Kreiskennziffern sowie deren Namen und eine entsprechende Landkarte, die durch Ausfalten neben die Farbkarten gelegt werden kann und somit eine Identifizierung der Kreise erleichtert.

Literatur

BELLAH, R. N.: Gewohnheiten des Herzens. Individualismus und Gemeinsinn in der amerikanischen Gesellschaft, Köln 1987

BELLAH, R. N.: The Good Society, New York 1991

BRAUDEL, FERNAND: Frankreich. Band 1; Raum und Geschichte, Stuttgart 1989

COLEMAN, J. S.: Social Capital, Human Capital, and Investment in Youth, University of Chicago 1990

DAHRENDORF, R.: Gesellschaft und Demokratie in Deutschland, München 1958

FALTER, JÜRGEN: Hitlers Wähler, München 1991

KÄLBLE, HARTMUT: Soziale Mobilität und Chancengleichheit im 19. und 20. Jahrhundert, Göttingen 1983

MIEGEL, MEINHARD: Wirtschafts- und arbeitskulturelle Unterschiede in Deutschland, Gütersloh 1991

PEISERT, H.: Soziale Lage und Bildungschancen in Deutschland, München 1967

Schleswig-
Holstein
Mecklenburg-
Vorpommern
Hamburg
Bremen
Nieder-
sachsen
Berlin
Brandenburg
Sachsen-
Anhalt
Nordrhein-
Westfalen
Sachsen
Thüringen
Hessen
Rheinland-
Pfalz
Saarland
Bayern
Baden-
Württemberg

Ledige 1987

Kreise mit den niedrigsten Werten

Kreise	Kreisnr.	Werte*
Wunsiedel	9479	32,6
Hof	9475	33,5
Mülheim-Ruhr	5117	33,8
Zweibrücken	7320	33,9
Fürth	9573	34,3

*) Werte siehe Kartenlegende

Kreise mit den höchsten Werten

Kreise	Kreisnr.	Werte*
Tübingen	8416	46,1
Cloppenburg	3453	46,2
Emsland	3454	46,3
Freiburg	8311	47,0
Vechta	3460	47,5

Ledige Frauen nach Altersgruppen in Berlin (West), München Stadt und in den Kreisen mit den niedrigsten bzw. höchsten Ledigenanteilen

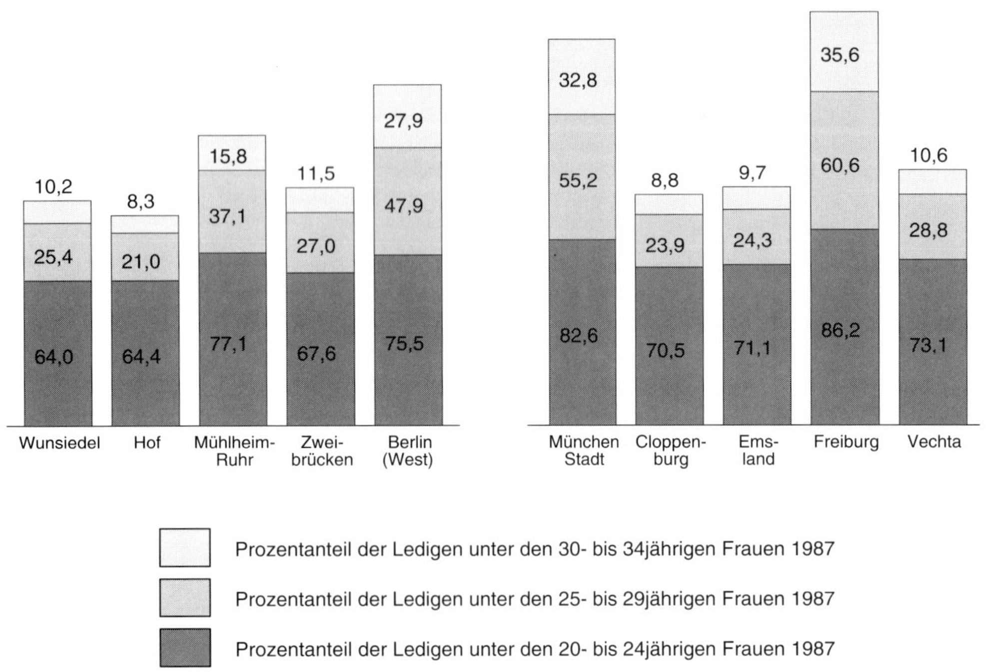

Mittelwerte der Standardvariablen in Kreisen mit sehr niedrigen bis sehr hohen Anteilen an Ledigen

Standardvariablen	Ledigenanteile sehr niedrig	niedrig	hoch	sehr hoch
Lebendgeborene pro 1000 Einwohner 1986	9,5	10,0	11,4	11,8
0-5jährige pro 100 Einwohner 1986	5,4	5,8	6,6	6,6
Kindergartenplätze pro 100 3-5jährige 1986	80,0	78,5	74,6	91,3
Quartanerquote 1989	63,7	62,2	56,5	65,0
Zuzüge pro 100 Fortzüge der 18-24jährigen 1986	98,3	104,3	108,1	120,8
Erwerbstätigenanteil der 30-39jährigen Frauen 1987 (in %)	55,1	54,1	53,0	52,3
Erwerbstätigenanteil der 40-49jährigen Frauen 1987 (in %)	53,2	53,3	52,4	51,7

Datenquelle: DJI-Regionaldatenbank

Bertram, Bayer, Bauereiß: Familien-Atlas, Opladen 1993

Nach den Ergebnissen der Volkszählung 1987 sind 38,5 % der Gesamtbevölkerung in den alten Bundesländern ledig, davon sind 53,4 % Männer. Die Karte zeigt, daß die Kreise mit den höheren Ledigenanteilen hauptsächlich im nördlichen Teil von Schleswig-Holstein, in den katholischen Regionen Nordrhein-Westfalens und Niedersachsens und vor allem in Baden-Württemberg und Bayern liegen.

Der Ledigenanteil an der Bevölkerung wird durch zwei Faktoren beeinflußt: Kreise, mit einer hohen Geburtenrate, wie z.B. die katholischen Kreise vom Emsland oder in Süddeutschland, verzeichnen auch einen besonders hohen Ledigenanteil, weil dort aufgrund des Bevölkerungsaufbaus mehr jüngere unverheiratete Menschen leben. So steigt die Zahl der Lebendgeborenen in Kreisen mit geringen Ledigenanteilen von 9,5 auf 11,8 pro Tausend Einwohner in Kreisen mit sehr hohen Anteilen. Des weiteren macht die Grafik mit den Ledigenanteilen nach Altersgruppen deutlich, daß der Ledigenanteil auch nach Altersgruppen differiert. Kreise mit einem hohen Anteil an Ledigen wie Cloppenburg oder Emsland verzeichnen bei den höheren Altersgruppen im Vergleich zu den Universitätsstädten geringere Ledigen-Quoten, womit deutlich wird, daß in diesen Kreisen die hohen Ledigenanteile vor allen Dingen auf die jüngeren Altersgruppen zurückzuführen sind. So haben z.B. München, Tübingen oder auch Freiburg selbst noch bei den 30- bis 34jährigen Frauen überdurchschnittlich hohe Ledigen-Quoten zwischen 33 und 36 %, was den Zusammenhang von Ausbildungsdauer und Arbeitsqualifikation auf das Heiratsalter zeigt.

Hiermit deuten sich schon Muster an, die die regionale Ausdifferenzierung von Lebensformen und Lebensstilen in den folgenden Karten noch sichtbarer machen werden: in Städten, besonders in Universitätsstädten, verbleiben Frauen aufgrund längerer Ausbildungswege und der besseren Erwerbsmöglichkeit länger im Ledigenstand als in den ländlich geprägten Landkreisen.

Ledige 1987

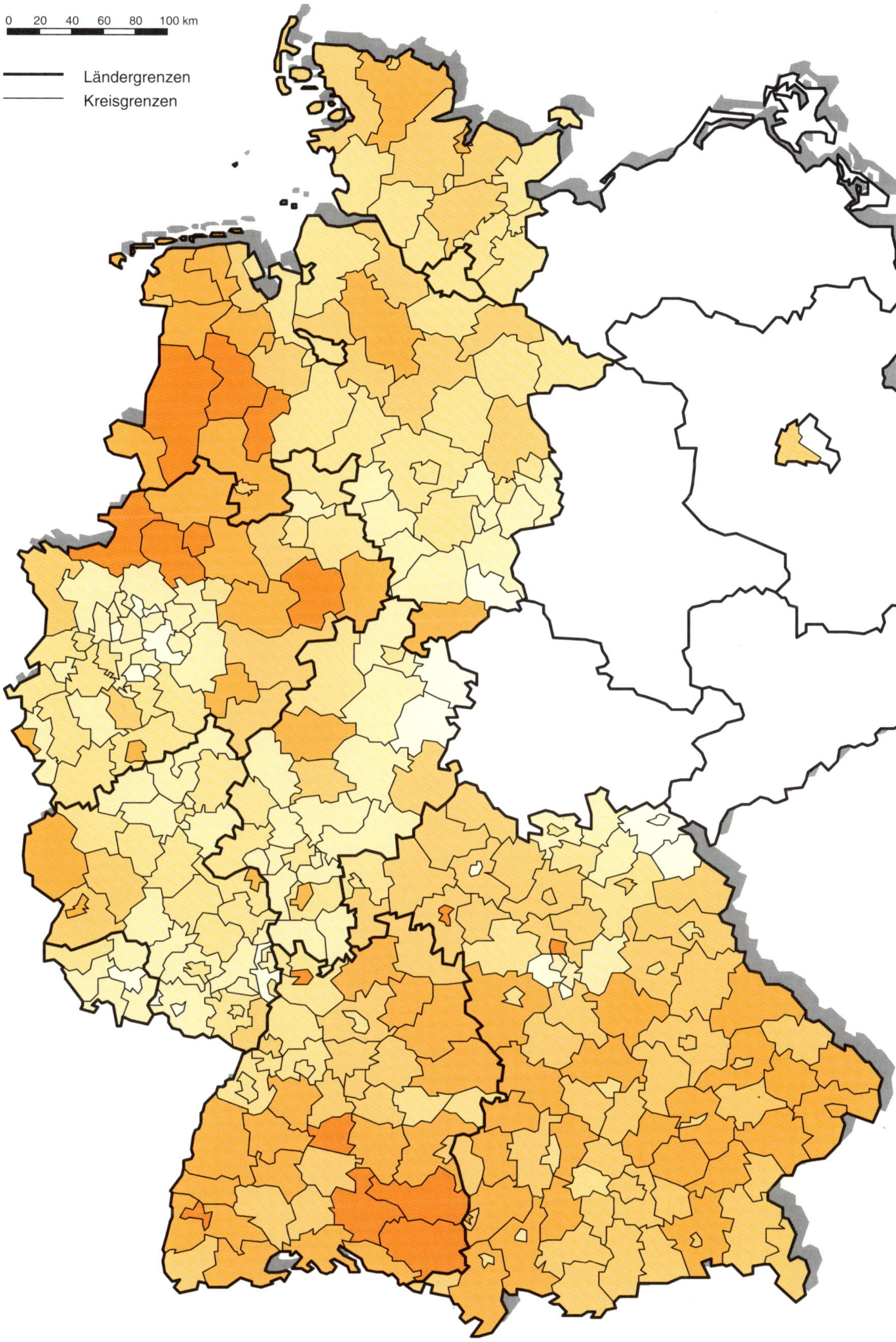

Statistische Maßzahlen

Anzahl der Fälle	328,0
Mittelwert	38,6
Zentralwert	38,5
Standardabweichung	2,6
Niedrigster Wert	32,6
Höchster Wert	47,5
Grenze des 1. Quartils	36,6
Grenze des 3. Quartils	40,4
Grenze der 15 niedrigsten Werte	34,9
Grenze der 15 höchsten Werte	42,5

Anteil der Ledigen an der Bevölkerung in % - 1987

- 32,6 -34,9
- 35,0 -36,6
- 36,7 -38,5
- 38,6 -40,4
- 40,5 -42,5
- 42,6 -47,5
- Keine Angaben

Quelle: DJI-Regionaldatenbank, auf der Basis absoluter Zahlen der Statistischen Landesämter

Ledige (35 bis 39 Jahre) 1987

Kreise mit den niedrigsten Werten

Kreise	Kreisnr.	Werte*
Ludwigshafen	7338	6,9
Aschaffenburg	9671	7,0
Erlangen-Höchstadt	9572	7,1
Heinsberg	5370	7,1
Kassel	6633	7,6

*) Werte siehe Kartenlegende

Kreise mit den höchsten Werten

Kreise	Kreisnr.	Werte*
Berlin (West)	11001	22,4
Frankfurt	6412	22,5
Freiburg	8311	22,9
München Stadt	9162	24,8
Heidelberg	8221	25,8

Ledige Männer, Verheiratete insgesamt und weibliche Einpersonenhaushalte in den Kreisen mit den niedrigsten bzw. höchsten Ledigenanteilen in der Altersgruppe 35 bis 39 Jahre

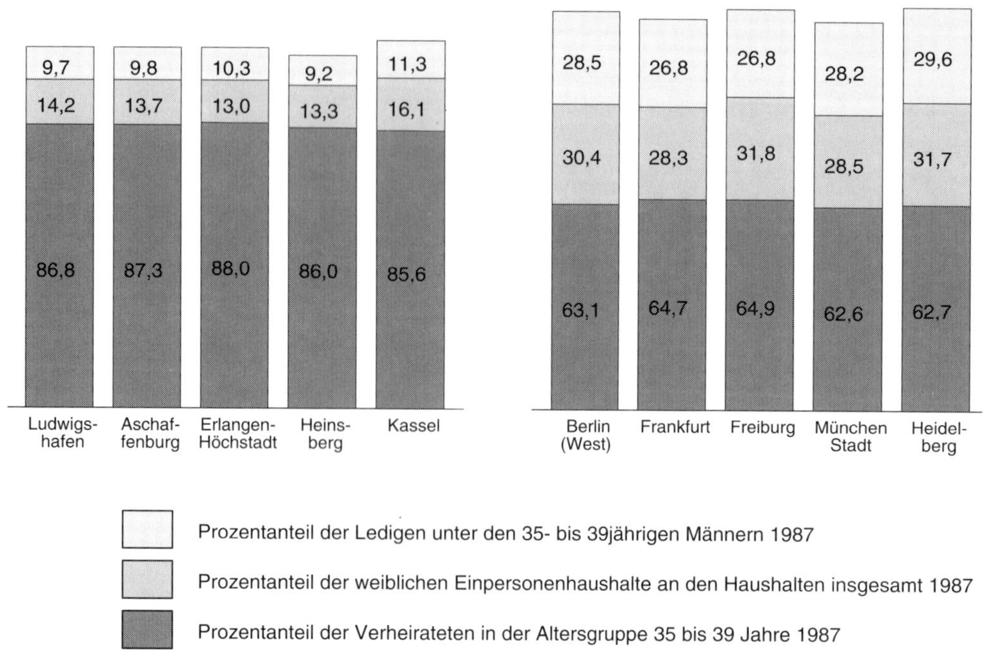

Mittelwerte der Standardvariablen in Kreisen mit sehr niedrigen bis sehr hohen Anteilen an Ledigen in der Altersgruppe 35 bis 39 Jahre

Standardvariablen	Ledigenanteile (35 bis 39 Jahre) sehr niedrig	niedrig	hoch	sehr hoch
Lebendgeborene pro 1000 Einwohner 1986	11,5	10,6	9,7	8,9
0-5jährige pro 100 Einwohner 1986	6,9	6,2	5,4	4,9
Kindergartenplätze pro 100 3-5jährige 1986	81,4	76,5	83,1	84,3
Quartanerquote 1989	49,2	60,8	66,2	71,2
Zuzüge pro 100 Fortzüge der 18-24jährigen 1986	95,8	99,4	121,2	141,6
Erwerbstätigenanteil der 30-39jährigen Frauen 1987 (in %)	50,4	52,3	57,5	61,8
Erwerbstätigenanteil der 40-49jährigen Frauen 1987 (in %)	47,9	52,1	57,7	61,5

Datenquelle: DJI-Regionaldatenbank

Bertram, Bayer, Bauereiß: Familien-Atlas, Opladen 1993

In dieser Karte läßt sich die These von Robert N. Bellah, daß insbesondere in urbanen Zentren Lebensformen des Alleinlebens die Lebensform der Ehe und Familie zunehmend ersetzen, zwar nicht bestätigen, aber doch in der Tendenz nachweisen. Dort ist der Anteil der Ledigen in der Altersgruppe der 35- bis 39jährigen ca. dreimal so hoch wie in den Kreisen mit den geringsten Anteilen. Die hohe Quote der Ledigen in den älteren Altersgruppen ist oftmals ein bewußt gewählter Lebensstil und damit Ausdruck gewandelter Lebensformen.

Lebensformen außerhalb von Ehe und Familie sind kein neuzeitliches Phänomen, da Heiraten durch rechtliche und finanzielle Beschränkungen schon in der Vergangenheit oftmals verhindert wurden. Das Besondere an dem eingangs beschriebenen Wandel ist, daß, nach der familienorientierten Phase der Nachkriegszeit, alternative Lebensformen durch öffentliche und wissenschaftliche Diskussionen zu individuell bewußt gewählten Lebensformen geführt haben.

Universitätsstädte wie Freiburg, Heidelberg und große urbane Zentren wie Berlin, München und Frankfurt erreichen z.B. in der Gruppe der 35- bis 39jährigen Männer Ledigenquoten von 27 bis 30 %, während die Kreise mit den geringsten Anteilen jeweils nur Quoten von 10 oder 11 % aufweisen. Der hohe Anteil lediger Männer kann dabei nicht durch 'Frauenmangel' erklärt werden, da der Anteil weiblicher Einpersonenhaushalte in den urbanen Zentren an den Hauhalten insgesamt mit 30 % überdurchschnittlich hoch ist. Es verwundert nicht, daß in diesen Zentren der Anteil der Lebendgeborenen mit 8,9 auf 1000 Einwohner besonders gering ist, bei einer extrem hohen weiblichen Erwerbstätigenquote. Des weiteren verzeichnen diese Zentren extreme Wanderungsgewinne mit 142 Zuzügen auf 100 Fortzüge in den jüngerer Altersgruppen.

Ledige (35 bis 39 Jahre) 1987

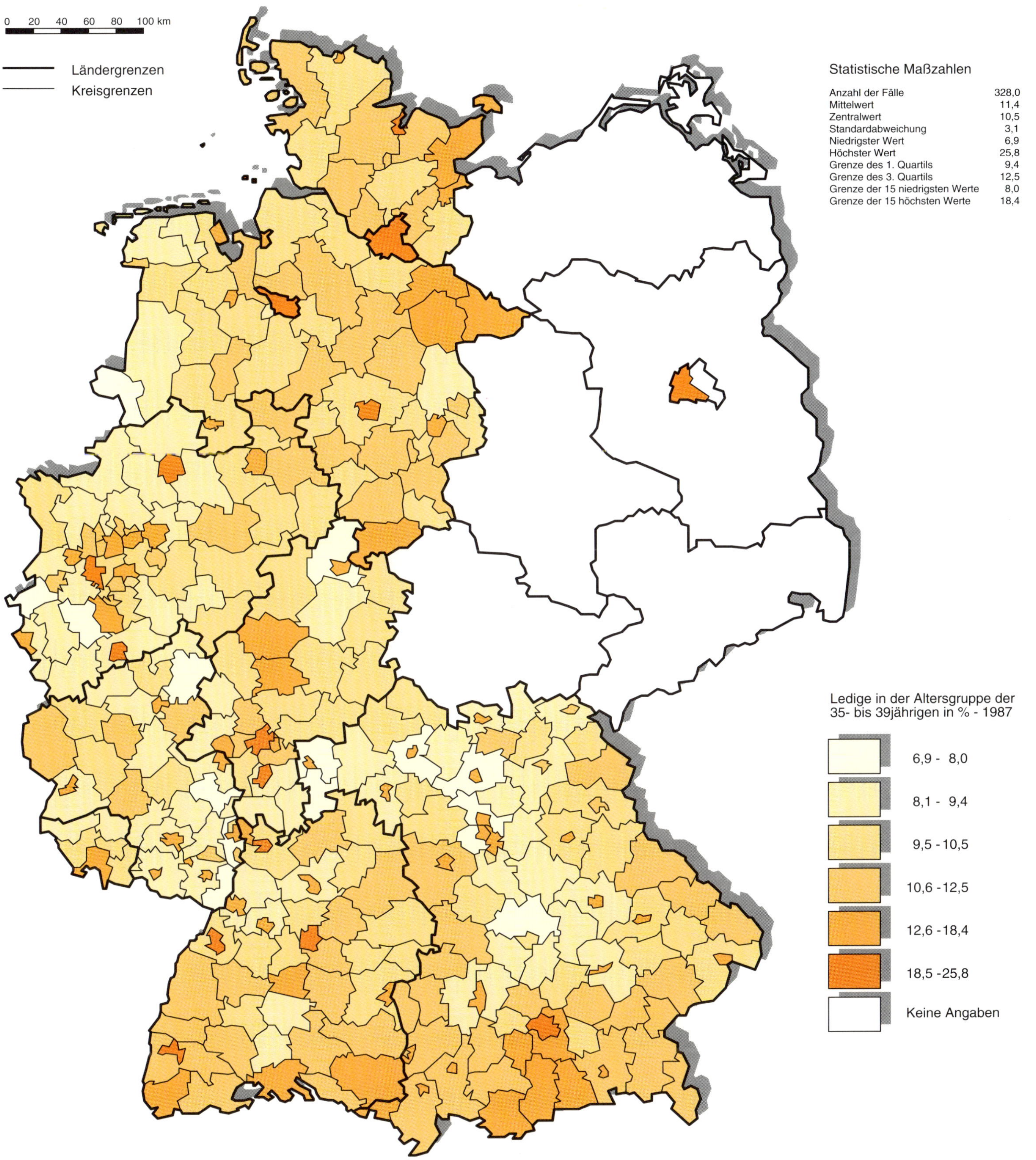

Statistische Maßzahlen

Anzahl der Fälle	328,0
Mittelwert	11,4
Zentralwert	10,5
Standardabweichung	3,1
Niedrigster Wert	6,9
Höchster Wert	25,8
Grenze des 1. Quartils	9,4
Grenze des 3. Quartils	12,5
Grenze der 15 niedrigsten Werte	8,0
Grenze der 15 höchsten Werte	18,4

Quelle: DJI-Regionaldatenbank, auf der Basis absoluter Zahlen der Statistischen Landesämter

Verheiratete 1987

Kreise mit den niedrigsten Werten

Kreise	Kreisnr.	Werte*
Freiburg	8311	39,5
Heidelberg	8221	40,1
Berlin (West)	11001	42,0
Würzburg Stadt	9663	42,4
Münster	5515	42,7

*) Werte siehe Kartenlegende

Kreise mit den höchsten Werten

Kreise	Kreisnr.	Werte*
Kassel	6633	53,2
Kusel	7336	53,2
Aschaffenburg	9671	53,5
Fürth	9573	54,3
Ludwigshafen	7338	55,2

Verheiratetenanteile nach Geschlecht und Alter in München Stadt und in den Kreisen mit den niedrigsten bzw. höchsten Verheiratetenanteilen insgesamt

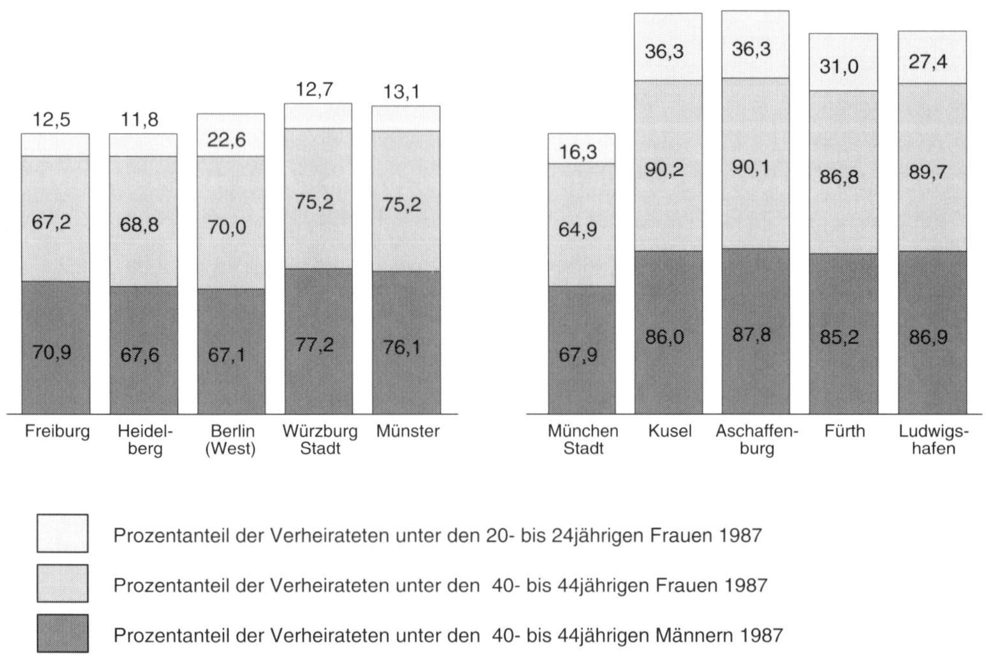

Mittelwerte der Standardvariablen in Kreisen mit sehr niedrigen bis sehr hohen Verheiratetenanteilen

Standardvariablen	Verheiratetenanteile sehr niedrig	niedrig	hoch	sehr hoch
Lebendgeborene pro 1000 Einwohner 1986	9,5	10,9	10,3	10,3
0-5jährige pro 100 Einwohner 1986	5,1	6,3	6,1	6,1
Kindergartenplätze pro 100 3- bis 5jähriger 1986	84,6	72,6	85,6	88,3
Quartanerquote 1989	68,7	58,3	61,0	50,7
Zuzüge pro 100 Fortzüge der 18-24jährigen 1986	140,7	102,2	97,5	93,6
Erwerbstätigenanteil der 30- 39jährigen Frauen 1987 (%)	59,6	53,6	52,0	54,6
Erwerbstätigenanteil der 40- 49jährigen Frauen 1987 (%)	60,9	54,0	49,3	50,8

Datenquelle: DJI-Regionaldatenbank

Bertram, Bayer, Bauereiß: Familien-Atlas, Opladen 1993

Nach den Ergebnissen der Volkszählung von 1987 sind in den alten Bundesländern 49 % der Bevölkerung verheiratet. Dabei gelten auch Personen als verheiratet, die dauernd getrennt oder in Scheidung leben, solange das Scheidungsurteil noch nicht rechtskräftig ist.

Der Anteil der Verheirateten ist natürlich, wie der Anteil der Ledigen, von der Altersstruktur der Bevölkerung in den einzelnen Kreisen abhängig. Kreise mit einem hohen Anteil an jüngerer Bevölkerung verzeichnen einen sehr viel geringeren Anteil an Verheirateten als die Kreise, die einen hohen Anteil an Personen im heiratsfähigen Alter haben. So zeigt die Karte geringe Anteile an Verheirateten in vielen überwiegend katholischen Kreisen im süddeutschen Raum und in den ländlichen Kreisen von Schleswig-Holstein und Niedersachsen, z.B. das Emsland.

Des weiteren beeinflußt der gewählte Lebensstil den Anteil der Verheirateten an der Bevölkerung. Die altersspezifische Verheiratetenquote ist damit das eigentliche Maß für die 'Heiratsbereitschaft'. So sind in großen urbanen Zentren und in Universitätsstädten die Verheiratetenquoten von 20- bis 24jährigen Frauen mit 12 bis 13 % sehr niedrig gegenüber den Quoten von rd. 30 % in traditionell industriellen oder auch ländlichen Kreisen. Dagegen zeigen die Verheiratetenquoten in den mittleren Altersgruppen dieses Gefälle nicht mehr so stark. Eine Differenz besteht jedoch insofern, als urbane Zentren und Universitätsstädte auch in der Altersgruppe der 40- bis 44jährigen bei Männen wie bei Frauen niedrigere Verheiratetenquoten aufweisen als jene Kreise, die die höchsten Verheiratetenanteile an der Bevölkerung haben. Der häufig diskutierte Wandel der Lebensformen scheint somit ein urbanes Phänomen zu sein, das sich zwar überwiegend auf die jüngeren Altersgruppen bezieht, sich jedoch in abgeschwächter Form auch in älteren Altersgruppen zeigt.

Verheiratete 1987

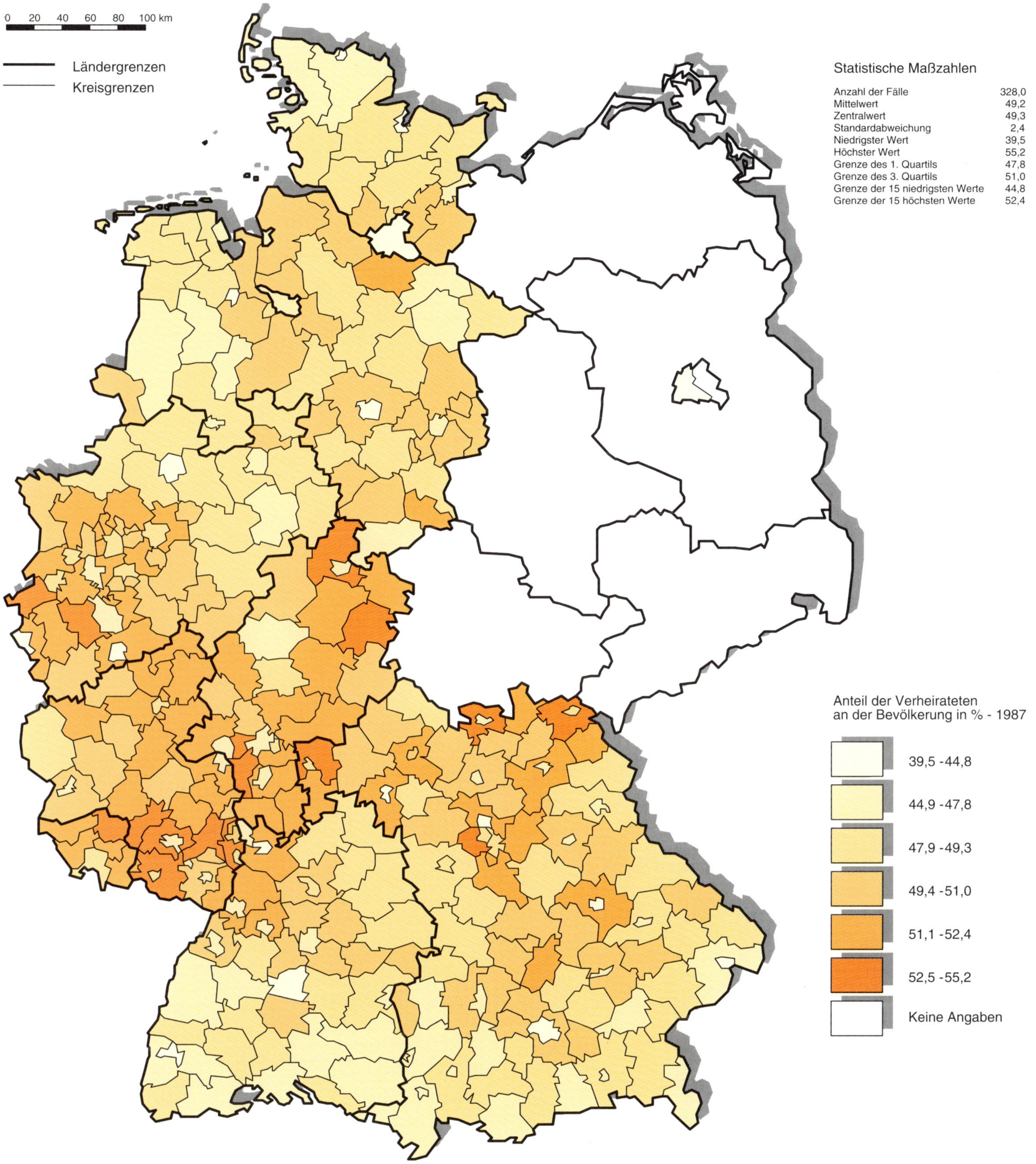

Statistische Maßzahlen

Anzahl der Fälle	328,0
Mittelwert	49,2
Zentralwert	49,3
Standardabweichung	2,4
Niedrigster Wert	39,5
Höchster Wert	55,2
Grenze des 1. Quartils	47,8
Grenze des 3. Quartils	51,0
Grenze der 15 niedrigsten Werte	44,8
Grenze der 15 höchsten Werte	52,4

Quelle: DJI-Regionaldatenbank, auf der Basis absoluter Zahlen der Statistischen Landesämter

Verheiratete (30 bis 34 Jahre) 1987

Kreise mit den niedrigsten Werten

Kreise	Kreisnr.	Werte*
Heidelberg	8221	50,3
Freiburg	8311	52,2
München Stadt	9162	53,3
Berlin (West)	11001	53,7
Darmstadt	6411	55,3

*) Werte siehe Kartenlegende

Kreise mit den höchsten Werten

Kreise	Kreisnr.	Werte*
Neumarkt/Opf.	9373	82,0
Aschaffenburg	9671	82,1
Schweinfurt	9678	82,2
Bamberg	9471	83,8
Eichstätt	9176	83,8

Vergleich ausgewählter Variablen in den Kreisen mit den niedrigsten bzw. höchsten Verheiratetenanteilen in der Altersgruppe 30 bis 34 Jahre

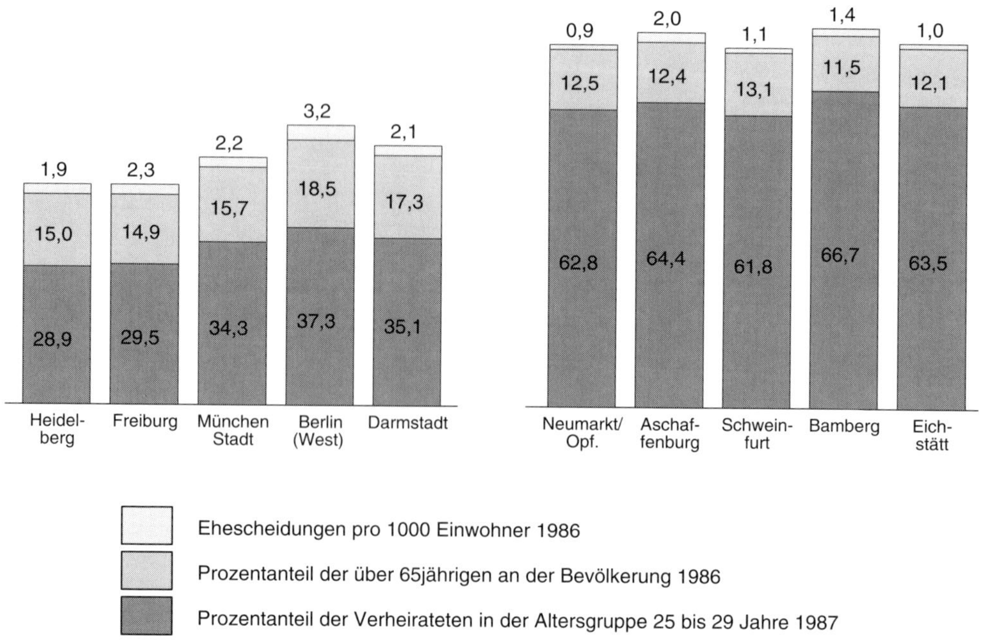

Mittelwerte der Standardvariablen in Kreisen mit sehr niedrigen bis sehr hohen Verheiratetenanteilen in der Altersgruppe 30 bis 34 Jahre

Standardvariablen	Verheiratetenanteile (30 bis 34 Jahre) sehr niedrig	niedrig	hoch	sehr hoch
Lebendgeborene pro 1000 Einwohner 1986	9,0	10,0	11,5	12,6
0-5jährige pro 100 Einwohner 1986	5,0	5,9	6,8	7,5
Kindergartenplätze pro 100 3-5jährige 1986	79,1	70,7	81,1	66,4
Quartanerquote 1989	72,6	64,1	50,6	44,8
Zuzüge pro 100 Fortzüge der 18-24jährigen 1986	140,1	103,9	95,5	95,4
Erwerbstätigenanteil der 30-39jährigen Frauen 1987 (in %)	59,7	53,7	52,1	50,1
Erwerbstätigenanteil der 40-49jährigen Frauen 1987 (in %)	60,3	54,0	50,0	48,7

Datenquelle: DJI-Regionaldatenbank

Bertram, Bayer, Bauereiß: Familien-Atlas, Opladen 1993

Sozial-historische Wandlungsprozesse wie die Zunahme der Bildungs- und Erwerbsbeteiligung der Frauen oder die geforderte Berufsmobilität fördern die individuelle Selbständigkeit. Zudem ist die Bedeutung der Ehe durch den abnehmenden Kinderwunsch gesunken. Das Alleinleben und die Ehelosigkeit werden zunehmend in der Gesellschaft als Lebensentscheidung akzeptiert und durch gesellschaftliche Strukturen unterstützt und verstärkt.

Eine differenzierte Interpretation des Wandels der Lebensformen ist durch die altersspezifische Verheiratetenquote möglich. In der Altersgruppe der 30- bis 34jährigen zeigen sich wiederum die höchsten Verheiratetenquoten in der Mehrzahl der bayerischen Kreise und in den katholischen Regionen Nordrhein-Westfalens, Niedersachsens und von Rheinland-Pfalz. Große urbane Zentren und Universitätsstädte zeigen mit 30 bis 35 % auch schon in der Altersgruppe der 25- bis 29jährigen niedrigere Verheiratetenquoten, während diese in den ländlichen Kreisen Bayerns bei ca. 62 bis 67 % liegen.

In dieser Stadt-Land-Differenzierung tun sich zwei Welten auf, in denen Jugendliche und junge Erwachsene ganz unterschiedliche Lebenswege für sich auswählen. Diese drücken sich nicht nur in unterschiedliche Verheiratetenquoten aus, sondern auch dadurch, daß die Geburtenrate in den Kreisen, in denen sehr jung geheiratet wird, bei 12,6 pro 1000 Einwohner liegt gegenüber nur 9 in den urbanen Zentren. Hinzu kommt, daß in den Kreisen mit den niedrigsten Verheiratetenquoten die Erwerbsbeteiligung der 30- bis 39jährigen Frauen um ca. 10 % höher liegt als in Kreisen mit hohen Verheiratetenquoten. Diese Differenz ist bei den 40- bis 49jährigen Frauen noch stärker ausgeprägt. Die unterschiedlichen Lebenswelten drücken sich auch in unterschiedlichem Scheidungsverhalten aus: in Kreisen mit der niedrigsten Verheiratetenquote der 30- bis 34jährigen ist die Scheidungsquote bis zu dreimal höher als in Kreisen mit den höchsten Anteilen.

Verheiratete (30 bis 34 Jahre) 1987

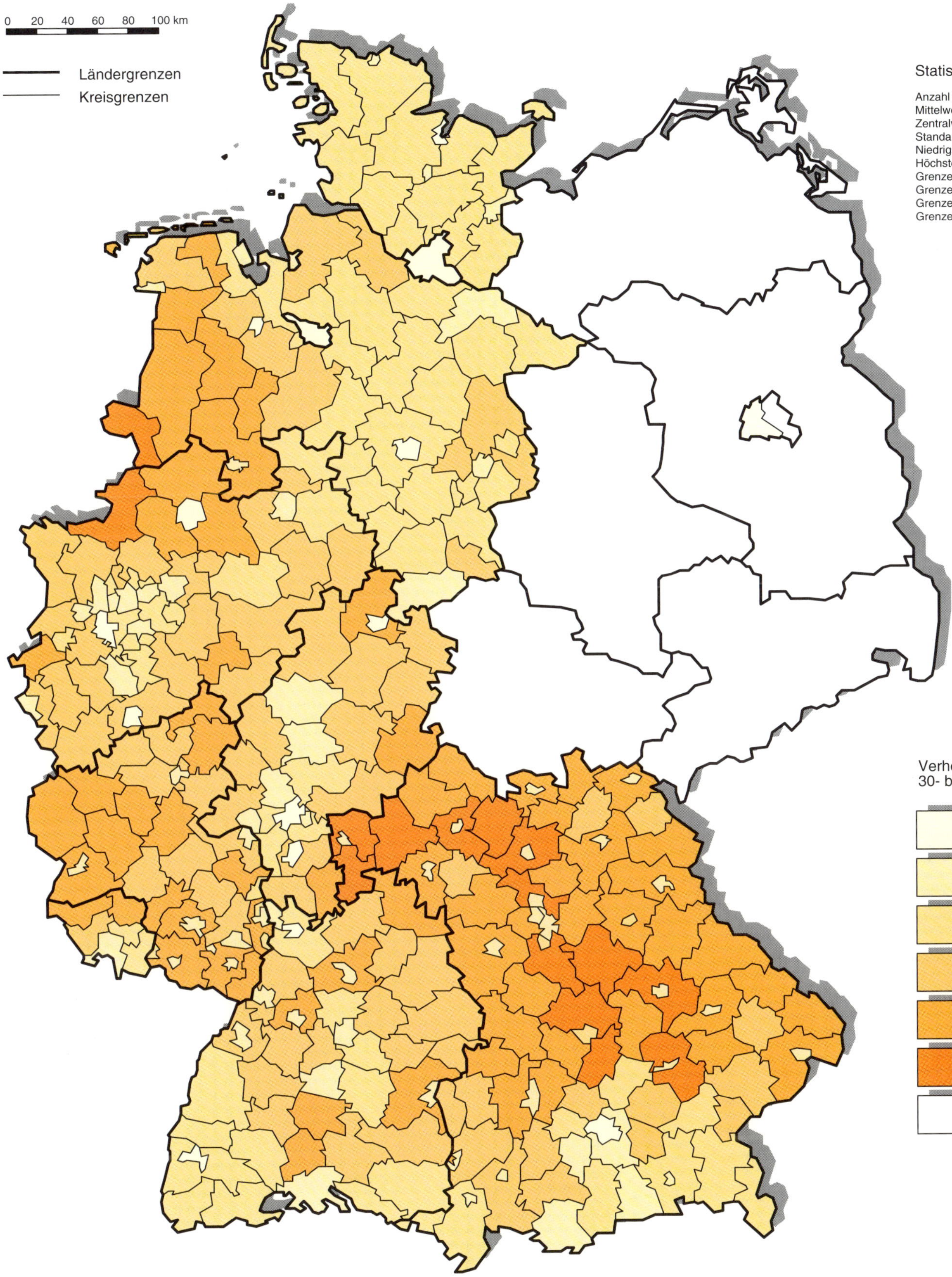

Statistische Maßzahlen

Anzahl der Fälle	328,0
Mittelwert	73,2
Zentralwert	74,8
Standardabweichung	6,5
Niedrigster Wert	50,3
Höchster Wert	83,8
Grenze des 1. Quartils	69,9
Grenze des 3. Quartils	77,8
Grenze der 15 niedrigsten Werte	59,5
Grenze der 15 höchsten Werte	81,1

Verheiratete in der Altersgruppe der 30- bis 34jährigen in % - 1987

- 50,3 - 59,5
- 59,6 - 69,9
- 70,0 - 74,8
- 74,9 - 77,8
- 77,9 - 81,1
- 81,2 - 83,8
- Keine Angaben

Quelle: DJI-Regionaldatenbank, auf der Basis absoluter Zahlen der Statistischen Landesämter

Geburten 1986 bzw. 1989

Kreise mit den niedrigsten Werten in den neuen Bundesländern

Kreise	Kreisnr.	Werte*
Hohenstein-Ernstthal	151411	9,6
Chemnitz	151405	9,7
Auerbach	151403	9,9
Rochlitz	151416	10,0
Oelsnitz	151413	10,2

Kreise mit den höchsten Werten in den neuen Bundesländern

Kreise	Kreisnr.	Werte*
Parchim	12207	14,6
Malchin	12304	14,6
Havelberg	14707	14,9
Neubrandenburg	12305	15,3
Stralsund	12109	15,6

Kreise mit den niedrigsten Werten in den alten Bundesländern

Kreise	Kreisnr.	Werte*
Ostholstein	1055	7,7
Baden-Baden	8211	7,9
Goslar	3153	8,0
Hannover Stadt	3201	8,2
Hameln-Pyrmont	3252	8,2

Kreise mit den höchsten Werten in den alten Bundesländern

Kreise	Kreisnr.	Werte*
Neumarkt/Opf.	9373	13,2
Borken	5554	13,4
Bamberg	9471	14,1
Cloppenburg	3453	14,2
Emsland	3454	14,2

*) Werte siehe Kartenlegende

Vergleich ausgewählter Variablen in Berlin (West), München Stadt und in den Kreisen mit den niedrigsten bzw. höchsten Geburtenraten in den alten Bundesländern

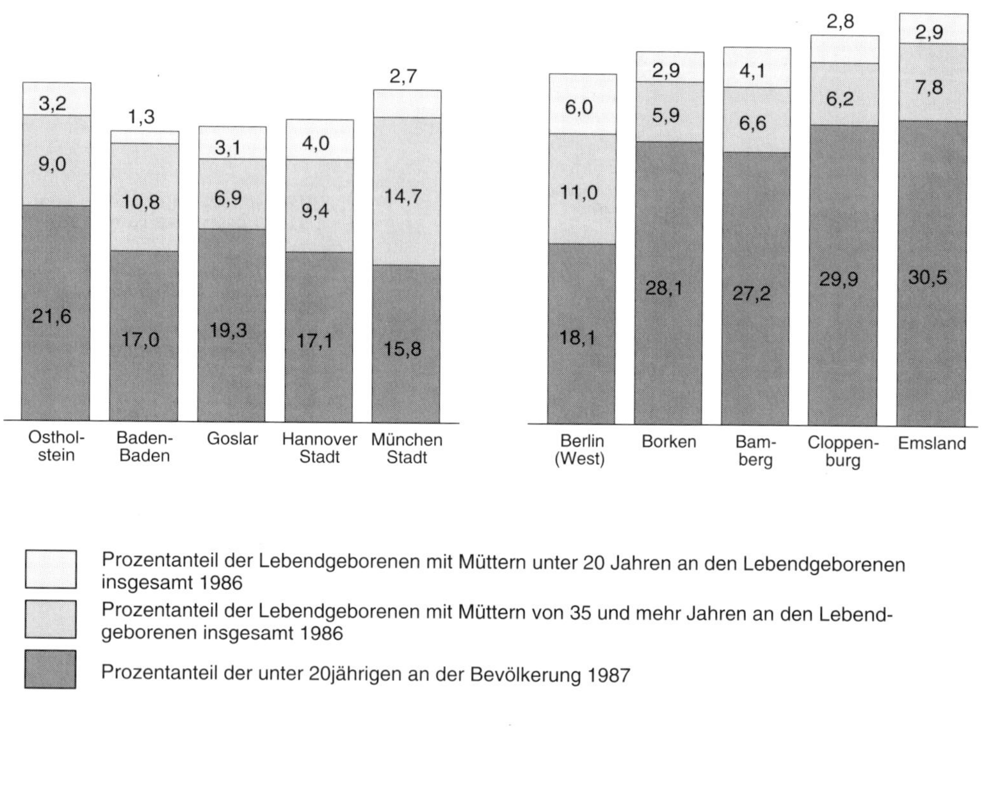

Datenquelle: DJI-Regionaldatenbank

Bertram, Bayer, Bauereiß: Familien-Atlas, Opladen 1993

Unter allen demographischen Veränderungen hat der Geburtenrückgang sicherlich die größte Aufmerksamkeit erregt. Die bisherige Entwicklung der Geburtenzahlen verlief in beiden deutschen Staaten jedoch sehr unterschiedlich: auf dem Gebiet der alten Bundesländer stieg die Zahl der Geburten in der Nachkriegszeit von 813 000 (1950) kontinuierlich an und erreichte Mitte der 60er Jahre einen Boom von mehr als einer Million Geburten im Jahr. Bis 1978 sank die Zahl auf 576 000 ab und veränderte sich bis 1985 nur geringfügig. Erst ab 1986 werden im Gebiet der alten Bundesländer jährlich wieder über 624 000 Geburten gezählt.
Auf dem Gebiet der neuen Bundesländer verringerte sich die Anzahl der Geburten zwischen 1950 und 1974 kontinuierlich von 304 000 auf rd. 179 000. Von 1976 bis 1980 kam es aufgrund kurzfristiger Auswirkungen von bevölkerungs- und sozialpolitischen Maßnahmen zugunsten junger Familien und Mütter zu einem starken Anstieg der Geburtenzahlen. Seit 1981 trat jedoch auch dort ein erneuter Geburtenrückgang ein, der bis 1989 anhält.

Die regionalen Unterschiede des Geburtenanteils in den alten Bundesländern folgen der konfessionellen Verteilung. In den überwiegend katholischen Landkreisen Nordwestdeutschlands, Bayerns und Baden-Württembergs waren die Geburtenanteile traditionell immer schon hoch gewesen und liegen auch heute über dem Bundesdurchschnitt. Demgegenüber verdeutlichen die kreisfreien Städte den Zusammenhang von Urbanität und niedrigen Geburtenziffern und zeigen das vorwiegend urbane Phänomen, daß Mütter bei der Geburt 35 Jahre und älter sind.

Ein Vergleich zwischen Ost- und Westdeutschland ergibt höhere Geburtenanteile in den Kreisen der neuen Bundesländer. Die höchsten Werte sind in den dünnbesiedelten, landwirtschaftlich geprägten Kreisen vor allem in Mecklenburg-Vorpommern sowie im nördlichen Teil von Brandenburg und Sachsen-Anhalt zu finden.

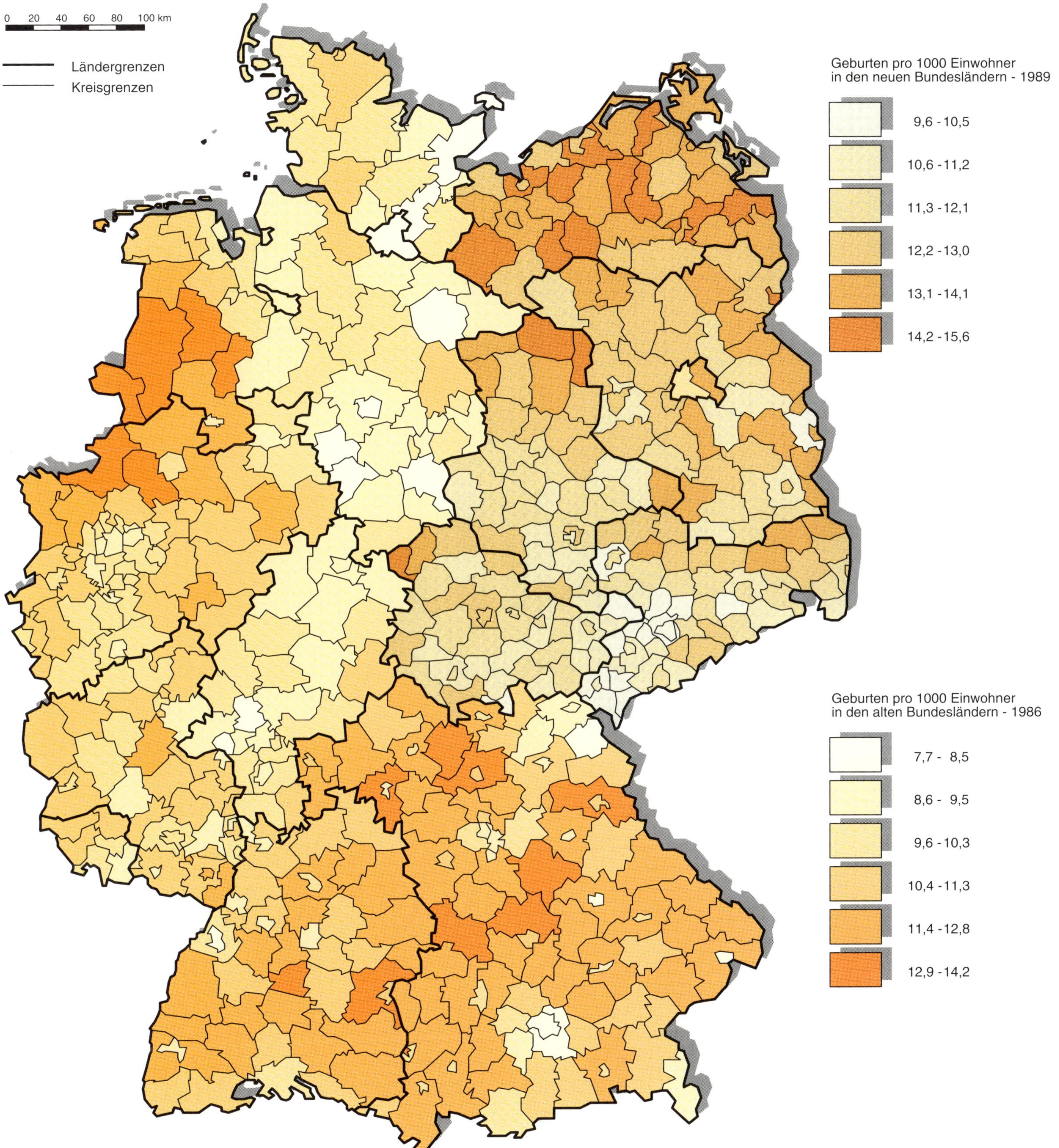

Quelle: DJI-Regionaldatenbank, auf der Basis absoluter Zahlen der Statistischen Landesämter bzw. der Staatlichen Zentralverwaltung für Statistik der ehemaligen DDR

Geburten - junge Mütter 1986

Kreise mit den niedrigsten Werten

Kreise	Kreisnr.	Werte*
Stormarn	1062	1,1
Starnberg	9188	1,1
Ebersberg	9175	1,3
Schweinfurt	9678	1,3
Baden-Baden	8211	1,3

*) Werte siehe Kartenlegende

Kreise mit den höchsten Werten

Kreise	Kreisnr.	Werte*
Kronach	9476	6,7
Pirmasens Stadt	7317	6,9
Duisburg	5112	7,1
Gelsenkirchen	5513	7,4
Emden	3402	8,0

Vergleich ausgewählter Variablen in Berlin (West), München Stadt und in den Kreisen mit den niedrigsten bzw. höchsten Anteilen an Geburten junger Mütter

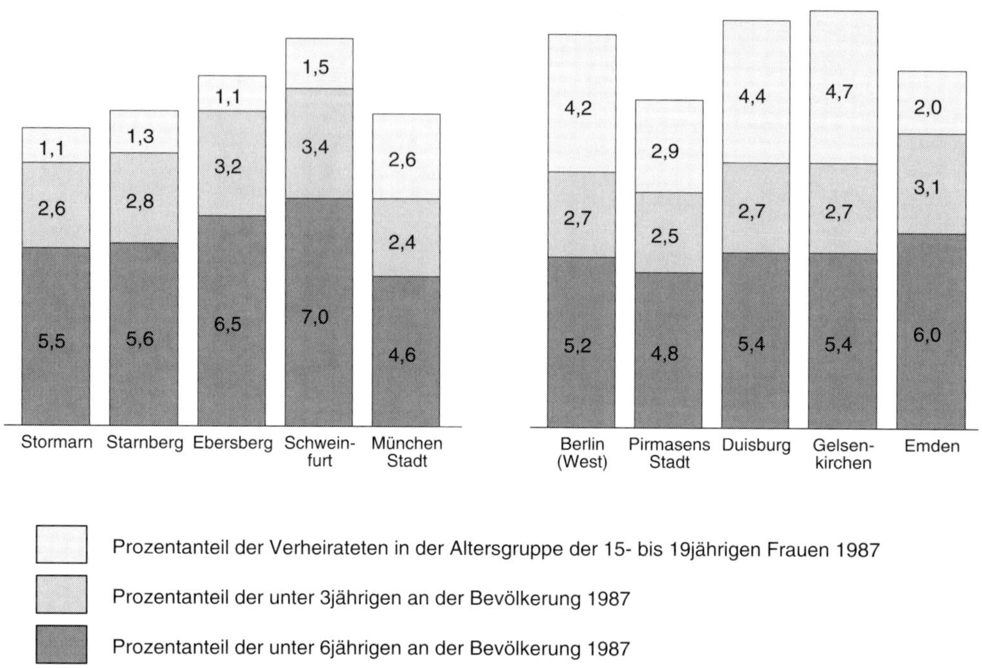

Mittelwerte der Standardvariablen in Kreisen mit sehr niedrigen bis sehr hohen Anteilen an Geburten junger Mütter

Standardvariablen	Anteile Geburten junger Mütter sehr niedrig	niedrig	hoch	sehr hoch
Lebendgeborene pro 1000 Einwohner 1986	10,4	10,6	10,2	10,0
0-5jährige pro 100 Einwohner 1986	6,1	6,1	5,8	5,7
Kindergartenplätze pro 100 3-5jährige 1986	79,2	79,0	79,4	76,5
Quartanerquote 1989	59,5	61,0	62,0	60,5
Zuzüge pro 100 Fortzüge der 18-24jährigen 1986	108,0	108,5	105,7	103,4
Erwerbstätigenanteil der 30-39jährigen Frauen 1987 (in %)	56,4	54,2	54,2	52,7
Erwerbstätigenanteil der 40-49jährigen Frauen 1987 (in %)	61,6	53,7	52,4	50,6

Datenquelle: DJI-Regionaldatenbank

Bertram, Bayer, Bauereiß: Familien-Atlas, Opladen 1993

Die alten Bundesländer haben seit Jahren die historisch und international niedrigste Geburtenziffer. Sie beläuft sich 1986 auf 10,2 Geburten je 1000 Einwohner. Zusammen mit der sinkenden Geburtenhäufigkeit hat sich das durchschnittliche Gebäralter in ein höheres Lebensalter verlagert. 1986 liegt das durchschnittliche Alter der Mütter bei der Geburt bei 27 Jahren, von verheirateten Müttern bei 28 Jahren. Die Geburten von Müttern unter 20 Jahren machen mit 3,1 % den geringsten Anteil aus. Im Jahr 1965 lag dieser Anteil noch bei 5,5 %.

Bei dieser Altersgruppe taucht natürlich die Frage auf, ob diese Kinder vorwiegend ehelich oder unehelich geboren werden. 1986 beträgt das Verhältnis 43,2 % nichteheliche Geburten zu 56,8 % eheliche Geburten. Damit verzeichnet sich ein Rückgang ehelicher Geburten gegenüber 1965, als 24,5 % nichtehelichen Geburten 75,5 % eheliche Geburten in dieser Altersgruppe gegenüberstanden. Diese Zahlen verdeutlichen jedoch, daß 'junge Mutter' nicht zwangsläufig mit 'lediger Mutter' gleichgesetzt werden kann.

Wie die Karte zeigt, gibt es in Nordrhein-Westfalen, in Hessen, im Saarland, im südlichen Teil von Rheinland-Pfalz sowie im nord-östlichen Teil von Bayern besonders viele Kreise mit hohen Anteilen an jungen Müttern. Dabei sind diese kein Phänomen jener Kreise mit hohen Geburtenraten. Sie sind, mit allen Vorbehalten, eher ein Phänomen industriell geprägter Kreise, wie z.B. des Rhein-Ruhrgebietes, in denen der frühe Übergang von der Herkunftsfamilie zur eigenen Familie stärker verbreitet ist. Die höheren Anteile an jungen Müttern treten tendenziell eher in überwiegend protestantischen Kreisen auf und führen zu keinen höheren Geburtenraten in diesen Kreisen.

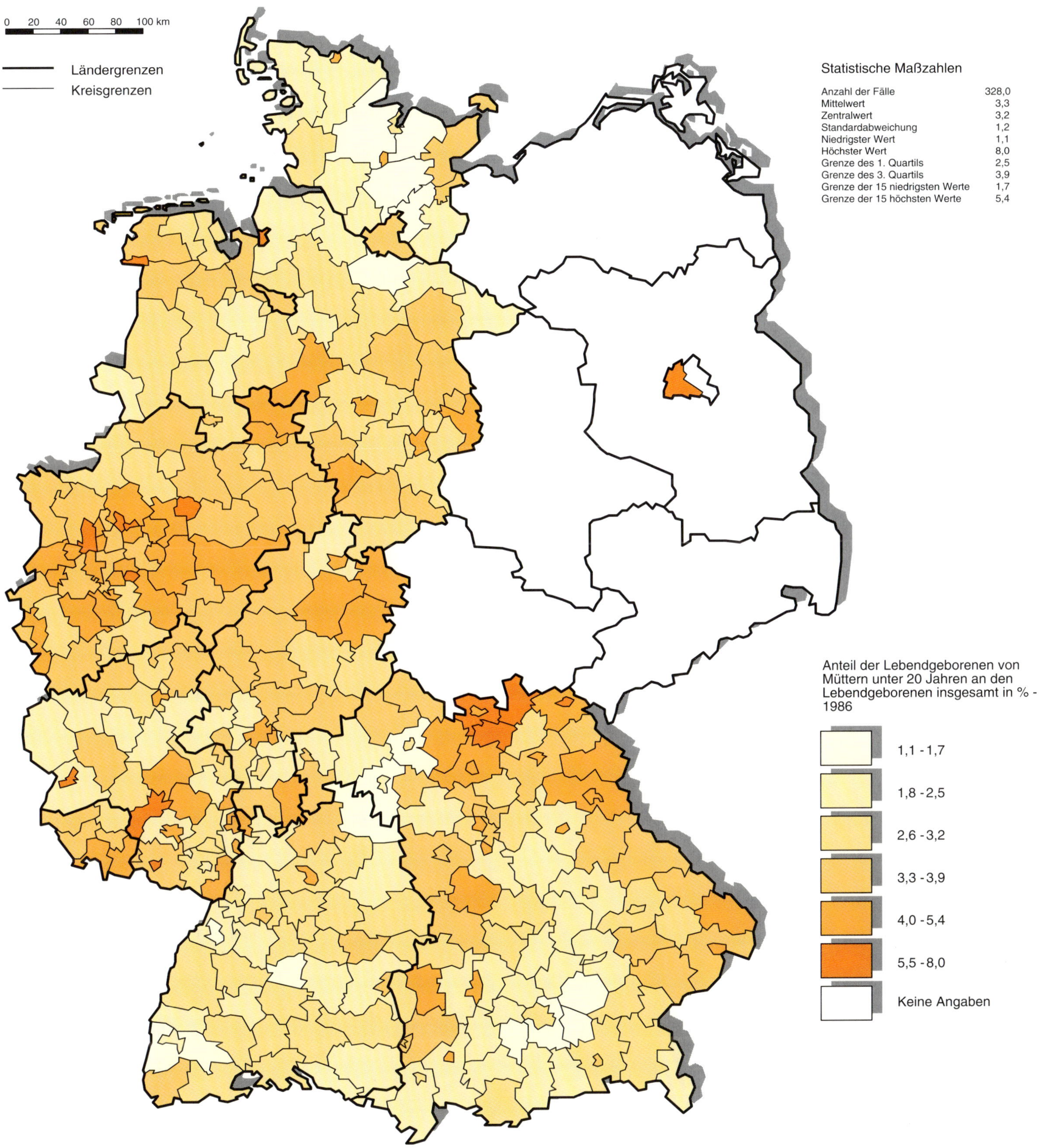

Quelle: DJI-Regionaldatenbank, auf der Basis absoluter Zahlen der Statistischen Landesämter

Geburten - ältere Mütter 1986

Kreise mit den niedrigsten Werten

Kreise	Kreisnr.	Werte*
Merzig-Wadern	10042	5,0
Haßberge	9674	5,2
Pirmasens Stadt	7317	5,3
Höxter	5762	5,4
Neunkirchen	10043	5,5

*) Werte siehe Kartenlegende

Kreise mit den höchsten Werten

Kreise	Kreisnr.	Werte*
Hochtaunuskreis	6434	12,4
München	9184	14,5
München Stadt	9162	14,7
Heidelberg	8221	15,3
Starnberg	9188	16,5

Bildung und Erwerbstätigkeit von Frauen in Berlin (West), und in den Kreisen mit den niedrigsten bzw. höchsten Anteilen an Geburten älterer Mütter

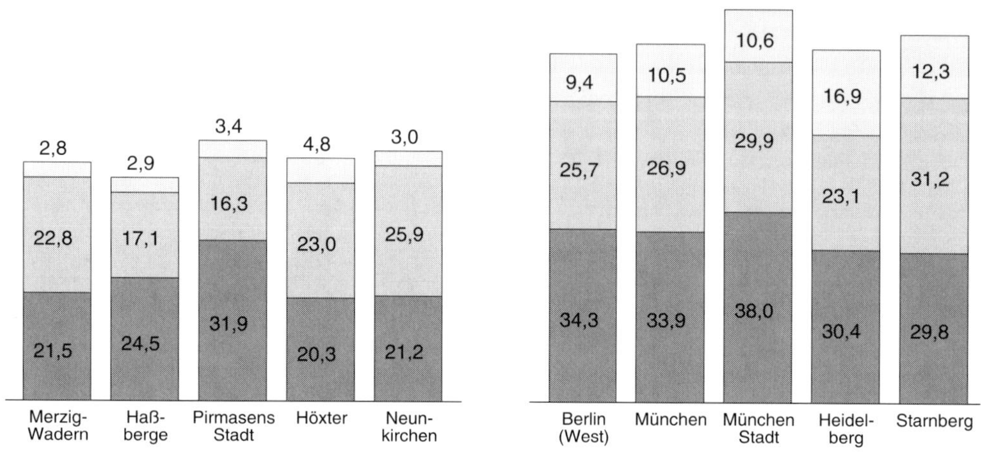

Prozentanteil der Frauen mit höchstem berufsbildenden Schulabschluß Hochschule in der Altersgruppe der 15- bis 64jährigen Frauen 1987

Prozentanteil der weiblichen Beschäftigten in der Wirtschaftsabteilung "Dienstleistungen, soweit von Unternehmen und freien Berufen erbracht" an den weiblichen Beschäftigten insgesamt 1987

Prozentanteil der Frauen mit überwiegendem Lebensunterhalt durch Erwerbstätigkeit an der weiblichen Bevölkerung 1987

Mittelwerte der Standardvariablen in Kreisen mit sehr niedrigen bis sehr hohen Anteilen an Geburten älterer Mütter

	Anteile Geburten älterer Mütter			
Standardvariablen	sehr niedrig	niedrig	hoch	sehr hoch
Lebendgeborene pro 1000 Einwohner 1986	11,1	10,3	10,3	9,3
0-5jährige pro 100 Einwohner 1986	6,4	6,0	5,9	5,4
Kindergartenplätze pro 100 3-5jährige 1986	81,1	78,2	80,1	82,1
Quartanerquote 1989	56,8	60,9	62,1	75,5
Zuzüge pro 100 Fortzüge der 18-24jährigen 1986	98,5	104,2	115,9	125,9
Erwerbstätigenanteil der 30-39jährigen Frauen 1987 (in %)	49,9	52,7	57,4	59,7
Erwerbstätigenanteil der 40-49jährigen Frauen 1987 (in %)	46,3	52,1	58,4	59,4

Datenquelle: DJI-Regionaldatenbank

Bertram, Bayer, Bauereiß: Familien-Atlas, Opladen 1993

Die individuelle Entscheidung für oder gegen ein Kind wird durch ein komplexes Ursachengeflecht beeinflußt. Die Einstellung zu Familienplanung und Sexualität einschließlich biologischer Faktoren sowie zur Ehe spielen ebenso wie der Einfluß von Bezugsgruppen (Freunde, Verwandte, Kollegen) eine wichtige Rolle. Wegen der stärkeren Berufsorientierung der Frau wird die Realisierung des Kinderwunsches zeitlich hinausgeschoben, wie am steigenden Alter der Mutter bei der Geburt des ersten Kindes und am höheren Anteil von kinderlosen Frauen unter den Höherqualifizierten ablesbar ist. 1986 sind bei 8,7 % aller Geburten in den alten Bundesländern die Frauen älter als 35 Jahre.

Sehr viele Kreise in Schleswig-Holstein, im südlichen Teil von Hessen, in Baden-Württemberg und im südlichen Teil von Bayern weisen hohe Anteile an Frauen auf, die bei der Geburt eines Kindes älter als 35 Jahre sind. Dies ist einerseits auf einen höheren Anteil von Frauen zurückzuführen, die mehrere Kinder gebären, andererseits liegen jedoch vor allem in urbanen Zentren, wie Hamburg, Frankfurt, Stuttgart oder München, sowie in den umliegenden Kreisen, wie z.B. Starnberg, auch sehr hohe Erstgeburtenraten von Frauen ab 35 Jahren vor. Mit diesen Anteilen korrespondiert das hohe Bildungsniveau der Frauen, die in diesen Städten arbeiten und leben. Insgesamt sind sie zu einem sehr viel höheren Prozentsatz in das Erwerbsleben integriert, als in Kreisen mit niedrigen Anteilen an älteren Müttern.

Die höheren Quoten der Geburten älterer Frauen in den urbanen Zentren bringen die dort stattfindende Veränderung von Lebensformen und Lebensweisen zum Ausdruck, die auch eine veränderte Einstellung zu Ehe, Familie und Kindern einschließt.

Geburten - ältere Mütter 1986

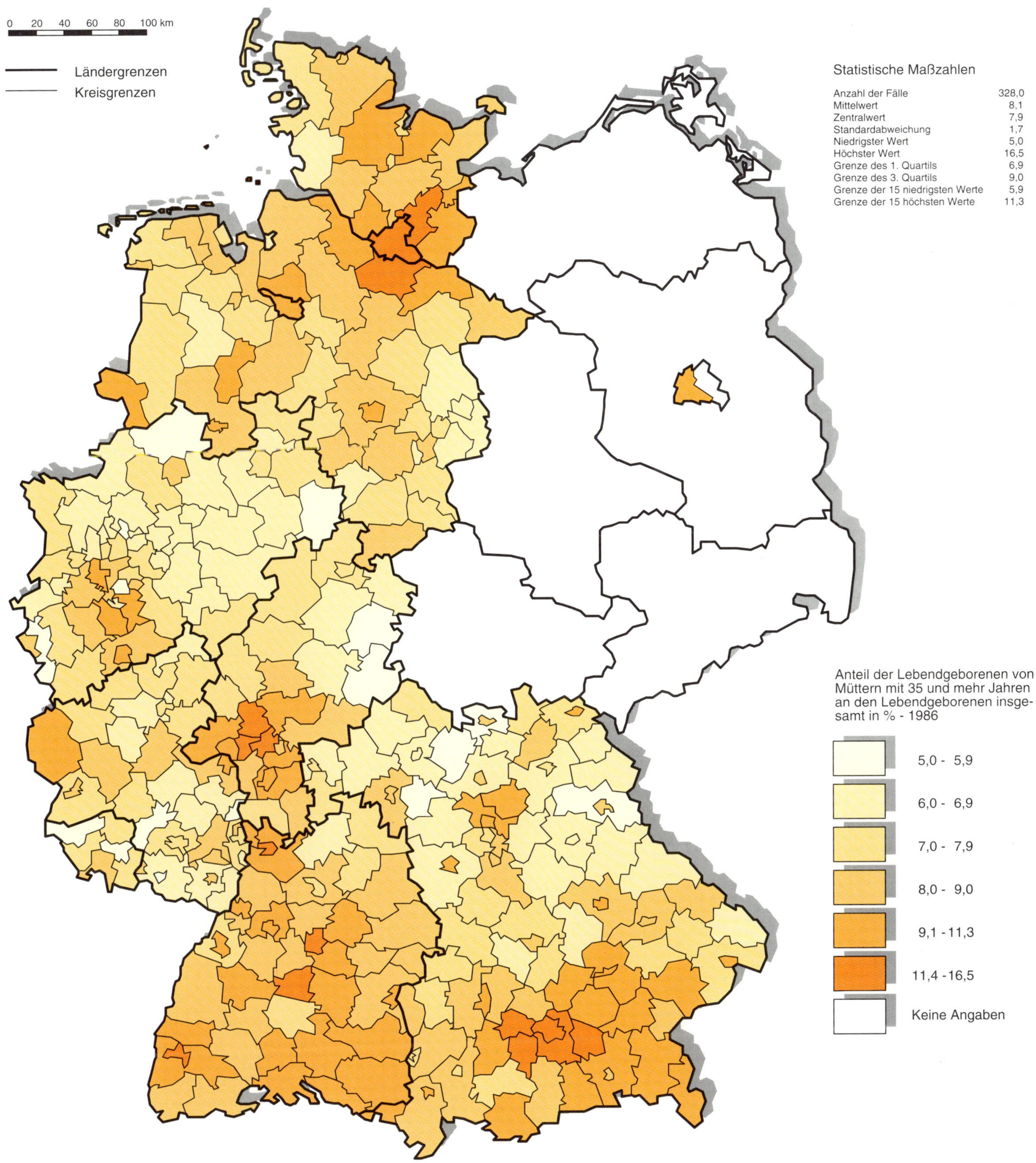

Quelle: DJI-Regionaldatenbank, auf der Basis absoluter Zahlen der Statistischen Landesämter

Kinder unter 6 Jahren 1987 bzw. 1989

Kreise mit den niedrigsten Werten in den neuen Bundesländern

Kreise	Kreisnr.	Werte*
Strasburg	12310	6,1
Rostock	12108	6,4
Sterneberg	12210	6,4
Havelberg	14707	6,5
Ribnitz-Damgarten	12103	6,5

Kreise mit den höchsten Werten in den neuen Bundesländern

Kreise	Kreisnr.	Werte*
Zwickau	151421	9,4
Bernburg	14803	9,4
Lobenstein	161004	9,5
Aue	151402	9,5
Klingenthal	151418	9,8

Kreise mit den niedrigsten Werten in den alten Bundesländern

Kreise	Kreisnr.	Werte*
Baden-Baden	8211	3,5
Regensburg Stadt	9362	3,6
München Stadt	9162	3,7
Hannover Stadt	3201	3,8
Goslar	3153	3,8

Kreise mit den höchsten Werten in den alten Bundesländern

Kreise	Kreisnr.	Werte*
Neumarkt/Opf.	9373	6,5
Cloppenburg	3453	6,6
Eichstätt	9176	6,8
Emsland	3454	6,8
Bamberg	9471	6,8

*) Werte siehe Kartenlegende

Personen in Haushalten unterschiedlicher Größe in Berlin (West) und in den Kreisen mit den niedrigsten bzw. höchsten Anteilen an Kindern unter 6 Jahren in den alten Bundesländern

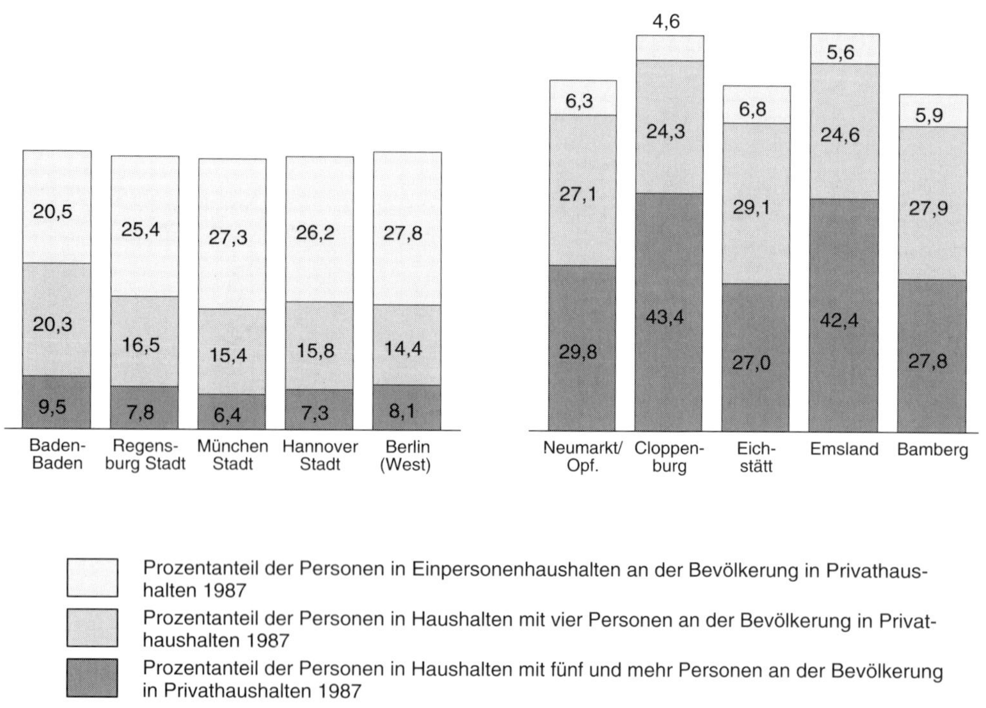

Datenquelle: DJI-Regionaldatenbank

Bertram, Bayer, Bauereiß: Familien-Atlas, Opladen 1993

Die regionale Verteilung der Kinder unter 6 Jahren folgt sowohl in West- als auch in Ostdeutschland in etwa der der Geburtenrate. Die höchsten Anteile findet man in katholischen Kreisen im Nordwesten und im Süden bzw. Südwesten. In den neuen Bundesländern weisen die Kreise in Mecklenburg-Vorpommern und im nördlichen Teil von Brandenburg sehr hohe Anteile auf. Die unterschiedlichen Anteile der unter 6jährigen verdeutlichen, daß die Geburtenraten in den alten Ländern im Vergleich zu den neuen Ländern bereits seit längerer Zeit niedrig sind, denn die niedrigsten Anteile in den neuen Ländern entsprechen in etwa den höchsten Anteilen in den alten Ländern.

Es ist zwar naheliegend, daß die Kinderanteile in den jeweiligen Kreisen einen Einfluß auf die durchschnittlichen Haushaltsgrößen haben, die extremen Unterschiede, die hier deutlich werden, sind jedoch überraschend. So leben in Kreisen mit einem hohen Kinderanteil teilweise über 40 % der Bevölkerung in Haushalten mit fünf und mehr Personen. Addiert man dazu die Anteile der Personen, die in Haushalten mit vier Personen leben, kommt man sogar auf bis zu zwei Drittel. Dagegen lebt in Kreisen mit dem niedrigsten Anteil an unter 6jährigen Kindern höchstens ein Drittel der Bevölkerung in Haushalten mit vier, fünf oder mehr Personen, in München beispielsweise nur rd. 20 %. Damit wird deutlich, daß Kinder in Kreisen mit den niedrigsten bzw. höchsten Kinderanteilen extrem unterschiedliche Lebens- und Haushaltsformen vorfinden.

Darüber hinaus wird klar, warum urbane Zentren eine solche Wohnungsnot haben, denn der Anteil der Personen, die in Einpersonenhaushalten leben, ist dort drei- bis viermal größer als in den Kreisen mit einem hohen Kinderanteil. Nach den Ergebnissen der Gebäude- und Wohnungszählung belegen Personen in Einpersonenhaushalten im Durchschnitt wesentlich mehr Wohnraum als Personen, die in Mehrpersonenhaushalten leben.

Kinder unter 6 Jahren 1987 bzw. 1989

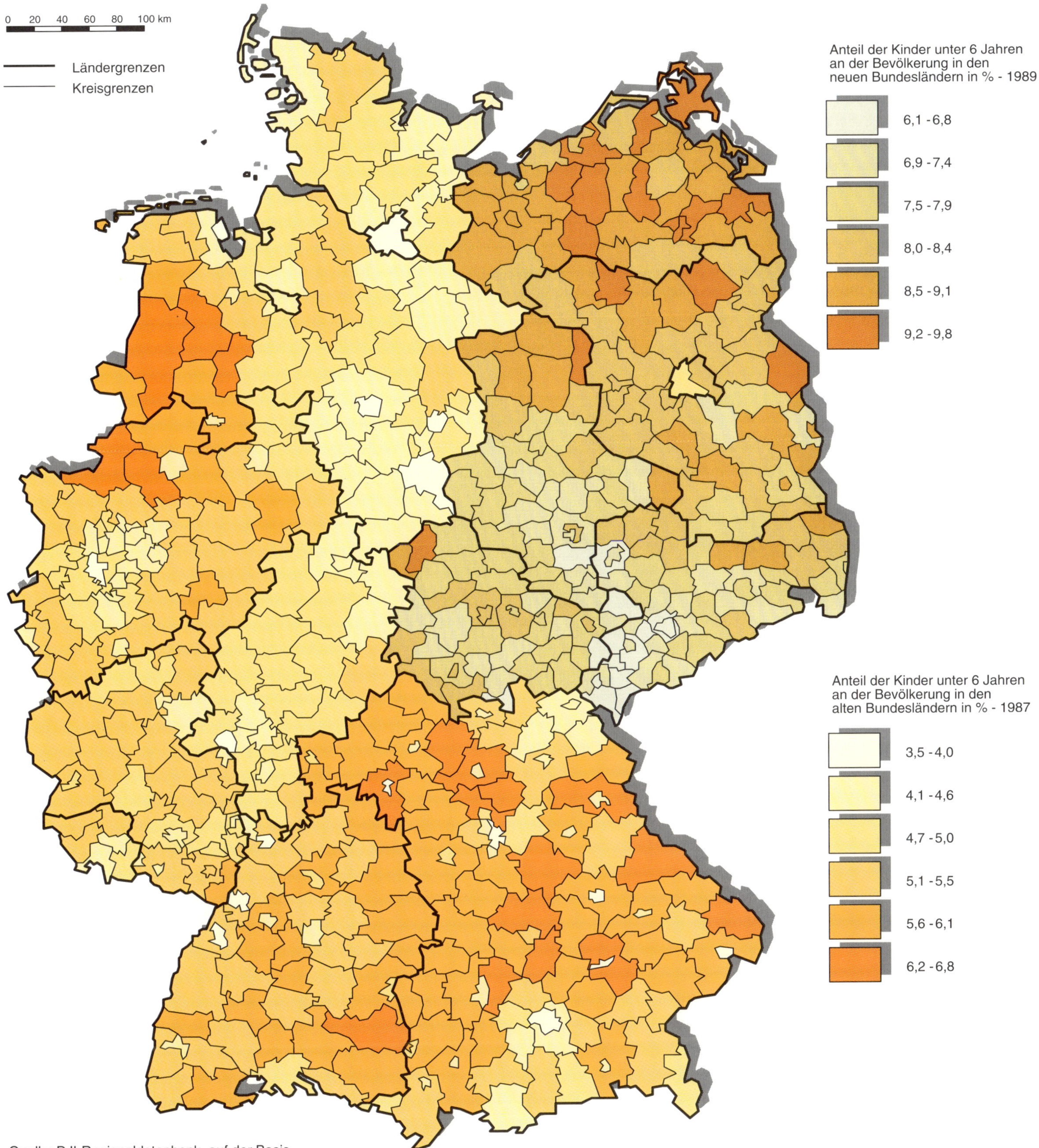

Quelle: DJI-Regionaldatenbank, auf der Basis absoluter Zahlen der Statistischen Landesämter bzw. der Staatlichen Zentralverwaltung für Statistik der ehemaligen DDR

Kinder unter 10 Jahren 1986

Kreise mit den niedrigsten Werten

Kreise	Kreisnr.	Werte*
München Stadt	9162	7,0
Regensburg Stadt	9362	7,0
Heidelberg	8221	7,1
Baden-Baden	8211	7,2
Würzburg Stadt	9663	7,4

*) Werte siehe Kartenlegende

Kreise mit den höchsten Werten

Kreise	Kreisnr.	Werte*
Neumarkt/Opf.	9373	12,9
Eichstätt	9176	13,2
Bamberg	9471	13,3
Cloppenburg	3453	13,3
Emsland	3454	13,7

Bildung und Erwerbstätigkeit von Frauen in Berlin (West), und in den Kreisen mit den niedrigsten bzw. höchsten Anteilen an Kindern unter 10 Jahren

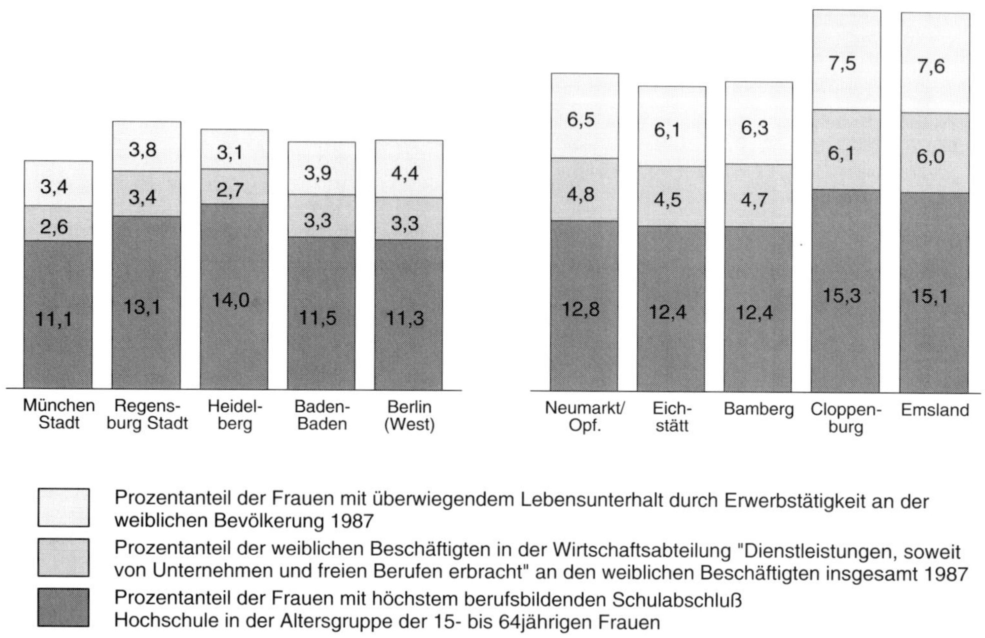

Mittelwerte der Standardvariablen in Kreisen mit sehr niedrigen bis sehr hohen Anteilen an Kindern unter 10 Jahren

Standardvariablen	Anteile an Kindern unter 10 Jahren			
	sehr niedrig	niedrig	hoch	sehr hoch
Lebendgeborene pro 1000 Einwohner 1986	8,6	9,9	11,9	13,1
0-5jährige pro 100 Einwohner 1986	4,7	5,8	7,0	7,8
Kindergartenplätze pro 100 3-5jährige 1986	81,9	74,8	78,8	62,6
Quartanerquote 1989	65,4	66,6	51,1	49,6
Zuzüge pro 100 Fortzüge der 18-24jährigen 1986	131,2	104,1	96,8	100,3
Erwerbstätigenanteil der 30-39jährigen Frauen 1987 (in %)	59,9	53,6	52,9	47,9
Erwerbstätigenanteil der 40-49jährigen Frauen 1987 (in %)	60,7	53,4	53,1	45,3

Datenquelle: DJI-Regionaldatenbank

Bertram, Bayer, Bauereiß: Familien-Atlas, Opladen 1993

Im Jahr 1961 lag in den alten Bundesländern der Anteil der unter 10jährigen an der Bevölkerung noch bei 15,2 %. Infolge des Geburtenrückgangs nach 1965 reduzierte er sich bis zum Jahr 1987 auf 9,8 %, obwohl in dieser Zeit die Gesamtbevölkerung von 56,2 auf 61,1 Mio. gestiegen war. Diese Veränderung des Altersaufbaus der Bevölkerung zuungunsten der jüngeren Altersgruppen zeigt deutlich die Überalterung der Gesellschaft und das 'Verschwinden der Kinder aus unserer Gesellschaft'.

Die Kinder unter 10 Jahren verteilen sich, wie bereits die Kinder unter 6 Jahren, regional überwiegend auf die katholisch geprägten Kreise, d.h. im Nordwesten und im Süd- bzw. Südwesten der alten Bundesländer treten die höchsten Anteile auf. Die von Norddeutschland bis nach Hessen hineinragenden, eher protestantisch geprägten Kreise liegen unter dem Bundesdurchschnitt. Besonders niedrige Anteile weisen die urbanen Zentren auf. Diese Unterschiede setzen sich in den Anteilen der Altersgruppen von 10 bis 14 Jahren und 15 bis 17 Jahren fort.

Die Kreise, die einen hohen Anteil an Geburten und Kindern aufweisen, können ihre Bevölkerung selbst reproduzieren bzw. leisten sogar einen gewissen Überschuß an Nachwuchs, während die wirtschaftlich dynamischen Kreise genau dieses nicht mehr wollen bzw. können und auf die Wanderungsgewinne aus den Kreisen mit hohen Kinderanteilen angewiesen sind. Die wirtschaftlich dynamischen Kreise profitieren in dieser Beziehung in erheblichem Umfang vom Konsumverzicht und den Einkommensbeschränkungen der Personen, die in den kinderreichen Kreisen der alten Bundesländer leben, indem sie mit geringen finanziellen Aufwendungen für Kinder und Jugendliche Anziehungspunkt für die jungen Erwachsenen sind.

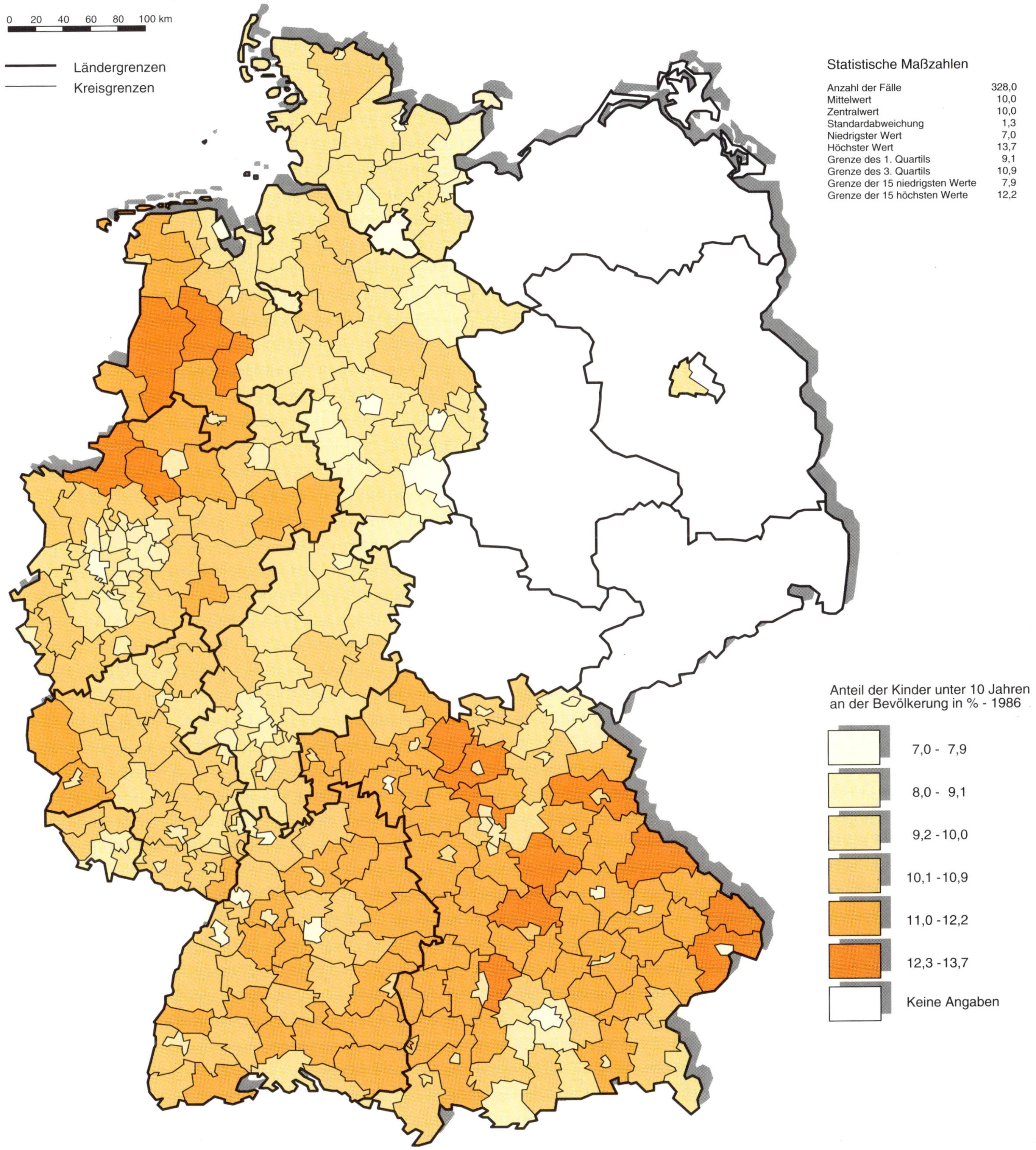

Quelle: DJI-Regionaldatenbank, auf der Basis absoluter Zahlen der Statistischen Landesämter

Ausländische Kinder unter 10 Jahren 1986

Kreise mit den niedrigsten Werten

Kreise	Kreisnr.	Werte*
Freyung-Grafenau	9272	3,7
Regen	9276	4,5
Passau Stadt	9262	4,7
Ostholstein	1055	5,6
Passau	9275	5,7

*) Werte siehe Kartenlegende

Kreise mit den höchsten Werten

Kreise	Kreisnr.	Werte*
Gütersloh	5754	20,1
Celle	3351	20,4
Delmenhorst	3401	20,6
Schweinfurt Stadt	9662	22,7
Bamberg Stadt	9461	23,6

Ausländische Bevölkerung und Haushalte in Berlin (West), München Stadt und in den Kreisen mit den niedrigsten bzw. höchsten Anteilen an ausländischen Kindern unter 10 Jahren

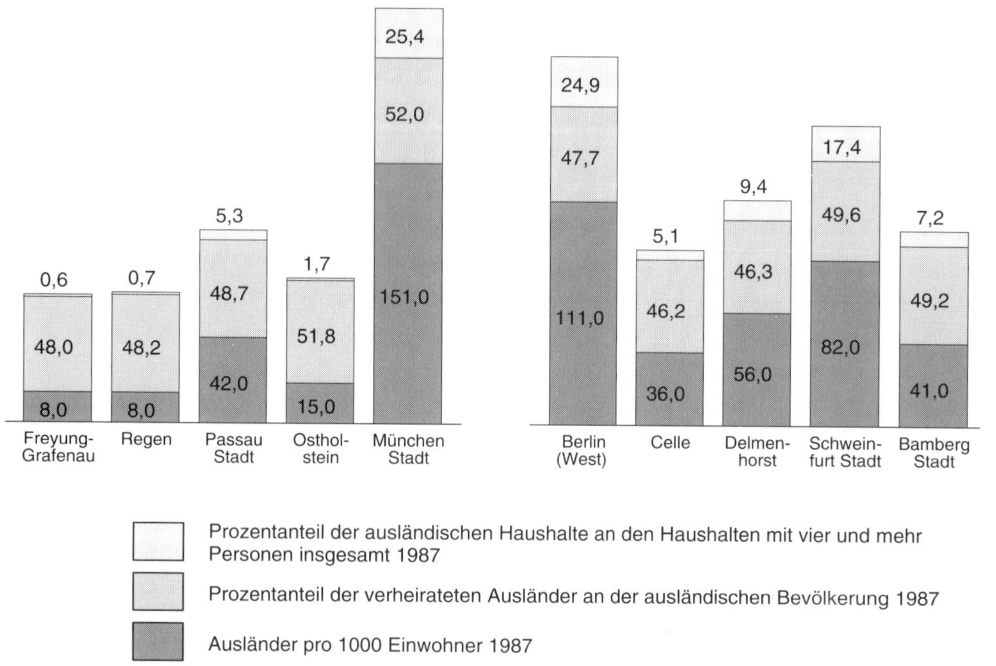

Mittelwerte der Standardvariablen in Kreisen mit sehr niedrigen bis sehr hohen Anteilen an ausländischen Kindern unter 10 Jahren

Standardvariablen	Anteile an ausländischen Kindern unter 10 Jahren sehr niedrig	niedrig	hoch	sehr hoch
Lebendgeborene pro 1000 Einwohner 1986	10,5	10,3	10,7	10,8
0-5jährige pro 100 Einwohner 1986	6,2	6,0	6,2	6,1
Kindergartenplätze pro 100 3-5jährige 1986	60,2	78,8	84,7	76,6
Quartanerquote 1989	52,5	61,3	59,7	63,1
Zuzüge pro 100 Fortzüge der 18-24jährigen 1986	99,5	104,0	102,5	103,0
Erwerbstätigenanteil der 30-39jährigen Frauen 1987 (in %)	55,0	53,4	52,2	52,3
Erwerbstätigenanteil der 40-49jährigen Frauen 1987 (in %)	52,7	52,0	52,1	50,8

Datenquelle: DJI-Regionaldatenbank

Bertram, Bayer, Bauereiß: Familien-Atlas, Opladen 1993

Im Jahr 1986 hat jedes zehnte in den alten Bundesländern geborene Kind eine ausländische Staatsangehörigkeit, während es 1975 noch jedes sechste war. Dieser Rückgang ist nicht zuletzt in der zunehmenden Anpassung der Ausländerinnen an die deutschen Verhältnisse zu suchen. Die Geburtenhäufigkeit der hier lebenden Ausländerinnen ist dennoch höher als bei deutschen Frauen, wobei wiederum erhebliche Unterschiede zwischen den einzelnen Nationalitäten bestehen. So bringen in den alten Bundesländern beim derzeitigen Geburtenverhalten 1000 Türkinnen im Laufe ihres Lebens 2600 Kinder zur Welt, die italienischen Frauen 1600, die Jugoslawinnen 1500 und die deutschen Frauen 1300.

Die Verteilung der ausländischen Kinder unter 10 Jahren folgt nicht den historischen Mustern der Verteilung der deutschen Kinder, sondern spiegelt die Einwanderung bzw. die Einwanderungspolitik in einzelnen Kreisen wider. Siedeln sich Gastarbeiter in Großstädten an, wie z.B. in München und Berlin, dann meist mit Familie. So hat dort jeder vierte Haushalt mit vier und mehr Kindern einen ausländischen Haushaltsvorstand.

Es stellt sich jedoch die Frage, weshalb in Kreisen, die einen ähnlichen Anteil an verheirateten Ausländern aufweisen, die Anteile der Kinder unter 10 Jahren an der ausländischen Bevölkerung von 3,7 % bis 23,6 % variieren bzw. warum in Kreisen mit einem ähnlich hohen Ausländeranteil (z.B. Passau und Bamberg) so unterschiedliche Anteile an ausländischen Kindern auftauchen können. Nachvollziehbar ist dabei, daß in Kreisen, in denen der Anteil der Ausländer insgesamt sehr niedrig ist, auch insgesamt weniger ausländische Kinder leben. Zudem scheint es so zu sein, daß neben den oben genannten nationalen Differenzen in Kreisen mit einem geringen Ausländeranteil jenes traditionelle Muster des Gastarbeiters stärker verbreitet ist, der ohne Familie einwandert und diese mit dem verdienten Geld in ihrer Heimat unterstützt.

Ausländische Kinder unter 10 Jahren 1986

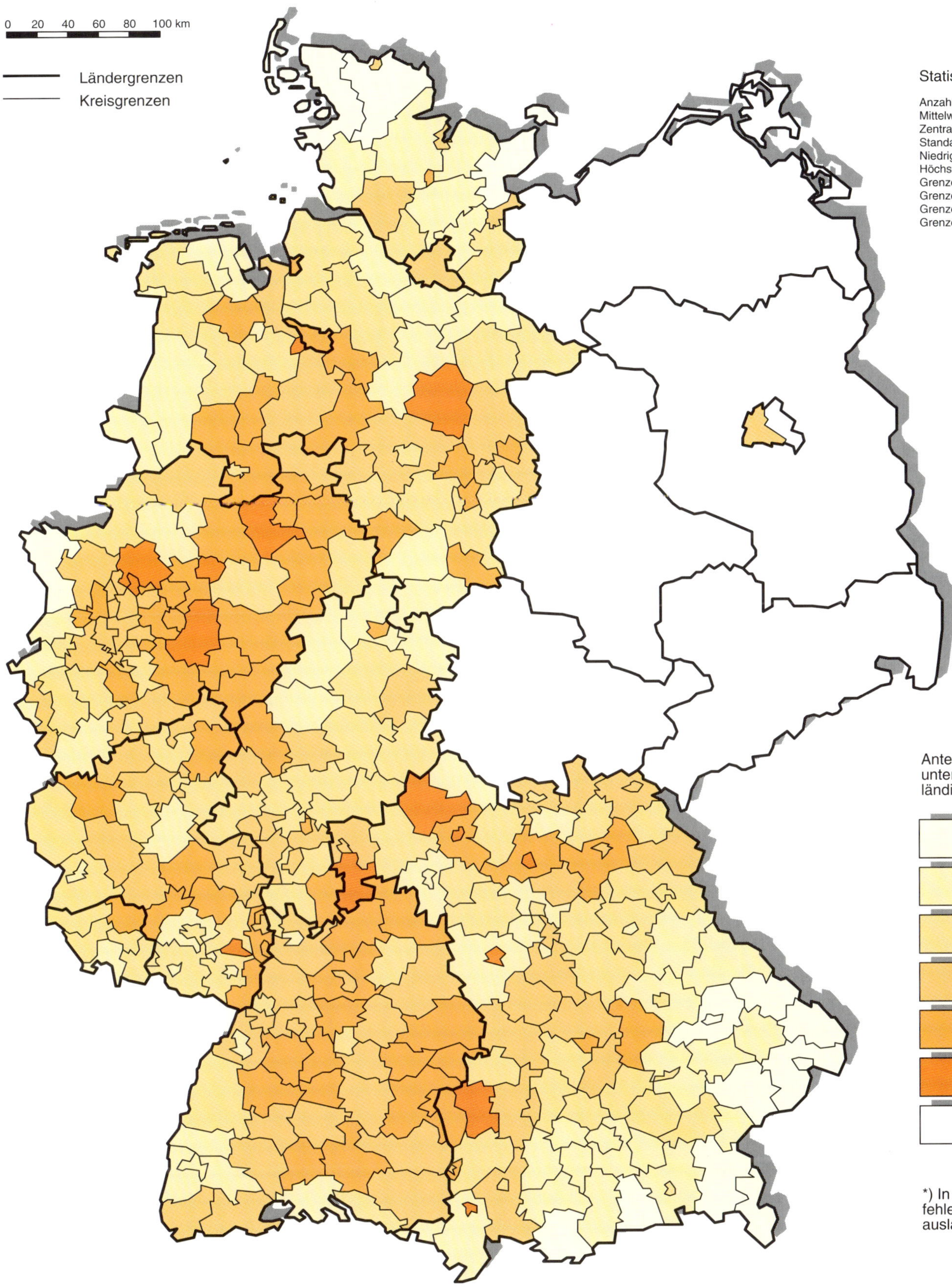

Statistische Maßzahlen

Anzahl der Fälle	328,0
Mittelwert	13,6
Zentralwert	13,7
Standardabweichung	3,1
Niedrigster Wert	3,7
Höchster Wert	23,6
Grenze des 1. Quartils	11,5
Grenze des 3. Quartils	15,6
Grenze der 15 niedrigsten Werte	8,1
Grenze der 15 höchsten Werte	18,3

Anteil der ausländischen Kinder unter 10 Jahren* an der ausländischen Bevölkerung in % - 1986

- 3,7 - 8,1
- 8,2 - 11,5
- 11,6 - 13,7
- 13,8 - 15,6
- 15,7 - 18,3
- 18,4 - 23,6
- Keine Angaben

*) In den Kreisen von Niedersachsen fehlen die Zahlen der 0- bis 1jährigen ausländischen Kinder.

Quelle: DJI-Regionaldatenbank, auf der Basis absoluter Zahlen der Statistischen Landesämter

Eheschließungen 1986 bzw. 1989

Kreise mit den niedrigsten Werten in den neuen Bundesländern

Kreise	Kreisnr.	Werte*
Wismar	12110	1,3
Rostock	12108	4,6
Plauen	151414	4,6
Neubrandenburg	12305	4,6
Zwickau	151421	4,9

Kreise mit den höchsten Werten in den neuen Bundesländern

Kreise	Kreisnr.	Werte*
Rügen	12112	11,6
Suhl	161108	12,1
Wismar Stadt	12133	12,5
Dresden	151204	12,6
Wernigerode	14720	12,7

Kreise mit den niedrigsten Werten in den alten Bundesländern

Kreise	Kreisnr.	Werte*
Verden	3361	4,9
Rosenheim Stadt	9163	5,0
Schaumburg	3257	5,1
Main-Taunus-Kreis	6436	5,2
Bielefeld	5711	5,2

Kreise mit den höchsten Werten in den alten Bundesländern

Kreise	Kreisnr.	Werte*
Pirmasens Stadt	7317	7,9
Landau	7313	8,0
Schweinfurt Stadt	9662	8,2
Zweibrücken	7320	8,6
Bamberg Stadt	9461	9,5

*) Werte siehe Kartenlegende

Demographische Faktoren in Berlin (West), München Stadt und in den Kreisen mit den niedrigsten bzw. höchsten Anteilen an Eheschließungen in den alten Bundesländern

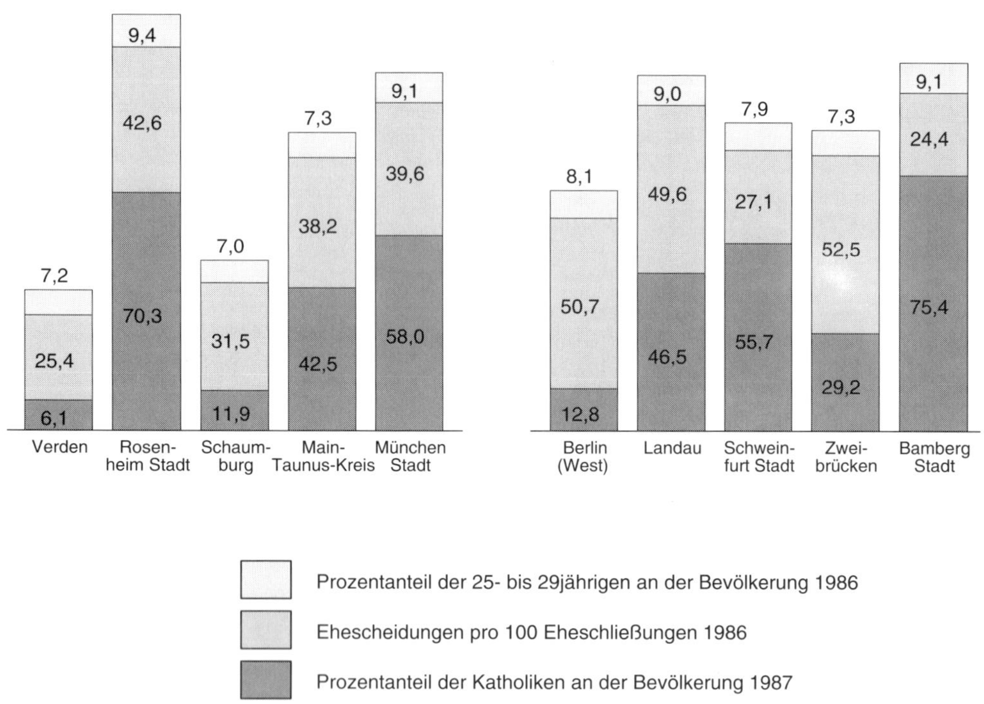

Datenquelle: DJI-Regionaldatenbank

Bertram, Bayer, Bauereiß: Familien-Atlas, Opladen 1993

Seit 1961 sank in den jetzigen alten Bundesländern die Zahl der Eheschließungen von 521 000 auf 372 000 im Jahr 1986. Das durchschnittliche Heiratsalter stieg bei Männern zwischen 1961 und 1986 von 25,9 auf 27,5 Jahre, bei Frauen von 23,7 auf 24,9 Jahre. Genauere Aufschlüsse über die Heiratsneigung geben altersspezifische Heiratsziffern, welche die Zahl der Eheschließenden je 1000 Ledige gleichen Alters angeben. Gingen z.B. 1961 noch 221 von 1000 ledigen Männern im Alter von 26 Jahren die Ehe ein, so waren es 1986 nur noch 88.

Demgegenüber gab es auf dem Gebiet der jetzigen neuen Bundesländer, aufgrund der damaligen Sozial- und Bevölkerungspolitik keine stärkeren Schwankungen in der Anzahl der Eheschließungen. Allerdings ist auch hier seit Beginn der 80er Jahre ein Hinausschieben des durchsschnittlichen Erstheiratsalters zu beobachten (bei Frauen von 21,3 auf 22,7 Jahre, bei Männern von 23,4 auf 24,8 Jahre).

Die Karte zeigt die Unterschiede im Heiratsverhalten in den neuen und alten Bundesländer. In den letzteren weisen die Kreise untereinander eine wesentlich geringere Spanne (von 4,9 bis 9,5) bei den Eheschließungen je 1000 Einwohner auf (neue Bundesländer: 1,3 bis 12,7). Regionale Traditionen wie z.B. die Konfession spielen dabei nur eine untergeordnete Rolle. Zudem zeigt sich keine eindeutige Stadt-Land-Differenz. Zwischen dem Anteil der Ehescheidungen und dem Anteil der Eheschließungen ist ebenfalls kein klarer Zusammenhang auszumachen.

Der Anteil der Verheirateten an der jeweiligen Gesamtbevölkerung ist somit von vielen zusätzlichen Faktoren beeinflußt, wie Bevölkerungsaufbau, Mobilitätsstruktur und ähnlichem. Daher ist nur tendenziell nachweisbar, daß in urbanen Zentren und protestantischen Kreisen die Verheiratetenquote geringer ist als in katholisch ländlichen Kreisen.

Eheschließungen 1986 bzw. 1989

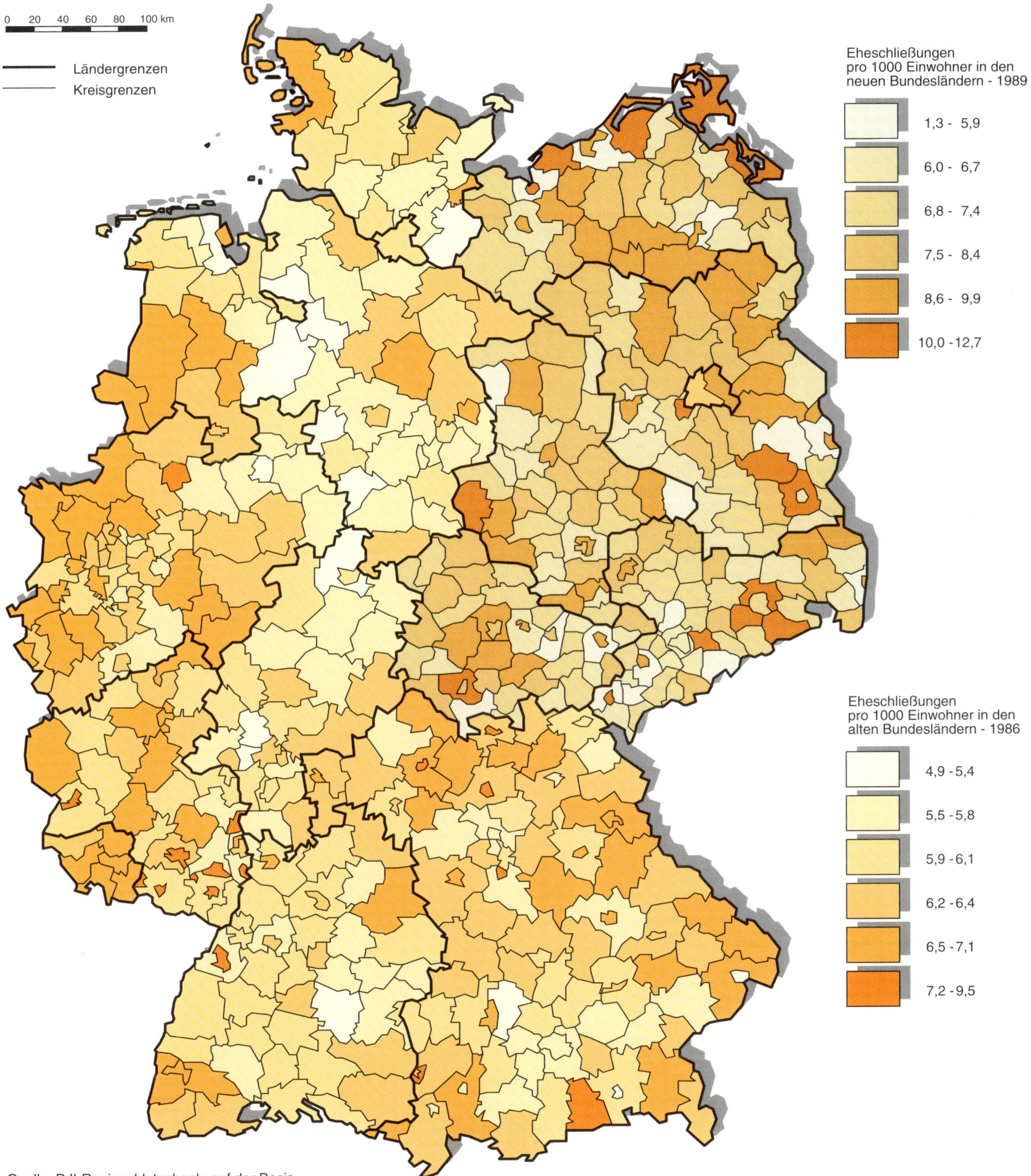

Quelle: DJI-Regionaldatenbank, auf der Basis absoluter Zahlen der Statistischen Landesämter bzw. der Staatlichen Zentralverwaltung für Statistik der ehemaligen DDR

Single-Haushalte 1987 bzw. 1981

Kreise mit den niedrigsten Werten in den neuen Bundesländern

Kreise	Kreisnr.	Werte*
Hildburghausen	161102	14,1
Roßlau	14815	15,4
Wanzleben	14719	16,1
Görlitz	151206	17,4
Köthen	14809	19,4

Kreise mit den höchsten Werten in den neuen Bundesländern

Kreise	Kreisnr.	Werte*
Berlin (Ost)	11002	31,2
Pasewalk	12307	31,4
Ueckermünde	12313	31,6
Havelberg	14707	32,4
Stralsund	12109	32,7

Kreise mit den niedrigsten Werten in den alten Bundesländern

Kreise	Kreisnr.	Werte*
Cloppenburg	3453	15,7
Bamberg	9471	17,6
Vechta	3460	17,9
Schweinfurt	9678	18,4
Straubing-Bogen	9278	18,5

Kreise mit den höchsten Werten in den alten Bundesländern

Kreise	Kreisnr.	Werte*
Frankfurt	6412	49,4
München Stadt	9162	50,2
Berlin (West)	11001	51,0
Heidelberg	8221	53,7
Freiburg	8311	53,7

*) Werte siehe Kartenlegende

Demographische Faktoren in den Kreisen mit den niedrigsten bzw. höchsten Anteilen an Einpersonenhaushalten in den alten Bundesländern

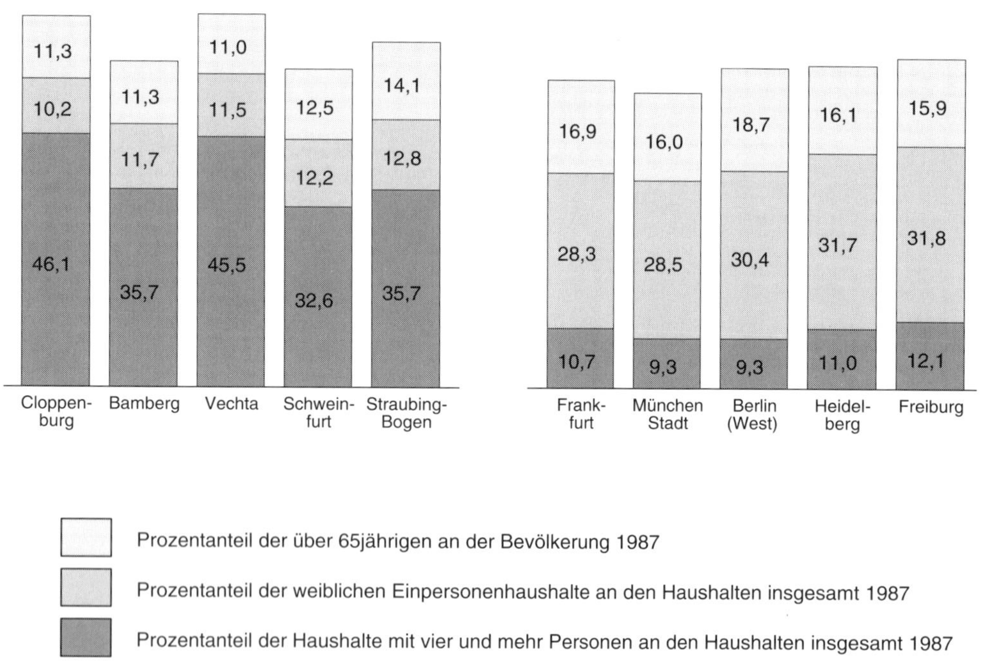

Datenquelle: DJI-Regionaldatenbank

Bertram, Bayer, Bauereiß: Familien-Atlas, Opladen 1993

Die Anzahl der Haushalte in den alten Bundesländern ist in den letzten Jahrzehnten stark gestiegen: werden bei der Volkszählung 1950 insgesamt 16,7 Mio. Haushalte registriert, so sind es 1987 bereits 26,2 Mio. Diese Zunahme basiert fast ausschließlich auf dem starken Zuwachs an Ein- und Zweipersonenhaushalten. 58 % der Zunahme von ca. 9,5 Mio. Haushalten seit 1950 entfallen auf die Einpersonenhaushalte, 34 % auf die Zweipersonenhaushalte.

Die Dominanz der Einpersonenhaushalte ist ein Phänomen der urbanen Zentren, der Groß- und Universitätsstädte. Die hohen Anteile von 50 bis 54 % in Berlin, München oder Frankfurt bringen die zunehmende Individualisierung der Lebensformen in diesen Zentren zum Ausdruck. Das Ansteigen der Einpersonenhaushalte läßt sich dabei nicht durch die über 65jährigen Verwitweten erklären. Die Anteile der älteren Personen an der Gesamtbevölkerung sind in den urbanen Zentren zwar etwas höher - im Durchschnitt 4 bis 5 % - als in den ländlichen Kreisen, dies erklärt aber nicht den extrem hohen Anteil an Einpersonenhaushalten, da dieser vorwiegend durch jüngere Altersjahrgänge zustande kommt.

Die massive Veränderung der Lebens- und Wohnform stellt die Zentren vor große Probleme, wie die ausreichende Versorgung mit Wohnraum oder die Bewältigung der zunehmenden Verkehrsdichte. Der Individualisierungsprozeß ist dabei in den jetzigen neuen Bundesländern, wohl gehemmt durch die extreme Wohnungsnot zu Beginn der 80er Jahre, noch nicht soweit vorangeschritten. Berlin-Ost weist z.B. mit 31 % gegenüber 51 % in Berlin-West einen weit geringeren Anteil an Einpersonenhaushalten auf. In den Kreisen mit hohem Anteil an Einpersonenhaushalten nimmt die Anzahl der Haushalte mit vier und mehr Personen entsprechend ab.

Single-Haushalte 1987 bzw. 1981

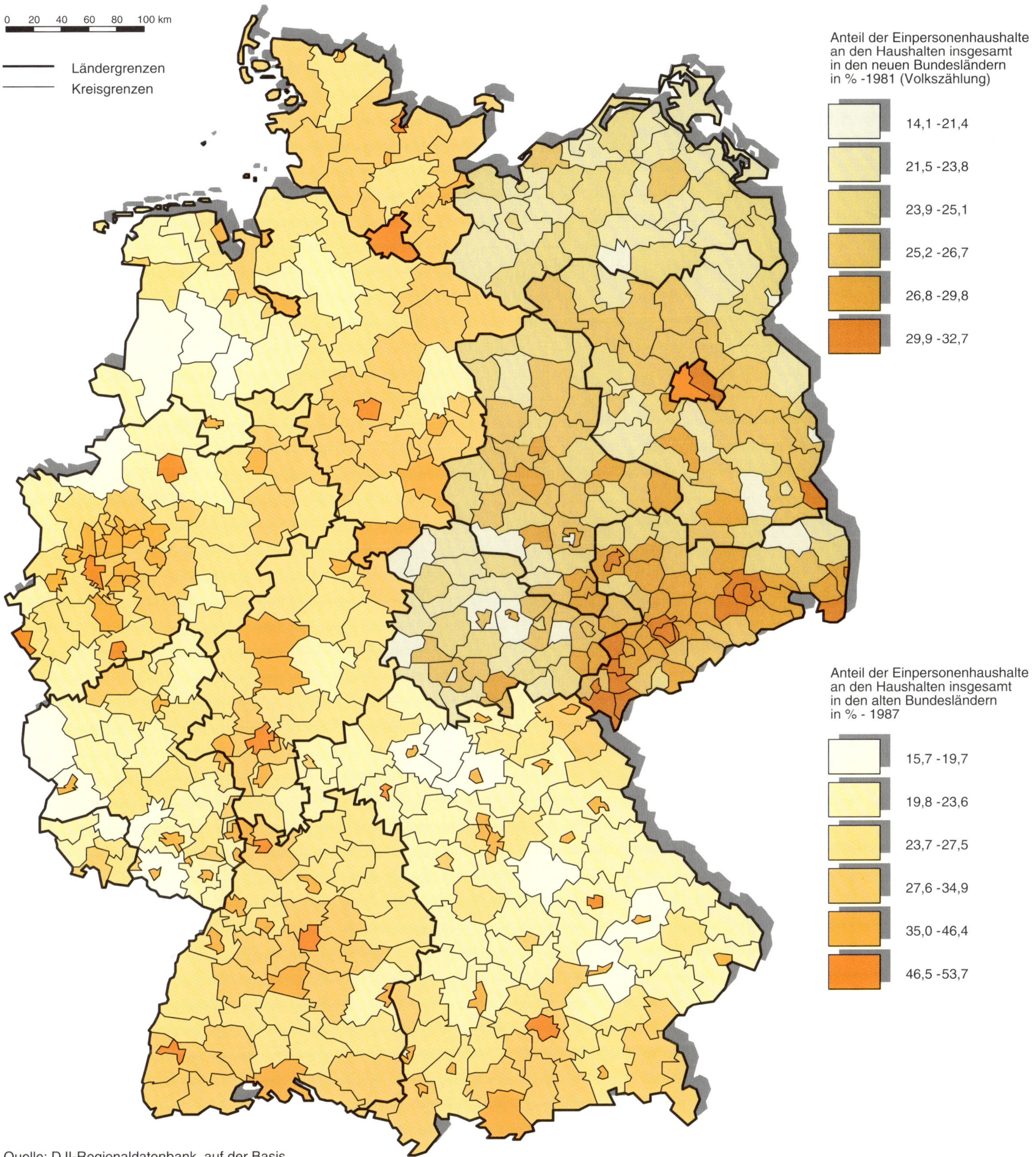

Quelle: DJI-Regionaldatenbank, auf der Basis absoluter Zahlen der Statistischen Landesämter bzw. der Staatlichen Zentralverwaltung für Statistik der ehemaligen DDR

Weibliche Single-Haushalte 1987

Kreise mit den niedrigsten Werten

Kreise	Kreisnr.	Werte*
Cloppenburg	3453	10,2
Vechta	3460	11,6
Bamberg	9471	11,7
Emsland	3454	12,0
Schweinfurt	9678	12,2

*) Werte siehe Kartenlegende

Kreise mit den höchsten Werten

Kreise	Kreisnr.	Werte*
Baden-Baden	8211	29,7
Berlin (West)	11001	30,4
Würzburg Stadt	9663	30,5
Heidelberg	8221	31,8
Freiburg	8311	31,8

Geschiedenenanteil, Bildung und Erwerbstätigkeit von Frauen in München Stadt und in den Kreisen mit den niedrigsten bzw. höchsten Anteilen an weiblichen Einpersonenhaushalten

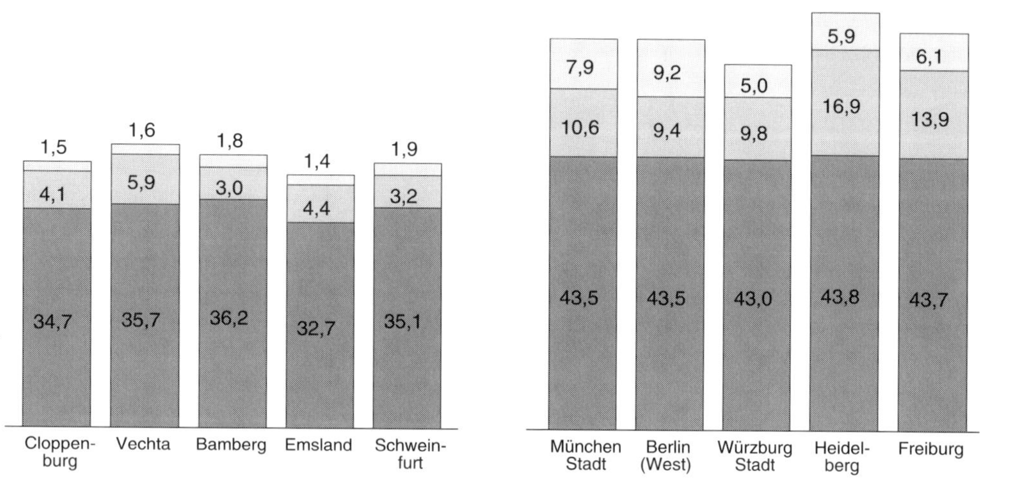

Prozentanteil der Geschiedenen an der weiblichen Bevölkerung 1987

Prozentanteil der Frauen mit höchstem berufsbildenden Schulabschluß Hochschule in der Altersgruppe der 15- bis 64jährigen Frauen 1987

Prozentanteil der Frauen an den Erwerbstätigen 1987

Mittelwerte der Standardvariablen in Kreisen mit sehr niedrigen bis sehr hohen Anteilen an weiblichen Einpersonenhaushalten

	Anteile weiblicher Einpersonenhaushalte			
Standardvariablen	sehr niedrig	niedrig	hoch	sehr hoch
Lebendgeborene pro 1000 Einwohner 1986	12,7	10,6	9,6	9,0
0-5jährige pro 100 Einwohner 1986	7,6	6,3	5,3	4,9
Kindergartenplätze pro 100 3-5jährige 1986	60,3	83,0	81,8	85,6
Quartanerquote 1989	47,4	60,6	65,4	74,9
Zuzüge pro 100 Fortzüge der 18-24jährigen 1986	105,0	98,7	121,1	139,2
Erwerbstätigenanteil der 30-39jährigen Frauen 1987 (in %)	49,0	53,6	57,2	61,1
Erwerbstätigenanteil der 40-49jährigen Frauen 1987 (in %)	47,6	53,4	57,0	61,4

Datenquelle: DJI-Regionaldatenbank

Bertram, Bayer, Bauereiß: Familien-Atlas, Opladen 1993

Als Gründe gegen die Heirat bzw. für den Lebensstil 'Alleinlebend' nennen Frauen am häufigsten die Angst, ihre Freiheit zu verlieren und sich einer Beziehungsstruktur zu unterwerfen. Sie legen besonderen Wert auf ihre Selbständigkeit und Selbstverwirklichung. Die eigene Wohnung ist ein Symbol der Unabhängigkeit und bietet die Möglichkeit des Rückzugs und der Abschottung. Untersuchungen zeigen, daß die Mehrheit der alleinlebenden Frauen aus freiem Entschluß und gerne allein lebt. Dieser Lebenstil engt ihr berufliches Engagement weniger ein als die Ehe. Andererseits ist der hohe Anteil der Haushalte älterer alleinlebender Frauen eher auf die gestiegene und höhere Lebenserwartung der Frauen zurückzuführen und nicht freiwillig gewählt.

Die Verteilung der weiblichen Einpersonenhaushalte entspricht weitgehend der Verteilung der Einpersonenhaushalte insgesamt. Dabei steht die Struktur der Haushalte in enger Beziehung zum Verstädterungsgrad: 1987 lebt jeder fünfte Großstadtbewohner allein, während in Gemeinden unter 100 000 Einwohnern nur etwa jeder neunte einen Einpersonenhaushalt führt.

Weiterhin fällt auf, daß hohe Anteile an weiblichen Einpersonenhaushalten nicht nur durch die Faktoren 'Stadt' und 'studentisches Milieu' bedingt sind, sondern auch durch den hohen Anteil an Geschiedenen. So variieren in den katholischen ländlichen Kreisen die Geschiedenenanteile an der weiblichen Bevölkerung zwischen 1,4 % und 1,9 %, während dieser Anteil in Berlin-West 9,2 % beträgt. Kreise mit einem hohen Anteil an weiblichen Einpersonenhaushalten verzeichnen des weiteren höhere Erwerbsbeteiligungsquoten und geringere Geburtenquoten. Ehe und Familie sind in diesen urbanen Zentren sehr viel schwerer zu realisieren bzw. haben einen geringeren Stellenwert als das Alleinleben und die Integration in das Erwerbsleben.

Weibliche Single-Haushalte 1987

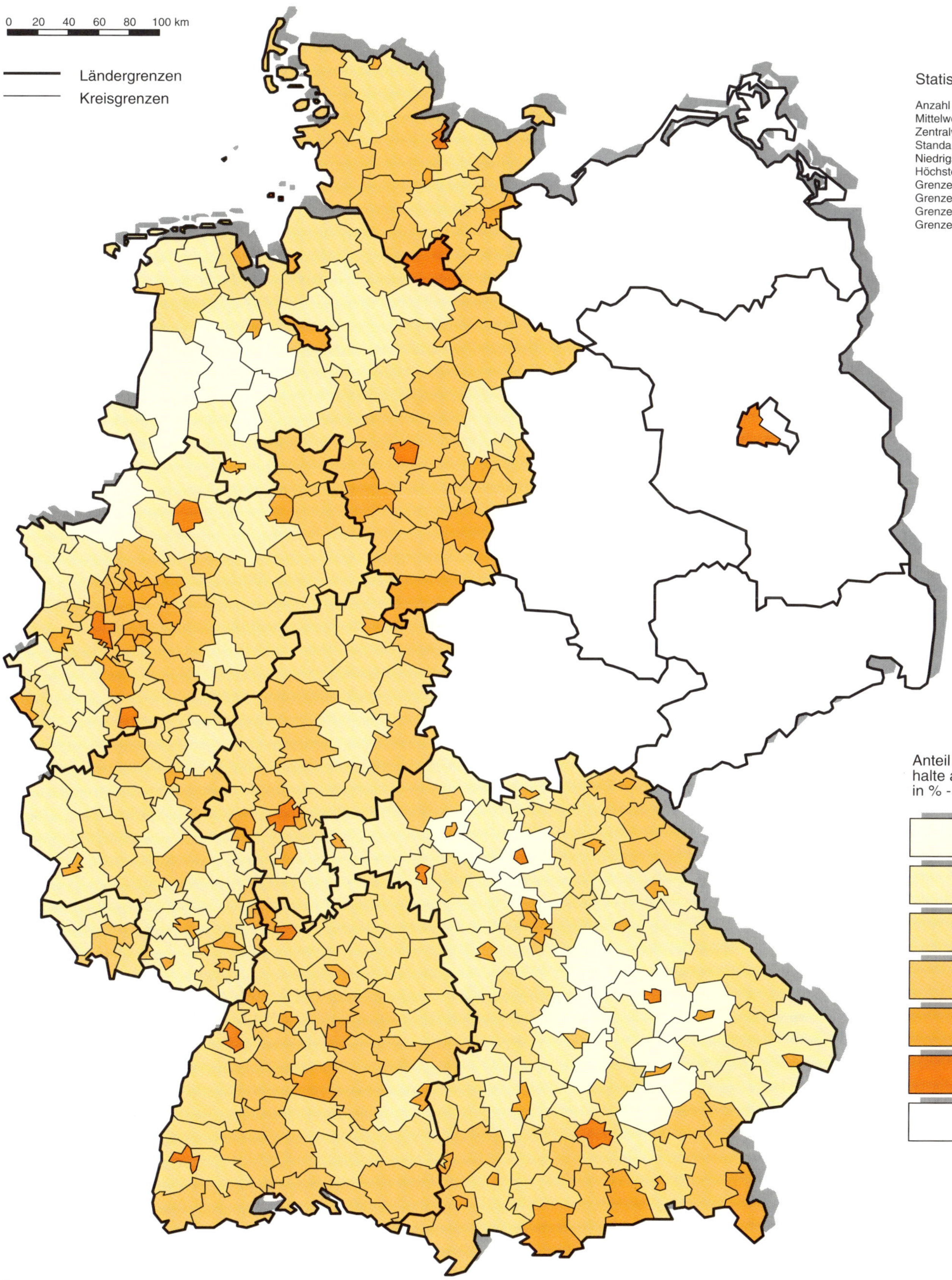

Statistische Maßzahlen

Anzahl der Fälle	328,0
Mittelwert	19,2
Zentralwert	18,0
Standardabweichung	4,5
Niedrigster Wert	10,2
Höchster Wert	31,8
Grenze des 1. Quartils	15,9
Grenze des 3. Quartils	22,4
Grenze der 15 niedrigsten Werte	13,2
Grenze der 15 höchsten Werte	27,9

Anteil der weiblichen Single-Haushalte an den Haushalten insgesamt in % - 1987

- 10,2 - 13,2
- 13,3 - 15,9
- 16,0 - 18,0
- 18,1 - 22,4
- 22,5 - 27,9
- 28,0 - 31,8
- Keine Angaben

Quelle: DJI-Regionaldatenbank, auf der Basis absoluter Zahlen der Statistischen Landesämter

Haushalte mit vier und mehr Personen 1987 bzw. 1981

Kreise mit den niedrigsten Werten in den neuen Bundesländern

Kreise	Kreisnr.	Werte*
Havelberg	14707	14,5
Ribnitz-Damgarten	12103	15,4
Strasburg	12310	15,8
Ueckermünde	12313	16,1
Rostock	12108	16,2

Kreise mit den höchsten Werten in den neuen Bundesländern

Kreise	Kreisnr.	Werte*
Bad Liebenwerda	13601	35,2
Leipzig	151308	35,9
Klingenthal	151418	36,3
Wanzleben	14719	38,3
Roßlau	14815	38,5

Kreise mit den niedrigsten Werten in den alten Bundesländern

Kreise	Kreisnr.	Werte*
Berlin (West)	11001	9,3
München Stadt	9162	9,3
Hannover Stadt	3201	9,9
Düsseldorf	5111	10,4
Regensburg Stadt	9362	10,7

Kreise mit den höchsten Werten in den alten Bundesländern

Kreise	Kreisnr.	Werte*
Coesfeld	5558	37,9
Borken	5554	39,5
Emsland	3454	44,5
Vechta	3460	45,5
Cloppenburg	3453	46,1

*) Werte siehe Kartenlegende

Frauenerwerbstätigkeit, Kindergartenversorgung und Kaufkraft in den Kreisen mit den niedrigsten bzw. höchsten Anteilen an Haushalten mit vier und mehr Personen in den alten Bundesländern

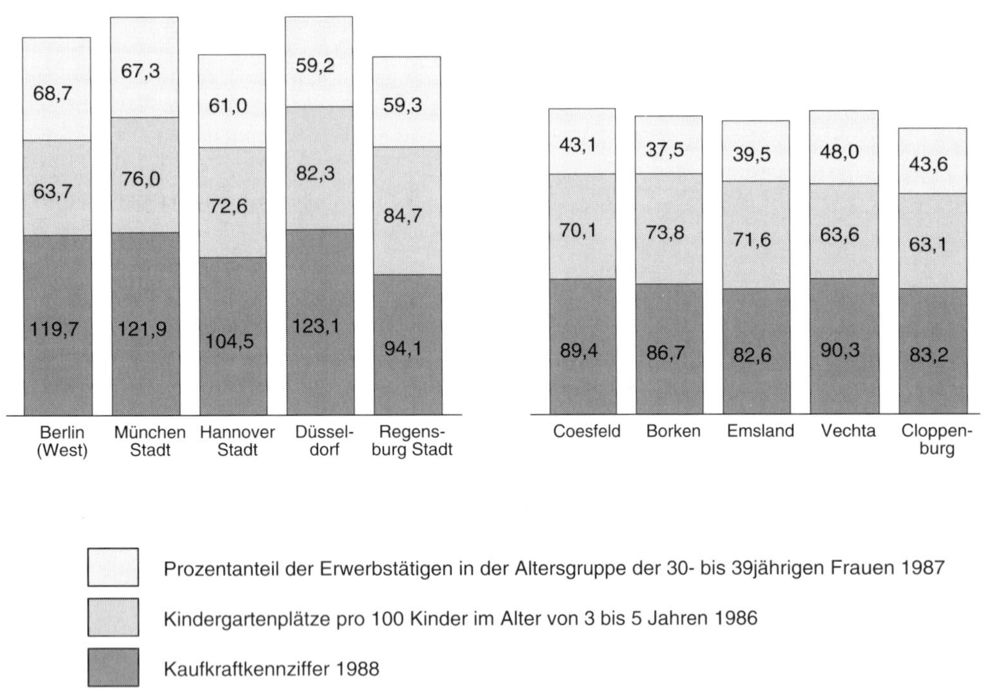

Zu einem Haushalt zählen nach der amtlichen Statistik alle Personen, die gemeinsam wohnen und wirtschaften, d.h. insbesondere ihren Lebensunterhalt gemeinsam finanzieren, unabhängig davon, ob es sich um Ehepartner, Verwandte oder familienfremde Personen handelt. Der Haushalt ist somit eine sozio-ökonomische Einheit, während die Familie eine sozio-biologische Einheit darstellt. Die Entwicklung der Haushalte ist mit den Stichworten 'Verkleinerung der Haushalte' und 'Vereinzelung des Menschen' charakterisiert: im Jahr 1900 lebten in rd. 61 % aller Privathaushalte vier und mehr Personen, 1987 liegt dieser Wert nur noch bei 19,5 %. Die durchschnittliche Haushaltsgröße ist damit von 4,5 Personen auf 2,3 gefallen.

Beim Vergleich der Kreise in den alten und den neuen Bundesländern fallen zunächst die unterschiedlichen Spannweiten des Anteils an Haushalten mit vier und mehr Personen auf (alte Länder: 9,3 bis 46,1 %; neue Länder: 14,5 bis 38,5 %). Die Kreise mit den höchsten Anteilen liegen in den neuen Ländern vorwiegend im dünnbesiedelten und ländlich geprägten Mecklenburg-Vorpommern. In den alten Ländern sind es meist die ebenfalls dünnbesiedelten und überwiegend katholischen Kreise von Niedersachsen, Nordrhein-Westfalen, Rheinland-Pfalz und Bayern.

Kreise mit einem hohen Anteil an größeren Haushalten verzeichnen eine Erwerbsquote der 30- bis 39jährigen Frauen, die unterhalb von 50 % liegt. Das dadurch bedingte geringere Familieneinkommen sowie die Kinderzahl führen u.a. zu einer weit unter dem Bundesdurchschnitt liegenden Kaufkraft in diesen Kreisen. Haushalte mit vier und mehr Personen, d.h. vorwiegend Familien mit Kindern, können sich das Leben in der 'teuren' Stadt nicht leisten und ziehen in die den Städten unmittelbar angrenzenden Kreise.

Datenquelle: DJI-Regionaldatenbank

Bertram, Bayer, Bauereiß: Familien-Atlas, Opladen 1993

Haushalte mit vier und mehr Personen 1987 bzw. 1981

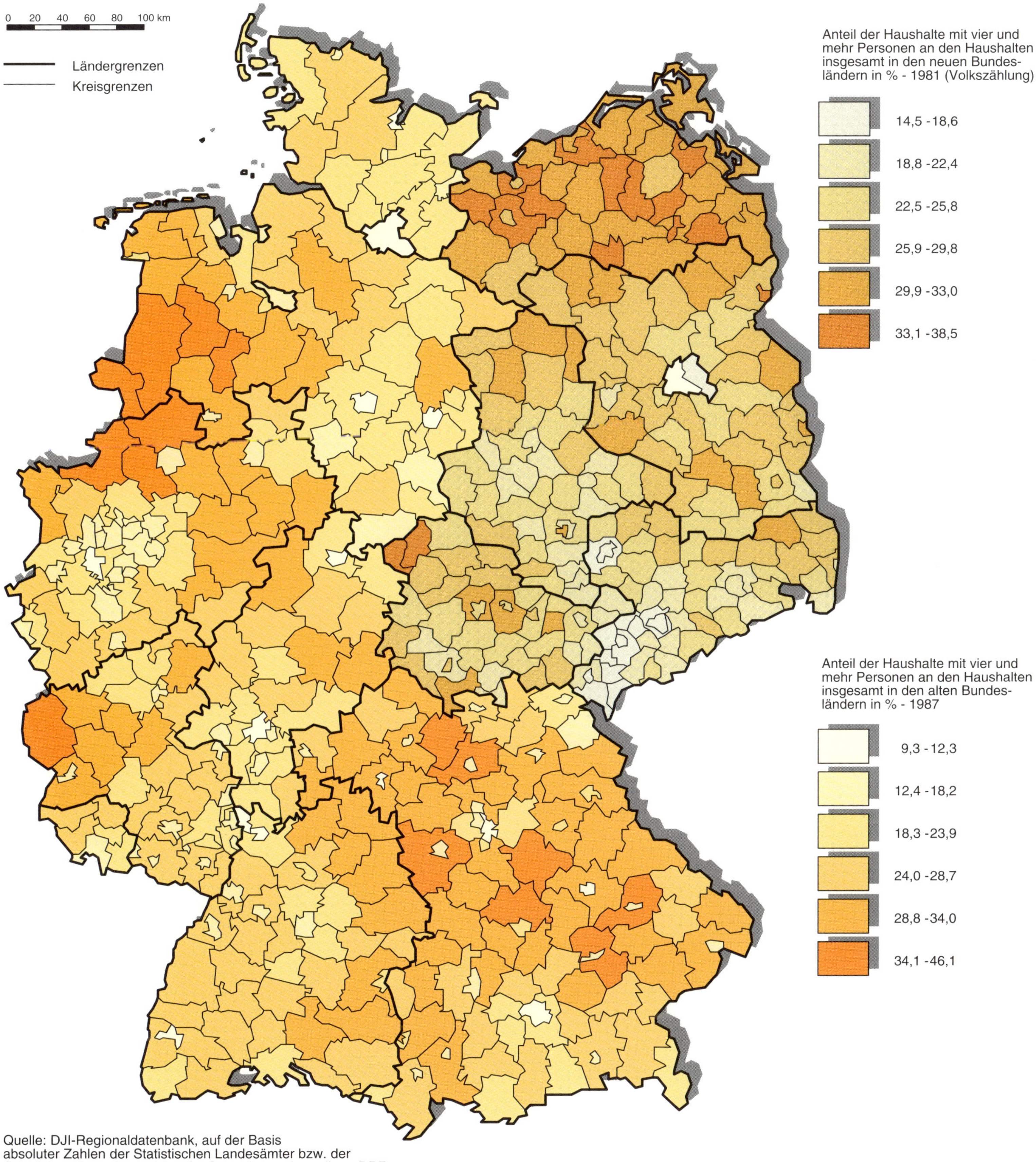

Quelle: DJI-Regionaldatenbank, auf der Basis absoluter Zahlen der Statistischen Landesämter bzw. der Staatlichen Zentralverwaltung für Statistik der ehemaligen DDR

Haushalte mit ausländischem Haushaltsvorstand 1987

Kreise mit den niedrigsten Werten

Kreise	Kreisnr.	Werte*
Cham	9372	0,6
Freyung-Grafenau	9272	0,8
Regen	9276	0,8
Schwandorf	9376	0,8
Lüchow-Dannenberg	3354	0,9

*) Werte siehe Kartenlegende

Kreise mit den höchsten Werten

Kreise	Kreisnr.	Werte*
Mannheim	8222	12,8
München Stadt	9162	13,3
Offenbach Stadt	6413	14,6
Stuttgart	8111	15,6
Frankfurt	6412	16,9

Frauen nach Familienstand in Berlin (West) und in den Kreisen mit den niedrigsten bzw. höchsten Anteilen an Haushalten mit ausländischem Haushaltsvorstand

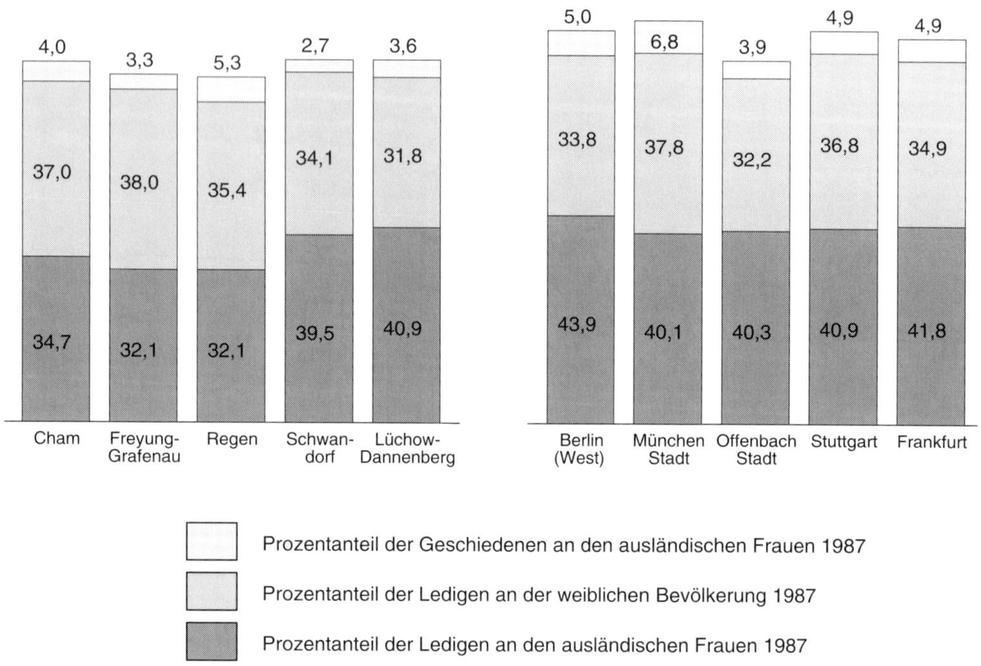

Mittelwerte der Standardvariablen in Kreisen mit sehr niedrigen bis sehr hohen Anteilen an Haushalten mit ausländischem Haushaltsvorstand

Standardvariablen	Anteile ausländischer Haushalte sehr niedrig	niedrig	hoch	sehr hoch
Lebendgeborene pro 1000 Einwohner 1986	11,2	10,5	10,1	10,0
0-5jährige pro 100 Einwohner 1986	6,7	6,1	5,8	5,6
Kindergartenplätze pro 100 3-5jährige 1986	54,3	77,5	86,9	96,1
Quartanerquote 1989	50,2	60,0	64,9	67,4
Zuzüge pro 100 Fortzüge der 18-24jährigen 1986	96,9	101,7	118,3	127,0
Erwerbstätigenanteil der 30-39jährigen Frauen 1987 (in %)	48,8	53,6	56,9	58,9
Erwerbstätigenanteil der 40-49jährigen Frauen 1987 (in %)	45,9	53,0	58,2	59,0

Datenquelle: DJI-Regionaldatenbank

Bertram, Bayer, Bauereiß: Familien-Atlas, Opladen 1993

Von den 26,2 Mio. Privathaushalten in den alten Bundesländern haben 1987 1,6 Mio. (6,1 %) einen ausländischen Haushaltsvorstand. Die Hälfte aller Ausländerhaushalte ist in den beiden am stärksten industrialisierten Bundesländern Nordrhein-Westfalen (29,0 %) und Baden-Württemberg (20,8 %) angesiedelt.

Die Ausländer leben hier in Haushalten, die in ihrer Größe stark von dem unterscheiden, was sie zu Hause gewohnt waren. Sie haben hier viel mehr Einpersonenhaushalte (32 %) und weniger Großhaushalte, und es gibt zu denken, wie stark sich diese Isolierung auf den einzelnen auswirken mag. Die ausländische Familie aus dem überwiegend agrarisch strukturierten Herkunftsland findet sich plötzlich als Kernfamilie in einem Industriestaat wieder. Der ausländische Haushaltsvorstand ist, statistisch gesehen, ein Mann zwischen 20 und 40 Jahren, verheiratet, der in einem Dreipersonenhaushalt lebt.

Die Unterbringung der ausländischen Familien ist schon deshalb schwierig, weil die Haushaltsvorstände vor allem in den urbanen Zentren mit bereits bestehender Wohnungsnot Arbeit finden.

Die Wohnungssuche wird noch schwieriger, wenn die Familie nachkommt und der Haushalt sich vergrößert. Sie leben etwas beengter, etwas schlechter ausgestattet und etwas teurer als die deutsche Bevölkerung.

In Städten wie Frankfurt, Offenbach, Stuttgart oder München ist mittlerweile schon jeder siebte Haushalt ein Haushalt mit ausländischem Haushaltsvorstand. Dagegen ist in den meisten der eher ländlich gepägten Kreisen von Niederbayern, der Oberpfalz, von Oberfranken, von Rheinland-Pfalz, von Niedersachsen und von Schleswig-Holstein nur etwa jeder fünfzigste Haushalt ein ausländischer Haushalt. Daraus ergibt sich, daß die Erfahrungen im Umgang mit unterschiedlichen Kulturen in den Kreisen sehr verschieden sind, die u.a. die Toleranz und die Akzeptanz von ausländischen Mitbürgern beeinflussen.

Haushalte mit ausländischem Haushaltsvorstand 1987

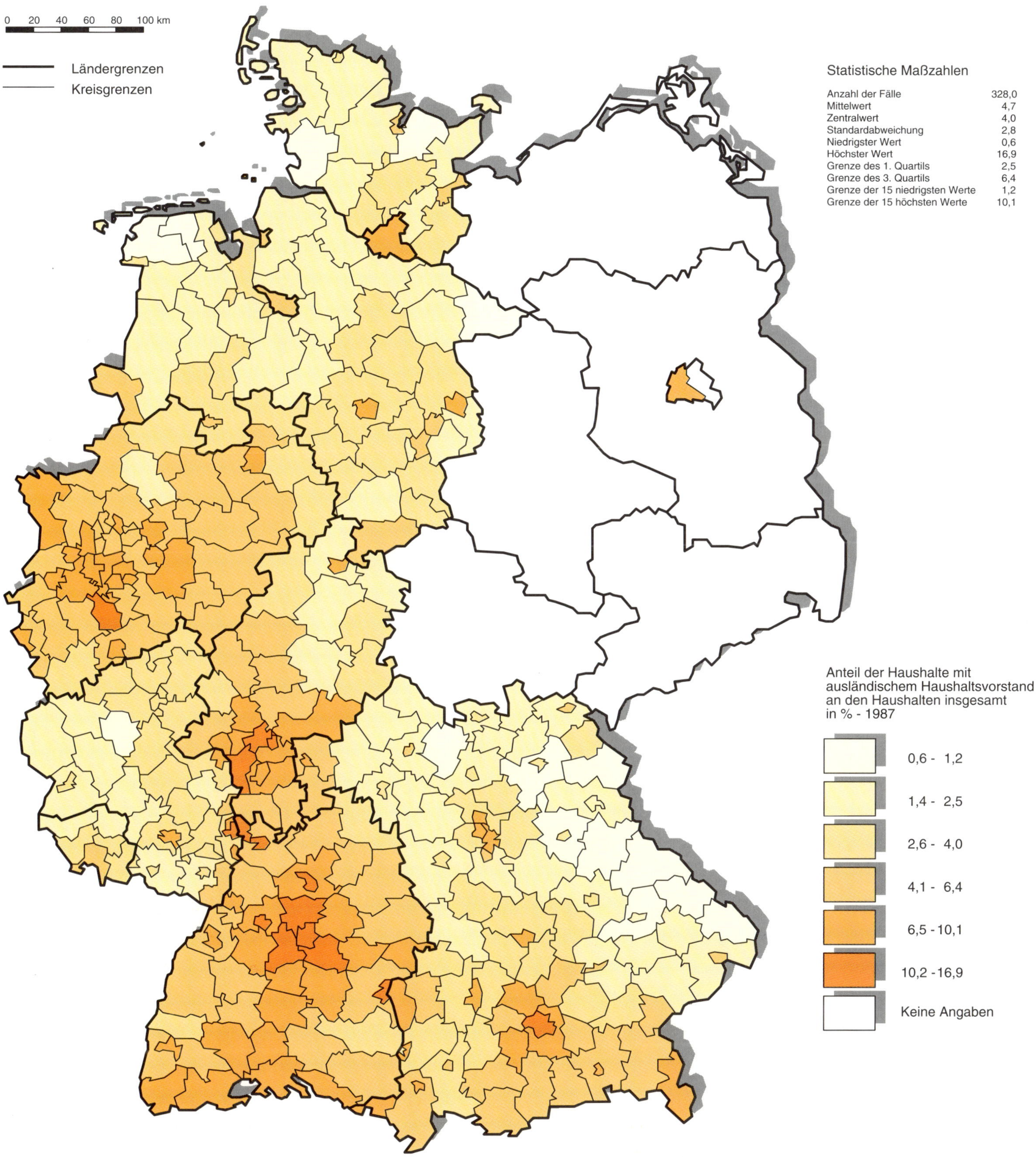

Statistische Maßzahlen

Anzahl der Fälle	328,0
Mittelwert	4,7
Zentralwert	4,0
Standardabweichung	2,8
Niedrigster Wert	0,6
Höchster Wert	16,9
Grenze des 1. Quartils	2,5
Grenze des 3. Quartils	6,4
Grenze der 15 niedrigsten Werte	1,2
Grenze der 15 höchsten Werte	10,1

Quelle: DJI-Regionaldatenbank, auf der Basis absoluter Zahlen der Statistischen Landesämter

Ausländische Haushalte mit vier und mehr Personen 1987

Kreise mit den niedrigsten Werten

Kreise	Kreisnr.	Werte*
Cham	9372	0,6
Freyung-Grafenau	9272	0,6
Straubing-Bogen	9278	0,7
Regen	9276	0,7
Haßberge	9674	0,9

*) Werte siehe Kartenlegende

Kreise mit den höchsten Werten

Kreise	Kreisnr.	Werte*
Mannheim	8222	26,7
Köln	5315	26,9
Stuttgart	8111	27,5
Offenbach Stadt	6413	34,9
Frankfurt	6412	35,8

Haushalte und Erwerbstätigenanteil von Ausländern in Berlin (West), München Stadt und in den Kreisen mit den niedrigsten bzw. höchsten Anteilen an ausländischen Haushalten mit vier und mehr Personen

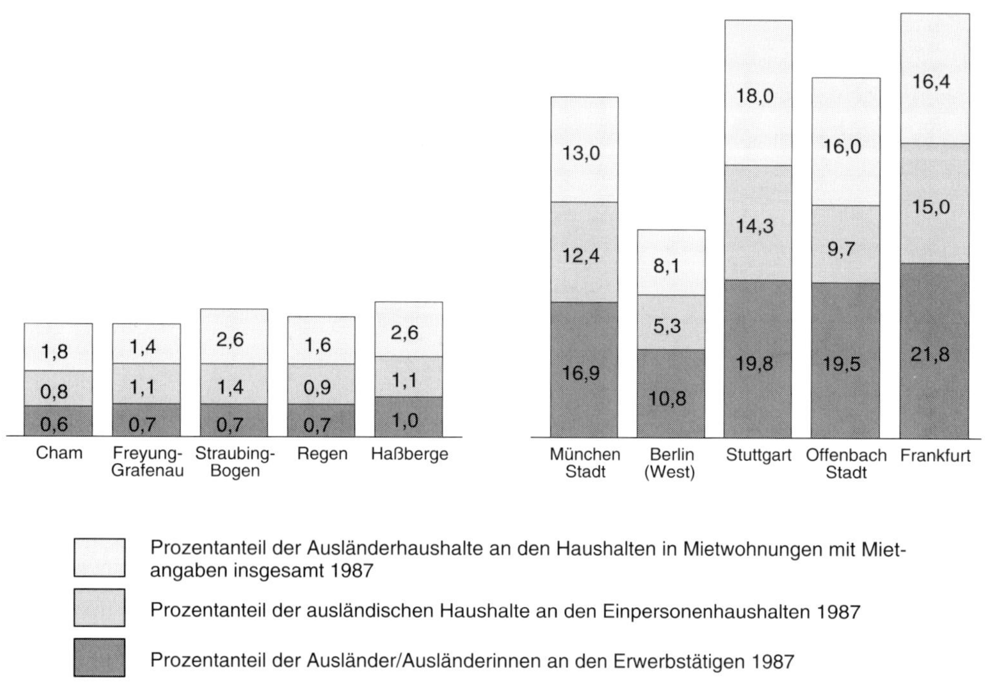

Mittelwerte der Standardvariablen in Kreisen mit sehr niedrigen bis sehr hohen Anteilen an ausländischen Haushalten mit vier und mehr Personen

Standardvariablen	Anteile an ausländischen Haushalten sehr niedrig	niedrig	hoch	sehr hoch
Lebendgeborene pro 1000 Einwohner 1986	11,4	10,6	10,0	10,0
0-5jährige pro 100 Einwohner 1986	6,8	6,2	5,7	5,5
Kindergartenplätze pro 100 3-5jährige 1986	62,5	78,0	88,0	95,6
Quartanerquote 1989	49,4	58,1	66,8	66,3
Zuzüge pro 100 Fortzüge der 18-24jährigen 1986	94,0	100,1	114,4	109,8
Erwerbstätigenanteil der 30-39jährigen Frauen 1987 (in %)	49,2	53,5	55,6	58,6
Erwerbstätigenanteil der 40-49jährigen Frauen 1987 (in %)	46,0	52,1	56,3	56,5

Datenquelle: DJI-Regionaldatenbank

Bertram, Bayer, Bauereiß: Familien-Atlas, Opladen 1993

Vor allem für den Gastarbeiter, der aus einem anderen Kulturkreis kommt und sich nur schwer hier anpassen kann, ist es von besonderer Bedeutung, ob er mit seiner Familie zusammen sein kann. Aber auch eine Familienzusammenführung kann nicht immer das gewohnte Familienleben zurückbringen, weil z.B. viele ausländische Frauen hier erwerbstätig sind oder ein Teil der Kinder im Heimatland zurückbleibt. In dieser Situation ist es verständlich, sich in der Nähe von 'Gleichgesinnten' eine Wohnung zu suchen, was jedoch einen Ghetto-Effekt in bestimmten Städten, Stadtteilen oder Wohnquartieren zur Folge hat.

1987 wohnen 2,2 Mio. (52,4 %) der hier lebenden Ausländer in einem größeren Haushaltszusammenhang, d.h. in Familien mit vier und mehr Personen. Diese Haushalte konzentrieren sich vor allem in Städten wie Stuttgart, Frankfurt, Mannheim, Köln, Offenbach oder München, in denen inzwischen bis zu 36 % der Haushalte mit vier und mehr Personen einen ausländischen Haushaltsvorstand haben.
Die Konzentration von ausländischen Haushalten und deren Kindern und zusätzlich die rückläufige Zahl der deutschen Kinder in den urbanen Zentren haben zur Folge, daß die dort angebotenen Infrastrukturleistungen hauptsächlich von Ausländern genutzt werden. In den eher ländlich geprägten Kreisen mangelt es demgegenüber an derartigen Angeboten. Der soziale Zündstoff, der sich aufgrund dieser Konzentration ergibt, fördert nicht gerade die Integration von Ausländern in unserer Gesellschaft.

Es darf jedoch nicht verkannt werden, welch problematische Entwicklung sich zeigt, wenn in den großen urbanen Zentren die Zahl der deutschen Kinder weiterhin rückläufig ist, während sich auf der anderen Seite die Anteile der Single-Haushalte und der ausländischen Haushalte mit Kindern vergrößern.

Ausländische Haushalte mit vier und mehr Personen 1987

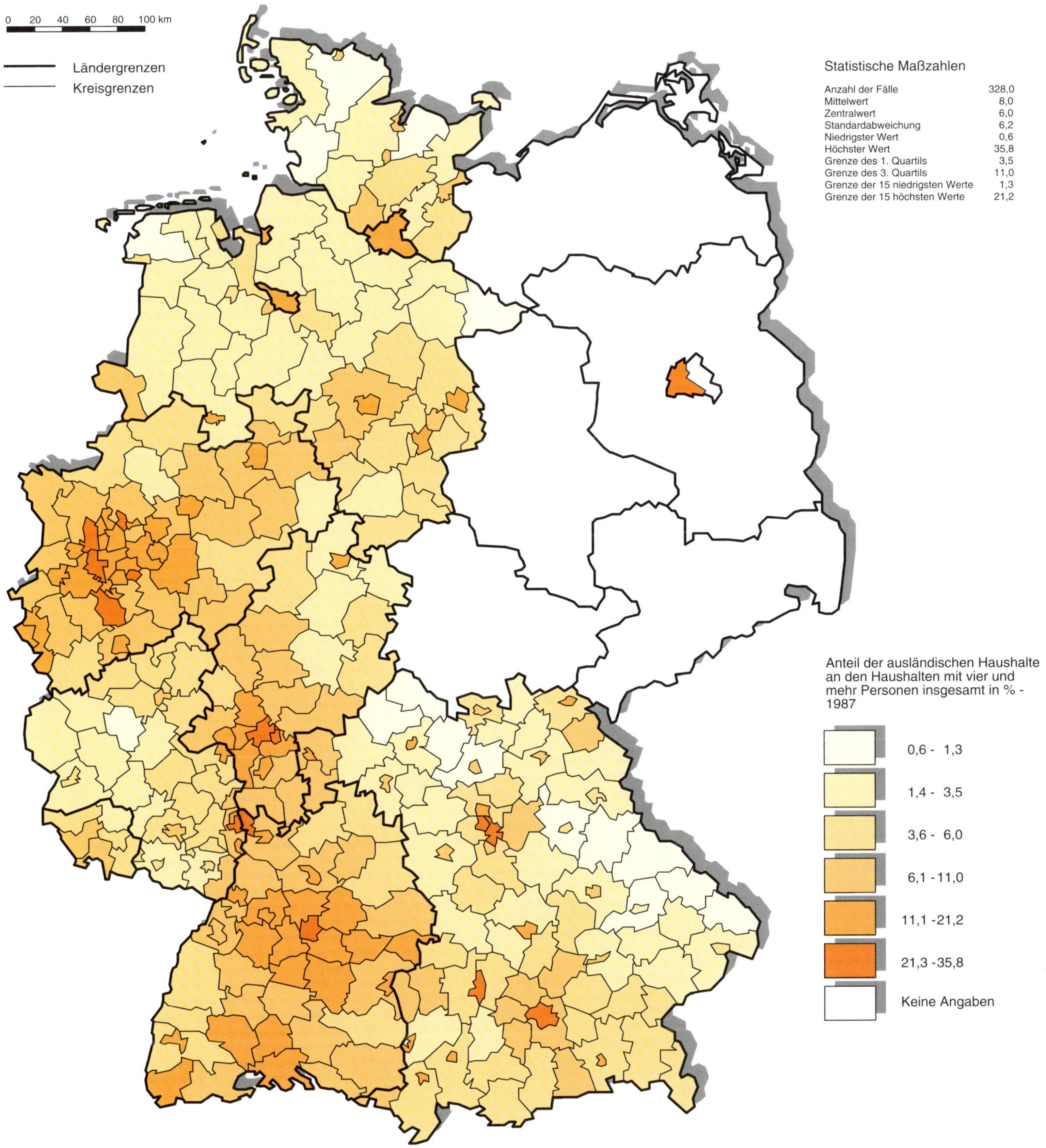

Statistische Maßzahlen

Anzahl der Fälle	328,0
Mittelwert	8,0
Zentralwert	6,0
Standardabweichung	6,2
Niedrigster Wert	0,6
Höchster Wert	35,8
Grenze des 1. Quartils	3,5
Grenze des 3. Quartils	11,0
Grenze der 15 niedrigsten Werte	1,3
Grenze der 15 höchsten Werte	21,2

Quelle: DJI-Regionaldatenbank, auf der Basis absoluter Zahlen der Statistischen Landesämter

Ehescheidungen 1986 bzw. 1989

Kreise mit den niedrigsten Werten in den neuen Bundesländern

Kreise	Kreisnr.	Werte*
Herzberg	14614	1,2
Weimar Stadt	16931	1,2
Rügen	12112	1,3
Worbis	16908	1,5
Gadebusch	12202	1,5

Kreise mit den höchsten Werten in den neuen Bundesländern

Kreise	Kreisnr.	Werte*
Lübben	13609	4,2
Wittenberg	14819	4,6
Wanzleben	14719	4,7
Görlitz	151206	4,9
Hildburghausen	161102	4,9

Kreise mit den niedrigsten Werten in den alten Bundesländern

Kreise	Kreisnr.	Werte*
Bayreuth	9472	0,7
Oldenburg	3458	0,9
Neumarkt/Opf.	9373	0,9
Freyung-Grafenau	9272	0,9
Erding	9177	0,9

Kreise mit den höchsten Werten in den alten Bundesländern

Kreise	Kreisnr.	Werte*
Memmingen	9764	3,5
Kaiserslautern Stadt	7312	3,6
Landau	7313	4,0
Zweibrücken	7320	4,5
Flensburg	1001	4,6

*) Werte siehe Kartenlegende

Demographische Faktoren in Berlin (West), München Stadt und in den Kreisen mit den niedrigsten bzw. höchsten Anteilen an Ehescheidungen in den alten Bundesländern

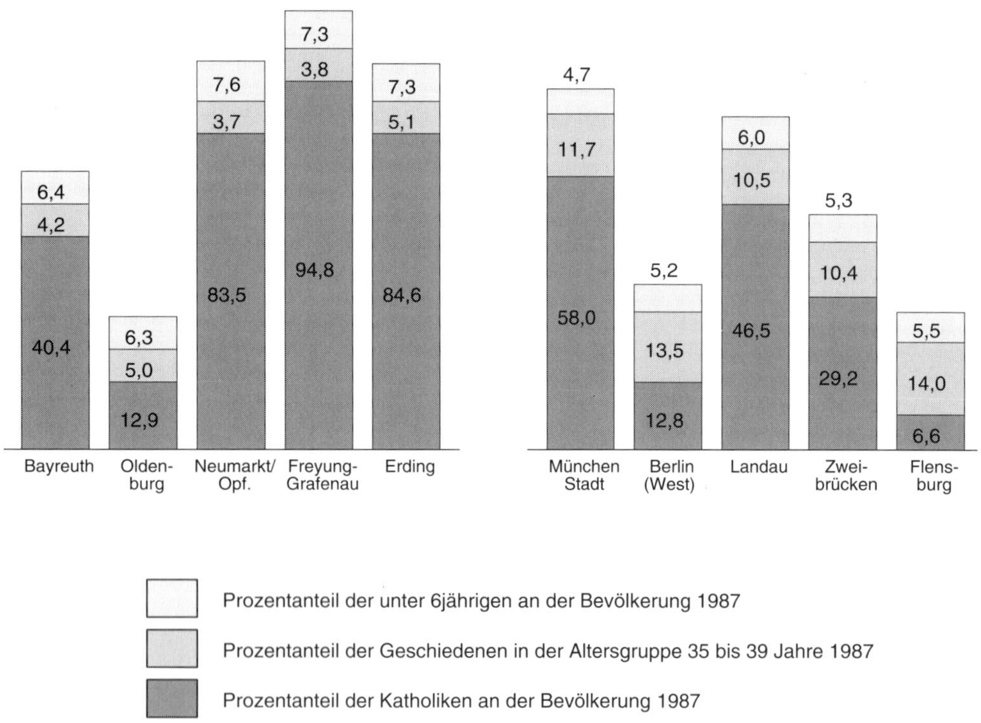

Um Ehescheidungszahlen in ihrer Häufigkeit zu analysieren, wird sehr häufig auf Bundesebene die spezielle Scheidungsziffer (Zahl der Ehescheidungen je 10 000 bestehende Ehen) verwandt. Daneben wird in der öffentlichen Diskussion - und teilweise auch im Atlas - die zahlenmäßige Beziehung zwischen den geschiedenen und neu geschlossenen Ehen benutzt. Hierbei muß allerdings berücksichtigt werden, daß diese Beziehung insofern problematisch ist, als die neu geschlossenen Ehen und die Ehescheidungen in keiner direkten Beziehung zueinander stehen. Ehescheidungen hängen natürlich auch stark vom Bestand und vom Alter der Ehen ab.

Die von uns benutzte Ziffer 'Ehescheidungen pro 1000 Einwohner' ist besonders hoch - wie könnte es anders sein - in urbanen Zentren und in kreisfreien Städten (bis zu 4,6), aber auch in Kreisen mit Sondereinflüssen, wie beispielsweise einem hohen Anteil an ausländischen Soldaten. Zudem fällt auf, daß es in Kreisen mit einer überwiegend protestantischen Bevölkerung mehr Scheidungen gibt als in Kreisen mit eher katholischer Bevölkerung. So kommt in ländlich geprägten Kreisen in Niedersachsen im nördlichen Teil von Nordrhein-Westfalen, in Rheinland-Pfalz und insbesondere in Bayern auf 1000 Einwohner nicht einmal eine Ehescheidung. Die Kreise der neuen Bundesländer zeigen eine ähnliche Verteilung, wobei die Ehescheidungsquoten in den Städten, wie z.B. Ost-Berlin, denen im Westen in nichts nachstehen.

Der Vergleich zwischen den Kreisen mit den niedrigsten und den höchsten Quoten zeigt, daß die Konfessionszugehörigkeit immer noch eine erhebliche Rolle spielt, wenn es um einen niedrigen bzw. hohen Anteil an Ehescheidungen geht, daß aber daneben auch Verstädterung und lokale Sondereinflüsse - wie möglicherweise in Landau - von Bedeutung sind.

Datenquelle: DJI-Regionaldatenbank

Bertram, Bayer, Bauereiß: Familien-Atlas, Opladen 1993

Ehescheidungen 1986 bzw. 1989

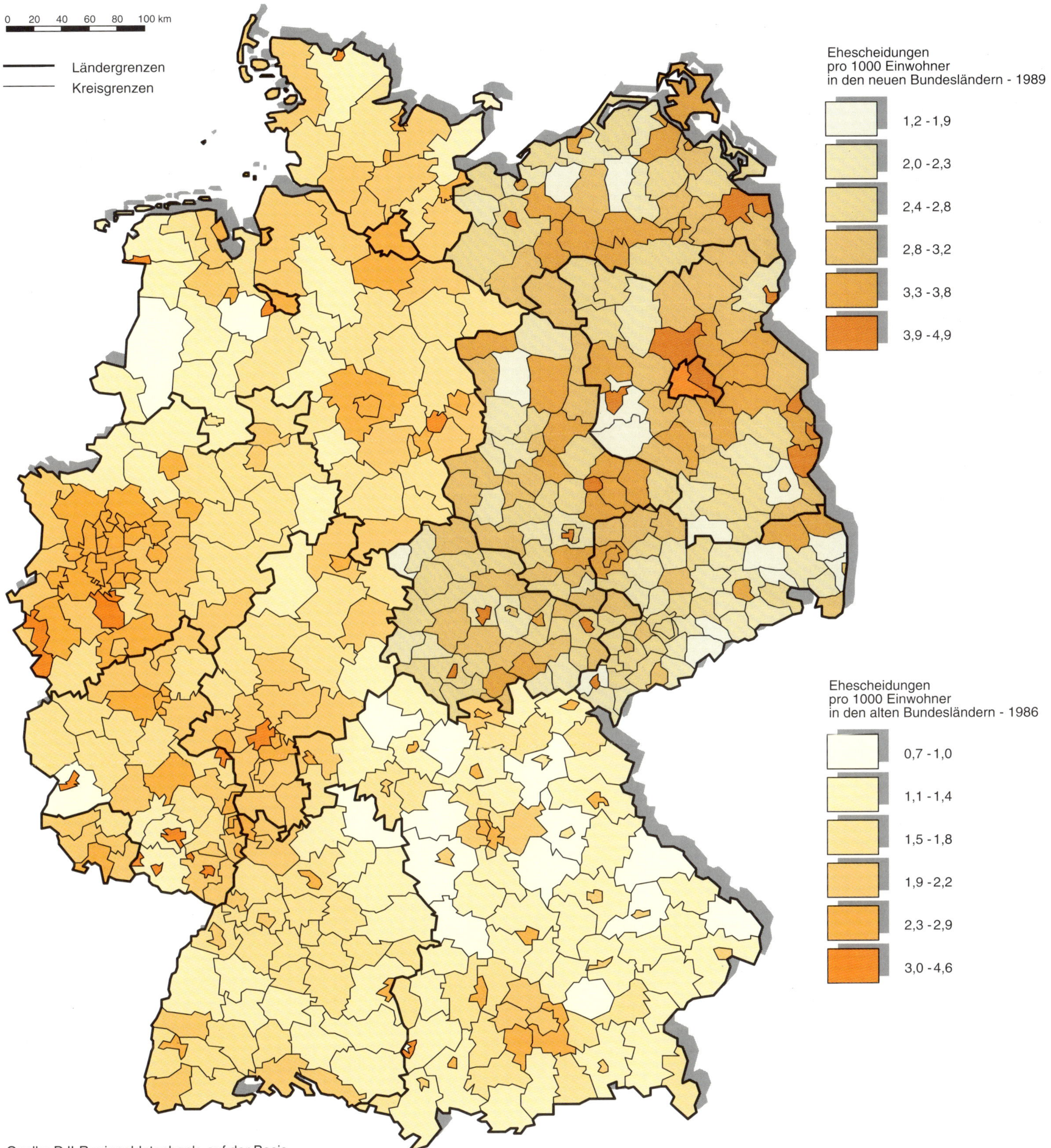

Quelle: DJI-Regionaldatenbank, auf der Basis absoluter Zahlen der Statistischen Landesämter bzw. der Staatlichen Zentralverwaltung für Statistik der ehemaligen DDR

Geschiedene 1987

Kreise mit den niedrigsten Werten

Kreise	Kreisnr.	Werte*
Emsland	3454	1,3
Eichstätt	9176	1,4
Cloppenburg	3453	1,4
Vechta	3460	1,4
Straubing-Bogen	9278	1,5

*) Werte siehe Kartenlegende

Kreise mit den höchsten Werten

Kreise	Kreisnr.	Werte*
Hannover Stadt	3201	6,5
Frankfurt	6412	6,6
München Stadt	9162	6,9
Hamburg	2000	7,1
Berlin (West)	11001	8,2

Geschiedene Frauen, Ehescheidungen und Einpersonenhaushalte in den Kreisen mit den niedrigsten bzw. höchsten Anteilen an Geschiedenen

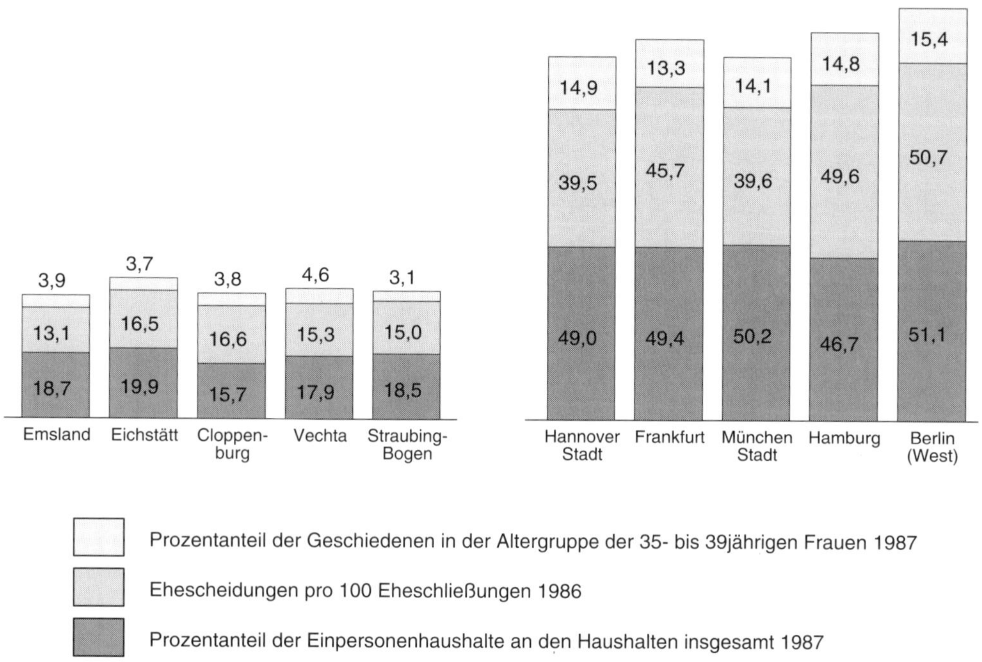

Mittelwerte der Standardvariablen in Kreisen mit sehr niedrigen bis sehr hohen Anteilen an Geschiedenen

	Geschiedenenanteile			
Standardvariablen	sehr niedrig	niedrig	hoch	sehr hoch
Lebendgeborene pro 1000 Einwohner 1986	12,4	10,5	9,6	9,0
0-5jährige pro 100 Einwohner 1986	7,4	6,2	5,3	5,0
Kindergartenplätze pro 100 3-5jährige 1986	72,8	79,7	83,2	75,7
Quartanerquote 1989	46,6	58,9	67,5	66,4
Zuzüge pro 100 Fortzüge der 18-24jährigen 1986	96,8	100,2	120,8	132,4
Erwerbstätigenanteil der 30-39jährigen Frauen 1987 (in %)	48,8	53,7	57,2	59,9
Erwerbstätigenanteil der 40-49jährigen Frauen 1987 (in %)	45,0	52,6	57,1	60,8

Datenquelle: DJI-Regionaldatenbank

Bertram, Bayer, Bauereiß: Familien-Atlas, Opladen 1993

Mit dem Anteil der Geschiedenen in der Bevölkerung lassen sich die in diesem Kapitel beschriebenen Pluralisierungen und Veränderungen der Lebensformen sehr viel deutlicher zeigen, als mit der Anzahl der Scheidungen pro 1000 der Bevölkerung. Die Verteilung der Anteile verläuft in den Kreisen auf beiden Karten ähnlich. Der Anteil der Geschiedenen in der Bevölkerung ist in urbanen Zentren um ein Vielfaches höher als in den ländlichen Kreisen (die Anteile streuen von 1,3 bis 8,2 %). Auch wenn die Geschiedenen altersgruppenspezifisch aufgeschlüsselt werden, zeigen sich diese regionalen Unterschiede sehr deutlich: bei den 35- bis 39jährigen Frauen liegen die Geschiedenenanteile in den eher ländlich geprägten Kreisen bei ca. 3 % und in den urbanen Zentren wie Frankfurt, München, Hamburg oder Berlin bei ca. 15 %.

Der Geschiedenenanteil einer Bevölkerung beeinflußt auch die Struktur der Haushalte sehr stark. So ist in den urbanen Zentren jeder zweite Haushalt ein Einpersonenhaushalt, während diese Haushaltsform in den Kreisen mit den niedrigsten Geschiedenenanteilen unter 20 % liegt.

Auch der Indikator Ehescheidungen pro 100 Eheschließungen macht deutlich, welche großen Unterschiede in der Entwicklung von Lebensformen und Lebensperspektiven sich in urbanen Zentren gegenüber ländlichen Kreisen entwickelt haben. So kommen z.B. in Berlin auf 100 Eheschließungen 51 Ehescheidungen, in Vechta sind es nur 15. Auch die Ausprägungen der Standardvariablen, wie hohe Zuzugsquoten, geringe Geburtenquote, ein niedriger Kinderanteil, ein hoher Anteil an erwerbstätigen Frauen und ein hohes Bildungsniveau runden das Bild in dem Sinne ab, daß sich in urbanen Zentren Lebensformen und Lebensstile entwickelt haben, die sich neben die klassische Form der Familie schieben.

Geschiedene 1987

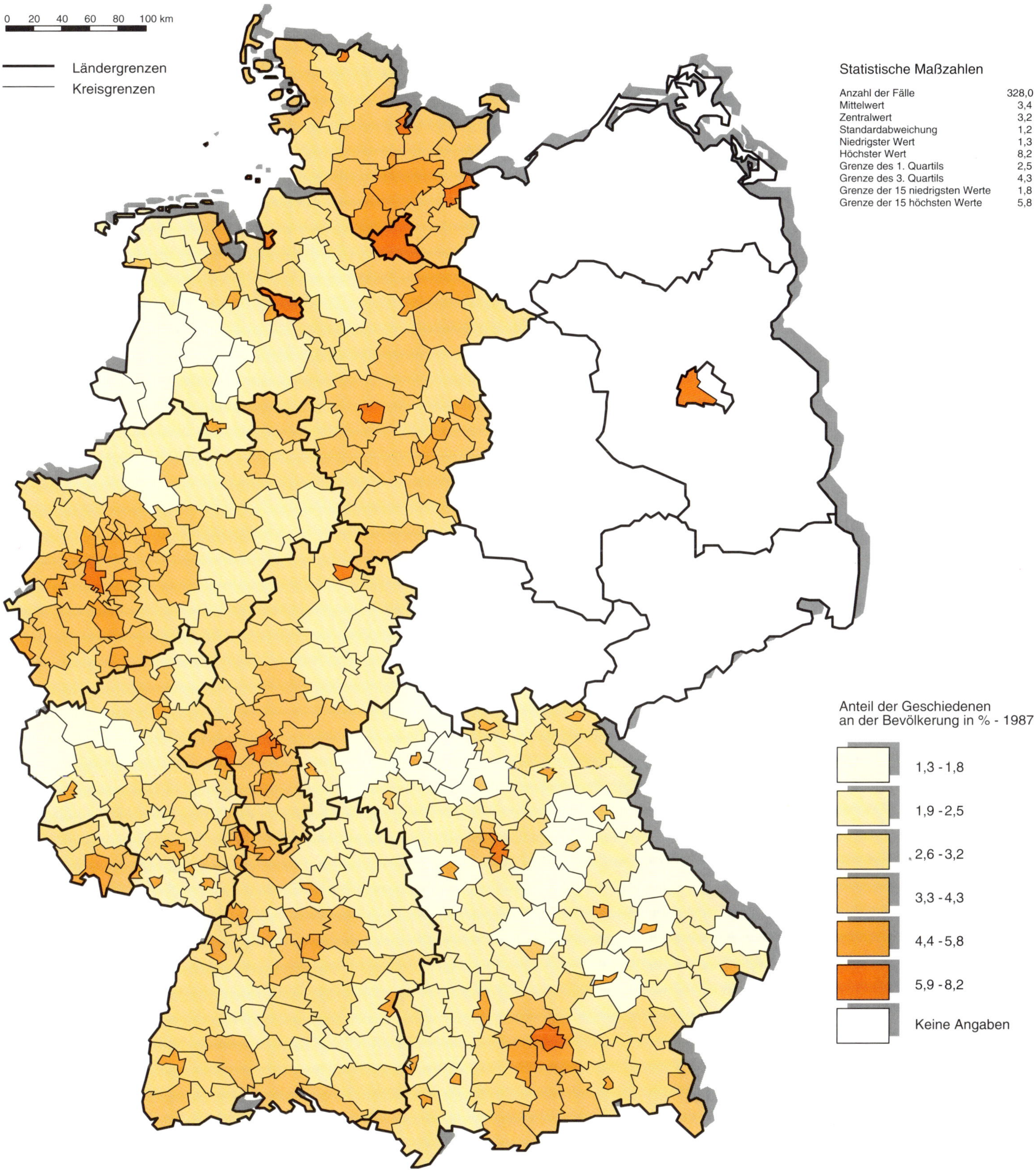

Statistische Maßzahlen

Anzahl der Fälle	328,0
Mittelwert	3,4
Zentralwert	3,2
Standardabweichung	1,2
Niedrigster Wert	1,3
Höchster Wert	8,2
Grenze des 1. Quartils	2,5
Grenze des 3. Quartils	4,3
Grenze der 15 niedrigsten Werte	1,8
Grenze der 15 höchsten Werte	5,8

Quelle: DJI-Regionaldatenbank, auf der Basis absoluter Zahlen der Statistischen Landesämter

Geschiedene (30 bis 34 Jahre) 1987

Kreise mit den niedrigsten Werten

Kreise	Kreisnr.	Werte*
Neumarkt/Opf.	9373	2,2
Eichstätt	9176	2,4
Cham	9372	2,5
Haßberge	9674	2,6
Emsland	3454	2,7

*) Werte siehe Kartenlegende

Kreise mit den höchsten Werten

Kreise	Kreisnr.	Werte*
Wilhelmshaven	3405	9,6
Kassel Stadt	6611	9,7
Kaiserslautern Stadt	7312	9,7
Flensburg	1001	10,6
Pirmasens Stadt	7317	10,8

Geschiedene nach Altersgruppen und Geschlecht in Berlin (West), München Stadt und in den Kreisen mit den niedrigsten bzw. höchsten Anteilen an Geschiedenen in der Altersgruppe 30 bis 34 Jahre

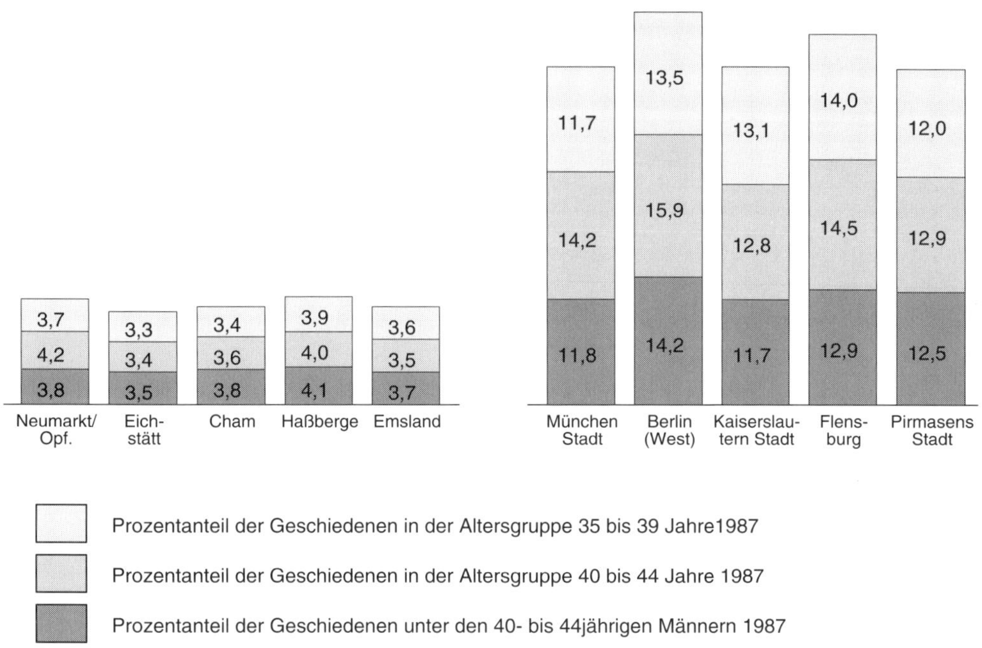

Mittelwerte der Standardvariablen in Kreisen mit sehr niedrigen bis sehr hohen Anteilen an Geschiedenen in der Altersgruppe 30 bis 34 Jahre

	Geschiedenenanteile (30 bis 34 Jahre)			
Standardvariablen	sehr niedrig	niedrig	hoch	sehr hoch
Lebendgeborene pro 1000 Einwohner 1986	12,7	10,6	9,6	9,6
0-5jährige pro 100 Einwohner 1986	7,6	6,2	5,4	5,3
Kindergartenplätze pro 100 3-5jährige 1986	63,9	81,9	79,6	89,3
Quartanerquote 1989	48,4	59,3	65,8	69,0
Zuzüge pro 100 Fortzüge der 18-24jährigen 1986	101,9	104,2	119,8	111,8
Erwerbstätigenanteil der 30-39jährigen Frauen 1987 (in %)	50,5	53,9	55,7	56,6
Erwerbstätigenanteil der 40-49jährigen Frauen 1987 (in %)	48,5	54,0	54,7	57,1

Datenquelle: DJI-Regionaldatenbank

Bertram, Bayer, Bauereiß: Familien-Atlas, Opladen 1993

Der Anstieg der Geschiedenen, der 1987 einen Anteil von 3,9 % der Bevölkerung in den alten Bundesländern ausmacht, hat für eine Pluralisierung der Familienformen und deren zunehmende gesellschaftliche Akzeptanz gesorgt. Man kann davon ausgehen, daß sich der Anteil der Geschiedenen auch in Zukunft noch steigern wird, da sich im Laufe der Zeit die jüngeren Altersjahrgänge hinzuaddieren, die schon jetzt hohe Geschiedenenanteile aufweisen.

Auch die Analyse der Geschiedenen in verschiedenen Altersgruppen unterstreicht die Struktur der hohen Quoten in den eher städtischen Zentren und der geringen Quoten in den eher ländlich geprägten Kreisen. Der Abschnitt über Kinder, Ehe und Familie kann mit der These abgeschlossen werden, daß sich in den urbanen Zentren weniger die alternativen Wohn- und Lebensformen, wie Wohngemeinschaften oder nichtehelichen Lebensgemeinschaften, herausgebildet haben. Die dominante Lebensform ist dort die des Singles, die von Anfang an als Lebensform gewählt wird oder aufgrund der steigenden Scheidungszahlen entsteht. Urbane Zentren verzeichnen einen hohen Anteil an überdurchschnittlich gebildeten Menschen, einen überdurchschnittlich hohen Anteil an erwerbstätigen Frauen, können dagegen aber nur eine sehr geringe Reproduktionsrate aufweisen.

Der 'Single' lebt hauptsächlich in Großstädten mit überdurchschnittlicher Kaufkraft und einer für Kinder sehr günstigen Infrastruktur. In diesen Städten konzentrieren sich auch die kinderreichen ausländischen Haushalte. Die Pluralisierung der Lebensstile und Lebensformen ist in den ländlichen Kreisen in diesem Umfang nicht zu beobachten, hier wird noch eher das traditionelle Lebensmodell von Ehe und Familie gelebt.

Geschiedene (30 bis 34 Jahre) 1987

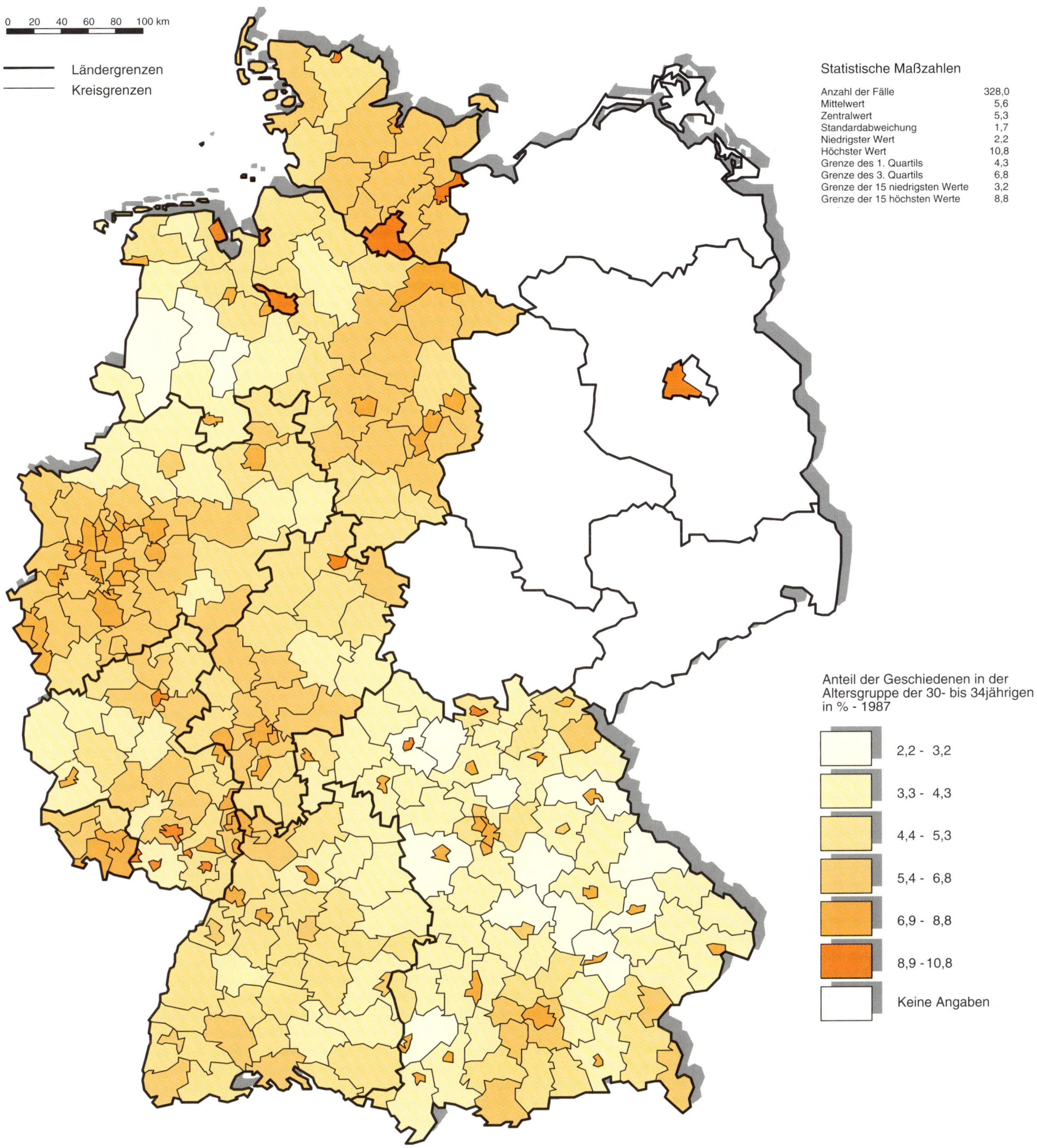

Quelle: DJI-Regionaldatenbank, auf der Basis absoluter Zahlen der Statistischen Landesämter

Schleswig-
Holstein
Mecklenburg-
Vorpommern
Hamburg
Bremen
Nieder-
sachsen
Berlin
Brandenburg
Sachsen-
Anhalt
Nordrhein-
Westfalen
Sachsen
Thüringen
Hessen
Rheinland-
Pfalz
Saarland
Bayern
Baden-
Württemberg

Bevölkerungsentwicklung 1950 - 1987

Gesamtbevölkerung 1950 bis 1987 (in Mio.)

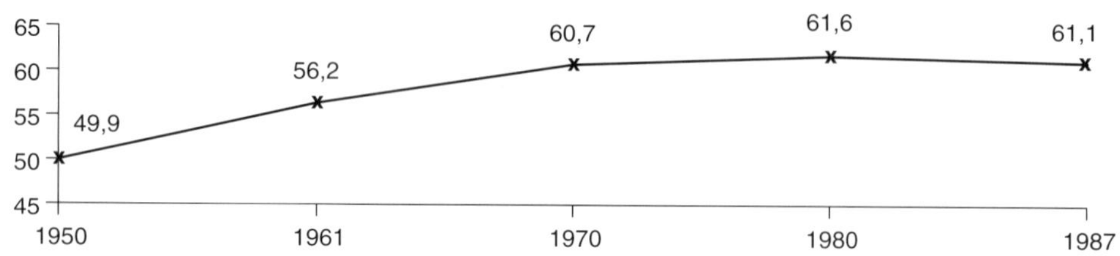

Natürliche Bevölkerungsentwicklung 1950 bis 1987

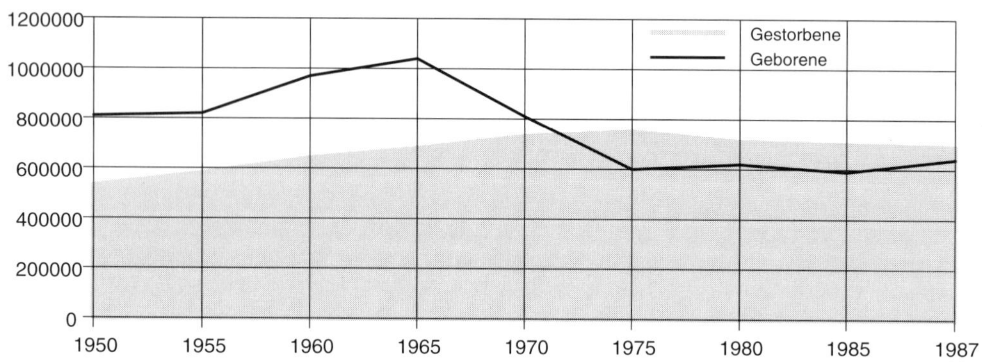

Wanderungen über die Grenzen des Bundesgebietes 1950 bis 1987

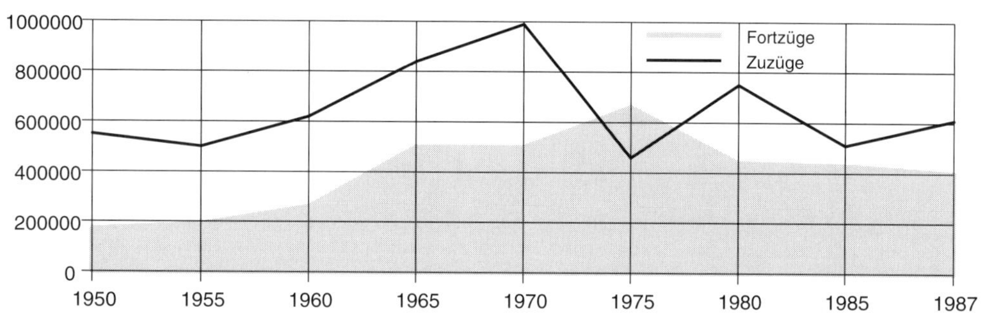

Von 1950 bis 1974 wuchs die Bevölkerung der Bundesrepublik Deutschland von 50 auf 62 Mio. Einwohner, worauf sie bis 1987 wieder auf 61,1 Mio. sank. Seit Gründung des Deutschen Reiches 1871 hat sich die Bevölkerung auf diesem Gebiet etwa verdreifacht.

Bis in die 30er Jahre wuchs die Bevölkerung hauptsächlich durch eine sinkende Sterblichkeit aufgrund des medizinischen Fortschritts. Auch die Säuglingssterblichkeit ging stark zurück: vor etwa 100 Jahren starben 25 % der Neugeborenen im ersten Lebensjahr, gegenwärtig nur noch 0,9 %. Die durchschnittliche Lebenserwartung stieg von rund 35 Jahren gegen Ende des vergangenen Jahrhunderts auf etwa 50 Jahre vor dem Ersten Weltkrieg und auf 60 Jahre vor dem Zweiten Weltkrieg. Zur Zeit beträgt die Lebenserwartung 71,8 Jahre für neugeborene Jungen und 78,4 Jahre für neugeborene Mädchen.

Neben der sinkenden Sterblichkeit führt der Geburtenrückgang zu nachhaltigen demographischen Veränderungen. In den Ehen der Jahrhundertwende gab es durchschnittlich vier Kinder, in den 20er Jahren sank die eheliche Geburtenrate bis auf das Bestandserhaltungsniveau. Die Ehen, die in den Jahren 1922 bis 1925 geschlossen wurden, hatten im Durchschnitt 2,2 Kinder und 18 % dieser Ehen blieben kinderlos. Der Mitte der 60er Jahre einsetzende 'zweite' Geburtenrückgang brachte in den alten Bundesländern wie auch in anderen Industrieländern das Geburtenniveau deutlich unter das Bestandserhaltungsniveau. Die Ehen, die zwischen 1970 und 1974 geschlossen wurden, haben durchschnittlich nur noch 1,5 Kinder und 19 % dieser Ehen bleiben kinderlos.

Mit dem gegen Ende des 19. Jahrhunderts in Deutschland einsetzenden Geburtenrückgang begann eine demographische Alterung, die sich zunächst nur langsam vollzog. Von 1871 bis 1939 erhöhte sich der Anteil der Wohnbevölkerung über 65 Jahre nur von 4,6 auf 7,8 %. Während also 68 Jahre vergingen, bis sich dieser Anteil um 3,2 % erhöhte, beschleunigte sich dieser Alterungsprozeß im folgenden ganz erheblich: für die nächsten 3,3 % Zunahme wurden nur noch 22 Jahre benötigt. In den neun Jahren bis zur Volkszählung 1970 stieg der Anteil um weitere 2 %, um schließlich 1987, bei der letzten Volkszählung, bei 15 % angelangt zu sein.

Bei der Betrachtung der Alterspyramiden auf Bundesländerebene für das Jahr 1987 fällt auf, daß die Kinder- und Jugendquotienten, insbesondere in den Stadtstaaten, auffallend gering ausfallen, während die Altersgruppen der über 65jährigen besonders stark besetzt sind.

Datenquelle: Statistisches Bundesamt, Statistische Jahrbücher

Bertram, Bayer, Bauereiß: Familien-Atlas, Opladen 1993

Altersaufbau der Bevölkerung in der Bundesrepublik Deutschland 1950 - 1987

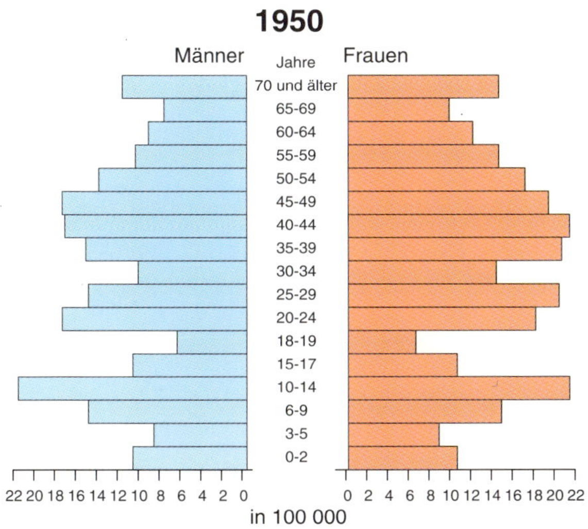

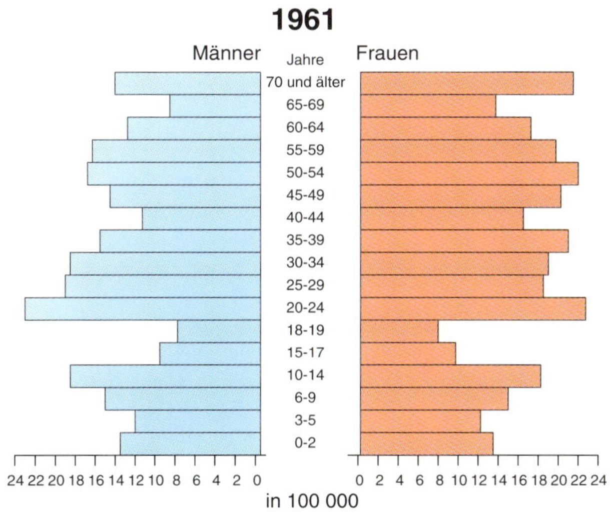

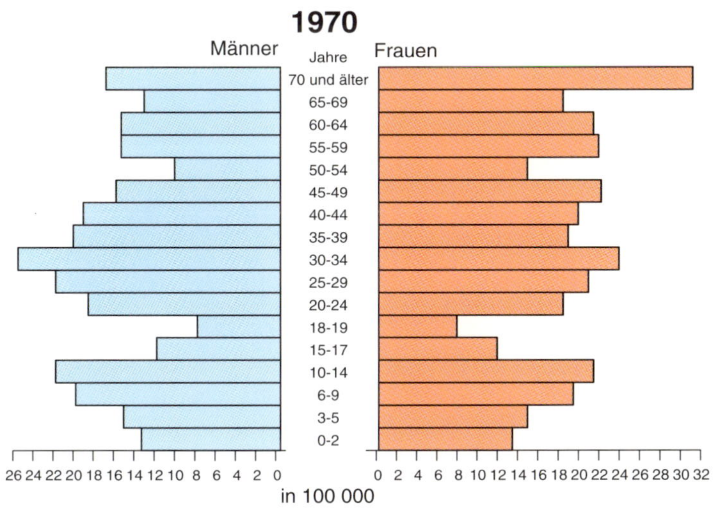

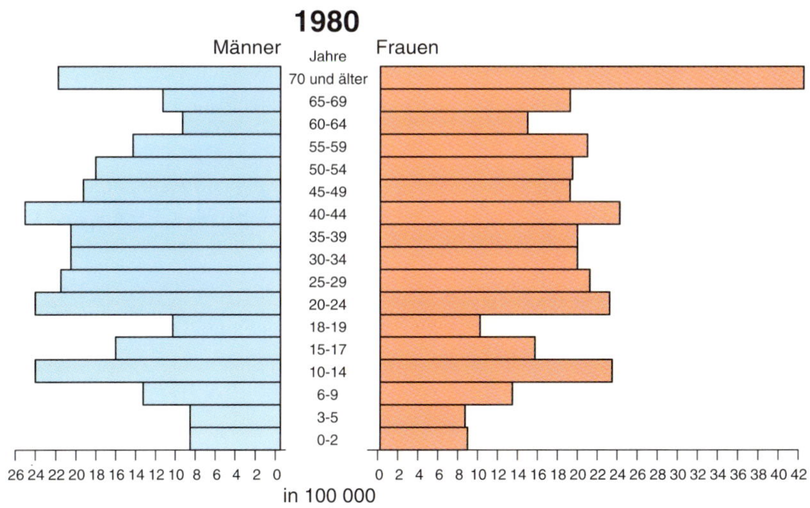

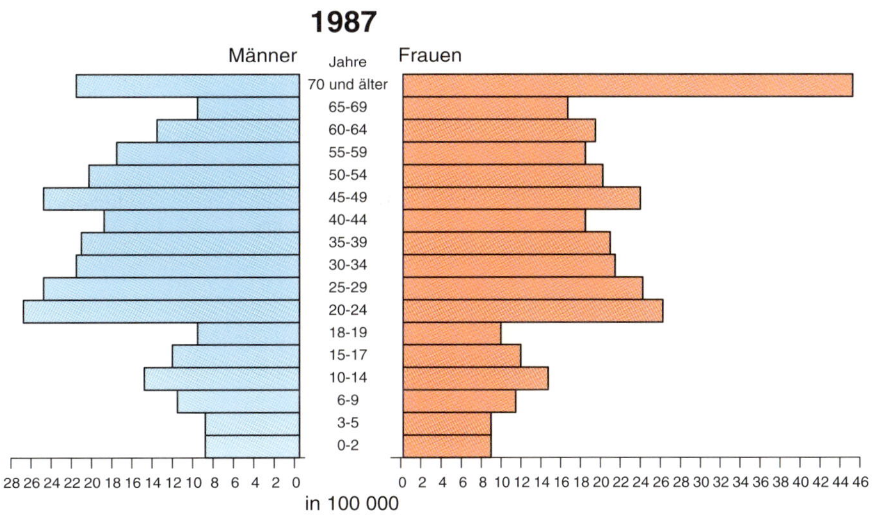

Quelle: DJI-Regionalbank, auf der Basis
absoluter Zahlen der Statistischen Landesämter

Altersaufbau der Bevölkerung in den Bundesländern 1987

Schleswig-Holstein

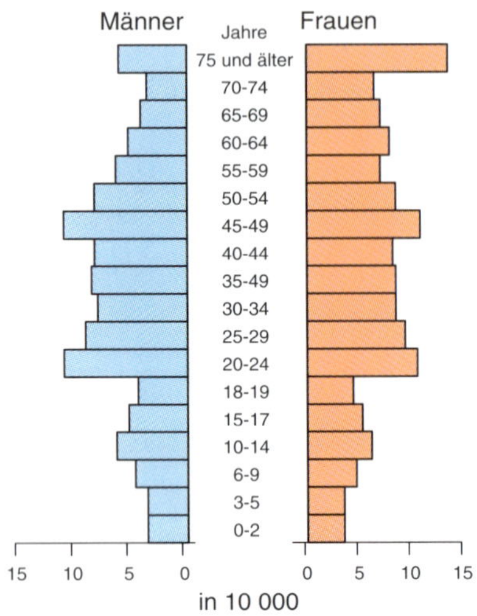

Hamburg

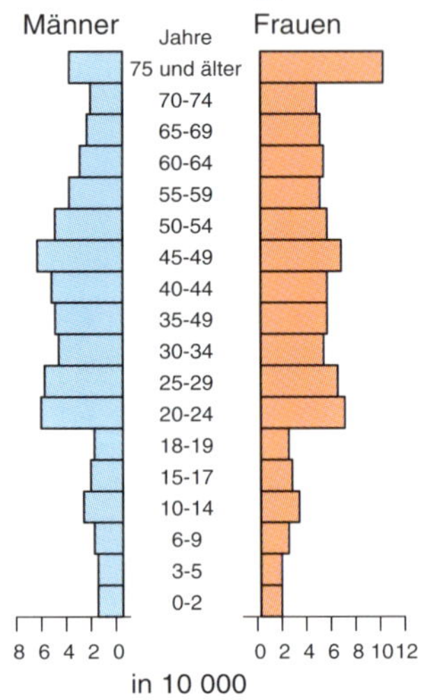

Niedersachsen

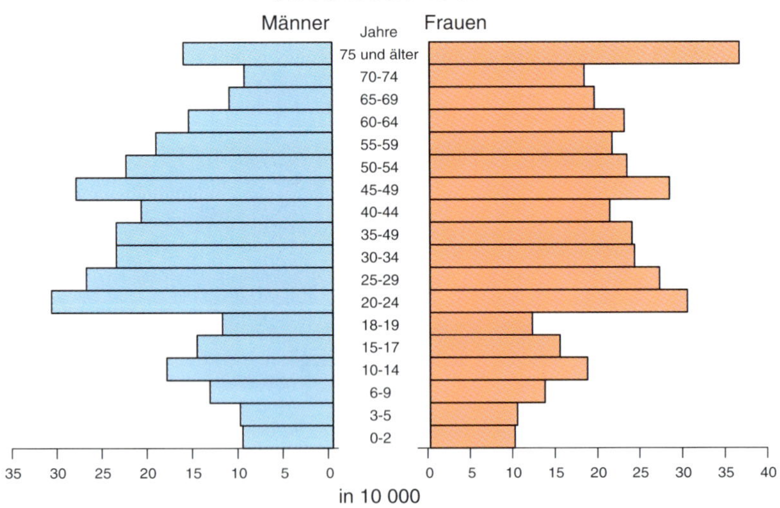

Bremen

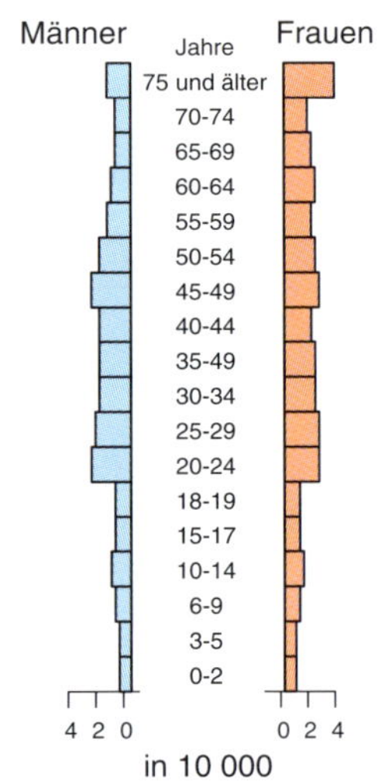

Nordrhein-Westfalen

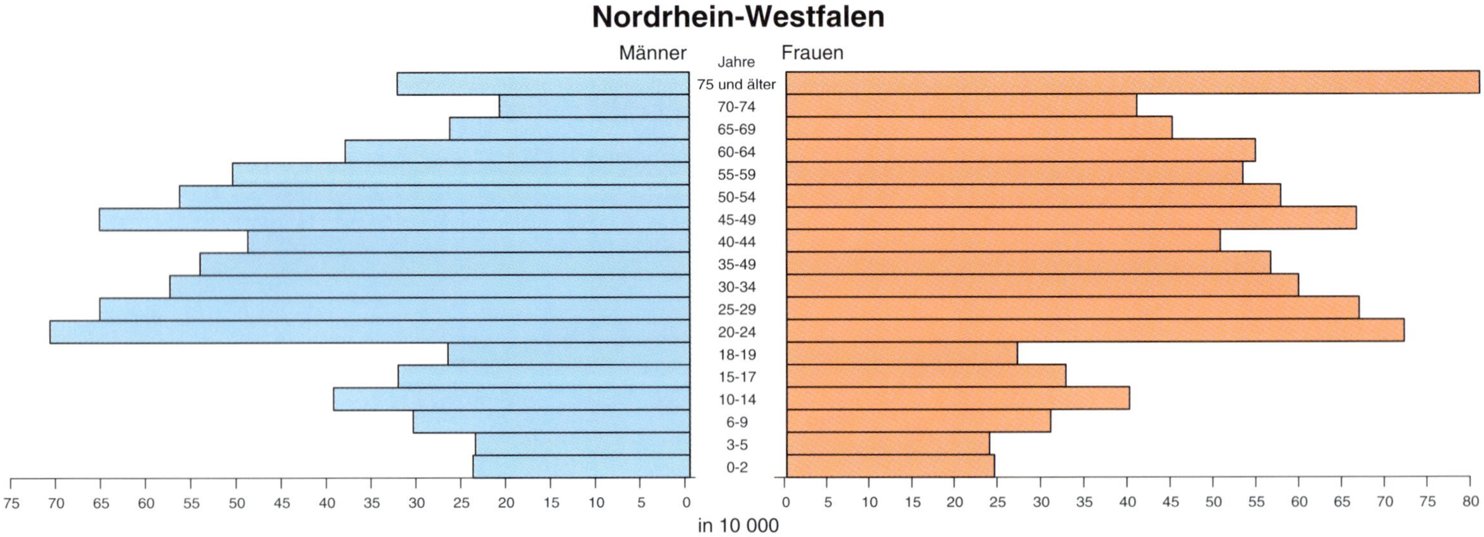

Quelle: DJI-Regionaldatenbank, auf der Basis absoluter Zahlen der Statistischen Landesämter

Altersaufbau der Bevölkerung in den Bundesländern 1987

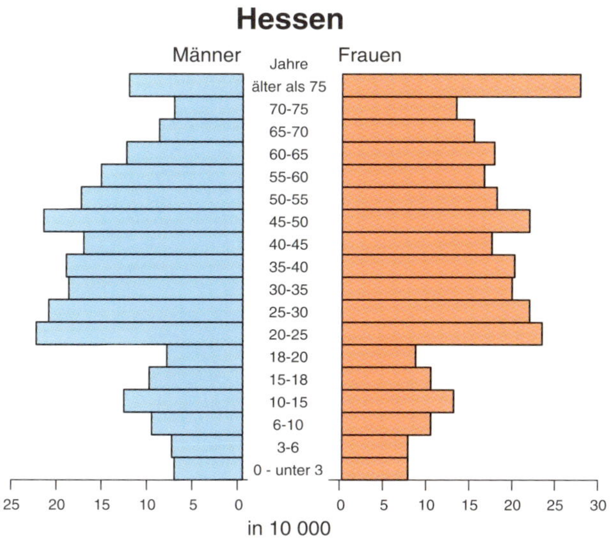

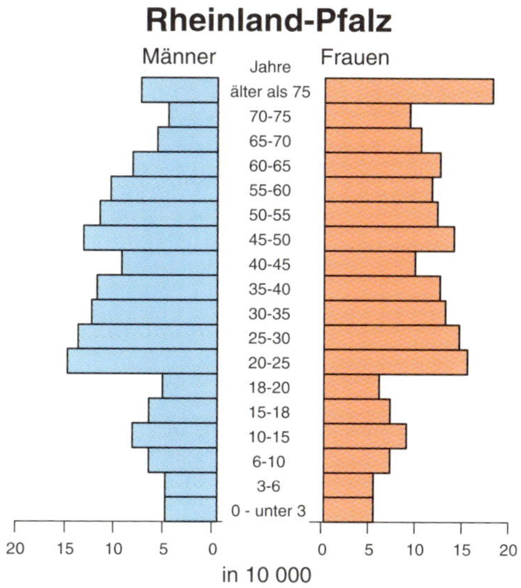

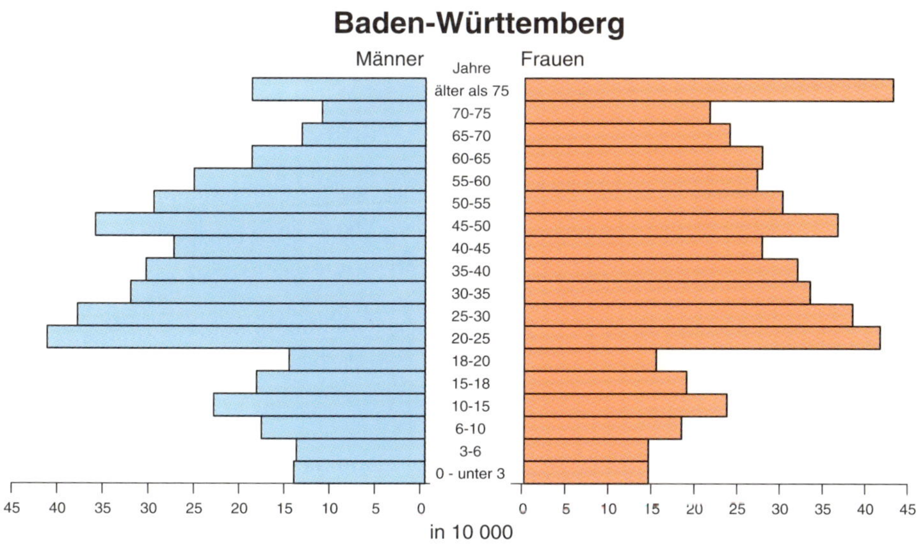

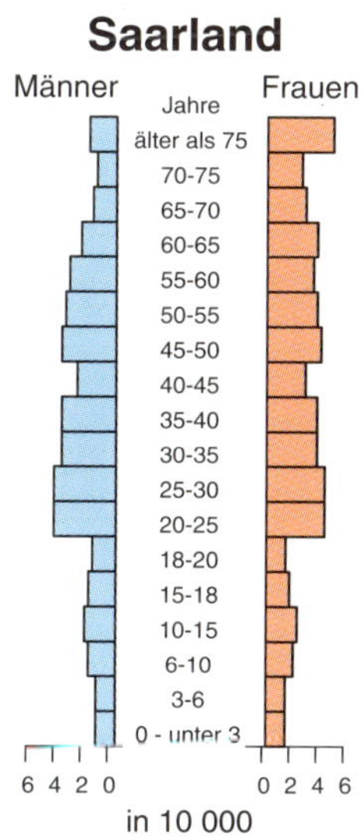

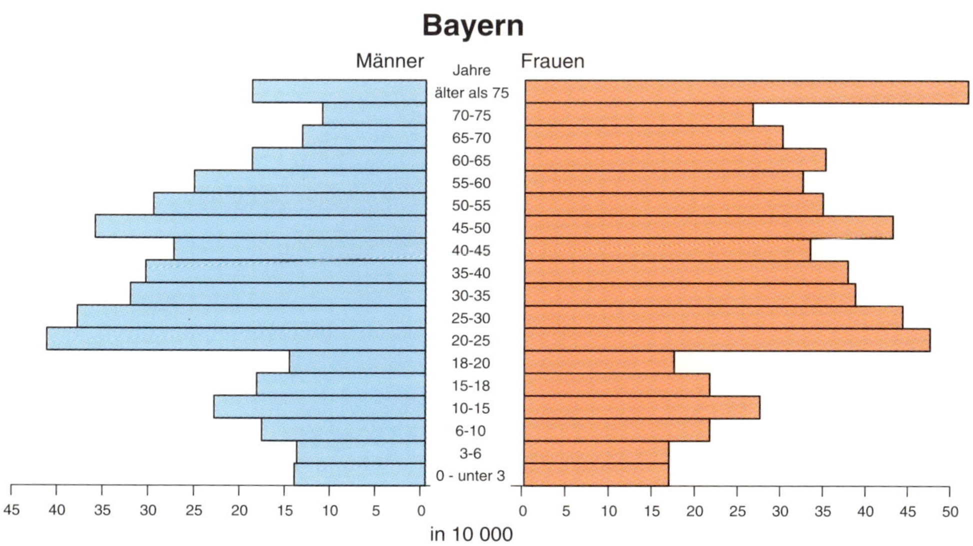

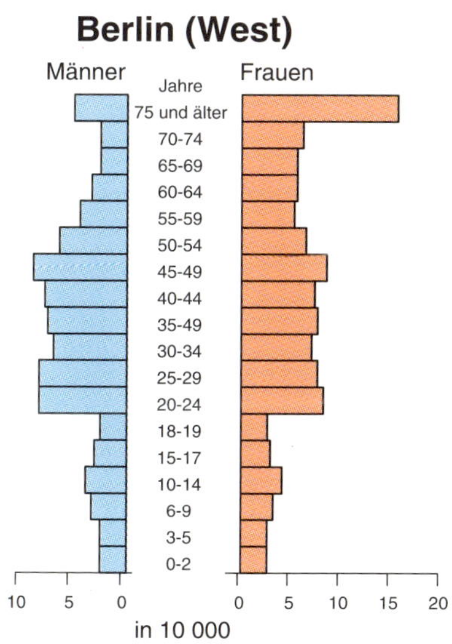

Quelle: DJI-Regionalbank, auf der Basis absoluter Zahlen der Statistischen Landesämter

Mobilität in der Altersgruppe 18 bis 24 Jahre 1986

Kreise mit den niedrigsten Werten

Kreise	Kreisnr.	Werte *
Salzgitter	3102	61,0
Northeim	3155	68,9
Osterode	3156	75,3
Neustadt/Waldnaab	9374	76,9
Höxter	5762	79,7

*) Werte siehe Kartenlegende

Kreise mit den höchsten Werten

Kreise	Kreisnr.	Werte *
München Stadt	9162	174,2
Marburg-Biedenkopf	6534	175,0
Bayreuth Stadt	9462	176,5
Berlin (West)	11001	191,9
Göttingen	3152	199,8

Vergleich ausgewählter Variablen in den Kreisen mit den niedrigsten bzw. höchsten Zuzugsraten pro 100 Fortzüge in der Altersgruppe 18 bis 24 Jahre

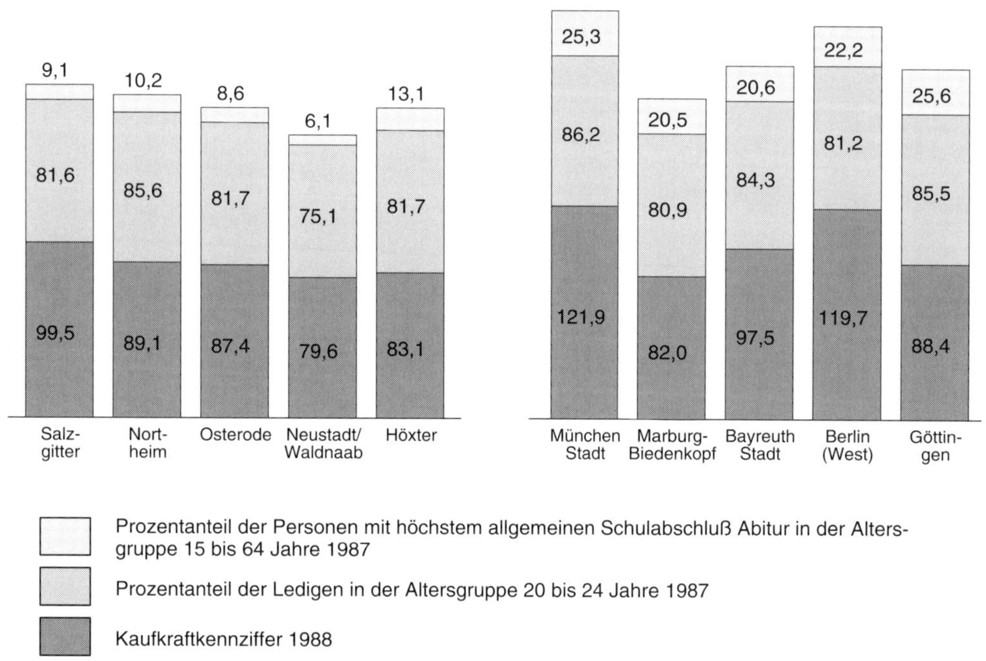

Mittelwerte der Standardvariablen in Kreisen mit sehr niedrigen bis sehr hohen Zuzugsraten pro 100 Fortzüge in der Altersgruppe 18 bis 24 Jahre

	Zuzugsrate			
Standardvariablen	sehr niedrig	niedrig	hoch	sehr hoch
Lebendgeborene pro 1000 Einwohner 1986	9,9	10,8	10,1	9,5
0-5jährige pro 100 Einwohner 1986	5,9	6,4	5,7	5,3
Kindergartenplätze pro 100 3-5jährige 1986	73,0	80,5	75,7	78,5
Quartanerquote 1989	58,6	57,0	65,9	70,5
Erwerbstätigenanteil der 30-39jährigen Frauen 1987 (in %)	52,9	52,0	55,7	58,4
Erwerbstätigenanteil der 40-49jährigen Frauen 1987 (in %)	49,8	50,8	56,4	59,0

Datenquelle: DJI-Regionaldatenbank

Bertram, Bayer, Bauereiß: Familien-Atlas, Opladen 1993

Wanderungsprozesse bewirken nicht nur Veränderungen in der Bevölkerungsverteilung, sondern führen zugleich zu Umschichtungen der Alters- und Geschlechtsstruktur sowie der Sozial-, Berufs- und Qualifikationsstruktur in den Zuzugs- wie in den Fortzugsgebieten. Arbeitsfunktionale, d.h. durch die Arbeitsplatzattraktivität der Zentren geprägte, wie auch bildungsorientierte Zuzüge aus weitgehend agrarisch strukturierten Räumen und aus industriellen Problemgebieten in die wirtschaftskräftigen Industrie- und Dienstleistungszentren zeigten sich schon im vorigen Jahrhundert durch den sich verstärkenden Industrialisierungsprozeß und lassen sich auch 1986 noch nachvollziehen.

Im Jahr 1986 wurden auf dem Gebiet der alten Bundesländer 2,4 Mio. Zuzüge und 2,2 Mio. Fortzüge über die Kreisgrenzen registriert, davon 1,0 Mio. Wanderungsfälle über die Bundesgrenzen. Beim Verhältnis der Zuzüge zu den Fortzügen zeigen Universitätsstädte und Industrie- und Dienstleistungszentren, wie z.B. die Kreise im Großraum Nürnberg, München, Stuttgart, Frankfurt, Köln, Hamburg, Hannover oder Berlin, in der Altersgruppe der 18- bis 24jährigen Mobilitätsgewinne.
Diese Zentren rekrutieren das benötigte Personal aus den ländlichen Kreisen, die von jungen Menschen verlassen werden, wenn sie keinen geeigneten Ausbildungsplatz bzw. mit Erreichen eines bestimmten Ausbildungsstandes keinen adäquaten Arbeitsplatz finden.

Bei den Zuwanderern in Verdichtungsräume sind neben jungen Menschen allgemein viele junge Ausländer, Einzelpersonen sowie einkommensschwächere Gruppen überproportional vertreten. In Kreisen, in denen die Fortzüge bei den 18- bis 24jährigen überwiegen, ist nicht nur der Kinderanteil sehr hoch, sondern auch die Kaufkraft sehr niedrig, d.h. in diesen Kreisen wird zugunsten von Kindern auf einen hohen Wohlstand verzichtet.

Mobilität in der Altersgruppe 18 bis 24 Jahre 1986

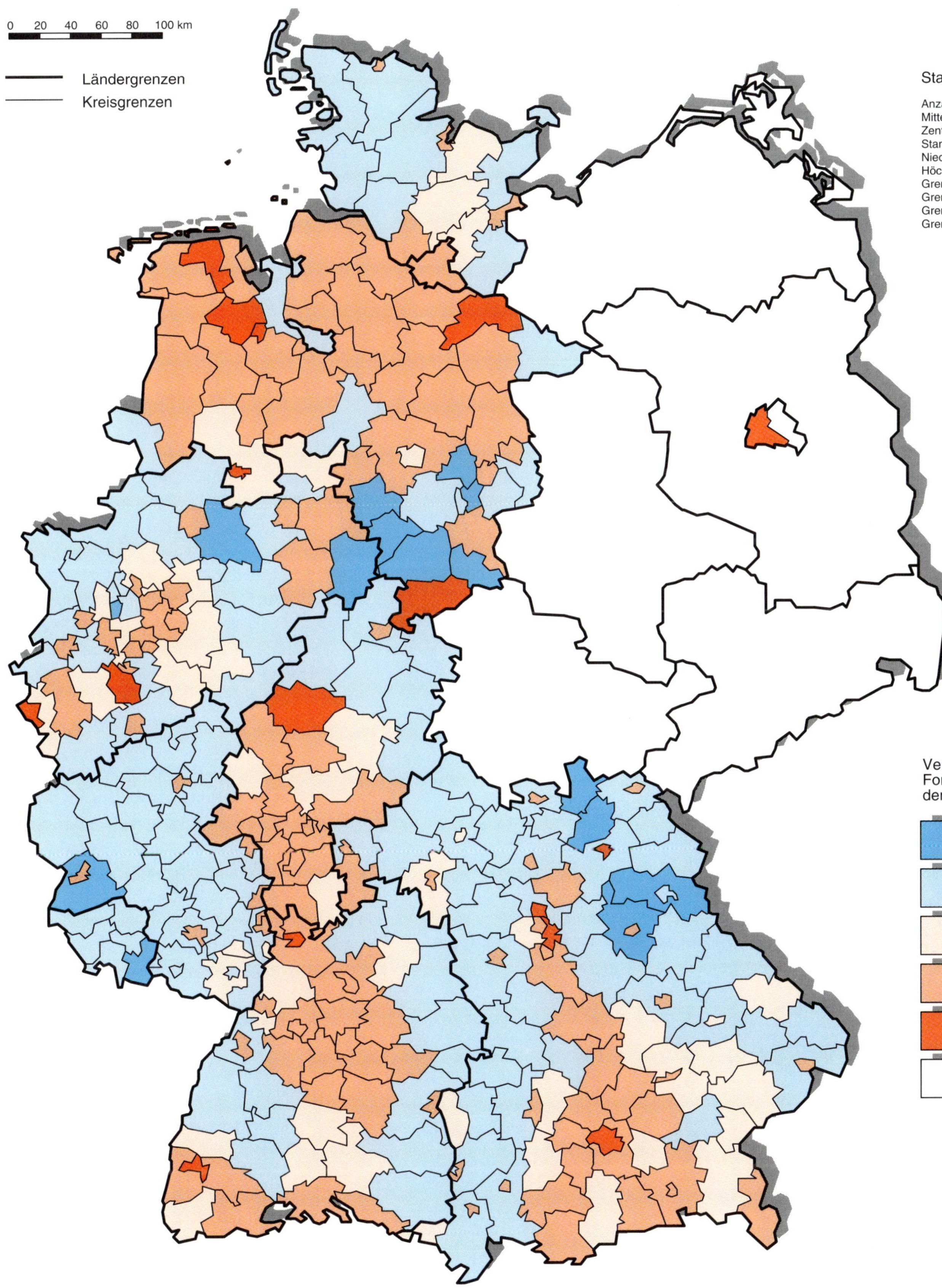

Statistische Maßzahlen

Anzahl der Fälle	328,0
Mittelwert	105,8
Zentralwert	99,9
Standardabweichung	20,8
Niedrigster Wert	61,0
Höchster Wert	199,8
Grenze des 1. Quartils	92,8
Grenze des 3. Quartils	111,8
Grenze der 15 niedrigsten Werte	82,6
Grenze der 15 höchsten Werte	150,3

Verhältnis der Zuzüge zu den Fortzügen in der Altersgruppe der 18- bis 24jährigen - 1986

- sehr starkes Überwiegen der Wegzüge
- mäßig bis starkes Überwiegen der Wegzüge
- ausgewogenes Verhältnis
- mäßig bis starkes Überwiegen der Zuzüge
- sehr starkes Überwiegen der Zuzüge
- Keine Angaben

Quelle: DJI-Regionaldatenbank, auf der Basis absoluter Zahlen der Statistischen Landesämter

Mobilität in der Altersgruppe 30 bis 49 Jahre 1986

Kreise mit den niedrigsten Werten

Kreise	Kreisnr.	Werte*
Speyer	7318	64,1
Münster	5515	69,6
Flensburg	1001	70,0
Günzburg	9774	71,4
Ludwigshafen Stadt	7314	76,6

*) Werte siehe Kartenlegende

Kreise mit den höchsten Werten

Kreise	Kreisnr.	Werte*
Regen	9276	143,8
Bayreuth	9472	144,4
Roth	9576	145,4
Rosenheim	9187	148,5
Pfaffenhofen/Ilm	9186	162,5

Vergleich ausgewählter Variablen in Berlin (West), München Stadt und in den Kreisen mit den niedrigsten bzw. höchsten Zuzugsraten in der Altersgruppe 30 bis 49 Jahre

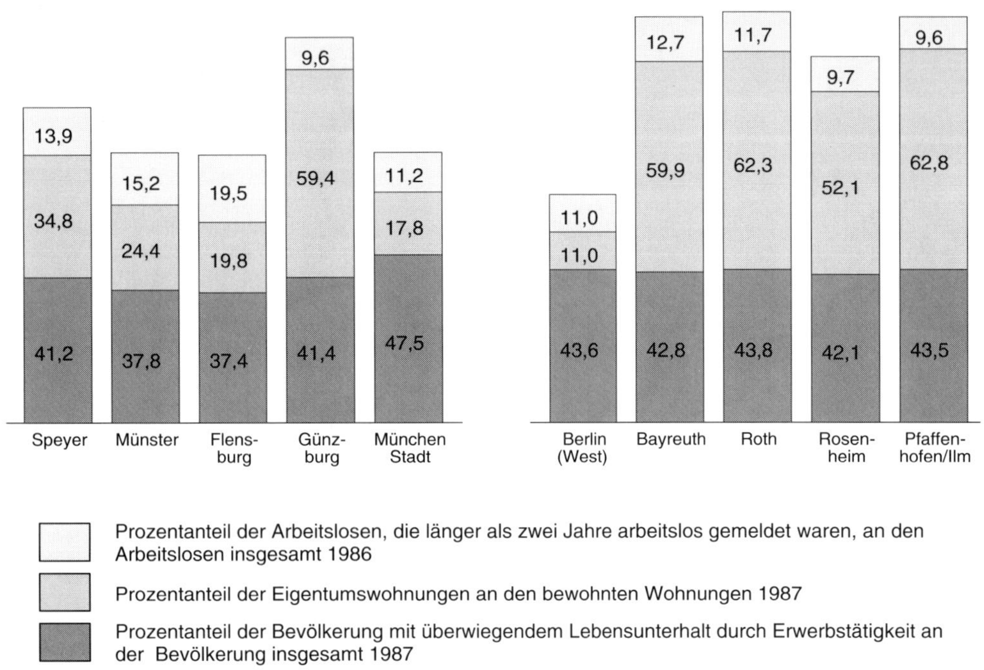

Mittelwerte der Standardvariablen in Kreisen mit sehr niedrigen bis sehr hohen Zuzugsraten in der Altersgruppe 30 bis 49 Jahre

	Zuzugsrate			
Standardvariablen	sehr niedrig	niedrig	hoch	sehr hoch
Lebendgeborene pro 1000 Einwohner 1986	10,1	10,3	10,9	11,2
0-5jährige pro 100 Einwohner 1986	5,7	6,0	6,4	6,7
Kindergartenplätze pro 100 3-5jährige 1986	80,9	77,6	76,2	70,8
Quartanerquote 1989	62,7	62,1	58,1	52,9
Zuzüge pro 100 Fortzüge der 18-24jährigen 1986	115,3	107,6	106,0	99,0
Erwerbstätigenanteil der 30-39jährigen Frauen 1987 (in %)	56,3	53,2	54,0	55,7
Erwerbstätigenanteil der 40-49jährigen Frauen 1987 (in %)	56,4	52,0	54,1	55,2

Datenquelle: DJI-Regionaldatenbank

Bertram, Bayer, Bauereiß: Familien-Atlas, Opladen 1993

Die Bereitschaft und Möglichkeit zur räumlichen und sozialen Mobilität ist ein Ausdruck dynamischer Industriegesellschaften. In der Altersgruppe der 30- bis 49jährigen zeigen Personen mit Kindern eine hohe Mobilität, obwohl Familien im allgemeinen ausgesprochen seßhaft sind. Die Netzwerke gegenseitiger Hilfestellungen erhöhen die Ortsverbundenheit von Familien, so daß nur ein gutes Drittel öfter als einmal umzieht, meist innerörtlich. Da mit der Familiengröße der Wohnbedarf wächst, vollzieht sich der Wohnungswechsel im frühen und teilweise im mittleren Familienzyklus. Diese Stadt-Umland-Wanderungen stehen häufig mit dem Erwerb von Wohneigentum, sowie mit einer Freizeit- und Erholungswertorientierung in Verbindung. Wanderungen über das angrenzende Umland hinweg erfolgen meist aufgrund angestrebter beruflicher Veränderungen von Männern, wobei diese Mobilitätsbereitschaft bei (Ehe-) Partnerinnen aufgrund eigener beruflicher Orientierung oftmals auf Widerstände stößt.

Kreise in Süddeutschland, und dort insbesondere in Bayern, zeichnen sich durch hohe Wanderungsgewinne in der Altersgruppe von 30 bis 49 Jahren aus. So zeigen Kreise in Mittelfranken, wie z.B. Roth im Ballungsraum Nürnberg/Erlangen/Fürth sowie Rosenheim oder Pfaffenhofen/Ilm im Umland von München, ein starkes Überwiegen der Zuzüge. In Kreisen mit höherer Langzeitarbeitslosenquote und geringerem Anteil an Eigentumswohnungen überwiegen dagegen die Fortzüge. Kreise, aus denen junge Menschen wegziehen - Fortzüge, die vorwiegend arbeits- und bildungsorientiert sind - werden wiederum Wohnort für die 30- bis 49jährigen, die ins Umland übersiedeln. Personen dieser Altersgruppe, die sich überwiegend in der aktiven Familienphase befinden, ziehen eher in Kreise mit überdurchschnittlich hohen Geburtenraten, mit einem überdurchschnittlich hohen Kleinkinderanteil, mit einer eher geringenr Erwerbsbeteiligung von Frauen und einem relativ niedrigen Bildungsniveau.

Mobilität in der Altersgruppe 30 bis 49 Jahre 1986

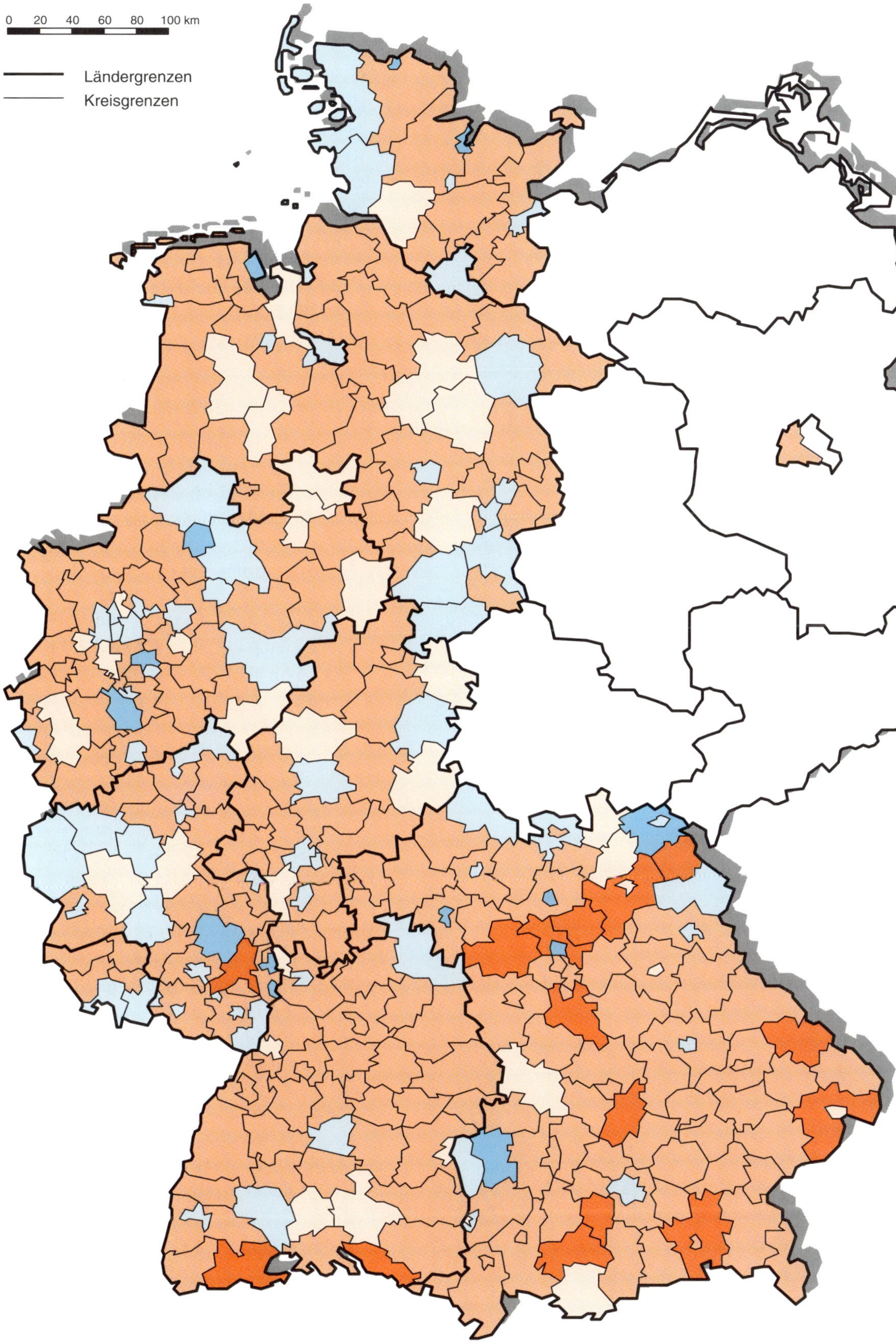

Statistische Maßzahlen

Anzahl der Fälle	328,0
Mittelwert	108,6
Zentralwert	109,1
Standardabweichung	15,9
Niedrigster Wert	64,1
Höchster Wert	162,5
Grenze des 1. Quartils	97,5
Grenze des 3. Quartils	118,8
Grenze der 15 niedrigsten Werte	81,2
Grenze der 15 höchsten Werte	136,0

Verhältnis der Zuzüge zu den Fortzügen in der Altersgruppe der 30- bis 49jährigen - 1986

- sehr starkes Überwiegen der Wegzüge
- mäßig bis starkes Überwiegen der Wegzüge
- ausgewogenes Verhältnis
- mäßig bis starkes Überwiegen der Zuzüge
- sehr starkes Überwiegen der Zuzüge
- Keine Angaben

Quelle: DJI-Regionaldatenbank, auf der Basis absoluter Zahlen der Statistischen Landesämter

Ausländer/Ausländerinnen 1987

Kreise mit den niedrigsten Werten

Kreise	Kreisnr.	Werte*
Cham	9372	0,6
Freyung-Grafenau	9272	0,8
Regen	9276	0,8
Straubing-Bogen	9278	0,8
Haßberge	9674	0,9

*) Werte siehe Kartenlegende

Kreise mit den höchsten Werten

Kreise	Kreisnr.	Werte*
Mannheim	8222	15,0
München Stadt	9162	15,1
Stuttgart	8111	17,7
Offenbach Stadt	6413	18,6
Frankfurt	6412	20,3

Ausländische Haushalte und Erwerbstätigkeit in Berlin (West) und in den Kreisen mit den niedrigsten bzw. höchsten Anteilen an Ausländern/Ausländerinnen

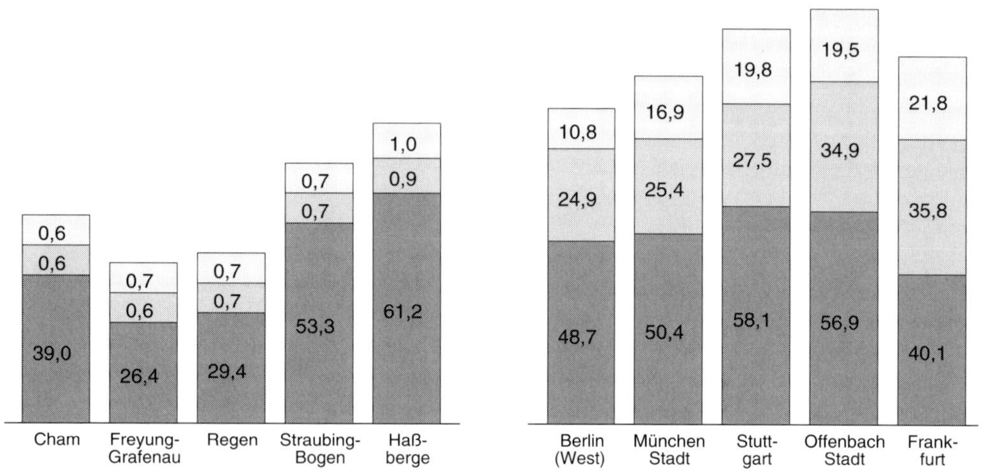

- Prozentanteil der Ausländer/Ausländerinnen an den Erwerbstätigen insgesamt 1987
- Prozentanteil der ausländischen Haushalte an den Haushalten mit vier und mehr Personen insgesamt 1987
- Prozentanteil der Erwerbstätigen im Wirtschaftsbereich "Produzierendes Gewerbe" an den erwerbstätigen Ausländer/Ausländerinnen insgesamt 1987

Mittelwerte der Standardvariablen in Kreisen mit sehr niedrigen bis sehr hohen Anteilen an Ausländern/Ausländerinnen

	Anteile an Ausländern/Ausländerinnen			
Standardvariablen	sehr niedrig	niedrig	hoch	sehr hoch
Lebendgeborene pro 1000 Einwohner 1986	11,4	10,5	10,1	9,8
0-5jährige pro 100 Einwohner 1986	6,8	6,1	5,8	5,6
Kindergartenplätze pro 100 3-5jährige 1986	57,8	76,3	88,0	92,6
Quartanerquote 1989	47,3	59,0	65,3	67,3
Zuzüge pro 100 Fortzüge der 18-24jährigen 1986	97,8	101,0	117,8	126,2
Erwerbstätigenanteil der 30-39jährigen Frauen 1987 (in %)	48,4	53,3	56,7	59,0
Erwerbstätigenanteil der 40-49jährigen Frauen 1987 (in %)	45,5	52,7	57,3	59,4

Datenquelle: DJI-Regionaldatenbank

Bertram, Bayer, Bauereiß: Familien-Atlas, Opladen 1993

Um dem herrschenden Arbeitskräftemangel entgegenzuwirken, wurde 1955 von der damaligen Bundesregierung der erste Anwerbevertrag mit Italien abgeschlossen. Diesem Vertrag folgten weitere mit anderen Mittelmeerländern. Die Zahl der im Bundesgebiet lebenden Ausländer erhöhte sich dadurch von knapp 690 000 im Jahr 1961 (1,2 % der Bevölkerung) auf 2,4 Mio. im Jahr 1970 (4,3 % der Bevölkerung). Aufgrund des Anwerbestopps kam es zwischen 1974 und 1978 zu einem vorübergehenden Rückgang der Ausländerzahlen. Danach jedoch holten viele Ausländer, die sich zu einer längeren Aufenthaltsdauer entschlossen hatten, ihre Familienangehörigen nach. So wurden Abwanderungen ausländischer Erwerbspersonen teilweise durch Zuwanderungen von Nichterwerbspersonen kompensiert. Zu einer weiteren starken Abwanderung von Ausländern führte das Rückkehrhilfegesetz von 1984. Nach dem Auslaufen dieses Gesetzes im Jahr 1986 stieg die Ausländerzahl wieder und betrug 1987 4,1 Mio. (6,8 % der Bevölkerung).

Während 1964 Ausländer als Arbeitskräfte freudig begrüßt wurden, verschärfen sich heute, auch durch die anhaltende Arbeitslosigkeit und die daraus resultierende Konkurrenzsituation, ausländerfeindliche Haltungen.

Ausländische Arbeitnehmer lassen sich im allgemeinen in der Nähe des Arbeitsortes nieder, wobei der Großteil der ausländischen Erwerbstätigen als Arbeiter im produzierenden Gewerbe beschäftigt ist. So liegt der Bevölkerungsanteil der Ausländer in den Kreisen der industriellen Ballungsgebiete, z.B. an Rhein und Ruhr, im Rhein-Main-Gebiet, sowie in den Großräumen von Stuttgart und München weit über dem Bundesdurchschnitt. Mehr als die Hälfte der Ausländer (2,2 Mio.) lassen sich in größeren Städten nieder. In Frankfurt ist jeder fünfte Einwohner Ausländer, Offenbach und Stuttgart folgen mit 19 % bzw. 18 % Ausländeranteil, München und Mannheim verzeichnen jeweils 15 %.

Ausländer/Ausländerinnen 1987

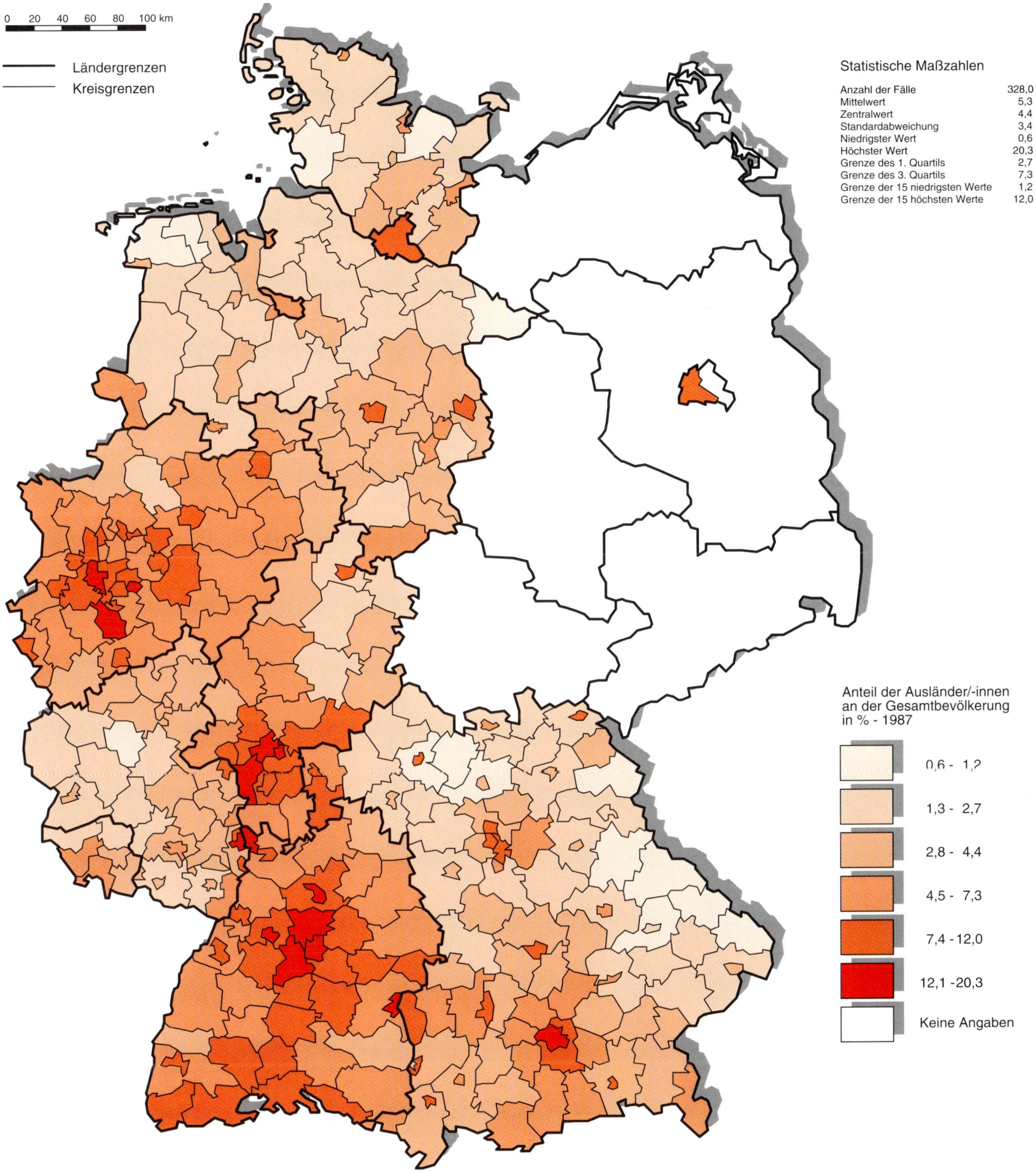

Quelle: DJI-Regionaldatenbank, auf der Basis absoluter Zahlen der Statistischen Landesämter

Veränderung der Bevölkerungsdichte 1980 - 1989

Kreise mit den niedrigsten Werten

Kreise	Kreisnr.	Werte*
Oldenburg	3458	-66,9
Regensburg Stadt	9362	-9,4
Wilhelmshaven	3405	-9,3
Goslar	3153	-7,9
München Stadt	9162	-7,2

*) Werte siehe Kartenlegende

Kreise mit den höchsten Werten

Kreise	Kreisnr.	Werte*
Pfaffenhofen/Ilm	9186	10,9
Erlangen-Höchstadt	9572	11,9
Ingolstadt	9161	12,1
Berlin (West)	11001	12,3
Landsberg	9181	13,4

Einwohner je qkm nach Ländern, im früheren Bundesgebiet und im Gebiet der neuen Bundesländer von 1950 bis 1989

Länder	1950	1961	1970	1980	1989
Schleswig-Holstein	165	148	159	166	165
Hamburg	2127	2427	2376	2185	2153
Niedersachsen	143	140	149	159	154
Bremen	1388	1749	1789	1720	1667
Nordrhein-Westfalen	388	467	497	500	502
Hessen	205	228	255	265	268
Rheinland-Pfalz	151	172	184	183	186
Baden-Württemberg	180	217	249	258	269
Bayern	130	135	149	154	159
Saarland	372	418	436	415	414
Berlin (West)	4472	4577	4421	3955	3860
Früheres Bundesgebiet	204	226	244	248	252
Neue Bundesländer	171	158	158	159	153

Datenquelle: Statistisches Bundesamt, Statistische Jahrbücher

Mittelwerte der Standardvariablen in Kreisen mit unterschiedlicher Veränderung der Bevölkerungsdichte

Standardvariablen	Veränderung der Bevölkerungsdichte starke Abnahme	etwa konstant	mittlere Zunahme	starke Zunahme
Lebendgeborene pro 1000 Einwohner 1986	9,1	10,2	11,4	11,9
0-5jährige pro 100 Einwohner 1986	5,1	5,9	6,7	7,1
Kindergartenplätze pro 100 3-5jährige 1986	78,9	79,8	79,2	62,6
Quartanerquote 1989	67,6	62,0	54,8	55,4
Zuzüge pro 100 Fortzüge der 18-24jährigen 1986	116,5	104,0	104,8	113,5
Erwerbstätigenanteil der 30-39jährigen Frauen 1987 (in %)	57,4	53,2	53,3	55,1
Erwerbstätigenanteil der 40-49jährigen Frauen 1987 (in %)	58,2	51,4	52,9	56,4

Datenquelle: DJI-Regionaldatenbank

Bertram, Bayer, Bauereiß: Familien-Atlas, Opladen 1993

In den alten Bundesländern stieg die Bevölkerung von 1980 bis 1989 um rd. 681 000 Einwohner an. Der damit verbundene Anstieg der Bevölkerungsdichte macht sich besonders in Bayern und Baden-Württemberg bemerkbar, während in den Stadtstaaten außer Berlin, im Saarland und in Schleswig-Holstein ein Rückgang der Dichte festzustellen ist. In Niedersachsen, Nordrhein-Westfalen, Rheinland-Pfalz und Hessen ist der Anstieg in diesem Zeitraum nur sehr schwach. Nach wie vor gehören Bayern, Niedersachsen und Schleswig-Holstein zu den relativ dünn besiedelten Bundesländern.

Die stärksten Veränderungen der Bevölkerungsdichte sind in den sogenannten 'Ballungsgebieten' und in größeren Städten und deren angrenzenden Kreisen zu finden. So verzeichnen beispielsweise Hamburg, Darmstadt, Frankfurt, Mannheim, Bremen, Stuttgart, Karlsruhe, Nürnberg, München und Augsburg eine starke Abnahme der Bevölkerungsdichte, während in deren angrenzenden Kreisen eine stärkere Dichtezunahme festzustellen ist. Die Dichtezunahme Berlins kam aufgrund seines Sonderstatus zustande, die der Ballungsgebiete durch die Verlagerung von Industriebetrieben aus den Städten in die Außenbezirke und die dortige Neuansiedlung von Zulieferbetrieben. Die dafür benötigten Arbeitskräfte zogen aus den strukturschwachen ländlichen Kreisen zu und siedelten sich in der Nähe des Arbeitsplatzes an. In Kreisen des Rhein-Ruhr-Gebietes und des Saarlandes trugen strukturelle Probleme des Kohlebergbaus und der Schwerindustrie zu einer Dichteabnahme bei.

Deutliche Dichtezunahmen verzeichnen Kreise in den Alpen und im Voralpenland, im südlichen Schwarzwald um das Zentrum Freiburg und am Bodensee. In Kreisen von Niederbayern und der Oberpfalz machen sich die Förder- und Stützprogramme der Regierung für Zonenrandgebiete bemerkbar.

Veränderung der Bevölkerungsdichte 1980 - 1989

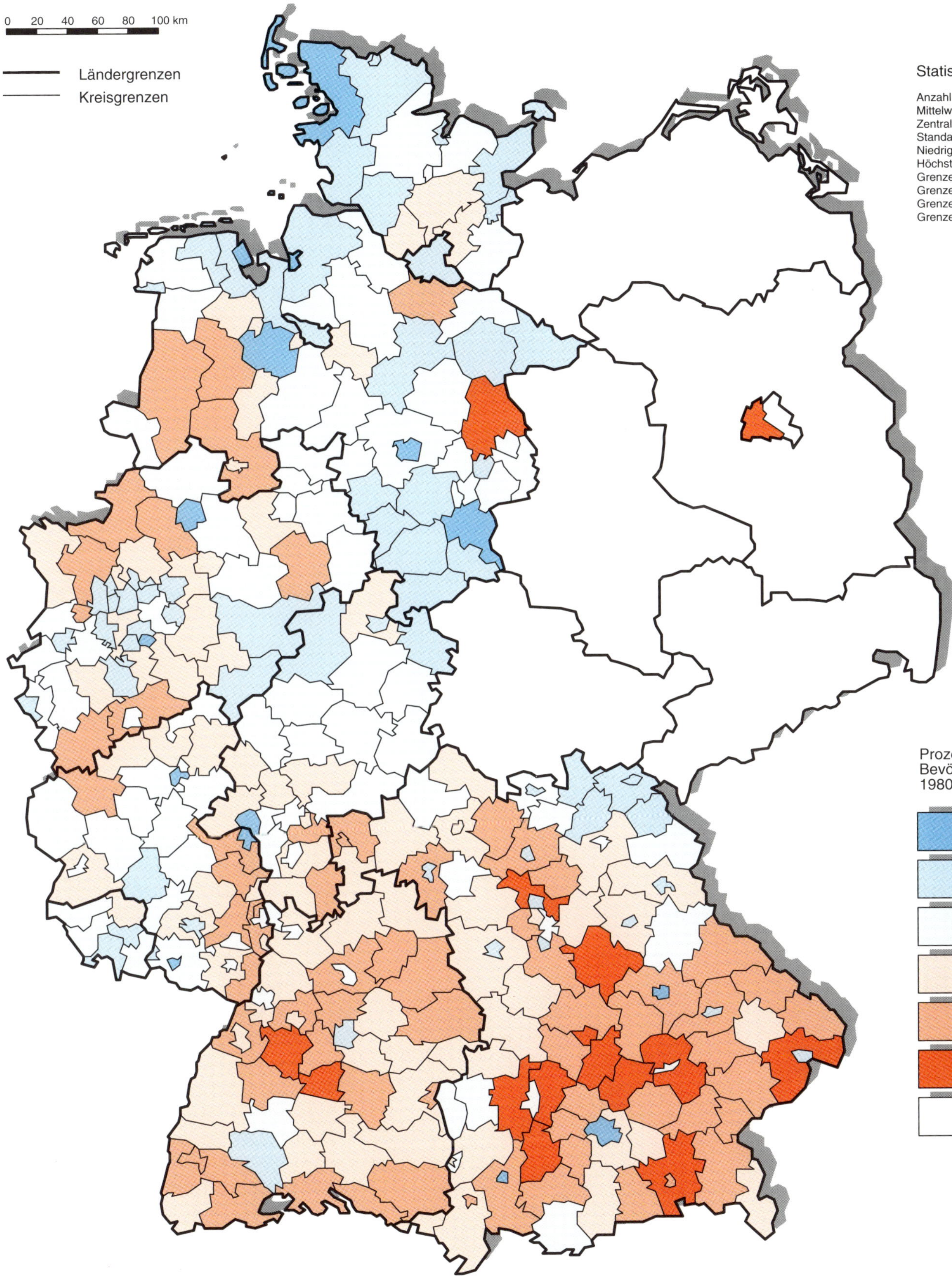

Statistische Maßzahlen

Anzahl der Fälle	328,0
Mittelwert	1,8
Zentralwert	1,9
Standardabweichung	5,5
Niedrigster Wert	-66,9
Höchster Wert	13,4
Grenze des 1. Quartils	-0,9
Grenze des 3. Quartils	4,9
Grenze der 15 niedrigsten Werte	-5,3
Grenze der 15 höchsten Werte	8,3

Prozentuale Veränderung der Bevölkerungsdichte zwischen 1980 (=100%) und 1989

- -66,9 - -5,3
- -5,2 - -0,9
- -0,8 - 1,9
- 2,0 - 4,9
- 5,0 - 8,3
- 8,4 - 13,4
- Keine Angaben

Quelle: DJI-Regionaldatenbank, auf der Basis absoluter Zahlen der Statistischen Landesämter

Bevölkerungsdichte 1989

Kreise mit den niedrigsten Werten in den neuen Bundesländern

Kreise	Kreisnr.	Werte*
Röbel/Müritz	12309	32
Belzig	13401	36
Templin	13311	36
Eisenhüttenstadt	13506	37
Angermünde	13501	37

Kreise mit den höchsten Werten in den neuen Bundesländern

Kreise	Kreisnr.	Werte*
Cottbus Stadt	13631	2705
Görlitz Sadt	151232	2892
Leipzig Stadt	151331	3620
Berlin (Ost)	11002	7386
Halle-Neustadt	14833	9187

Kreise mit den niedrigsten Werten in den alten Bundesländern

Kreise	Kreisnr.	Werte*
Lüchow-Dannenberg	3354	39
Bitburg-Prüm	7232	55
Uelzen	3360	63
Daun	7233	64
Neustadt/Waldnaab	9374	66

Kreise mit den höchsten Werten in den alten Bundesländern

Kreise	Kreisnr.	Werte*
Oberhausen	5119	2887
Essen	5113	2969
Herne	5916	3433
München Stadt	9162	3888
Berlin (West)	11001	3914

*) Werte siehe Kartenlegende

Prozentuale Aufteilung der Bevölkerung nach Gemeindegrößenklassen in den alten und neuen Bundesländern 1989

Länder	Bevölkerung (in Tsd.)	*Prozentanteil der Bevölkerung in Gemeinden der Größenklasse .... Einwohner (in %)* unter 2000	2000-19999	20000-99999	100000 u. mehr
Schleswig-Holstein	2570,8	22,0	35,8	24,6	17,6
Hamburg	1606,6				100,0
Niedersachsen	7213,9	7,7	39,4	31,8	21,6
Bremen	665,1				100,0
Nordrhein-Westfalen	16935,2		14,3	37,4	48,3
Hessen	5594,2	0,3	50,8	25,3	23,6
Rheinl.-Pfalz	3665,2	31,0	36,3	20,6	12,0
Baden-Württemberg	9494,8	3,0	49,3	27,8	19,9
Bayern	11100,3	10,1	53,3	15,0	21,6
Saarland	1055,5		46,5	35,6	17,9
Berlin (West)	2088,1				100,0
Alte Bundesländer	61989,8	5,9	34,6	26,0	33,5
Mecklenburg-Vorp.	1963,9	28,8	31,2	20,6	19,5
Brandenburg	2641,2	26,8	31,7	31,3	10,2
Sachsen-Anhalt	2965,0	25,7	24,4	26,0	24,0
Sachsen	4900,7	19,9	29,8	20,8	29,6
Thüringen	2683,9	31,5	26,6	25,0	17,0
Berlin (Ost)	1279,2				100,0
Neue Bundesländer	16433,8	23,5	26,4	22,5	27,7

Datenquelle: Deutscher Städtetag: Statistisches Jahrbuch deutscher Gemeinden, Jahrgang 1991

DJI Regionaldatenbank

Bertram, Bayer, Bauereiß: Familien-Atlas, Opladen 1993

Auf dem Gebiet des seit Oktober 1990 vereinigten Deutschlands leben 78,7 Mio. Menschen auf einer Fläche von 357 000 qkm. Das entspricht einer Bevölkerungsdichte von 222 Einwohnern auf einem qkm.

In den alten Bundesländern kumulieren sich hochverdichtete Kreise im Rhein-Ruhr-Gebiet, im Rhein-Main-Gebiet um Frankfurt, im Rhein-Neckar-Raum um Mannheim-Ludwigshafen, im schwäbischen Industriegebiet um Stuttgart sowie um die Städte Bremen, Hamburg, Hannover und Nürnberg-Fürth. Die höchsten Dichtewerte erreichen die urbanen Zentren Berlin (West) und München, gefolgt von Ruhr-Revierstädten. Im Ruhrgebiet selbst ist die größte Bevölkerungskonzentration vorzufinden, dort leben auf nur 2 % der Bundesfläche 9 % der Bevölkerung der alten Bundesländer. Diesen überaus dicht bevölkerten Kreisen stehen einige schwach besiedelte gegenüber, wie die Kreise der Heide- und Moorlandschaften in der Norddeutschen Tiefebene, im Gebiet der Eifel, des Bayerischen Waldes, der Oberpfalz und in den Randgebieten entlang der ehemaligen innerdeutschen Grenze.

In den neuen Bundesländern ist ein Süd-Nord-Gefälle der Bevölkerungsdichte festzustellen. Die dünn besiedelten Kreise liegen in Mecklenburg-Vorpommern, im Harz, im Havelland und in der Niederlausitz. Dichter bevölkert sind die Kreise um Berlin, Potsdam und im Thüringer Wald, abgesehen von den direkt an der ehemaligen innerdeutschen Grenze liegenden Kreisen. Die höchsten Dichtewerte haben die Kreise in den Industrieregionen Leipzig, Halle, Bitterfeld und Dresden sowie im Braunkohlerevier von Sachsen.

In den alten Bundesländern leben 1989 etwa 40 % der Bevölkerung in Gemeinden unter 20 000 Einwohnern, auf dem Gebiet der jetzigen neuen Bundesländer sind es 50 %. Dort ist der Anteil derjenigen, die in einem Dorf unter 2000 Einwohnern leben, um das Vierfache höher als in den alten Bundesländern.

Bevölkerungsdichte 1989

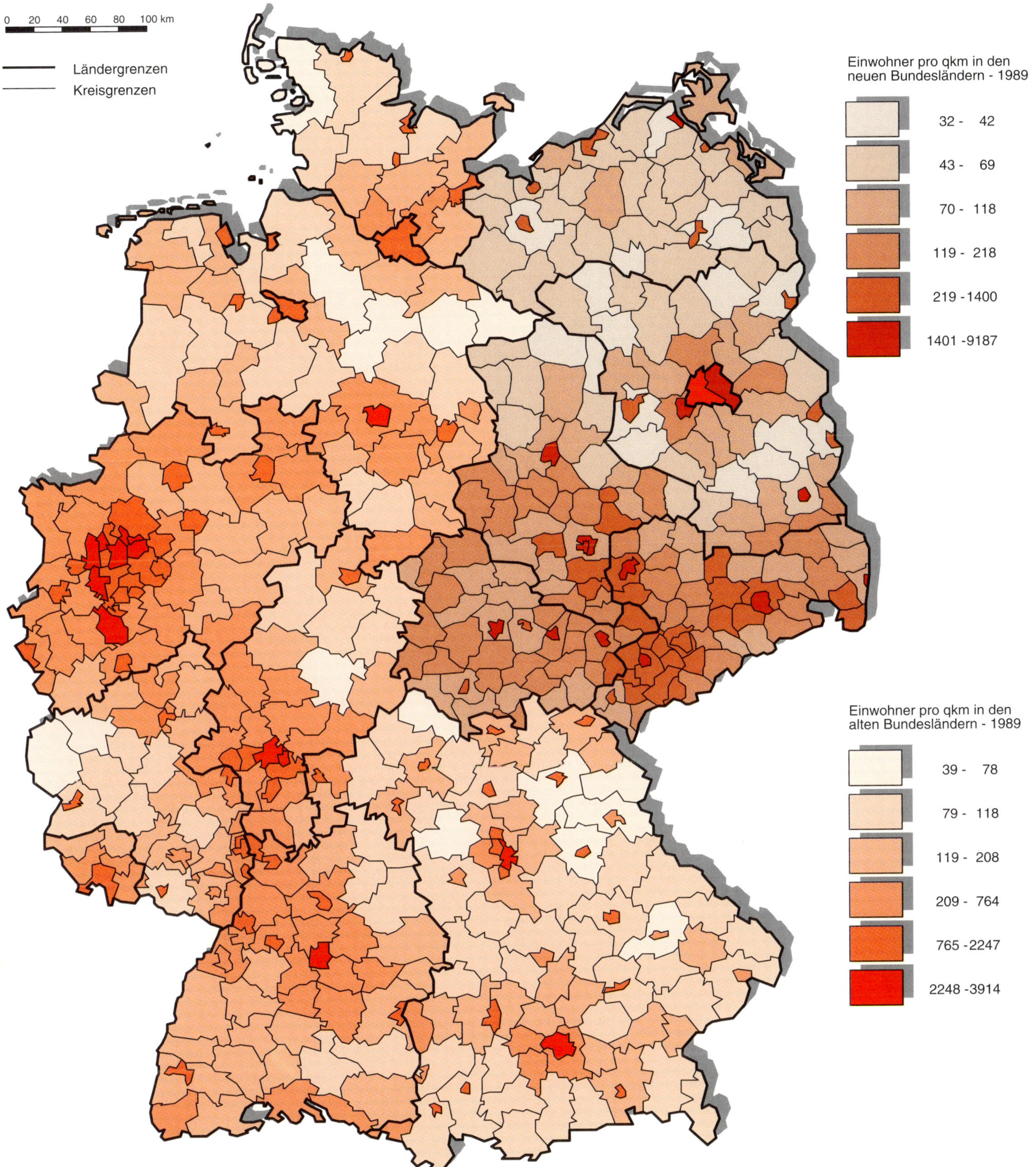

Quelle: DJI-Regionaldatenbank, auf der Basis absoluter Zahlen der Statistischen Landesämter bzw. der Staatlichen Zentralverwaltung für Statistik der ehemaligen DDR

Schleswig-
Holstein
Mecklenburg-
Vorpommern
Hamburg
Bremen
Nieder-
sachsen
Berlin
Brandenburg
Sachsen-
Anhalt
Nordrhein-
Westfalen
Sachsen
Thüringen
Hessen
Rheinland-
Pfalz
Saarland
Bayern
Baden-
Württemberg

Kreise mit den niedrigsten Werten

Kreise	Kreisnr.	Werte*
Dithmarschen	1051	3,9
Aurich	3452	4,2
Steinburg	1061	4,3
Rotenburg	3357	4,4
Schleswig-Flensburg	1059	4,5

*) Werte siehe Kartenlegende

Kreise mit den höchsten Werten

Kreise	Kreisnr.	Werte*
Regen	9276	93,2
Straubing-Bogen	9278	93,3
Bitburg-Prüm	7232	93,4
Cham	9372	94,2
Freyung-Grafenau	9272	94,8

Vergleich ausgewählter Variablen in Berlin (West), München Stadt und in den Kreisen mit den niedrigsten bzw. höchsten Katholikenanteilen

Wertschätzung von Kindern 1990 (vgl. S.68/69)

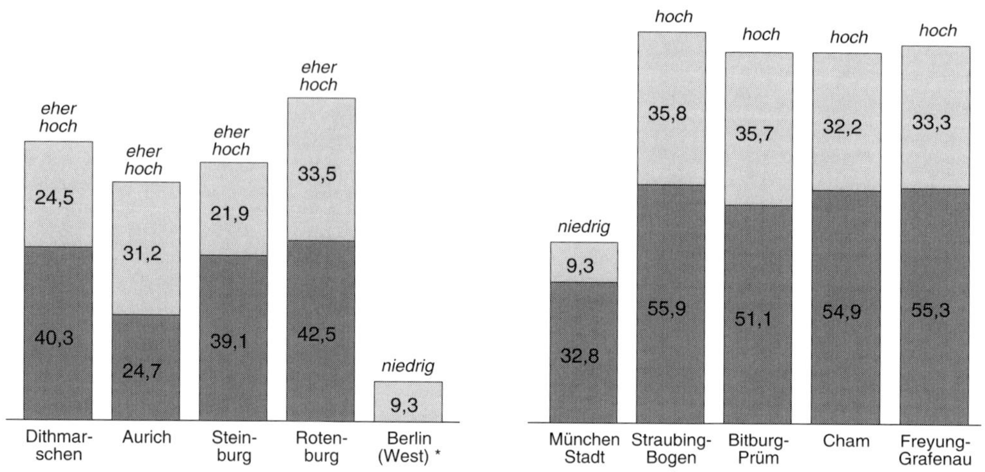

Prozentanteil der Haushalte mit vier und mehr Personen an den Haushalten insgesamt 1987

Stimmenanteil für die CDU/CSU bei den Europawahlen 1989 (in Prozent)
*) kein Wert für Berlin (West)

Mittelwerte der Standardvariablen in Kreisen mit sehr niedrigen bis sehr hohen Katholikenanteilen

Standardvariablen	Katholikenanteile sehr niedrig	niedrig	hoch	sehr hoch
Lebendgeborene pro 1000 Einwohner 1986	9,9	10,1	11,6	11,3
0-5jährige pro 100 Einwohner 1986	5,9	5,8	6,8	6,8
Kindergartenplätze pro 100 3-5jährige 1986	46,5	89,0	73,0	71,2
Quartanerquote 1989	62,5	63,5	52,3	48,1
Zuzüge pro 100 Fortzüge der 18-24jährigen 1986	106,8	109,4	99,9	92,8
Erwerbstätigenanteil der 30-39jährigen Frauen 1987 (in %)	50,0	55,7	51,4	48,8
Erwerbstätigenanteil der 40-49jährigen Frauen 1987 (in %)	51,8	55,4	49,5	42,9

Datenquelle: DJI-Regionaldatenbank

Bertram, Bayer, Bauereiß: Familien-Atlas, Opladen 1993

Etwa 85 % der Bevölkerung bekennen sich 1987 zu etwa gleichen Anteilen zur römisch-katholischen und zur protestantischen Konfession. In Norddeutschland überwiegen protestantische, in Süddeutschland katholische Christen. Die Kreise in Rheinland-Pfalz, im Saarland und in Bayern sind mehrheitlich katholisch, in Baden-Württemberg und Nordrhein-Westfalen sind beide Konfessionen etwa gleich stark.
Die Wurzeln dieser Konfessionsaufteilung liegen im Zeitalter der Reformation, als Deutschland zu rd. 80 % protestantisch wurde. Die katholische Kirche konnte jedoch viele Gebiete zurückgewinnen (Westfälischer Friede 1648), so daß die ehemaligen Bistumslande Hildesheim, Osnabrück, Münster, Paderborn, Köln, Trier, Mainz, Würzburg, Bamberg und die angrenzenden süddeutschen Bistümer sowie die weltlichen Territorien Baden-Baden, Hohenzollern, Pfalz-Neuburg, Oberpfalz und Bayern wieder katholisch wurden bzw. blieben.

In den Kreisen mit den höchsten Katholikenanteilen, die in Rheinland-Pfalz, in der Oberpfalz und in Niederbayern liegen, ist die Wertschätzung von Kindern hoch und mehrheitlich wird dort die CDU bzw. CSU gewählt. Allgemein steigen in den Kreisen die Geburtenraten, der Anteil der Kinder und damit der Anteil der Haushalte mit mehreren Personen, je höher der Katholikenanteil ist. Die Kreise mit den niedrigsten Katholikenanteilen, die hauptsächlich in Schleswig-Holstein, im Weser-Ems-Gebiet und in Lüneburg liegen, sind weniger 'kinderfreundlich', der Anteil an Haushalten mit mehreren Personen ist entsprechend niedrig und die CDU/CSU bekommt weniger Wählerstimmen. Mit steigendem Katholikenanteil in den Kreisen nehmen die Erwerbstätigkeit von Frauen und die Quartanerquote ab, die Fortzüge der 18- bis 24jährigen liegen weit über den Zuzügen. Diese regionalen Differenzierungen machen deutlich, daß die beiden Konfessionen durchaus heute noch die Einstellungsmuster und Verhaltensweisen der Bevölkerung prägen.

Katholiken 1987

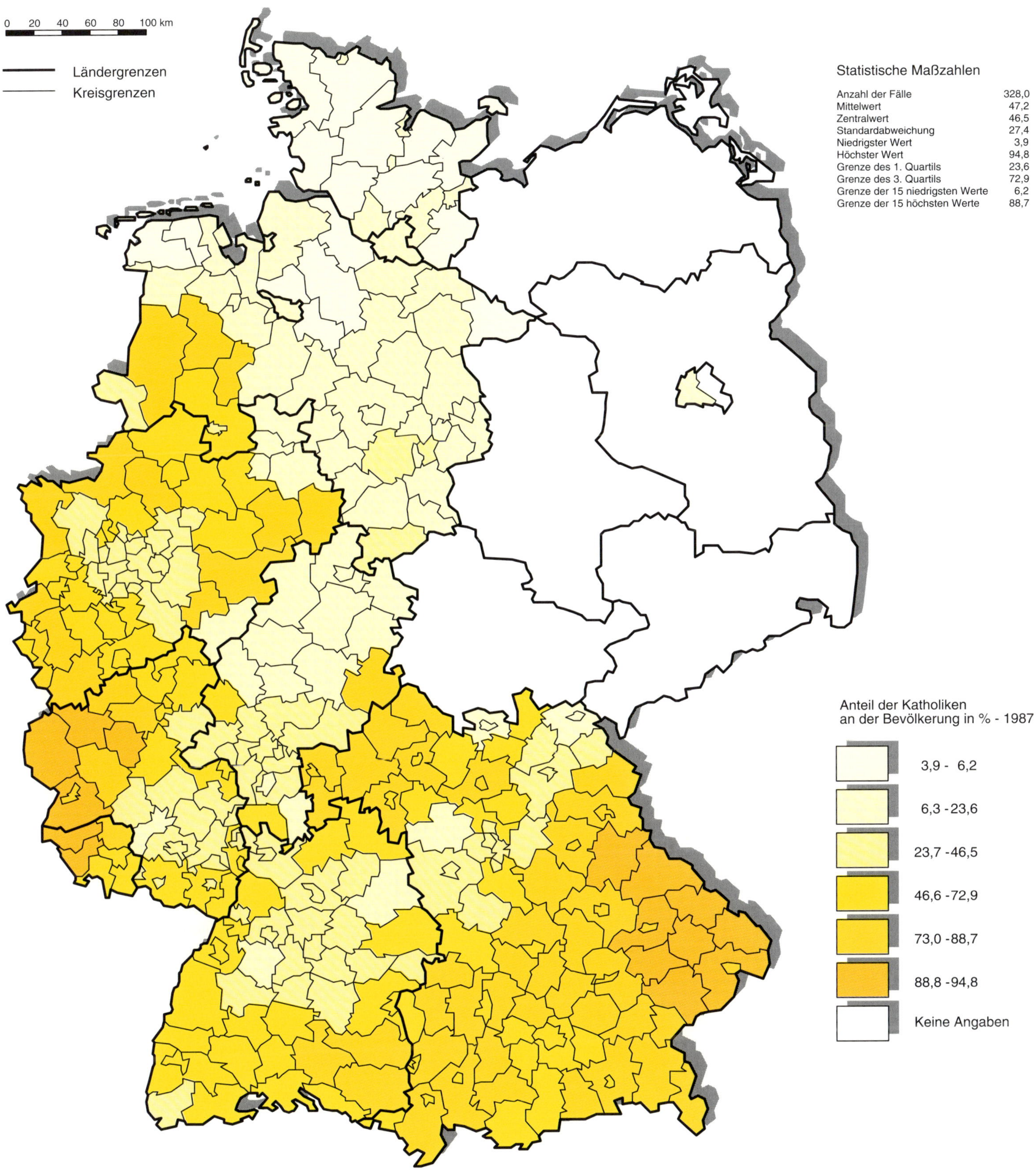

Quelle: DJI-Regionaldatenbank, auf der Basis absoluter Zahlen der Statistischen Landesämter

Kreise mit den niedrigsten Werten

Kreise	Kreisnr.	Werte*
Freyung-Grafenau	9272	3,5
Bitburg-Prüm	7232	4,2
Cham	9372	4,3
Regen	9276	4,6
Straubing-Bogen	9278	5,2

*) Werte siehe Kartenlegende

Kreise mit den höchsten Werten

Kreise	Kreisnr.	Werte*
Dithmarschen	1051	84,3
Nordfriesland	1054	84,3
Rotenburg	3357	85,9
Wittmund	3462	87,3
Aurich	3452	87,4

Vergleich ausgewählter Variablen in Berlin (West), München Stadt und in den Kreisen mit den niedrigsten bzw. höchsten Protestantenanteilen

Wertschätzung von Kindern 1990 (vgl. S.68/69)

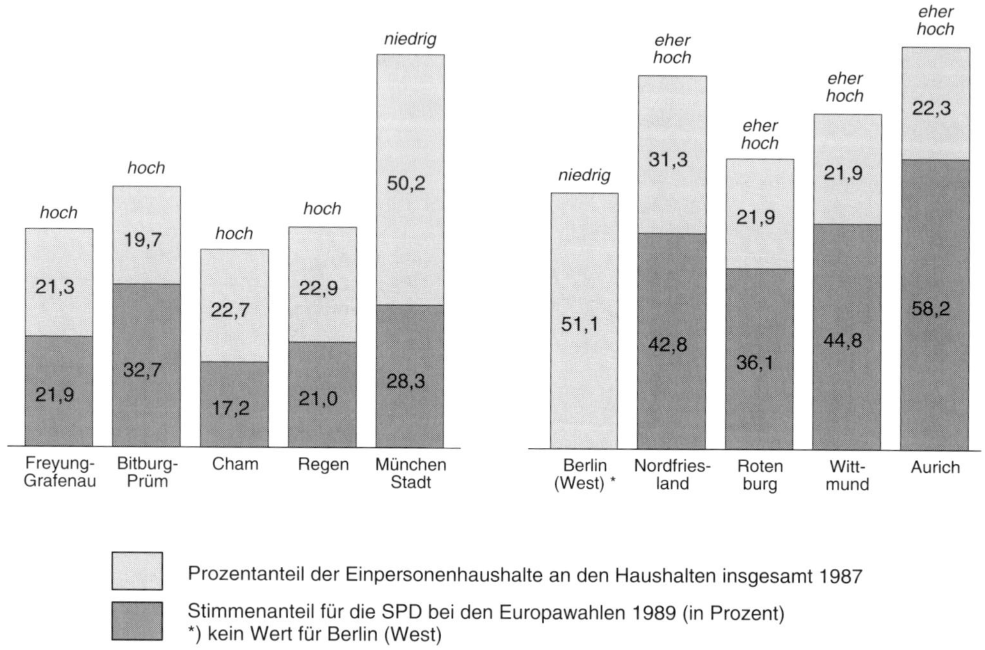

Mittelwerte der Standardvariablen in Kreisen mit sehr niedrigen bis sehr hohen Protestantenanteilen

Standardvariablen	Protestantenanteile sehr niedrig	niedrig	hoch	sehr hoch
Lebendgeborene pro 1000 Einwohner 1986	11,3	10,5	9,9	10,1
0-5jährige pro 100 Einwohner 1986	6,8	6,1	5,8	5,9
Kindergartenplätze pro 100 3-5jährige 1986	71,2	90,9	70,2	48,8
Quartanerquote 1989	48,1	61,0	63,4	62,7
Zuzüge pro 100 Fortzüge der 18-24jährigen 1986	92,8	104,3	105,3	105,2
Erwerbstätigenanteil der 30-39jährigen Frauen 1987 (in %)	48,8	54,5	54,7	48,3
Erwerbstätigenanteil der 40-49jährigen Frauen 1987 (in %)	42,9	52,9	55,0	48,4

Datenquelle: DJI-Regionaldatenbank

Bertram, Bayer, Bauereiß: Familien-Atlas, Opladen 1993

In Deutschland gibt es seit 1919 keine Staatskirche mehr, d.h. der Staat steht den Religionen neutral gegenüber. Durch den Augsburger Religionsfrieden (1555), der das Recht der Landesherren festlegte, die Religion der Untertanen zu bestimmen, erhielt das konfessionelle Bild Deutschlands jedoch Grundzüge, die bis heute erkennbar sind.

So prägte das Luthertum Nord-, Ost- und Mitteldeutschland, Hessen-Kassel, Waldeck, in Süddeutschland Württemberg, Ansbach und Bayreuth sowie kleinere Territorien und Reichsstädte wie Dortmund, Soest und Nürnberg. Der Calvinismus beeinflußte Ostfriesland, Bremen, Moers, Lippe, Tecklenburg, Wentheim, Nassau, Sayn-Wittgenstein, die Kurpfalz und Regionen der Oberpfalz.

Die Stimmabgabe für eine Partei wird auch heute noch von der Konfession der Wähler mitbeeinflußt. So wird in Kreisen mit den höchsten Anteilen an Protestanten mehrheitlich die SPD gewählt, während in Kreisen mit geringen Anteilen die Bereitschaft, die SPD zu wählen, abnimmt. Zudem gibt es in den überwiegend protestantischen Kreisen - selbst in den ländlichen - weniger Kinder sowie höhere weibliche Erwerbsquoten und eine stärkere Zuwanderung von 18- bis 24jährigen als in den ländlich katholischen Kreisen.

Die regionalen Bildungsdifferenzen zwischen den katholisch ländlichen und den protestantisch ländlichen Kreisen sind bis heute geblieben, wobei noch zu prüfen wäre, ob der geringere Bildungsgrad in den katholischen Kreisen nicht auch eine Auswirkung der länderspezifischen Bildungspolitik ist, wie z.B. in Bayern und Baden-Württemberg. Der Vergleich auf Kreisebene macht jedoch deutlich, daß eine Angleichung zwischen katholischen und protestantischen Kreisen in bezug auf die Quartanerquote noch nicht erreicht worden ist. Die protestantische Kultur scheint regional durchaus noch Effekte zu zeigen.

Protestanten 1987

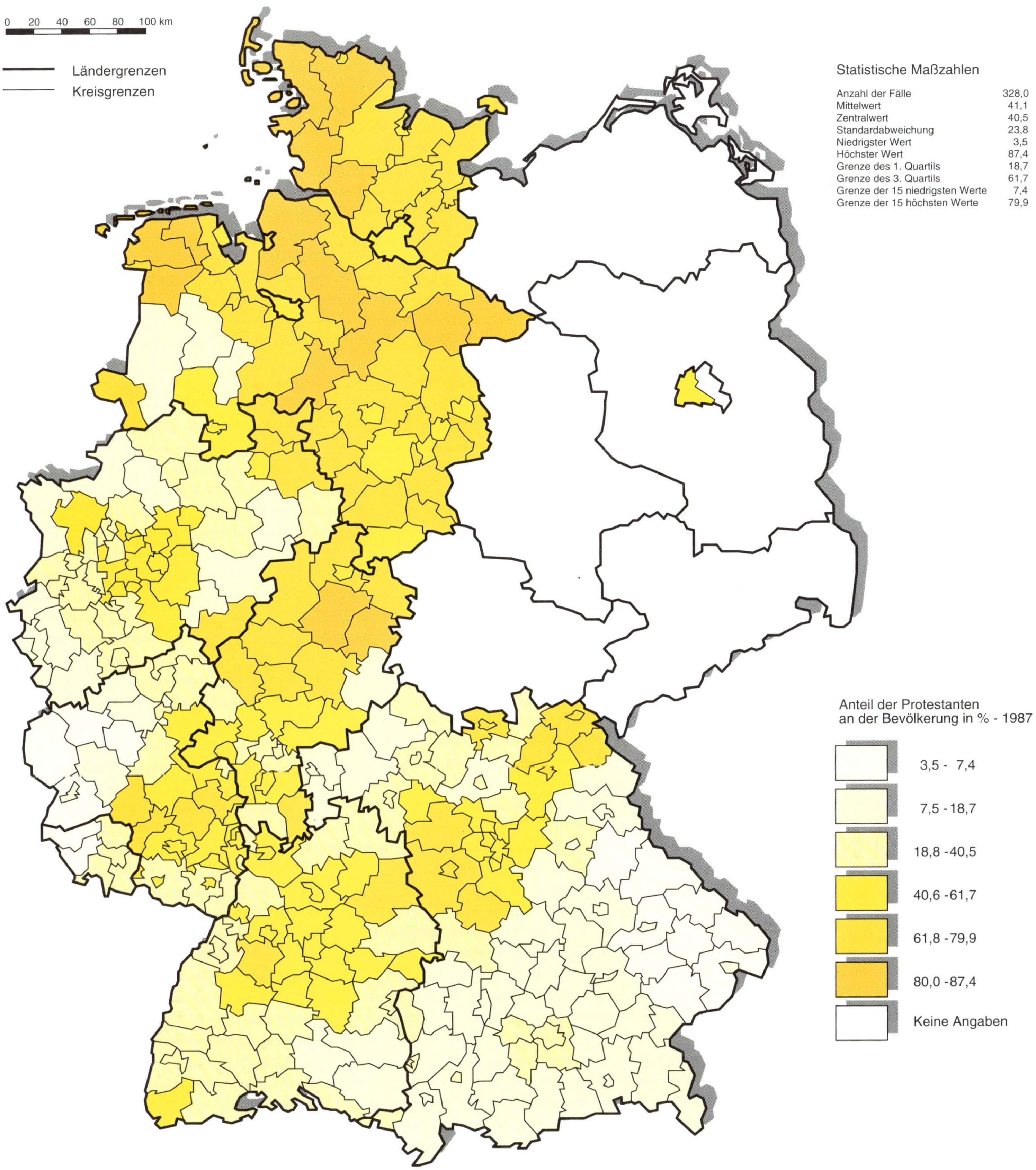

Statistische Maßzahlen

Anzahl der Fälle	328,0
Mittelwert	41,1
Zentralwert	40,5
Standardabweichung	23,8
Niedrigster Wert	3,5
Höchster Wert	87,4
Grenze des 1. Quartils	18,7
Grenze des 3. Quartils	61,7
Grenze der 15 niedrigsten Werte	7,4
Grenze der 15 höchsten Werte	79,9

Quelle: DJI-Regionaldatenbank, auf der Basis absoluter Zahlen der Statistischen Landesämter

CDU/CSU-, SPD-Hochburgen 1989

Kreise mit den niedrigsten Werten (CDU/CSU)

Kreise	Kreisnr.	Werte*
Emden	3402	19,6
Bremerhaven	4012	23,3
Bremen	4011	23,4
Kassel	6633	23,6
Kusel	7336	24,5

Kreise mit den höchsten Werten (CDU/CSU)

Kreise	Kreisnr.	Werte*
Emsland	3454	58,7
Unterallgäu	9778	58,8
Rhön-Grabfeld	9673	60,2
Cloppenburg	3453	62,2
Vechta	3460	64,4

Kreise mit den niedrigsten Werten (SPD)

Kreise	Kreisnr.	Werte*
Garmisch-Partenk.	9180	12,6
Unterallgäu	9778	12,7
Ostallgäu	9777	14,4
Oberallgäu	9780	14,9
Mühldorf	9183	16,0

Kreise mit den höchsten Werten (SPD)

Kreise	Kreisnr.	Werte*
Oberhausen	5119	56,7
Duisburg	5112	57,0
Aurich	3452	58,2
Herne	5916	58,3
Emden	3402	61,9

*) Werte siehe Kartenlegende

Erwerbstätigkeit und Katholikenanteile in München Stadt und in den Kreisen mit den niedrigsten bzw. höchsten Stimmenanteilen für die CDU/CSU und SPD

Kreise mit den niedrigsten Werten (CDU/CSU) und München Stadt

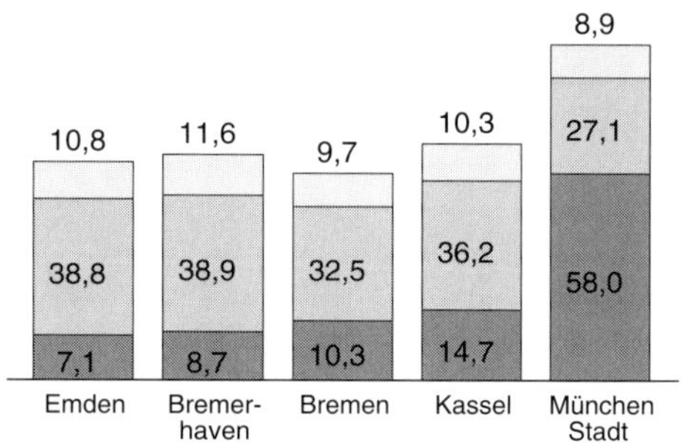

Kreise mit den höchsten Werten (CDU/CSU)

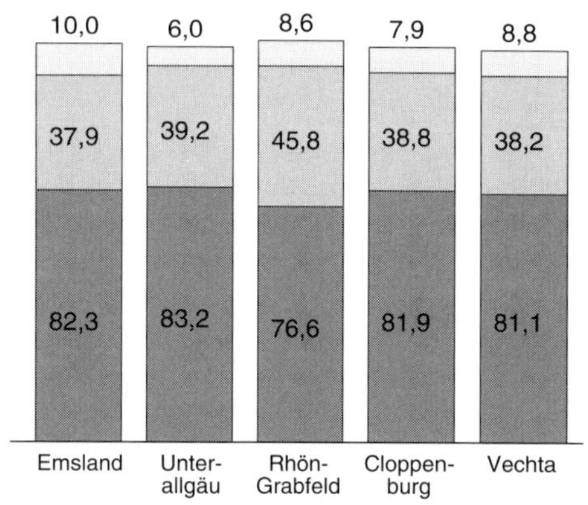

Kreise mit den niedrigsten Werten (SPD) und München Stadt

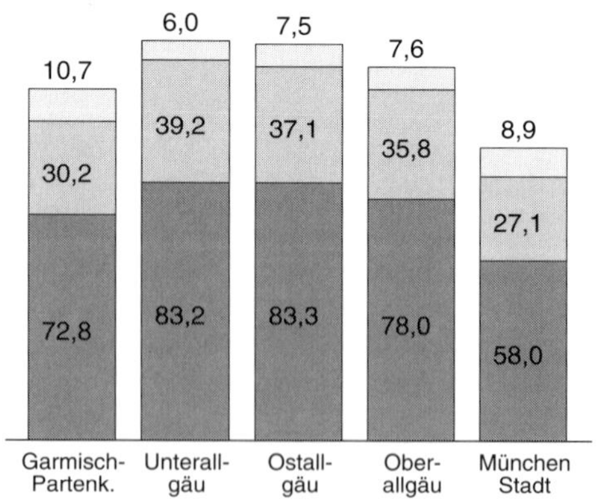

Kreise mit den höchsten Werten (SPD)

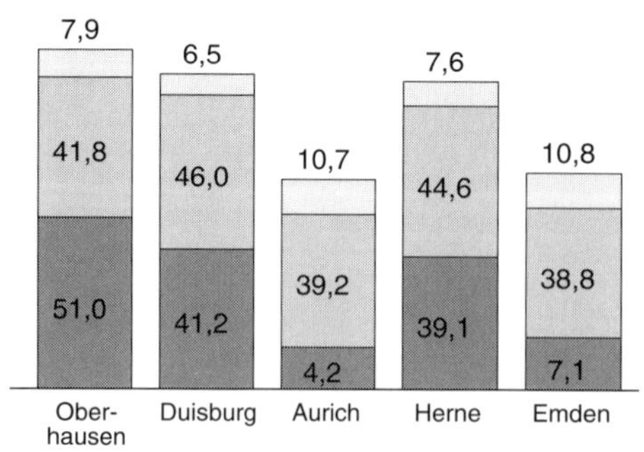

Prozentanteil der männlichen und weiblichen Beamten, Richter und Soldaten an den Erwerbstätigen insgesamt 1987

Prozentanteil der Arbeiter/Arbeiterinnen und gewerblich Auszubildenden an den Erwerbstätigen insgesamt 1987

Prozentanteil der Katholiken an der Bevölkerung 1987

Datenquelle: DJI-Regionaldatenbank

Bertram, Bayer, Bauereiß: Familien-Atlas, Opladen 1993

Die Europawahl gibt neben den Bundestags- und Landtagswahlen einen Einblick in die politischen Orientierungen und Werthaltungen der Bevölkerung in den alten Bundesländern. Dem Europäischen Parlament, der Volksvertretung aller Länder der EG, gehören 518 Abgeordnete an, die direkt von den Bürgerinnen und Bürgern gewählt werden. Die Anzahl der Abgeordneten eines Landes hängt von der Bevölkerungszahl ab. Bei der dritten Direktwahl zum Europäischen Parlament gingen rund 140 Mio. EG-Bürger zur Wahl.

1989 entsendet die Bundesrepublik Deutschland 81 Abgeordnete ins Europäische Parlament: 30 aus der SPD, 24 aus der CDU, 7 aus der CSU, 4 aus der FDP, 7 von den GRÜNEN und 6 von den Republikanern. Hinzu kommen 3 Sitze für die vom Berliner Abgeordnetenhaus Gewählten, und zwar je ein Sitz für die SPD, die CDU und die AL (Alternative Liste für Demokratie und Umweltschutz). Die höchsten Stimmenanteile erhält die SPD von den 35- bis 45jährigen, die CDU/CSU von den Wählern ab 60 Jahre. Die absolute Mehrheit erzielt die SPD in 12 von 90 kreisfreien Städten und in 12 von 237 Landkreisen, die CDU/CSU in 51 Landkreisen. Die meisten Stimmen erhält die SPD in der kreisfreien Stadt Emden und im Landkreis Aurich, die CDU in der Stadt Baden-Baden (43,5 %) und im Landkreis Vechta (64,4 %), die CSU im Landkreis Rhön-Grabfeld (60,2 %).

Sozioökonomische Merkmale der Wähler, wie Konfession und Berufsstatus, beeinflussen die Parteipräferenzen in den Landkreisen. Die Kreise mit den höchsten Anteilen an CDU/CSU-Wählern sind eher landwirtschaftlich strukturiert, weisen einen hohen Katholikenanteil auf und es herrschen traditionelle Lebensformen und Familienstrukturen vor; in den Kreisen mit den niedrigsten Anteilen ist die Bevölkerung eher protestantisch. Die SPD-Hochburgen liegen im Ruhrgebiet, wo der Arbeiteranteil hoch und die Religionszugehörigkeit sehr unterschiedlich ist.

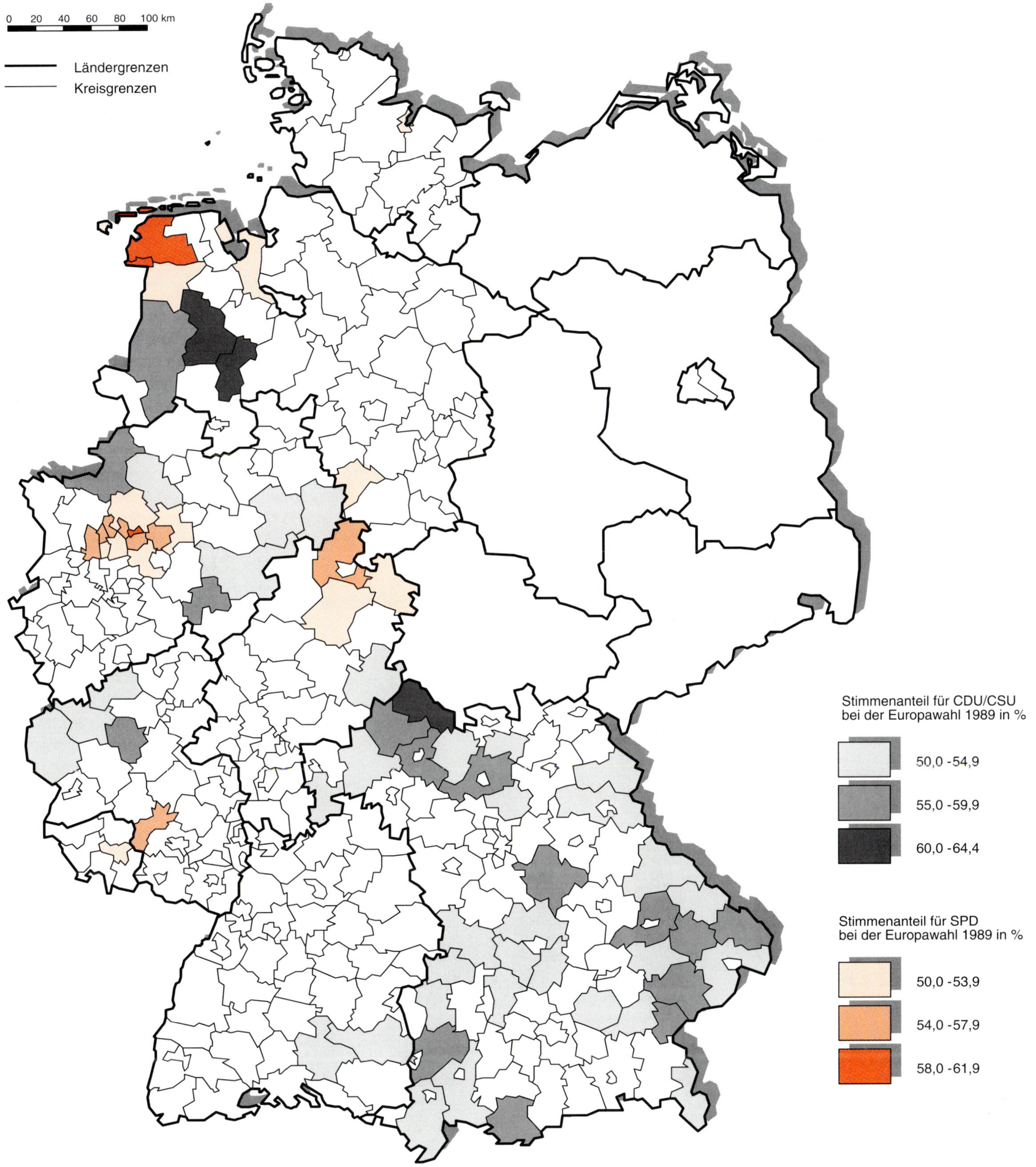

Quelle: DJI-Regionaldatenbank, auf der Basis absoluter Zahlen der Statistischen Landesämter

Hochburgen von FDP und GRÜNEN 1989

Kreise mit den niedrigsten Werten (FDP)

Kreise	Kreisnr.	Werte*
Kronach	9476	1,1
Schwandorf	9376	1,6
Cham	9372	1,7
Regen	9276	1,8
Tirschenreuth	9377	1,9

Kreise mit den höchsten Werten (FDP)

Kreise	Kreisnr.	Werte*
Ammerland	3451	10,1
Oldenburg	3458	10,1
Starnberg	9188	10,3
Stuttgart	8111	10,3
Bonn	5314	10,5

Kreise mit den niedrigsten Werten (GRÜNE)

Kreise	Kreisnr.	Werte*
Kronach	9476	2,9
Tirschenreuth	9377	3,3
Straubing-Bogen	9278	3,4
Hof	9475	3,8
Neustadt/Waldnaab	9374	3,8

Kreise mit den höchsten Werten (GRÜNE)

Kreise	Kreisnr.	Werte*
Münster	5515	15,3
Tübingen	8416	17,2
Darmstadt	6411	17,6
Heidelberg	8221	19,9
Freiburg	8311	22,2

*) Werte siehe Kartenlegende

Erwerbstätigkeit und Katholikenanteile in München Stadt und in den Kreisen mit den niedrigsten bzw. höchsten Stimmenanteilen für die FDP und die GRÜNEN

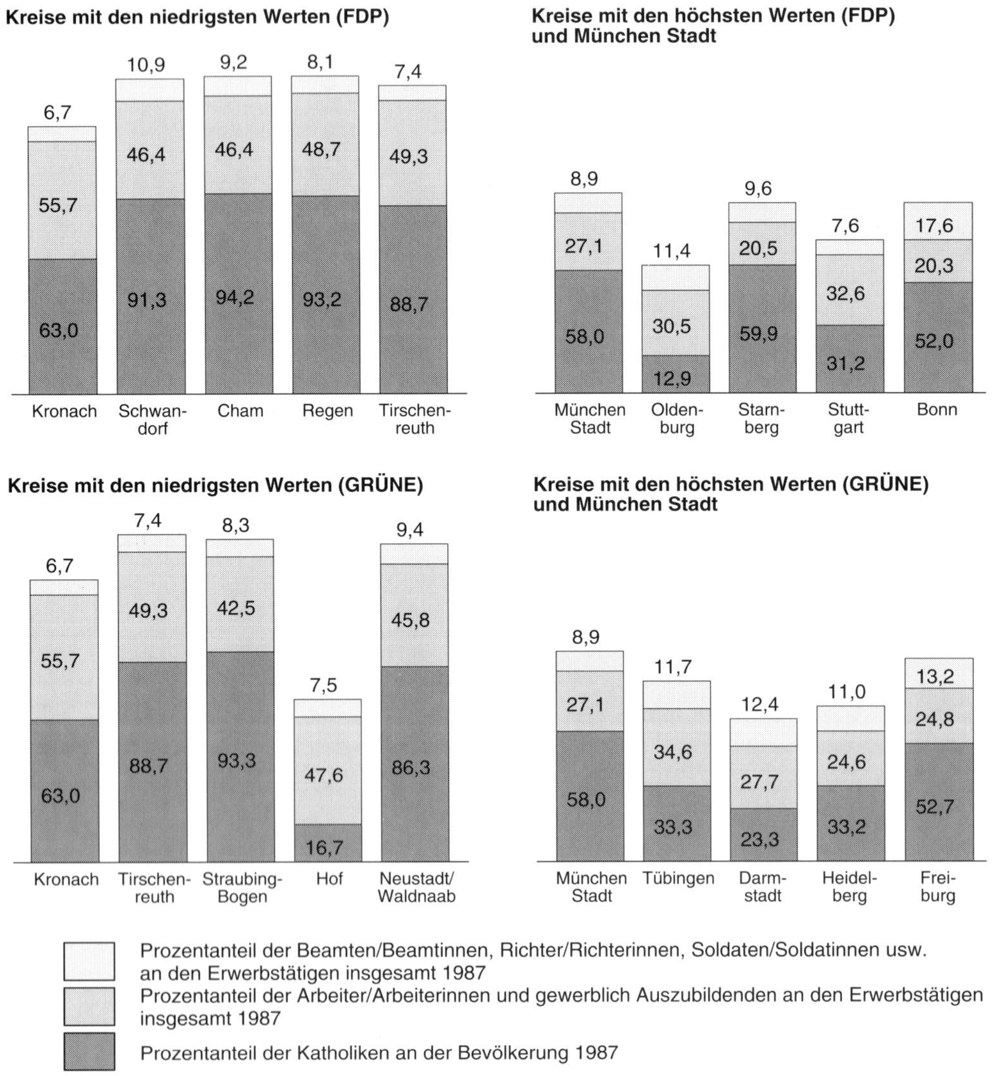

Datenquelle: DJI-Regionaldatenbank

Bertram, Bayer, Bauereiß: Familien-Atlas, Opladen 1993

Die Direktwahlen zum Europäischen Parlament in den 12 Mitgliedsstaaten der Europäischen Gemeinschaft fanden bislang dreimal statt: 1979, 1984 und 1989. Die Wahlbeteiligung in der Bundesrepublik ist - wie auch in den anderen Mitgliedsstaaten - wesentlich geringer als bei nationalen Wahlen. Im Jahr 1989 machen von den 45,8 Mio. wahlberechtigten Bundesbürgern 62,3 % von ihrem Stimmrecht Gebrauch.

Bei der Europawahl 1989 bleibt die FDP in 40 kreisfreien Städten und 111 Landkreisen unter einem Stimmenanteil von 5 %, in nur fünf kreisfreien Städten und Landkreisen erreicht sie mehr als 10 %, wobei ihr höchster Anteil mit 10,5 % im Stadtkreis Bonn liegt. Die GRÜNEN erzielen in 30 Stadtkreisen und 30 Landkreisen einen Stimmenanteil von über 10 %, in vier kreisfreien Städten (Freiburg, Heidelberg, Darmstadt, Münster) und im Landkreis Tübingen sogar über 15 %. In 28 kreisfreien Städten und Landkreisen liegt ihr Stimmenanteil unter 5 %.
Die höchsten Stimmenanteile für die GRÜNEN kommen aus den jüngeren Altersgruppen (bis 34 Jahre). Bei der FDP sind die Anteile bei den einzelnen Altersgruppen sehr unterschiedlich: die meisten FDP-Wähler findet man unter den 45- bis 59jährigen, die wenigsten unter den 25- bis 34jährigen. Insgesamt haben 5,2 % der Männer und 5,3 % der Frauen die FDP gewählt, Stimmengewinne gegenüber 1984 konnte die FDP jedoch nur bei den Frauen erzielen.

Die Hochburgen der FDP sind meist stadtnahe Regionen mit einem geringen Arbeiteranteil, wie z.B. Starnberg in der Nähe von München. Die Hochburgen der GRÜNEN liegen in den großen urbanen Zentren und in Städten mit einem bildungsorientierten Milieu.
Regionale Differenzierungen von Lebensformen manifestieren sich also nicht nur - wie im ersten Kapitel dargestellt - in Haushaltsgrößen und Ledigenquoten, sondern dahinter stehen Werte und Einstellungen, die sich letztendlich auch im Wahlverhalten zeigen.

Hochburgen von FDP und GRÜNEN 1989

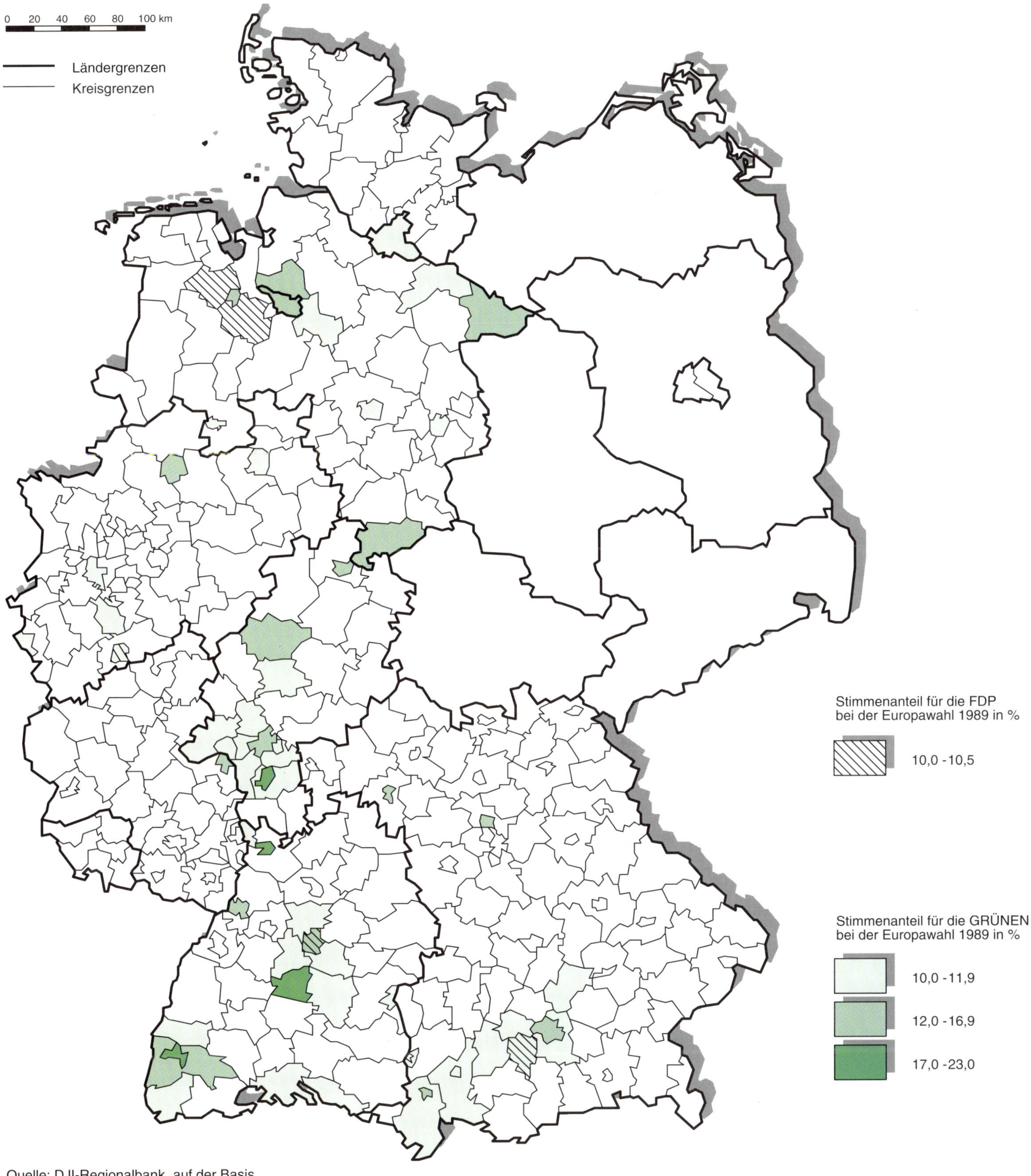

Quelle: DJI-Regionalbank, auf der Basis absoluter Zahlen der Statistischen Landesämter

Erziehungsorientierung 'Kooperation und Selbstverwirklichung' 1988

Ausprägung der Erziehungsorientierung 'Kooperation und Selbstverwirklichung' in den verschiedenen Regionstypen der alten Bundesländer

Regionstyp	Anzahl Kreise	Ausprägung der Erziehungsorientierung
Berlin (West)	1	stark
Hamburg (Stadt)	1	stark
Norddeutsches protestantisches Land	55	eher schwach
Westdeutsche Industriestädte	21	eher stark
München (Stadt)	1	stark
Nürnberg (Stadt)	1	eher schwach
Süddeutsches katholisches Land	73	schwach
Dienstleistungszentren des Voralpenlandes	7	schwach

Ausprägung der Erziehungsorientierung 'Pflicht und Leistung' und demographische Faktoren in den verschiedenen Regionstypen der alten Bundesländer

Ausprägung der Erziehungsorientierung "Pflicht und Leistung" 1990 (vgl. S.72/73)

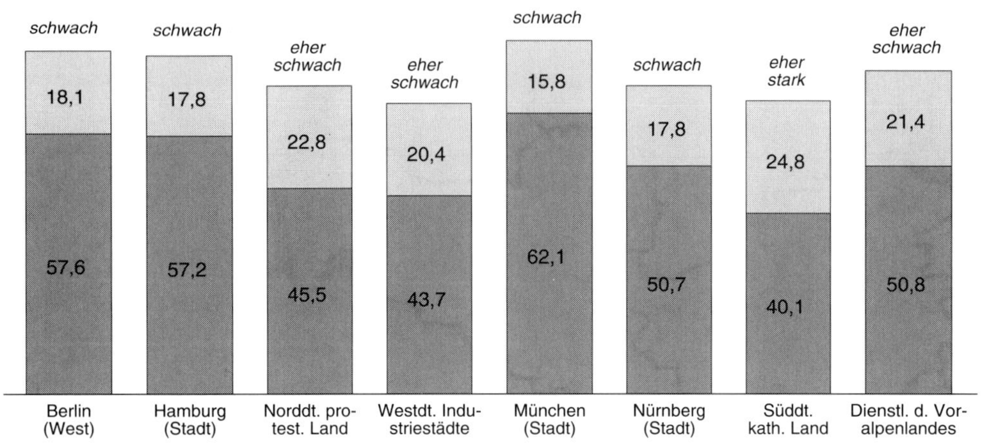

Mittelwerte der Standardvariablen in Kreisen mit sehr niedriger bis sehr hoher Ausprägung der Erziehungsorientierung 'Kooperation und Selbstverwirklichung'

Standardvariablen	Ausprägung der Erziehungsorientierung schwach	eher schwach	eher stark	stark
Lebendgeborene pro 1000 Einwohner 1986	11,3	10,3	10,3	9,5
0-5jährige pro 100 Einwohner 1986	6,7	6,1	5,9	5,3
Kindergartenplätze pro 100 3-5jährige 1986	78,2	72,4	89,7	78,1
Quartanerquote 1989	52,5	62,4	63,1	67,5
Zuzüge pro 100 Fortzüge der 18-24jährigen 1986	99,1	105,1	105,0	121,8
Erwerbstätigenanteil der 30-39jährigen Frauen 1987 (in %)	54,8	50,8	54,5	57,3
Erwerbstätigenanteil der 40-49jährigen Frauen 1987 (in %)	54,8	49,5	53,4	57,3

Datenquelle: DJI-Regionaldatenbank

Bertram, Bayer, Bauereiß: Familien-Atlas, Opladen 1993

Die Werte-Indikatoren wurden im Zusammenhang mit der Auswertung zweier groß angelegter Umfragen des DJI zum Thema 'Wandel und Entwicklung familialer Lebensformen' in den alten (N=10000) und neuen (N=2000) Bundesländern entwickelt. Ihnen lagen Fragen zugrunde, bei denen verschiedene Statements auf einer 5er-Skala jeweils daraufhin beurteilt werden sollten, inwieweit man ihnen zustimmend oder ablehnend gegenüberstehe. Anschließend wurden aus den einzelnen Items über statistische Verfahren (Faktoren- und Clusteranalysen) nach Antwortmustern gesucht. Bei der Erziehungsorientierung 'Kooperation und Selbstverwirklichung' ist die Zustimmung zu Erziehungszielen wie 'Verständnis für andere', 'Kritikfähigkeit', 'Verantwortungsbewußtsein', 'Selbständigkeit', 'Selbstvertrauen' und 'Pflichtbewußtsein' stark ausgeprägt.

Diese Einstellungsorientierung ist in den urbanen Zentren Hamburg, Berlin und München stark vertreten, dagegen in den ländlichen protestantischen Regionen, insbesondere in den ländlichen Regionen Süddeutschlands, schwächer ausgeprägt. Trotz einiger regionaler Spezifika kann man davon ausgehen, daß dies den sich entwickelnden Lebensformen urbaner Zentren entspricht: hier ist der Bildungsstand hoch, die Zuzüge der 18- bis 24jährigen überwiegen die Wegzüge, die Geburtenraten sind gering und die altersspezifischen weiblichen Erwerbsquoten sind tendenziell überdurchschnittlich hoch.

Dieses Muster tritt in Regionen mit geringen Kinderanteilen und besonders vielen ledigen Personen auf. In Regionen mit diesen Strukturmerkmalen findet offensichtlich ein Wertewandel in den Erziehungsvorstellungen statt. Zu beachten ist hierbei allerdings, daß diese Erziehungsorientierung charakteristischerweise individualistische Aspekte, die auf ein stark ausgeprägtes Selbstbewußtsein zielen, mit solchen Aspekten verbindet, die soziales Verantwortungsbewußtsein anstreben.

Erziehung zu 'Kooperation und Selbstverwirklichung' 1988

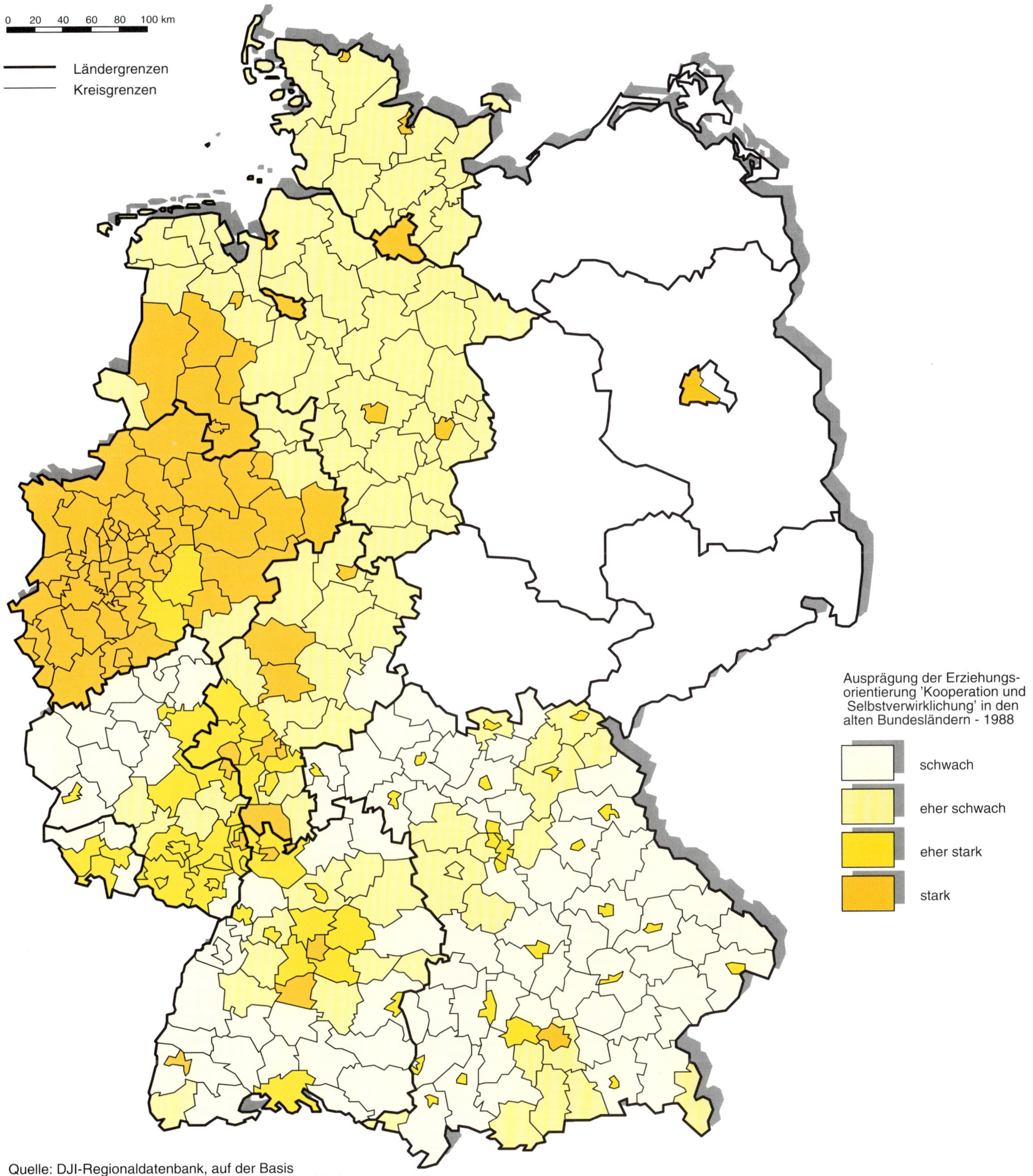

Quelle: DJI-Regionaldatenbank, auf der Basis der Ergebnisse aus dem DJI-Projekt "Wandel und Entwicklung familialer Lebensformen in den alten und neuen Bundesländern"

Wertschätzung von Kindern 1988 bzw. 1990

Wertschätzung von Kindern in den Regionstypen der alten Bundesländer

Regionstyp	Anzahl Kreise	Wertschätzung von Kindern
Berlin (West)	1	niedrig
Hamburg (Stadt)	1	niedrig
Norddeutsches protestantisches Land	55	eher hoch
Westdeutsche Industriestädte	21	niedrig
München (Stadt)	1	niedrig
Nürnberg (Stadt)	1	eher niedrig
Süddeutsches katholisches Land	73	hoch
Dienstleistungszentren des Voralpenlandes	7	eher hoch

Wertschätzung von Kindern in den Regionstypen der neuen Bundesländer

Regionstyp	Anzahl Kreise	Wertschätzung von Kindern
Großstädte	20	niedrig
Mittelstädte	9	hoch
Kinderarme ländliche Kreise	111	eher niedrig
Kinderreiche ländliche Kreise	77	eher hoch

Vergleich ausgewählter Variablen in den Regionstypen der alten Bundesländer

Ausprägung der politischen Orientierung "Materialismus/Postmaterialismus" 1990 (vgl. S.74/75)

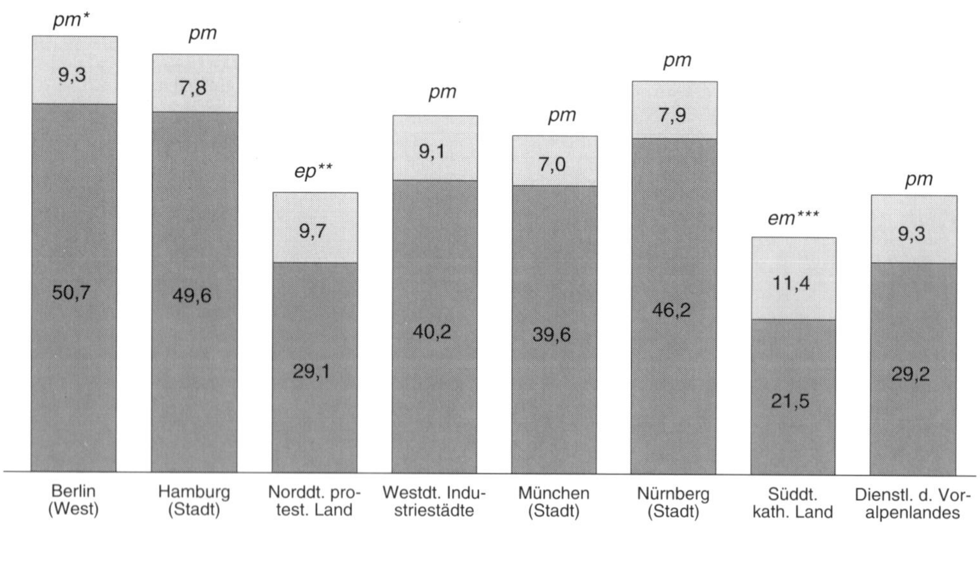

Datenquelle: DJI-Regionaldatenbank

Bertram, Bayer, Bauereiß: Familien-Atlas, Opladen 1993

Die Werte-Indikatoren basieren nicht auf Strukturdaten, sondern auf Individualdaten (vgl. Erziehung zu 'Kooperation und Selbstverwirklichung') aus den Familiensurveys des DJI in den alten und neuen Bundesländern. Aufgrund der begrenzten Fallzahlen konnte hierbei nicht die Kreisebene Analyseeinheit bleiben, sondern es wurden größere räumliche Einheiten gebildet, denen die skizzierten Variationen von Lebensformen zugrunde liegen.

Neben den großen urbanen Zentren wie Berlin, Hamburg und München wurden die westdeutschen Industriestädte, die norddeutschen protestantischen und süddeutschen katholischen ländlichen Regionen unterschieden. Darüber hinaus haben wir in Süddeutschland die Region des Voralpenlandes gesondert behandelt, da sich diese Region in vielen Punkten deutlich von den umliegenden Regionen unterscheidet.

Die Wertschätzung für Kinder ist in jenen Regionen am höchsten, in denen die meisten Kinder leben, nämlich in den süddeutschen katholischen ländlichen Regionen. Auch in den ländlichen protestantischen Regionen Norddeutschlands liegt die Wertschätzung von Kindern höher als in den städtischen Regionen. Die Wertschätzung von Kindern in großen Städten ist in der Bundesrepublik relativ niedrig, was angesichts des Ledigenanteils, auch von Befragten mittleren und höheren Alters, und des Anteils von Einpersonenhaushalten in diesen hochverdichteten Regionen einleuchtet. Aber auch in den neuen Bundesländern findet sich dieses westdeutsche Muster in abgeschwächter Form wieder. Ebenfalls diesem Muster folgen jene von Inglehart als 'Materialismus' bzw. 'Postmaterialismus' bezeichneten politischen Orientierungen. Einer geringen Wertschätzung von Kindern in den urbanen Zentren entspricht ein hohes Maß an postmateriellen Orientierungen, während beispielsweise in den süddeutschen katholischen ländlichen Regionen eher materialistische Orientierungen vorherrschen.

Wertschätzung von Kindern 1988 bzw. 1990

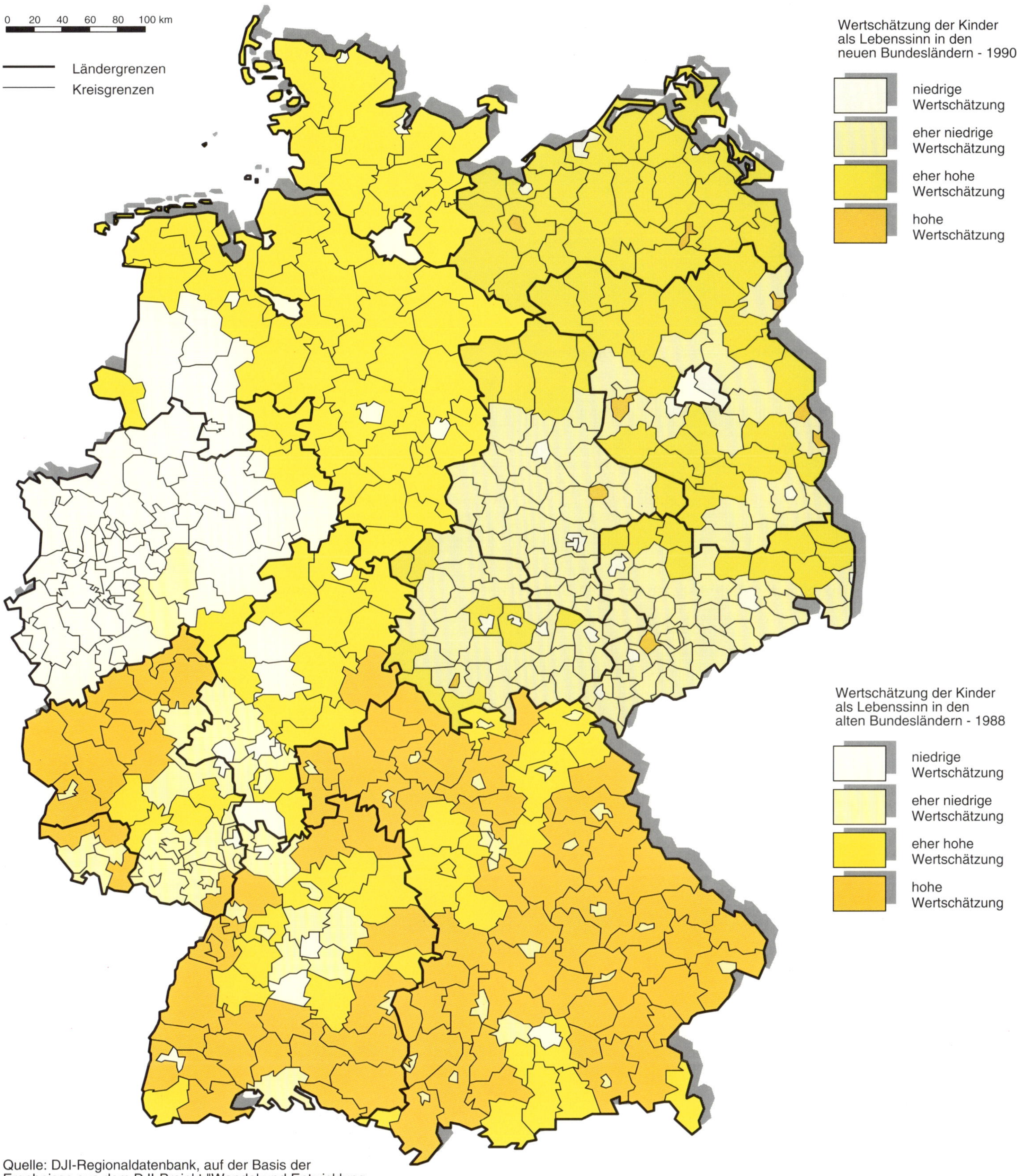

Quelle: DJI-Regionaldatenbank, auf der Basis der Ergebnisse aus dem DJI-Projekt "Wandel und Entwicklung familialer Lebensformen in den alten und neuen Bundesländern"

Wertschätzung von Ehe 1988 bzw. 1990

Wertschätzung von Ehe in den Regionstypen der alten Bundesländer

Regionstyp	Anzahl Kreise	Wertschätzung von Ehe
Berlin (West)	1	niedrig
Hamburg (Stadt)	1	niedrig
Norddeutsches protestantisches Land	55	eher niedrig
Westdeutsche Industriestädte	21	niedrig
München (Stadt)	1	niedrig
Nürnberg (Stadt)	1	eher niedrig
Süddeutsches katholisches Land	73	hoch
Dienstleistungszentren des Voralpenlandes	7	niedrig

Wertschätzung von Ehe in den Regionstypen der neuen Bundesländer

Regionstyp	Anzahl Kreise	Wertschätzung von Ehe
Großstädte	20	niedrig
Mittelstädte	9	eher niedrig
Kinderarme ländliche Kreise	111	eher hoch
Kinderreiche ländliche Kreise	77	hoch

Vergleich ausgewählter Variablen in den Regionstypen der alten Bundesländer

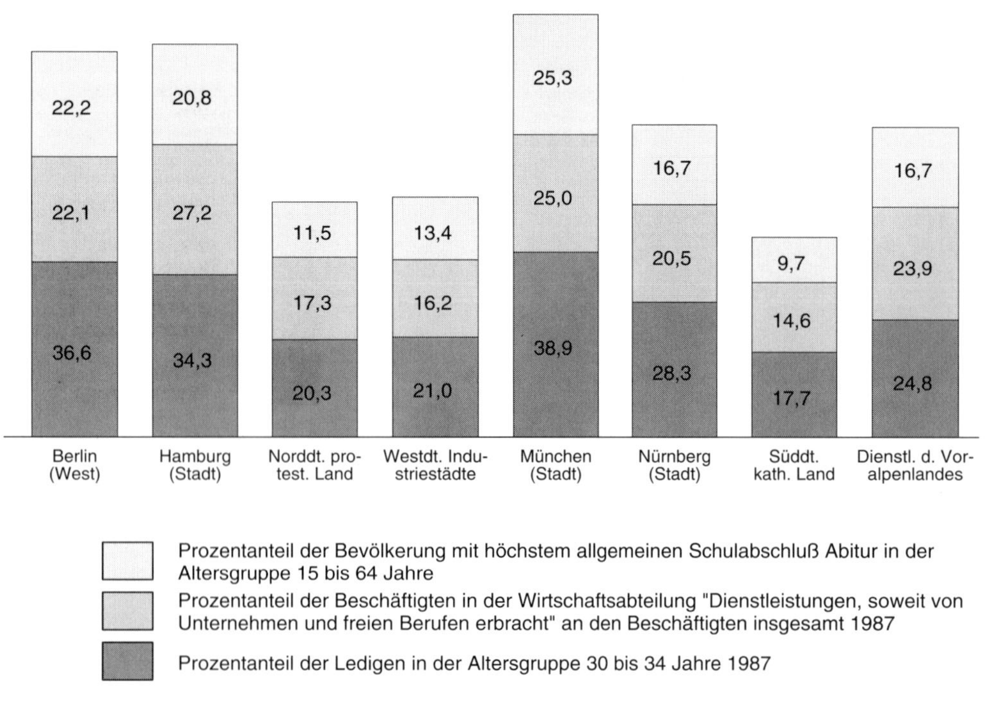

Datenquelle: DJI-Regionaldatenbank

Bertram, Bayer, Bauereiß: Familien-Atlas, Opladen 1993

Die Einstellung zur Ehe folgt regional dem skizzierten Muster, das bereits bei der Einstellung zu Kindern deutlich wurde: die urbanen Zentren einschließlich des Ruhrgebiets weisen eine eher geringe Wertschätzung von Ehe auf, während in den süddeutschen katholischen Regionen eine besonders hohe positive Wertschätzung vorliegt. In den neuen Bundesländern (hierbei darf nur mit Vorbehalt interpretiert werden, da lediglich 2000 Personen befragt wurden) tritt eine solche positive Einstellung schwerpunktmäßig vor allem im nördlichen Teil, also in den Ländern Mecklenburg-Vorpommern und Brandenburg auf, während im südlichen Teil, also in den Ländern Sachsen und Thüringen eine niedrigere Wertschätzung der Ehe festzustellen ist.

Auch dieses Wertmuster zeigt, daß die Träger des sozialen Wandels und der Veränderung von Lebensstilen in unserer Gesellschaft vor allem die großen urbanen Dienstleistungszentren der alten Bundesländer sind.

Insbesondere die Analyse der Wertschätzungen von Kindern und Ehe mit ihren im großen und ganzen regional doch ähnlichen Entwicklungen in den alten und neuen Bundesländern hat deutlich ergeben, daß sich solche kulturellen Muster relativ unabhängig von politischen Rahmenbedingungen und staatlichen Eingriffen ausbilden und ein erstaunlich hohes Maß an Resistenz aufweisen. Es ist zu beachten, daß bei der Zusammenfassung von Regionen nach lebensformspezifischen Gesichtspunkten in den alten und neuen Bundesländern nach getrennten Berechnungen vorgegangen wurde. Für die jetzigen neuen Bundesländer wird lediglich nach Großstädten und mittelgroßen Städten (nach Einwohnerdichte) unterschieden, sowie nach nördlichen und südlichen Regionen, wobei ein kinderreicher nördlicher Teil und ein kinderarmer südlicher Teil sich dabei deutlich unterscheiden.

Wertschätzung von Ehe 1988 bzw. 1990

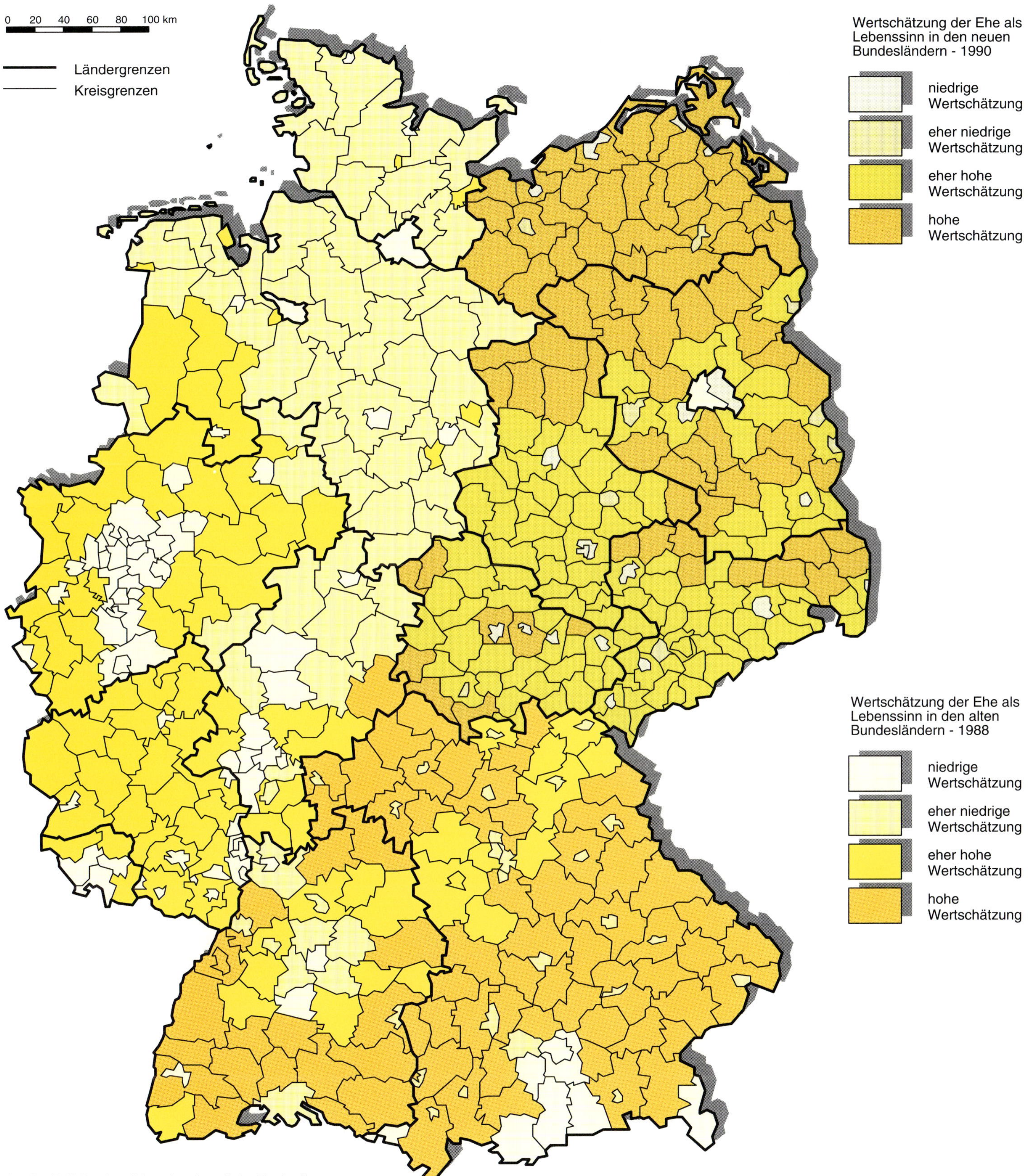

Quelle: DJI-Regionaldatenbank, auf der Basis der Ergebnisse aus dem DJI-Projekt "Wandel und Entwicklung familialer Lebensformen in den alten und neuen Bundesländern"

Erziehungsorientierung 'Pflicht und Leistung' 1988 bzw. 1990

Ausprägung der Erziehungsorientierung 'Pflicht und Leistung' in den Regionstypen der alten Bundesländer

Regionstyp	Anzahl Kreise	Ausprägung der Erziehungsorientierung
Berlin (West)	1	schwach
Hamburg (Stadt)	1	schwach
Norddeutsches protestantisches Land	55	eher schwach
Westdeutsche Industriestädte	21	eher schwach
München (Stadt)	1	schwach
Nürnberg (Stadt)	1	schwach
Süddeutsches katholisches Land	73	eher stark
Dienstleistungszentren des Voralpenlandes	7	eher schwach

Ausprägung der Erziehungsorientierung 'Pflicht und Leistung' in den Regionstypen der neuen Bundesländer

Regionstyp	Anzahl Kreise	Ausprägung der Erziehungsorientierung
Großstädte	20	schwach
Mittelstädte	9	eher schwach
Kinderarme ländliche Kreise	111	eher stark
Kinderreiche ländliche Kreise	77	stark

Wertschätzung von Ehe und Kindern nach politischer Orientierung (vgl. S.74/75) in den Regionstypen der alten Bundesländer

Regionstyp	Wertschätzung von		Politische Orientierung
	Ehe	Kindern	
Berlin (West)	schwach	schwach	postmaterialistisch
Hamburg (Stadt)	schwach	schwach	postmaterialistisch
Norddeutsches protestantisches Land	eher schwach	eher stark	eher postmaterialistisch
Westdeutsche Industriestädte	schwach	schwach	postmaterialistisch
München (Stadt)	schwach	schwach	postmaterialistisch
Nürnberg (Stadt)	eher schwach	eher schwach	postmaterialistisch
Süddeutsches katholisches Land	stark	stark	eher materialistisch
Dienstleistungszentren des Voralpenlandes	schwach	eher stark	postmaterialistisch

Datenquelle: DJI-Regionaldatenbank

Bertram, Bayer, Bauereiß: Familien-Atlas, Opladen 1993

Die Erziehungsorientierung 'Pflicht und Leistung' folgt regional fast spiegelbildlich jenem Muster, das man bei der Erziehungsorientierung 'Kooperation und Selbstverwirklichung' beobachten konnte. Sie korreliert außerordentlich hoch mit qualifizierten Berufspositionen und qualifizierten Schulabschlüssen, beides soziale Merkmale, die besonders deutlich in den urbanen Zentren mit hohem Dienstleistungsanteil in den jetzigen alten Bundesländer ausgeprägt sind.

Eine geringe Wertschätzung dieser sogenannten sekundären Tugenden wie 'Pflichtbewußtsein', 'Fleiß', 'Gehorsam', 'gute Schulleistungen' oder 'gute Umgangsformen' bedeutet aber nicht, daß man sich weder beruflich noch im Bereich der Erziehung auf der Basis gesellschaftlich wichtiger Werte engagieren will, sondern lediglich, daß diese Tugenden von Personen mit höherer Bildung und einem hohen Maß an selbständiger Arbeit in den großen urbanen Zentren weniger deutlich vertreten werden, als dies in den ländlichen Regionen der Fall ist. Ein Vergleich mit der Erziehungsorientierung 'Kooperation und Selbstverwirklichung' zeigt, daß diese Einstellungen durch Wertmuster überlagert zu werden scheinen, die auf der einen Seite Selbständigkeit und eigene Handlungsspielräume für wichtig erachten, auf der anderen Seite aber auch interessante Aufgaben anstreben, ohne die soziale Einbindung des eigenen Handelns in den Kontext des Handelns mit anderen zu vernachlässigen. Darüber hinaus gibt es hier auch Beziehungen zu den religiösen Grundmustern, da diese Einstellungsmuster in den katholischen ländlichen Regionen sehr viel stärker vertreten sind.

Auch hier fällt auf, daß sich dieses Muster in den neuen Bundesländern auf ganz ähnliche Weise abzeichnet. Hier liegt ebenfalls eine deutliche Stadt-Land-Differenz vor.

Erziehung zu 'Pflicht und Leistung' 1988 bzw. 1990

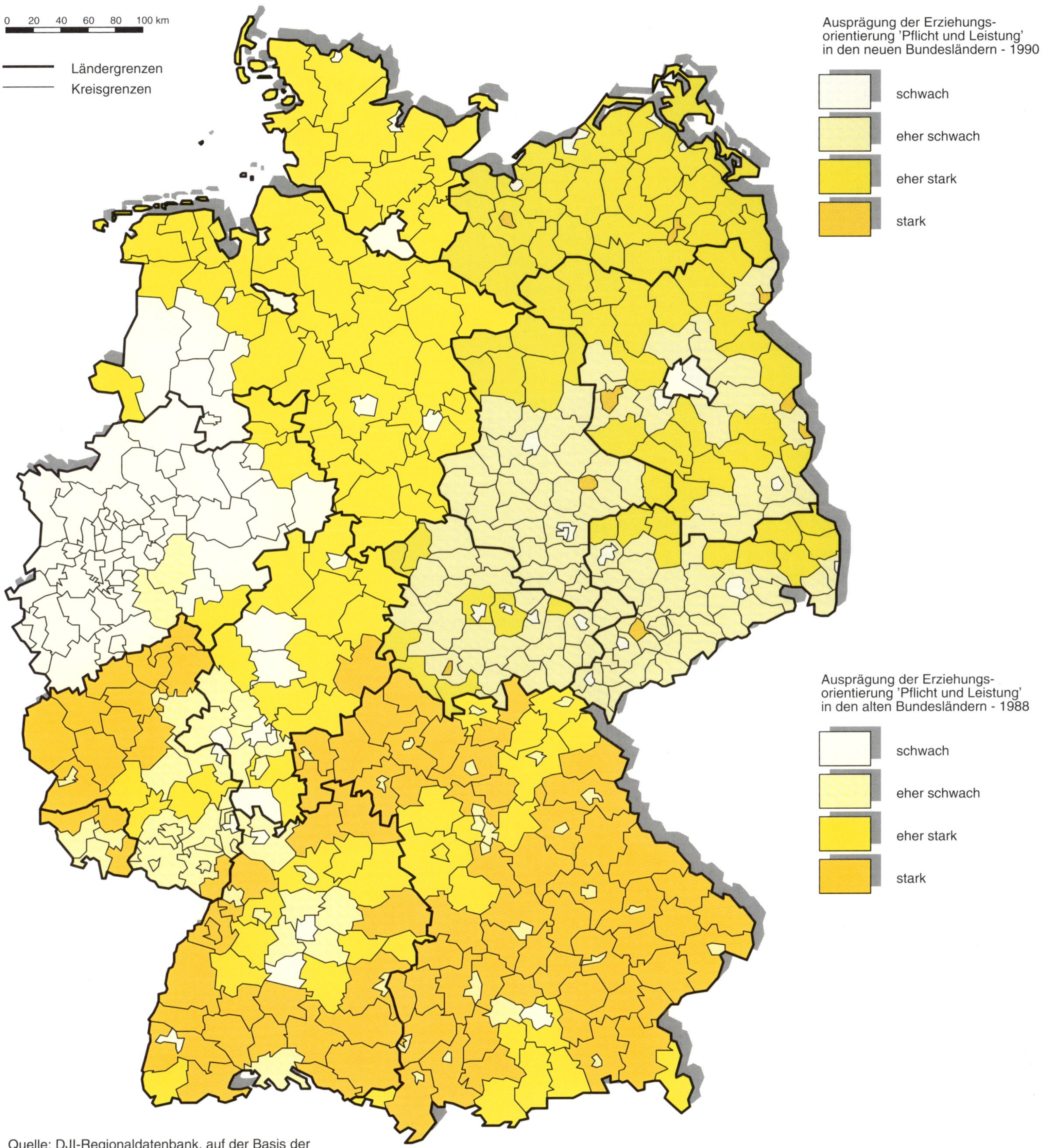

Quelle: DJI-Regionaldatenbank, auf der Basis der Ergebnisse aus dem DJI-Projekt 'Wandel und Entwicklung familialer Lebensformen in den alten und neuen Bundesländern'

Materialismus - Postmaterialismus 1988 bzw. 1990

Politische Orientierung in den Regionstypen der alten Bundesländer

Regionstyp	Anzahl Kreise	Politische Orientierung
Berlin (West)	1	postmaterialistisch
Hamburg (Stadt)	1	postmaterialistisch
Norddeutsches protestantisches Land	55	eher postmaterialistisch
Westdeutsche Industriestädte	21	postmaterialistisch
München (Stadt)	1	postmaterialistisch
Nürnberg (Stadt)	1	postmaterialistisch
Süddeutsches katholisches Land	73	eher materialistisch
Dienstleistungszentren des Voralpenlandes	7	postmaterialistisch

Politische Orientierung in den Regionstypen der neuen Bundesländer

Regionstyp	Anzahl Kreise	Politische Orientierung
Großstädte	20	eher postmaterialistisch
Mittelstädte	9	postmaterialistisch
Kinderarme ländliche Kreise	111	eher materialistisch
Kinderreiche ländliche Kreise	77	materialistisch

Der amerikanische Politikwissenschaftler Inglehart hat ein Wertmusterpaar entwickelt, das, etwa im Rahmen des Eurobarometers, immer wieder der empirischen Überprüfung unterzogen wird. Unter 'Postmaterialismus' wird hierbei ein Einstellungsmuster verstanden, das auf Selbstverwirklichung und persönliche Freiheit hin ausgerichtet ist. Der Begriff des 'Materialismus' repräsentiert demgegenüber stärker eine Orientierung an ökonomischer Sicherheit und Ordnung.

Entgegen den Erwartungen zeigt sich entlang dieser Einstellungen kein deutlicher Ost-West-Gegensatz. Vielmehr verlaufen die Unterschiede auch hier nach dem Muster eher postmaterialistischer Dienstleistungszentren bzw. Großstädte und eher materialistischer ländlicher Regionen. Davon weicht allerdings die norddeutsche protestantische ländliche Region mit ihrer tendenziell postmaterialistischen Ausrichtung ab. Das deutet darauf hin, daß die individualistische Tradition des Protestantismus zu kulturell verankerten Wertmustern geführt hat, die persönlichen Freiheiten und dem Recht auf individuelle Selbstverwirklichung herausragende Bedeutung zukommen lassen. Die Ergebnisse in den Dienstleistungszentren mit ihrem überdurchschnittlichen Bildungsniveau, dem hohen Prozentsatz der im Dienstleistungsbereich Beschäftigten und dem hohen Ledigenanteil entsprechen weitgehend den Inglehart'schen Thesen zur postmaterialistischen Typenbildung. Auf der anderen Seite bestätigen sich die Thesen zum materialistischen Typ in den süddeutschen katholisch strukturierten Regionen, mit einem unterdurchschnittlichen Bildungsniveau, einer geringen Beschäftigungsquote in den Dienstleistungsbereichen sowie einem geringen Ledigenanteil. Trotz der ähnlichen ländlichen Strukturbedingungen in den norddeutschen protestantischen Regionen stehen die dort vertretenen postmaterialistischen Orientierungen eher in der Tradition der westdeutschen Industriestädte.

In den Dienstleistungszentren waren die positiven Einstellungen gegenüber Kindern und Ehe eher schwach ausgeprägt, die Bevölkerung tendierte zu einer postmaterialistischen Orientierung. In den norddeutschen protestantischen Regionen dagegen waren die Einstellungen zur Ehe auch eher skeptisch, die Einstellungen zu Kindern jedoch positiv bei einer postmaterialistischen Orientierung. Demgegenüber entsprach einer stark positiven Einstellung zu Ehe und Kindern in den süddeutschen katholischen Regionen eher eine materialistische Orientierung.

An diesen Beispielen sieht man deutlich, daß die Dynamik, die der These vom Wertewandel fortgeschrittener Industriegesellschaften zugrundeliegt, keineswegs in gleicher Weise über die gesamte Gesellschaft verteilt ist. Aber auch bei einer regionalisierten Betrachtung reicht es nicht aus, ausschließlich Stadt-Land-Unterschiede ins Visier zu nehmen. Vielmehr ist auf die Rolle der unterschiedlichen kulturellen Traditionen in städtischen und ländlichen Regionen hinzuweisen, die als Beleg für die Ausdifferenzierung von Lebensformen herangezogen werden können. Diese kulturellen Traditionen sind offensichtlich weit tiefer verankert und gezielten politischen Interventionen viel schwerer zugänglich, als man dies gemeinhin unterstellt. Ihre sozialwissenschaftliche Relevanz hat bisher kaum angemessene Beachtung gefunden. Angesichts der gegenwärtig vor unseren Augen sich vollziehenden Integration zweier unterschiedlicher Gesellschaftssysteme, die gleichwohl eine gemeinsame Kulturtradition besitzen, bietet sich die historisch seltene Gelegenheit, diese These einer eingehenderen Prüfung zu unterziehen.

Datenquelle: DJI-Regionaldatenbank

Bertram, Bayer, Bauereiß: Familien-Atlas, Opladen 1993

Materialismus - Postmaterialismus 1988 bzw. 1990

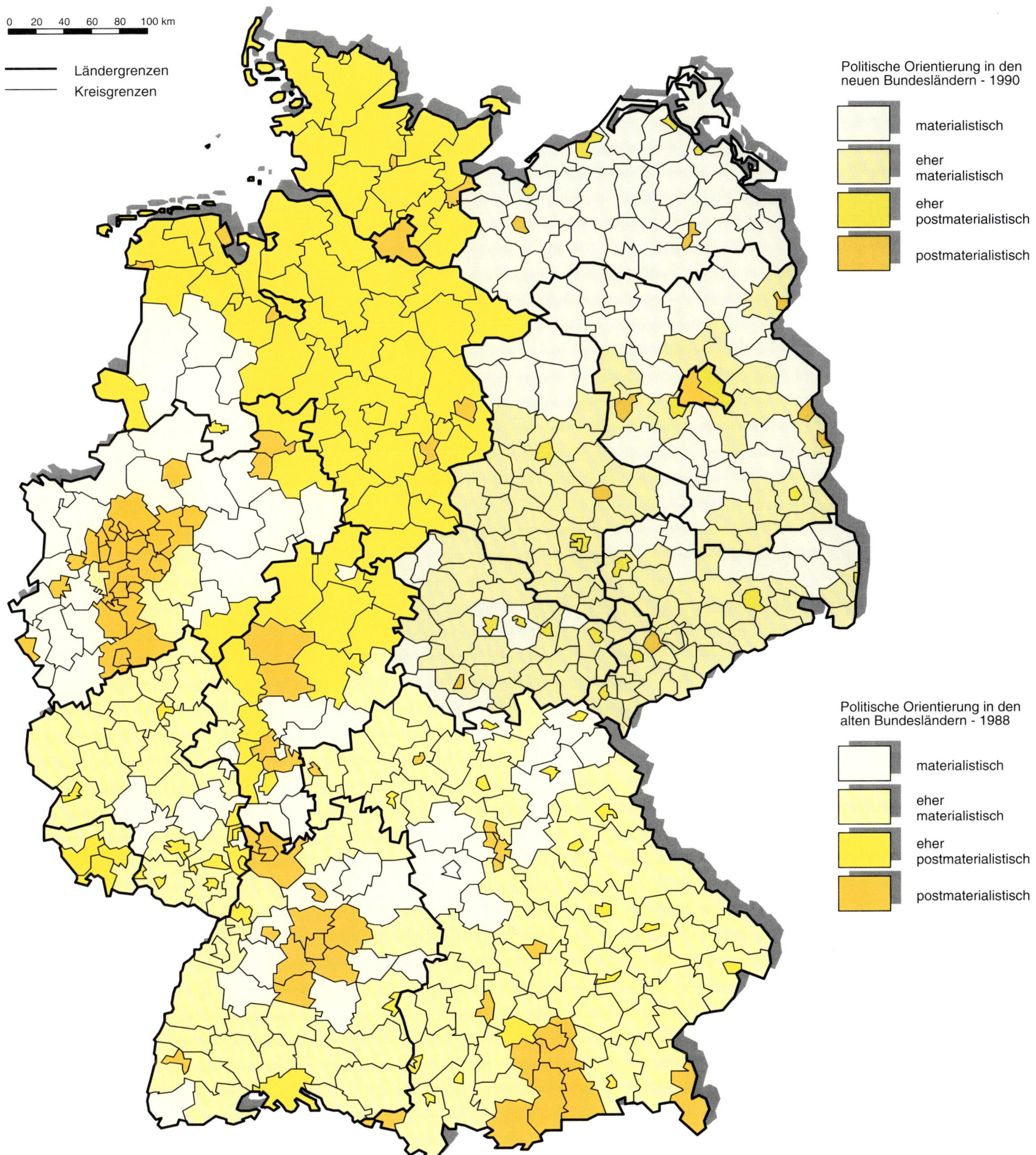

Quelle: DJI-Regionaldatenbank, auf der Basis der Ergebnisse aus dem DJI-Projekt "Wandel und Entwicklung familialer Lebensformen in den alten und neuen Bundesländern"

Überwiegende Häufigkeit des Kirchgangs in den Regionstypen der alten Bundesländer

Regionstyp	Anzahl Kreise	Überwiegende Häufigkeit d. Kirchgangs
Berlin (West)	1	nie
Hamburg (Stadt)	1	nie
Norddeutsches protestantisches Land	55	nie
Westdeutsche Industriestädte	21	nie
München (Stadt)	1	nie
Nürnberg (Stadt)	1	manchmal
Süddeutsches katholisches Land	73	häufig
Dienstleistungszentren des Voralpenlandes	7	nie

Demographische Faktoren in verschiedenen Regionstypen

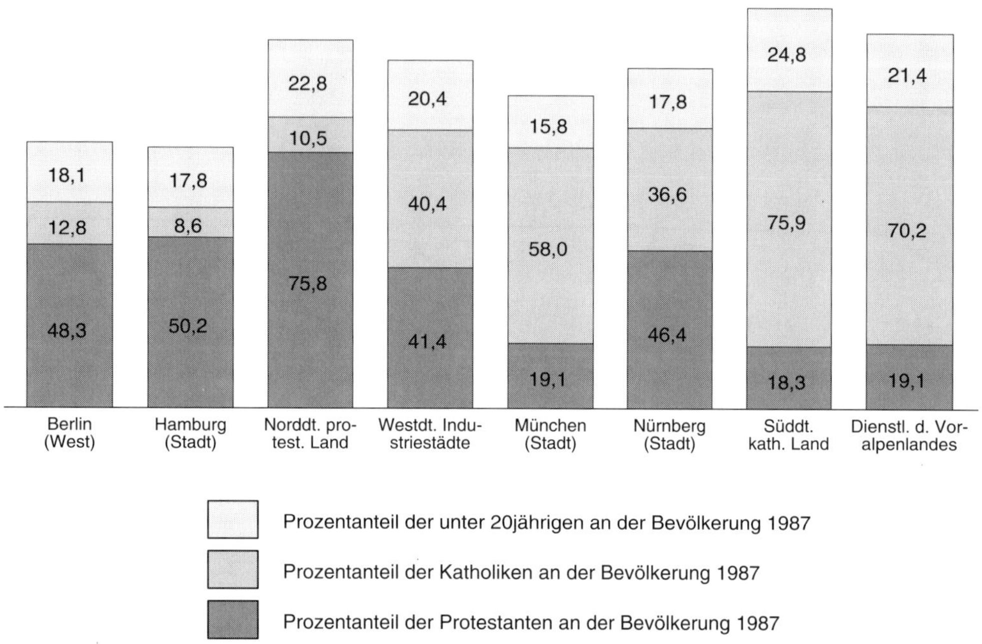

Mittelwerte der Standardvariablen in Kreisen mit unterschiedlicher überwiegender Häufigkeit des Kirchgangs

Standardvariablen	Kirchgangshäufigkeit nie	manchmal	häufig
Lebendgeborene pro 1000 Einwohner 1986	11,6	10,3	9,7
0-5jährige pro 100 Einwohner 1986	6,8	5,9	5,6
Kindergartenplätze pro 100 3-5jährige 1986	79,1	91,3	70,7
Quartanerquote 1989	52,6	60,6	66,9
Zuzüge pro 100 Fortzüge der 18-24jährigen 1986	96,3	111,3	110,2
Erwerbstätigenanteil der 30-39jährigen Frauen 1987 (in %)	51,5	58,3	52,8
Erwerbstätigenanteil der 40-49jährigen Frauen 1987 (in %)	49,8	58,3	52,5

Datenquelle: DJI-Regionaldatenbank

Bertram, Bayer, Bauereiß: Familien-Atlas, Opladen 1993

In den mehrheitlich protestantischen Regionen überwiegen hinsichtlich der Frage nach der Häufigkeit des Kirchgangs die Antworten 'manchmal' oder 'nie', während in den ländlichen katholischen Regionen sowohl Westdeutschlands als auch Süddeutschlands die Angabe 'häufig' am stärksten ausgeprägt ist, wenn auch 'häufig' hier lediglich 'mindestens einmal pro Woche' bedeutet. 'Manchmal' bedeutet 'einmal im Monat bis mehrmals im Jahr' und unter der Rubrik 'nie' wurde die Angabe 'seltener als mehrmals im Jahr' gefaßt. Die Angaben über die Kirchgangshäufigkeit lassen also nur begrenzt einen Rückschluß darauf zu, wie stark der Kirchgang in diesen Regionen tatsächlich als Teil des sozialen Lebens einzuschätzen ist.

In den süddeutschen ländlichen Regionen und den katholischen Regionen Westdeutschlands gehen natürlich auch Jugendliche und jugendliche Erwachsene häufiger zur Kirche als in den protestantischen Regionen, weil sie in einem entsprechenden Kontext aufwachsen. In diesen Regionen ist also der Kirchgang keineswegs auf die älteren Menschen beschränkt. Allerdings sind diese Daten nur mit äußerster Zurückhaltung zu interpretieren, da die zugrundeliegenden Fallzahlen in den einzelnen Kreisen teilweise sehr gering ausgefallen sind.

Somit folgt das Muster der Häufigkeit des Kirchgangs in den alten Bundesländern einer deutlichen konfessionellen Trennungslinie und bestätigt damit die Bedeutung der kulturell verankerten Traditionen, die bisher mehrfach betont wurden. Eine auffallende Ausnahme stellen hier die Dienstleistungszentren des Voralpenlandes dar. Hier ist der Kirchgang trotz katholischer Bevölkerungsstruktur erstaunlich niedrig. Auch in anderer Hinsicht unterscheidet sich diese Region von ihrem katholischen ländlichen Umland: der Ledigenanteil ist hier verhältnismäßig hoch, die politischen Orientierungen sind eher postmaterialistisch und die Wertschätzung der Ehe ist eher schwach.

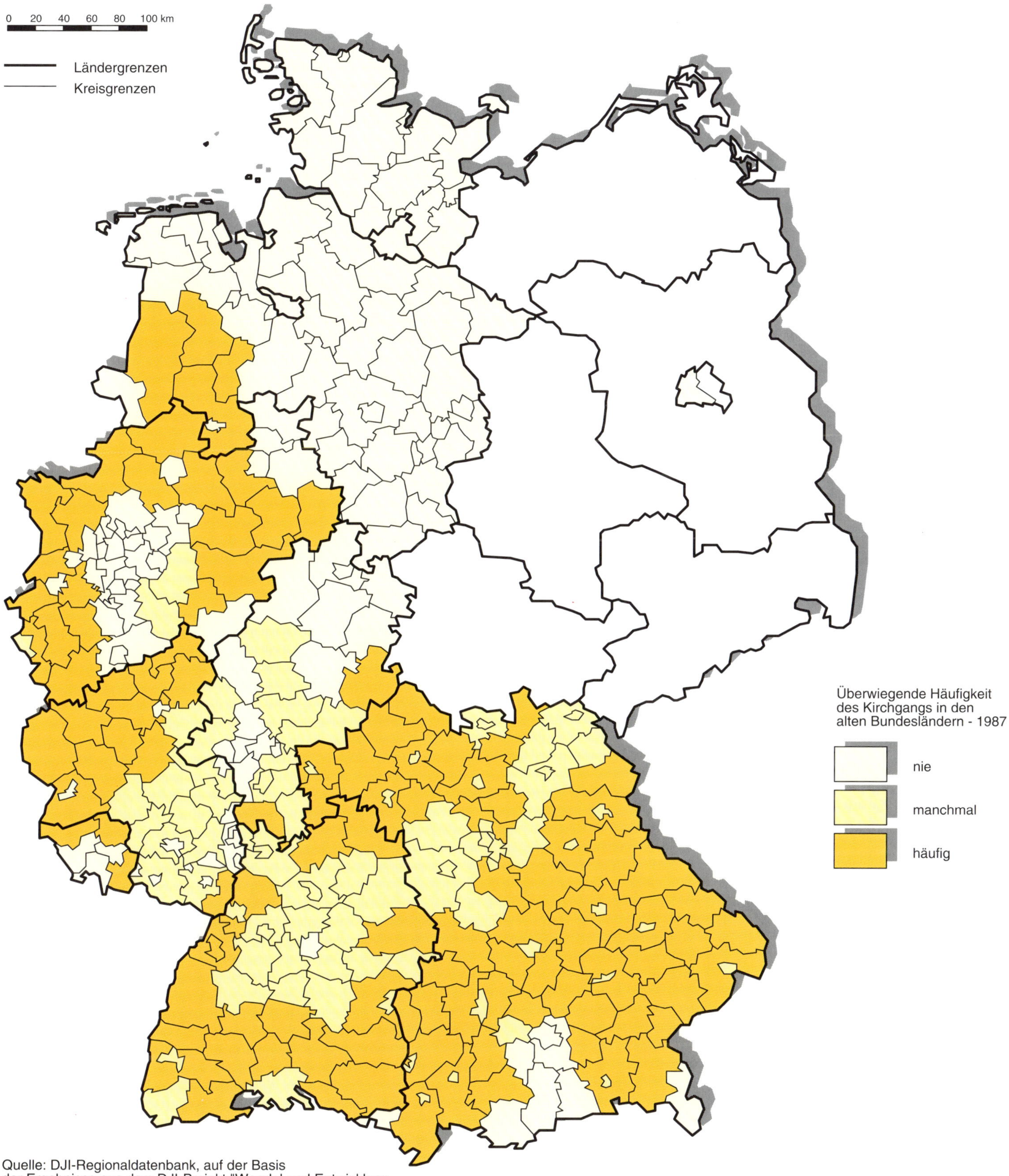

Quelle: DJI-Regionaldatenbank, auf der Basis der Ergebnisse aus dem DJI-Projekt "Wandel und Entwicklung familialer Lebensformen in den alten und neuen Bundesländern"

Schleswig-
Holstein
Mecklenburg-
Vorpommern
Hamburg
Bremen
Nieder-
sachsen
Berlin
Brandenburg
Sachsen-
Anhalt
Nordrhein-
Westfalen
Sachsen
Thüringen
Hessen
Rheinland-
Pfalz
Saarland
Bayern
Baden-
Württemberg

Versorgung mit Kinderkrippen- und Kindergartenplätzen 1989

Kreise mit den niedrigsten Werten in den neuen Bundesländern

Kreise	Kreisnr.	Werte*
Worbis	16908	67,9
Heiligenstadt	16906	73,1
Schleiz	161008	74,6
Zschopau	151420	74,8
Klingenthal	151418	75,2

Kreise mit den höchsten Werten in den neuen Bundesländern

Kreise	Kreisnr.	Werte*
Wolmirstedt	14710	95,7
Nebra	14810	97,3
Querfurt	14814	97,8
Niesky	151212	99,6
Stadtroda	161009	103,3

Kreise mit den niedrigsten Werten in den alten Bundesländern

Kreise	Kreisnr.	Werte*
Aurich	3452	13,6
Rotenburg	3357	14,0
Lüchow-Dannenberg	3354	15,7
Cuxhaven	3352	17,3
Pfaffenhofen/Ilm	9186	17,8

Kreise mit den höchsten Werten in den alten Bundesländern

Kreise	Kreisnr.	Werte*
Cochem-Zell	7135	57,7
Baden-Baden	8211	58,0
Main-Tauber-Kreis	8128	58,1
Biberach	8426	58,6
Heidenheim	8135	59,1

*) Werte siehe Kartenlegende

Entwicklung des Betreuungsgrades in Krippen und Dauerheimen, Kindergärten und Wochenheimen je 100 Kinder der entsprechenden Altersgruppe* in den neuen Bundesländern 1950 bis 1989

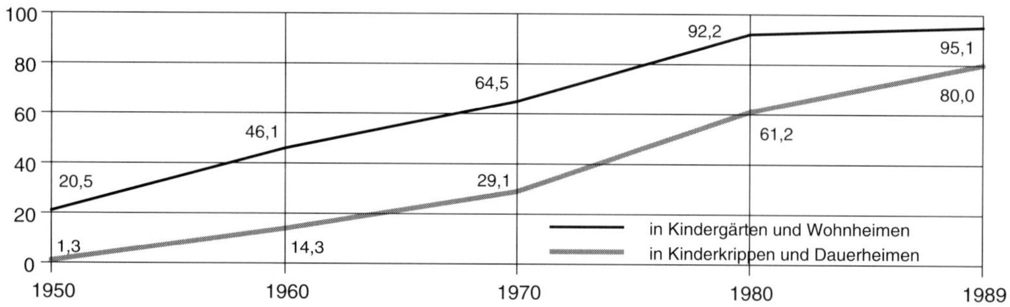

Quelle: Gunnar Winkler (Hg.), Sozialreport '90, Berlin 1990

Entwicklung der Plätze in Kinderkrippen und Kindergärten je 100 Kinder der entsprechenden Altersgruppe* in den alten Bundesländern 1963 bis 1986

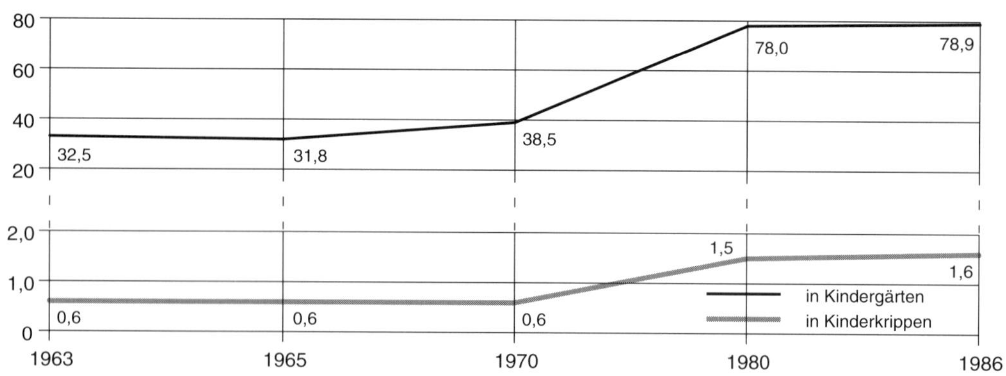

Quelle: Sachverständigenkommission 8. Jugendbericht (Hg.), Materalien zum 8. Jugendbericht, Band 4

*) Kinderkrippenalter: 0 bis unter 3 Jahre
Kindergartenalter: 3 bis unter 6 Jahre

Datenquelle: DJI-Regionaldatenbank

Bertram, Bayer, Bauereiß: Familien-Atlas, Opladen 1993

In den neuen Bundesländern besteht 1989 ein nahezu flächendeckendes Angebot an Plätzen in Betreuungseinrichtungen für Kinder. Der Betreuungsgrad in Krippen und Dauerheimen stieg in den neuen Bundesländern zwischen 1950 und 1989 von 1,3 auf 80 pro 100 Kinder, in Kindergärten und Wochenheimen stieg er in diesem Zeitraum von 20,5 auf 95,1. Damit war gesichert, daß alle Eltern bzw. Mütter, die es wünschten, ihre Kinder in einer entsprechenden Einrichtung unterbringen konnten. Ein solches Angebot wurde geschaffen, um Frauen in den Erwerbsprozeß einbinden zu können.

Auch in den alten Bundesländern fand in den 70er Jahren ein erheblicher Ausbau an Betreuungseinrichtungen statt. Das erhöhte Platzangebot, z.B. in Kindergärten, führte zusammen mit dem Geburtenrückgang dazu, daß das von der amtlichen Statistik errechnete Platzangebot (bezogen auf die Altersgruppe der Drei- bis Fünfjährigen) von 31,8 je 100 Kinder im Jahr 1965 auf 78,9 im Jahr 1986 anstieg. Ein wesentlich geringeres Angebot liegt bei den Plätzen in Kinderkrippen vor. Hier kommen auf 100 Kinder unter drei Jahren 1,6 Plätze, während es 1965 nur 0,6 waren.

Aufgrund der unterschiedlichen Entwicklungen liegen 1989, wie die Karte zeigt, die Platzangebote in Kinderkrippen und -gärten pro 100 Kinder unter sechs Jahren in den Kreisen der alten Bundesländer weit unter denen in den neuen Bundesländern. Dort können die Kreise mit den geringsten Platzangeboten noch mehr Plätze aufweisen als die Kreise mit der besten Versorgung in den alten Bundesländern. Weiterhin fällt auf, daß in den alten Bundesländern die Platzangebote länderspezifisch variieren, während in den neuen Bundesländern eher kreisspezifische Unterschiede vorliegen.

Versorgung mit Kinderkrippen- und Kindergartenplätzen 1989

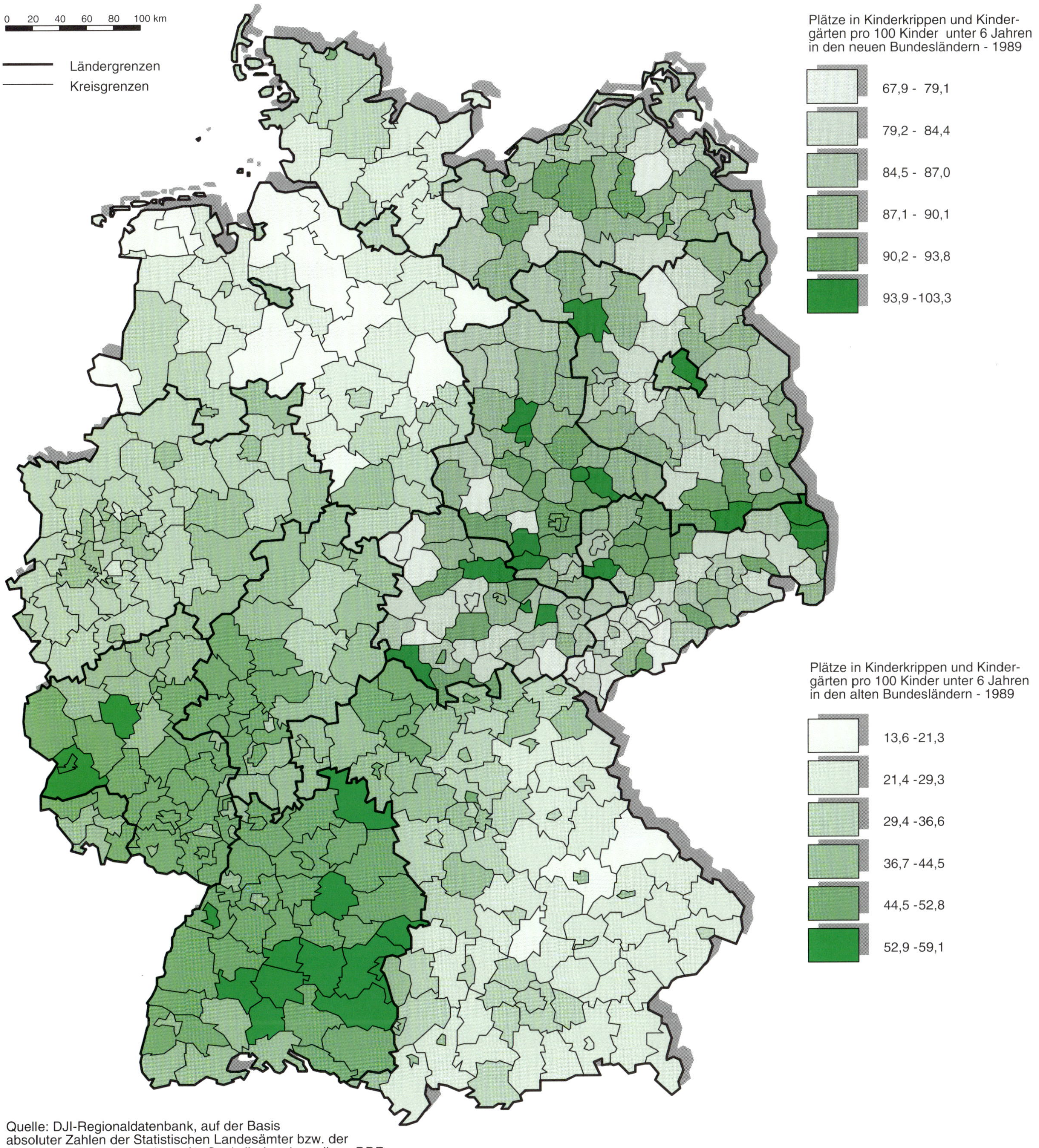

Quelle: DJI-Regionaldatenbank, auf der Basis absoluter Zahlen der Statistischen Landesämter bzw. der Staatlichen Zentralverwaltung für Statistik der ehemaligen DDR

Kreise mit den niedrigsten Werten

Kreise	Kreisnr.	Werte*
Aurich	3452	28,8
Rotenburg	3357	30,7
Herzogtum Lauenburg	1053	34,0
Lüchow-Dannenberg	3354	35,6
Dithmarschen	1051	35,9

*) Werte siehe Kartenlegende

Kreise mit den höchsten Werten

Kreise	Kreisnr.	Werte*
Cochem-Zell	7135	121,7
Main-Tauber-Kreis	8128	124,3
Heidenheim	8135	125,3
Biberach	8426	125,9
Baden-Baden	8211	127,6

Vergleich ausgewählter Variablen in Berlin (West), München Stadt und in den Kreisen mit der niedrigsten bzw. höchsten Versorgung mit Kindergartenplätzen

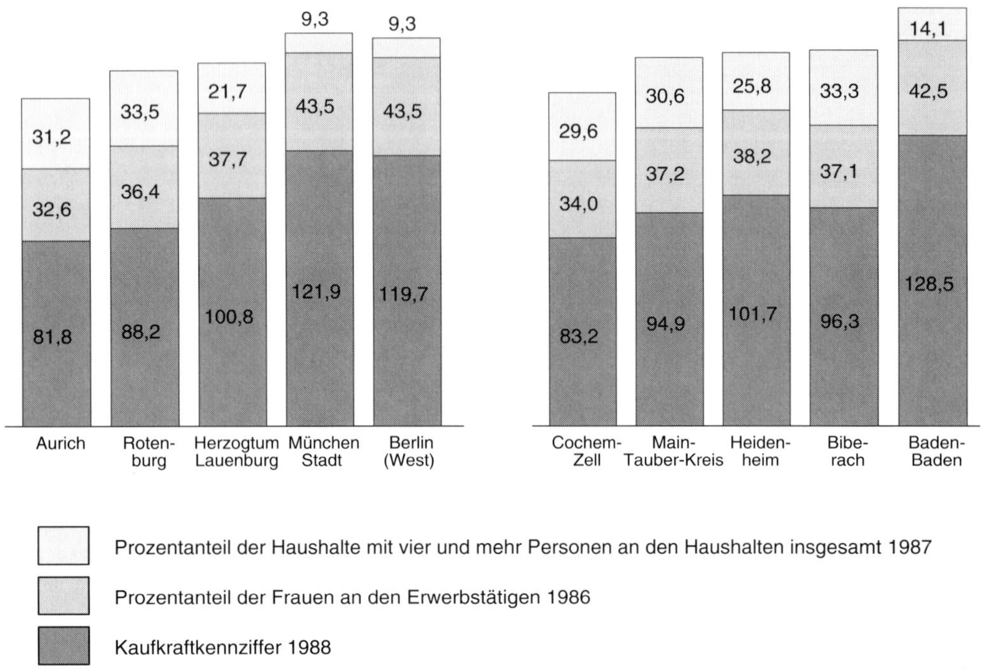

Mittelwerte der Standardvariablen in Kreisen mit sehr niedriger bis sehr hoher Versorgung mit Kindergartenplätzen

	Versorgung mit Kindergartenplätzen			
Standardvariablen	sehr niedrig	niedrig	hoch	sehr hoch
Lebendgeborene pro 1000 Einwohner 1986	9,9	10,5	10,5	11,2
0-5jährige pro 100 Einwohner 1986	6,0	6,1	6,1	6,4
Quartanerquote 1989	61,2	62,3	58,5	59,2
Zuzüge pro 100 Fortzüge der 18-24jährigen 1986	102,3	108,5	101,2	104,8
Erwerbstätigenanteil der 30-39jährigen Frauen 1987 (in %)	50,6	52,8	54,5	57,7
Erwerbstätigenanteil der 40-49jährigen Frauen 1987 (in %)	51,7	52,6	52,7	62,8

Datenquelle: DJI-Regionaldatenbank

Bertram, Bayer, Bauereiß: Familien-Atlas, Opladen 1993

Die Karte über die Versorgung mit Kindergartenplätzen, bezogen auf die Kinder im entsprechenden Alter, macht noch einmal sehr deutlich, daß die Chancen, einen Kindergartenplatz zu bekommen, in den Kreisen der alten Bundesländer äußerst ungleich verteilt sind. Zwischen den Kreisen variiert die Versorgung nach der Jugendhilfestatistik 1986 zwischen 29 und 128 %. Dabei wirken sich die unterschiedlichen Traditionen, unterschiedliche bildungs- und sozialpolitische Schwerpunktsetzungen, das Vorhandensein von Kindergartengesetzen wie auch die unterschiedlichen finanziellen Ressourcen der Bundesländer aus. Neben den Landesregierungen können noch die Kommunen und z.B. die kirchlichen Träger für die unterschiedlichen Versorgungsquoten verantwortlich gemacht werden.

Auf der Karte zeigen sich Kreise, insbesondere in Baden-Württemberg, teilweise auch in Rheinland-Pfalz, im Saarland und in Hessen, die Versorgungsquoten von 100 % und mehr aufweisen, während in einigen Kreisen Schleswig-Holsteins, Niedersachsens und Bayerns die Quoten unter 30 % liegen.

Hierbei zeigt sich, daß die für Kinder geschaffene Infrastruktur nicht auf die ökonomische Leistungskraft der jeweiligen Region zurückgeführt werden kann. Es unterscheidet sich beispielsweise die Kaufkraft-Kennziffer von Aurich in Ostfriesland nicht von der in Cochem-Zell, obwohl die Versorgungsquote in Cochem-Zell um das vierfache über der in Aurich (28,8) liegt. Selbst wohlhabende Städte wie Hamburg, Berlin und München investieren, im Gegensatz zu Baden-Baden, nicht automatisch den finanziellen Möglichkeiten entsprechend in Kindergärten.

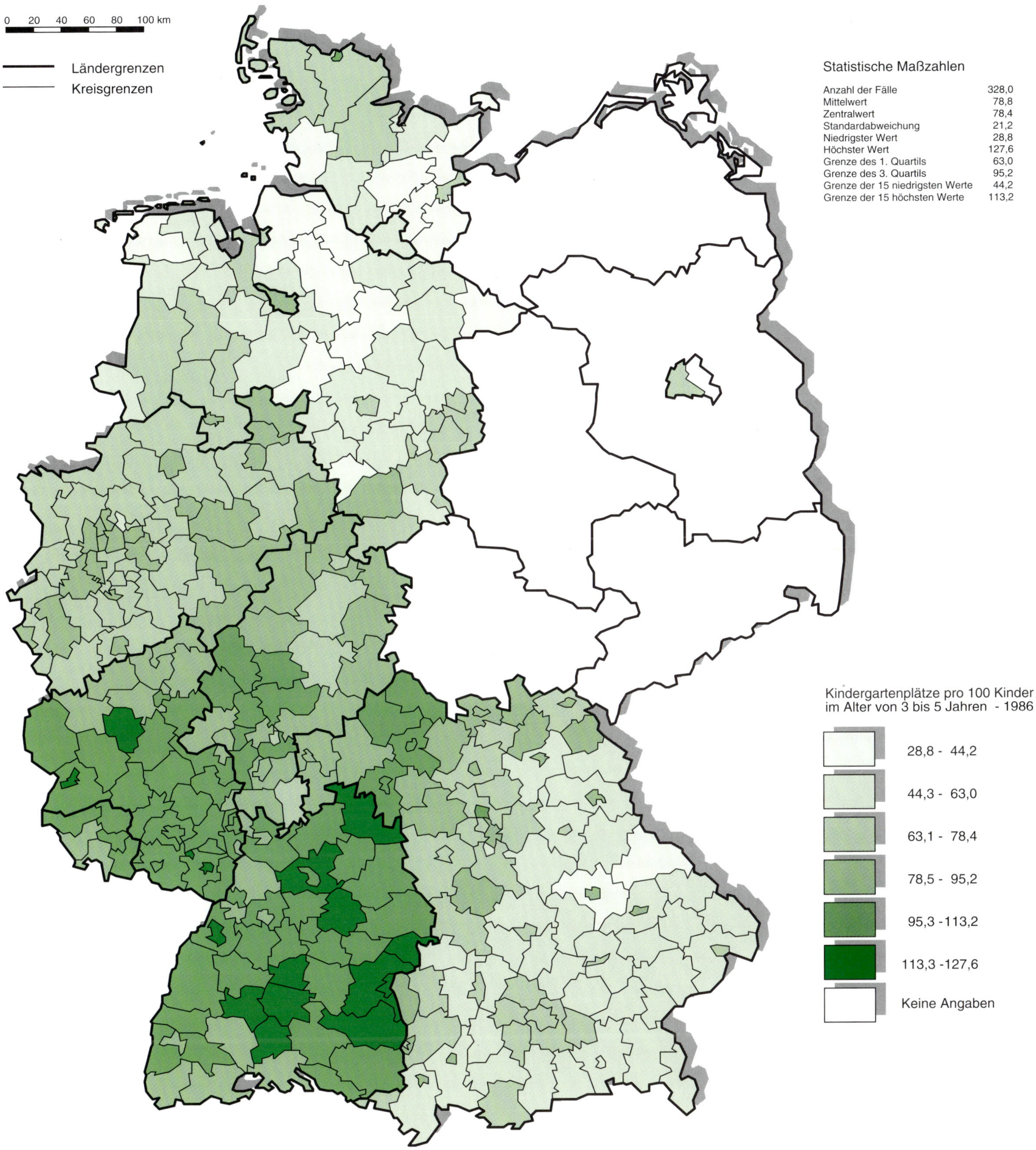

Statistische Maßzahlen

Anzahl der Fälle	328,0
Mittelwert	78,8
Zentralwert	78,4
Standardabweichung	21,2
Niedrigster Wert	28,8
Höchster Wert	127,6
Grenze des 1. Quartils	63,0
Grenze des 3. Quartils	95,2
Grenze der 15 niedrigsten Werte	44,2
Grenze der 15 höchsten Werte	113,2

Quelle: DJI-Regionaldatenbank, auf der Basis absoluter Zahlen der Statistischen Landesämter

Kinderhortplätze 1986

Kreise mit den niedrigsten Werten

Kreise	Kreisnr.	Werte*
Rendsburg-Eckernf.	1058	0,1
Ravensburg	8436	0,1
Breisgau-Hochschw.	8315	0,2
Oberbergischer Kreis	5374	0,2
Borken	5554	0,2

*) Werte siehe Kartenlegende

Kreise mit den höchsten Werten

Kreise	Kreisnr.	Werte*
Würzburg Stadt	9663	21,5
Stuttgart	8111	22,2
München Stadt	9162	23,8
Frankfurt	6412	27,0
Berlin (West)	11001	27,4

Plätze in Kinderhorten pro 1000 Kinder von 6 bis 9 Jahren 1963 bis 1986 nach Ländern

Land	1963	1970	1980	1986
Schleswig-Holstein	15	9	23	28
Hamburg	-	9	168	198
Niedersachsen	8	10	18	23
Bremen	44	41	99	28
Nordrhein-Westfalen	20	17	29	32
Hessen	21	16	65	56
Rheinland-Pfalz	5	10	12	14
Baden-Württemberg	13	14	25	33
Bayern	33	28	40	45
Saarland	4	4	12	16
Berlin (West)	132	96	222	274
Bundesgebiet	22	18	39	44

Quelle: Sachverständigenkommission 8. Jugendbericht (Hg.), Materalien zum 8. Jugendbericht, Band 4

Mittelwerte der Standardvariablen in Kreisen mit sehr niedriger bis sehr hoher Versorgung mit Kinderhortplätzen

	Versorgung mit Kinderhortplätzen			
Standardvariablen	sehr niedrig	niedrig	hoch	sehr hoch
Lebendgeborene pro 1000 Einwohner 1986	11,1	10,5	9,6	9,2
0-5jährige pro 100 Einwohner 1986	6,6	6,2	5,3	5,1
Kindergartenplätze pro 100 3-5jährige 1986	78,5	75,1	84,9	84,5
Quartanerquote 1989	59,6	60,6	68,9	63,9
Zuzüge pro 100 Fortzüge der 18-24jährigen 1986	98,8	100,4	120,8	145,0
Erwerbstätigenanteil der 30-39jährigen Frauen 1987 (in %)	50,1	53,4	57,4	62,5
Erwerbstätigenanteil der 40-49jährigen Frauen 1987 (in %)	48,8	54,2	57,7	62,2

Datenquelle: DJI-Regionaldatenbank

Nach der Jugendhilfestatistik 1986 stehen 102 874 Hortplätze für Grundschulkinder zur Verfügung. Dies entspricht einer Versorgungsquote von 4,4 % für 6- bis 9jährige Kinder. Der Einfluß der kommunalen Politik zeigt sich hier noch deutlicher als bei den Kindergartenplätzen. So liegen die Stadtstaaten sowie allgemein die kreisfreien Städte mit ihrem Angebot deutlich über dem Bundesdurchschnitt. Urbane Zentren und Städte, wie z.B. Würzburg, erreichen Versorgungsquoten von bis zu 28 %, während die ländlich strukturierten Kreise Quoten von nur bis zu 1 % aufweisen bzw. ein Viertel der Kreise in den alten Bundesländern überhaupt keine Hortplätze anbietet.

Die bessere Versorgung mit Kinderhortplätzen in urbanen Zentren fällt mit den höheren weiblichen altersspezifischen Erwerbsquoten sowie dem höheren Angebot an Kindergartenplätzen in den Städten zusammen. Das städtische ‘Überangebot’ zeigt sich noch deutlicher, wenn die niedrige Kinderanzahl sowie das Angebot an städtischen Ganztagesschulen mitberücksichtigt werden.

Das Recht der Kinder auf einen Kindergartenplatz sowie eine Betreuung nach der Schule ist in den alten Bundesländern ansatzweise in erster Linie nur in den Städten verwirklicht. Im Hinblick auf die weiblichen Erwerbstätigenquoten und auf die relativ unflexiblen Arbeitszeiten sind die öffentlichen Betreuungsangebote nach wie vor unzureichend. Dieses Problem bzw. Mißverhältnis verschärft sich in den ländlichen Kreisen, wobei noch zu untersuchen wäre, inwieweit weibliche Berufswünsche durch die fehlenden Betreuungsmöglichkeiten hintenangestellt werden. Ein weiterer Aspekt ist die Gefahr der Vernachlässigung der Kinder durch eine unzureichende Betreuung.

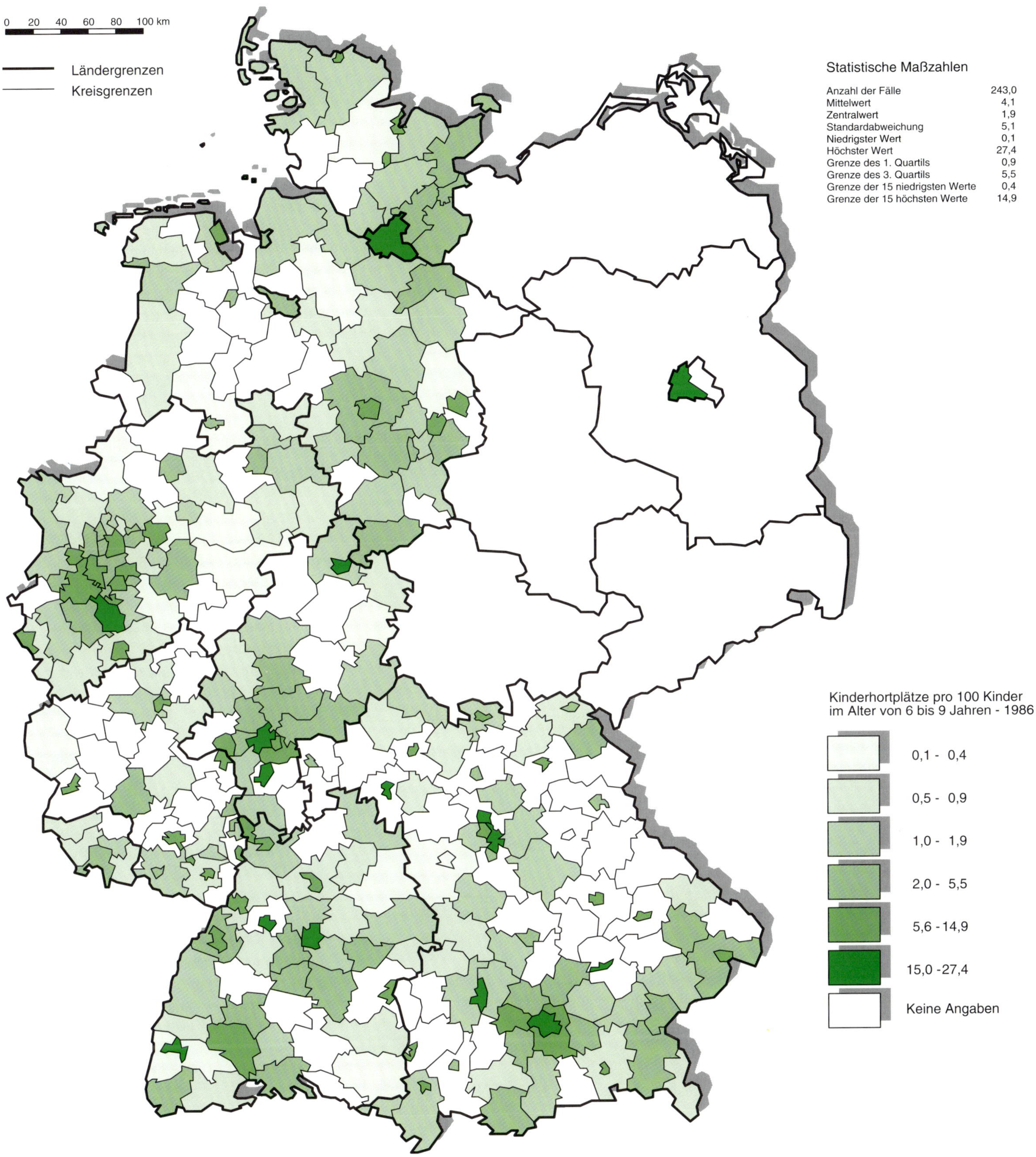

Quelle: DJI-Regionaldatenbank, auf der Basis absoluter Zahlen der Statistischen Landesämter

Kreise mit den niedrigsten Werten

Kreise	Kreisnr.	Werte*
Märkischer Kreis	5962	0,1
Remscheid	5120	0,1
Rhein-Sieg-Kreis	5382	0,1
Neuss	5162	0,1
Kassel	6633	0,1

Kreise mit den höchsten Werten

Kreise	Kreisnr.	Werte*
Frankfurt	6412	7,2
Coburg Stadt	9463	9,4
Stuttgart	8111	10,9
Hamburg	2000	10,9
Berlin (West)	11001	19,8

*) Werte siehe Kartenlegende

Weibliche Beschäftigte nach Wirtschaftsabteilungen in München Stadt und in den Kreisen mit der niedrigsten bzw. höchsten Versorgung mit Kinderkrippenplätzen

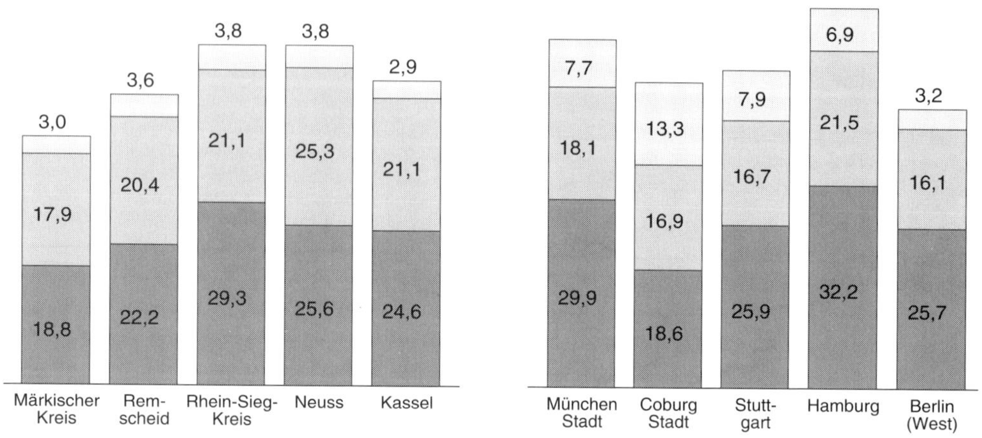

- Prozentanteil der weiblichen Beschäftigten in der Wirtschaftsabteilung "Kreditinstitute und Versicherungsgewerbe" an den weiblichen Beschäftigten insgesamt 1987
- Prozentanteil der weiblichen Beschäftigten in der Wirtschaftsabteilung "Handel" an den weiblichen Beschäftigten insgesamt 1987
- Prozentanteil der weiblichen Beschäftigten in der Wirtschaftsabteilung "Dienstleistungen, soweit von Unternehmen und freien Berufen erbracht" an den weiblichen Beschäftigten insgesamt 1987

Mittelwerte der Standardvariablen in Kreisen mit sehr niedriger bis sehr hoher Versorgung mit Kinderkrippenplätzen

Standardvariablen	Versorgung mit Kinderkrippenplätzen sehr niedrig	niedrig	hoch	sehr hoch
Lebendgeborene pro 1000 Einwohner 1986	10,1	10,1	9,8	9,1
0-5jährige pro 100 Einwohner 1986	6,0	5,8	5,5	5,1
Kindergartenplätze pro 100 3-5jährige 1986	85,1	75,8	89,9	81,1
Quartanerquote 1989	70,8	63,3	66,6	68,1
Zuzüge pro 100 Fortzüge der 18-24jährigen 1986	102,0	104,8	128,4	132,4
Erwerbstätigenanteil der 30-39jährigen Frauen 1987 (in %)	52,0	54,2	58,7	61,2
Erwerbstätigenanteil der 40-49jährigen Frauen 1987 (in %)	52,1	53,9	58,9	61,3

Datenquelle: DJI-Regionaldatenbank

Bertram, Bayer, Bauereiß: Familien-Atlas, Opladen 1993

Bis 1986 erhöhten sich die angebotenen Kinderkrippenplätze in den alten Bundesländern auf 28 353. Dies entspricht einem durchschnittlichen Versorgungsgrad für Kinder unter 3 Jahren von 1,6 %. Bei diesem Versorgungsgrad muß berücksichtigt werden, daß sich über die Hälfte dieser Plätze allein auf die beiden urbanen Zentren Berlin mit 10 814 und Hamburg mit 4 130 verteilt, der Rest überwiegend auf Städte. Selbst Berlin erreicht jedoch nur einen Versorgungsgrad von 20 %, Hamburg und Stuttgart folgen mit je 11 %. Damit zeigt sich, daß die außerfamiliale Betreuung von Kleinkindern im politischen und gesellschaftlichen Verständnis nach wie vor die Ausnahme ist, was sich auch daraus ergibt, daß 1986 fast 60 % der Kreise keine offiziellen Kinderkrippenplätze anbieten.

Anhand der Karte zeigen sich bundesländerspezifische Verteilungen. So weisen zumindest ca. die Hälfte der Kreise von Baden-Württemberg, Hessen und Niedersachsen Krippenplätze auf, während die Mehrzahl der Kreise in den anderen Bundesländern kein entsprechendes Angebot hat.

Hier stellt sich die Frage, inwieweit eine Diskrepanz zwischen Angebot und Nachfrage besteht. Das immer größer werdende Defizit an familialen Unterstützungsleistungen kann durch die Schaffung von dazu alternativen Betreuungssystemen für Kleinkinder (Tagesmütter, Fremdbetreuung im Haus, Elterninitiativen) nicht ausgeglichen werden. Die staatlichen Anreize in Form von Erziehungsgeld und -urlaub, die die Betreuung der Kleinkinder innerhalb der Familie fördern sollen, scheinen für eine Vielzahl von Müttern keine Alternativen zur Erwerbstätigkeit zu bieten. Der ausschließlichen Rolle als Hausfrau und Mutter, auch nur für wenige Jahre, stehen oftmals finanzielle Probleme oder berufliche Karriereplanungen entgegen.

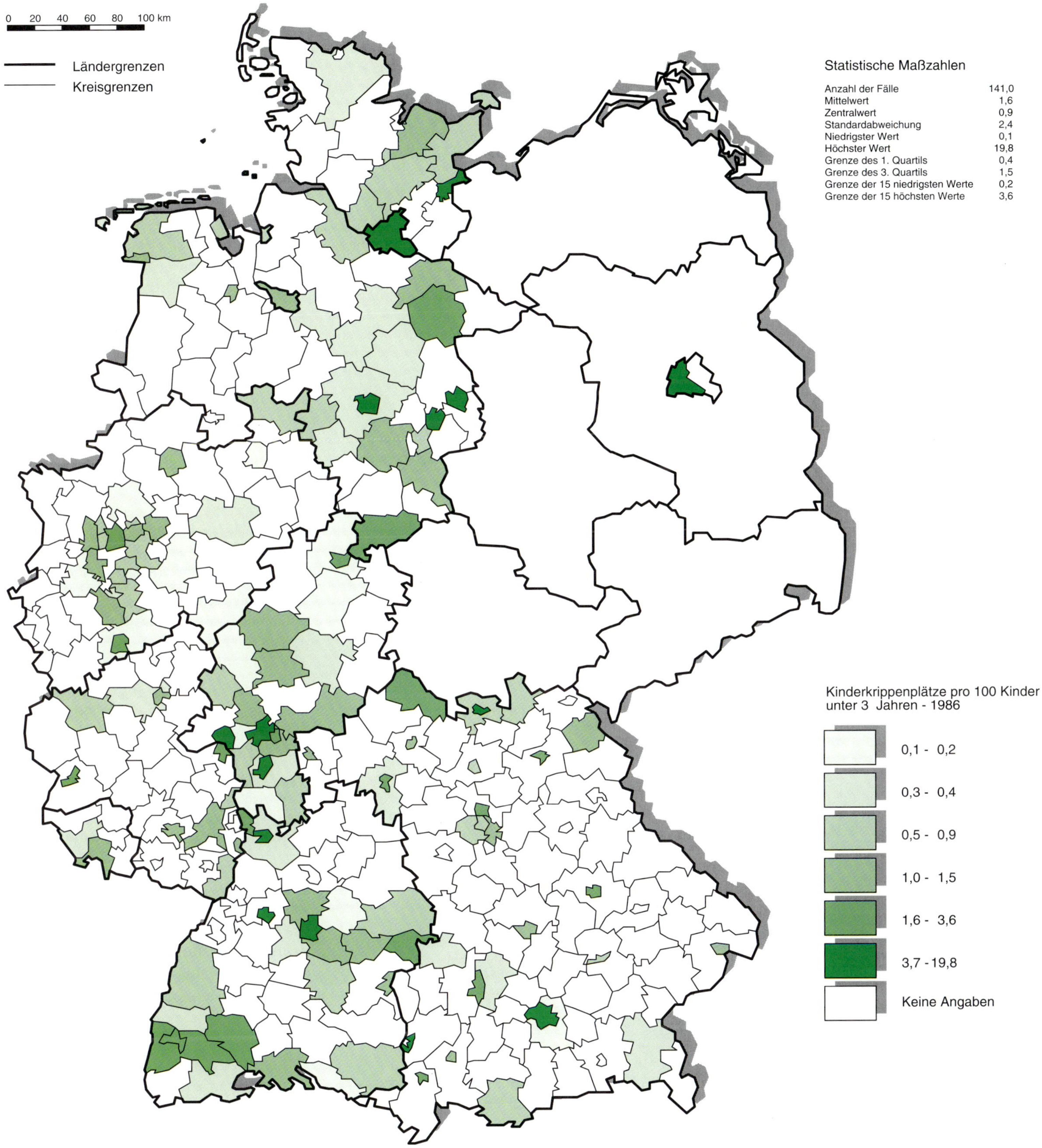

Quelle: DJI-Regionaldatenbank, auf der Basis absoluter Zahlen der Statistischen Landesämter

Kreise mit den niedrigsten Werten

Kreise	Kreisnr.	Werte*
Kitzingen	9675	0,01
Plön	1057	0,01
Mettmann	5158	0,05
Viersen	5166	0,07
Heinsberg	5370	0,07

*) Werte siehe Kartenlegende

Kreise mit den höchsten Werten

Kreise	Kreisnr.	Werte*
Dithmarschen	1051	0,75
Regensburg Stadt	9362	0,75
Ostallgäu	9777	0,76
Rottal-Inn	9277	0,88
Miesbach	9182	1,21

Demographische Faktoren in Berlin (West), München Stadt und in den Kreisen mit der niedrigsten bzw. höchsten Versorgung mit Allgemeinmedizinern

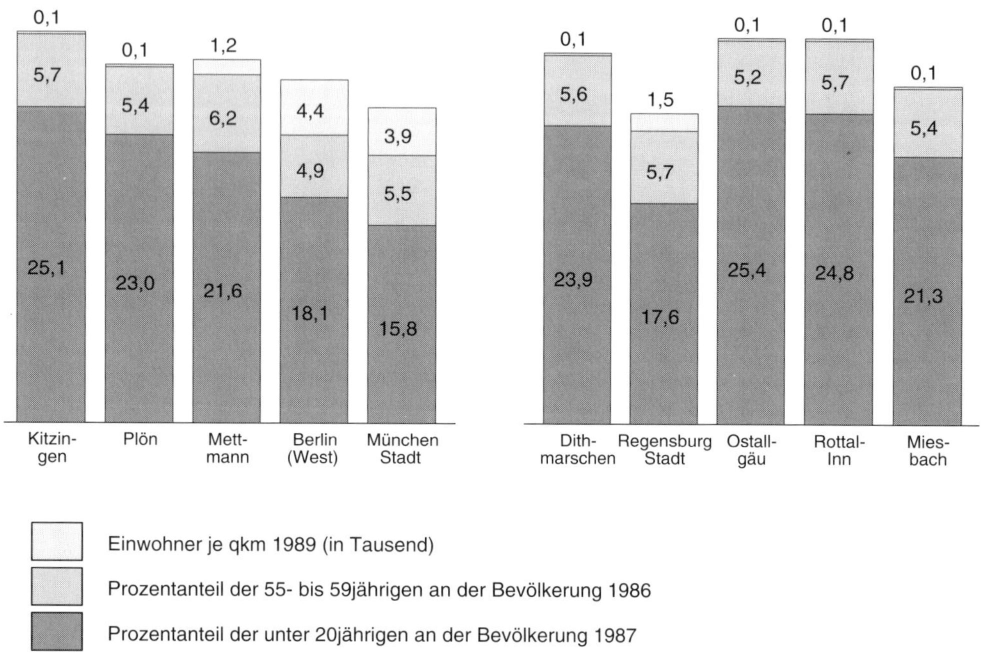

Mittelwerte der Standardvariablen in Kreisen mit sehr niedriger bis sehr hoher Versorgung mit Allgemeinmedizinern

Standardvariablen	Versorgung mit Allgemeinmedizinern sehr niedrig	niedrig	hoch	sehr hoch
Lebendgeborene pro 1000 Einwohner 1986	10,3	10,2	10,5	10,5
0-5jährige pro 100 Einwohner 1986	5,9	5,9	6,2	5,9
Kindergartenplätze pro 100 3-5jährige 1986	76,0	74,2	85,2	67,0
Quartanerquote 1989	64,3	63,7	49,9	58,6
Zuzüge pro 100 Fortzüge der 18-24jährigen 1986	96,4	108,8	98,8	102,5
Erwerbstätigenanteil der 30-39jährigen Frauen 1987 (in %)	47,3	54,8	55,3	55,8
Erwerbstätigenanteil der 40-49jährigen Frauen 1987 (in %)	44,4	54,9	52,9	56,1

Datenquelle: DJI-Regionaldatenbank

Bertram, Bayer, Bauereiß: Familien-Atlas, Opladen 1993

In den alten Bundesländern gibt es im Jahr 1986 ca. 165 000 Ärzte sehr unterschiedlicher Fachrichtung. Davon haben ca. 14 900 (9 %) die Gebietsbezeichnung ‘Allgemeinmediziner’ und sind in Krankenhäusern, Privatpraxen oder bei Behörden tätig. Für die Kreise von Niedersachsen, Baden-Württemberg und des Saarlands liegen 1986 für die als ‘Allgemeinmediziner’ tätigen Ärzte keine vergleichbaren Zahlen vor. Der Vergleich der restlichen Bundesländer macht jedoch deutlich, daß die Versorgungsdichte von Ärzten mit der Gebietsbezeichnung ‘Allgemeinmedizin’ auf den ersten Blick keinem systematischen Muster folgt, sondern geographisch eher zufällig variiert. So erklärt sich z.B. die Konzentration von ‘Allgemeinmedizinern’ nicht durch den Altersaufbau der Bevölkerung in einem Kreis: weder der Anteil der älteren Bevölkerung noch der Anteil der Lebendgeborenen pro 1000 Einwohner zeigen einen Einfluß auf diese Konzentration. Desweiteren zeigt sich kein Zusammenhang zu der hohen Einwohnerdichte in den urbanen Zentren wie Hamburg, Berlin, Frankfurt oder München.

Die Karte zeigt allerdings, daß zwischen den Kreisen enorme Unterschiede bei der Versorgung mit ‘Allgemeinmedizinern’ bestehen. Eine überdurchschnittliche Versorgung zeigt sich in der Mehrzahl der Kreise von Rheinland-Pfalz, von Bayern und an der norddeutschen Küste. Gerade in diesen meist ländlich geprägten Kreisen gehen die Kranken zuerst zum praktischen Arzt, der sie dann bei Bedarf an einen Spezialisten überweist. 1986 ist der Landkreis Miesbach der am besten versorgte Kreis mit 121 ‘Allgemeinmedizinern’ pro 100 000 Einwohner. Dagegen ist in der Mehrzahl der Kreise von Nordrhein-Westfalen und Hessen eine unterdurchschnittliche Versorgung mit dieser Ärztegruppe festzustellen. In diesen Kreisen scheinen vermehrt ‘sonstige’ Fachärzte die medizinische Versorgung der Bevölkerung zu übernehmen.

Versorgung mit Ärzten 1986

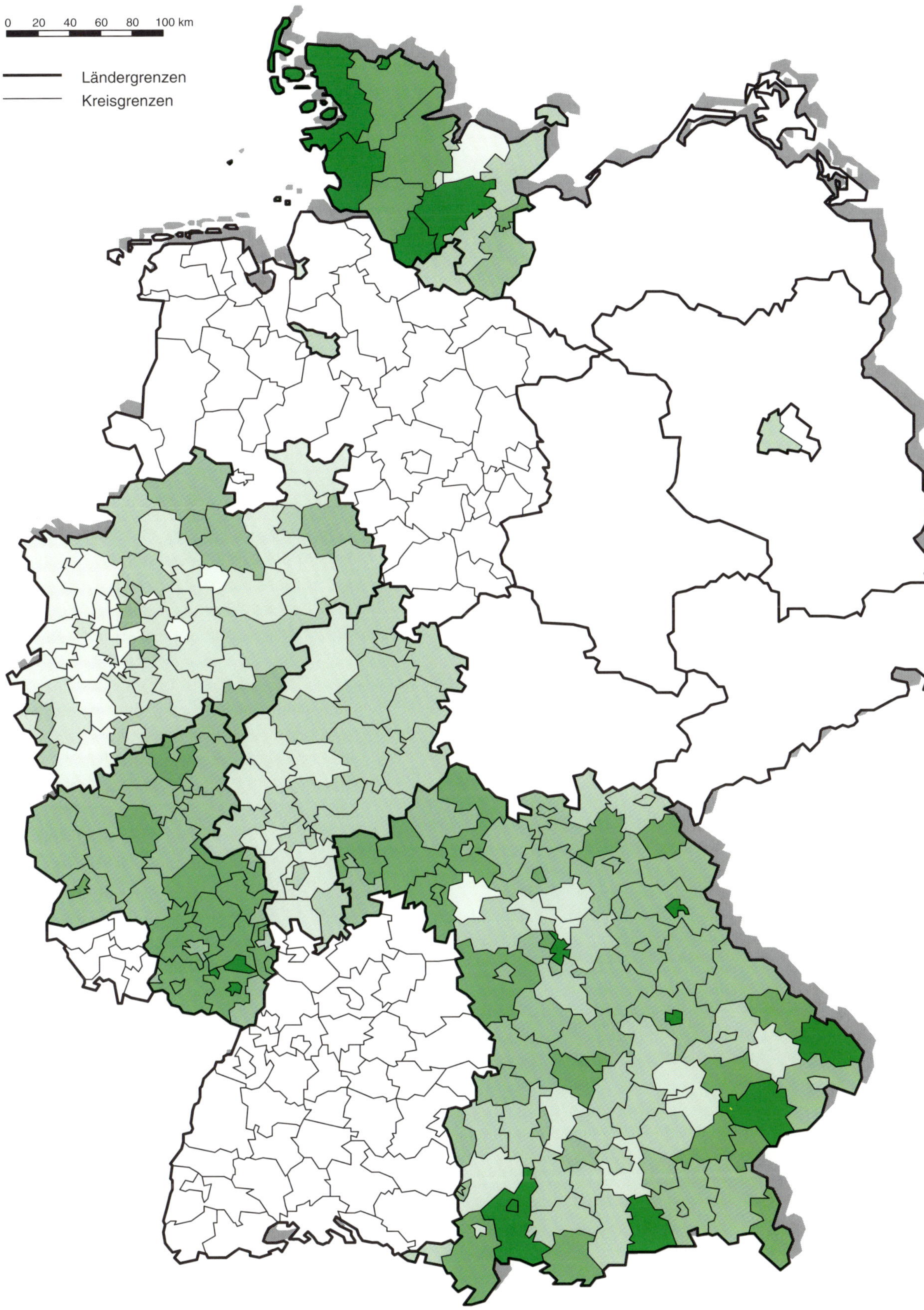

Statistische Maßzahlen

Anzahl der Fälle	231,0
Mittelwert	0,4
Zentralwert	0,4
Standardabweichung	0,2
Niedrigster Wert	0,0
Höchster Wert	1,2
Grenze des 1. Quartils	0,2
Grenze des 3. Quartils	0,5
Grenze der 15 niedrigsten Werte	0,1
Grenze der 15 höchsten Werte	0,7

Ärzte mit der Fachbezeichnung 'Allgemeinmedizin' pro 1000 Einwohner - 1986

- 0,01 -0,10
- 0,11 -0,20
- 0,21 -0,37
- 0,38 -0,53
- 0,54 -0,67
- 0,68 -1,21
- Keine Angaben*

*) Für die Kreise Niedersachsens, des Saarlandes und Baden-Württembergs wurden 1986 keine Zahlen für Ärzte gemeldet.

Quelle: DJI-Regionaldatenbank, auf der Basis absoluter Zahlen der Statistischen Landesämter

Versorgung mit Kinderärzten 1986

Kreise mit den niedrigsten Werten

Kreise	Kreisnr.	Werte*
Regensburg	9375	0,10
Eichstätt	9176	0,13
Schweinfurt	9678	0,13
Neustadt/Waldnaab	9374	0,15
Pfaffenhofen/Ilm	9186	0,15

*) Werte siehe Kartenlegende

Kreise mit den höchsten Werten

Kreise	Kreisnr.	Werte*
München Stadt	9162	4,40
Erlangen	9562	4,36
Landshut Stadt	9261	4,72
Regensburg Stadt	9362	5,00
Würzburg Stadt	9663	5,80

Vergleich ausgewählter Variablen in Berlin (West) und in den Kreisen mit der niedrigsten bzw. höchsten Versorgung mit Kinderärzten

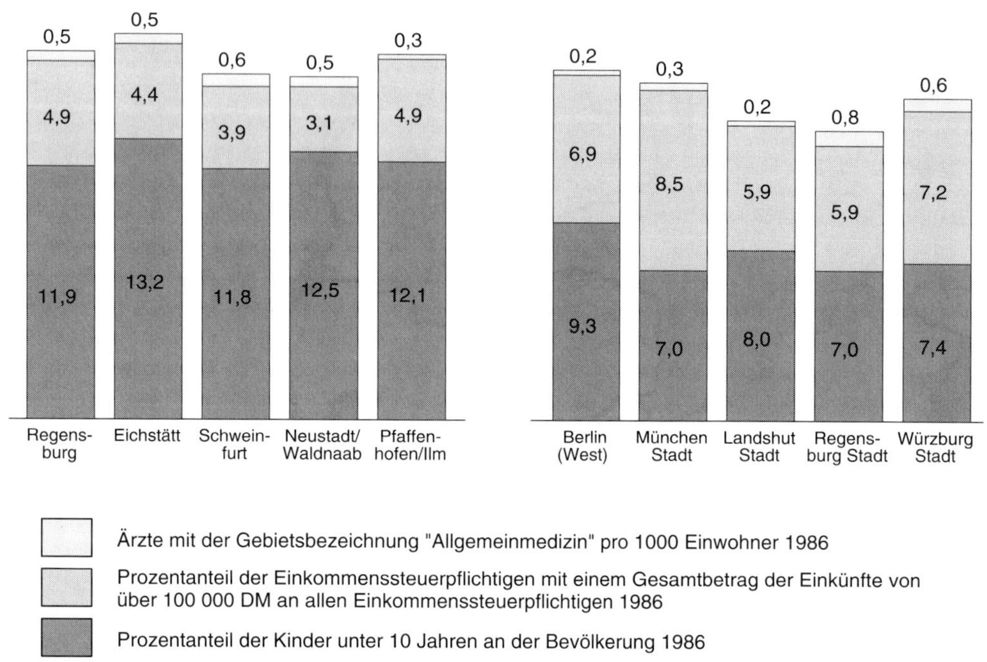

Mittelwerte der Standardvariablen in Kreisen mit sehr niedriger bis sehr hoher Versorgung mit Kinderärzten

Standardvariablen	Versorgung mit Kinderärzten sehr niedrig	niedrig	hoch	sehr hoch
Zuzüge pro 100 Fortzüge der 18-24jährigen 1986	93,2	96,4	120,4	129,4
Lebendgeborene pro 1000 Einwohner 1986	11,8	10,7	9,7	9,4
0-5jährige pro 100 Einwohner 1986	7,1	6,3	5,4	5,1
Kindergartenplätze pro 100 3-5jährige 1986	74,4	77,8	79,4	86,4
Erwerbstätigenanteil der 30-39jährigen Frauen 1987 (in %)	53,6	50,9	57,8	60,6
Erwerbstätigenanteil der 40-49jährigen Frauen 1987 (in %)	51,0	49,6	58,1	57,7
Quartanerquote 1989	40,6	60,8	68,6	62,0

Datenquelle: DJI-Regionaldatenbank

Bertram, Bayer, Bauereiß: Familien-Atlas, Opladen 1993

Neben den 5791 Ärzten, die 1986 auf Kinderheilkunde spezialisiert sind, übernehmen noch sonstige Fachärzte die ärztliche Versorgung von Kindern. Genannt seien hier lediglich die Augen-, die Hals-Nasen-Ohrenärzte sowie vor allem die Allgemeinmediziner, die insbesondere in dünn besiedelten Gegenden des Bundesgebietes eine große Rolle spielen. Wie bei den als Allgemeinmediziner tätigen Ärzten liegen auch für die Kinderärzte nicht für alle Bundesländer vergleichbare Zahlen vor.

Die Karte zeigt die Versorgung mit Fachärzten für Kinderheilkunde pro 1000 Kinder unter sechs Jahren. Dabei zeigt sich das überraschende Phänomen, daß die kinderarmen urbanen Zentren und Städte allgemein am besten mit Kinderärzten versorgt sind.

Die negative Korrelation zwischen der Anzahl der Kinderärzte und der Anzahl der Vorschulkinder zeigt sich auch bei der Berücksichtigung der Gruppe der Kinder unter zehn Jahren. So kommt z.B. in den Landkreisen Regensburg oder Eichstätt auf 10 000 Kinder unter sechs Jahren nur ein Kinderarzt, während es in der Stadt Regensburg 50 sind. Kinderärzte praktizieren dementsprechend vorzugsweise in Städten. Sie richten sich damit weniger nach dem Bedarf, d.h. die Kinder müssen ihnen folgen, wenn sie ärztliche Hilfe benötigen. Damit zeigen die Kinderärzte ein spezifisches Modell, das allgemein bei Fachärzten festzustellen ist: die Niederlassung ist nicht unmittelbar bedarfsorientiert. Aufgrund dieses ausgewählten örtlichen Wirkungskreises ist es nicht überraschend, daß Kinderärzte vorwiegend in Kreisen mit einem hohen Anteil an Besserverdienenden wirken, während die Versorgung mit Kinderärzten immer schlechter wird, je höher die Geburtenrate bzw. der Anteil der Kinder an der Gesamtbevölkerung ist.

Versorgung mit Kinderärzten 1986

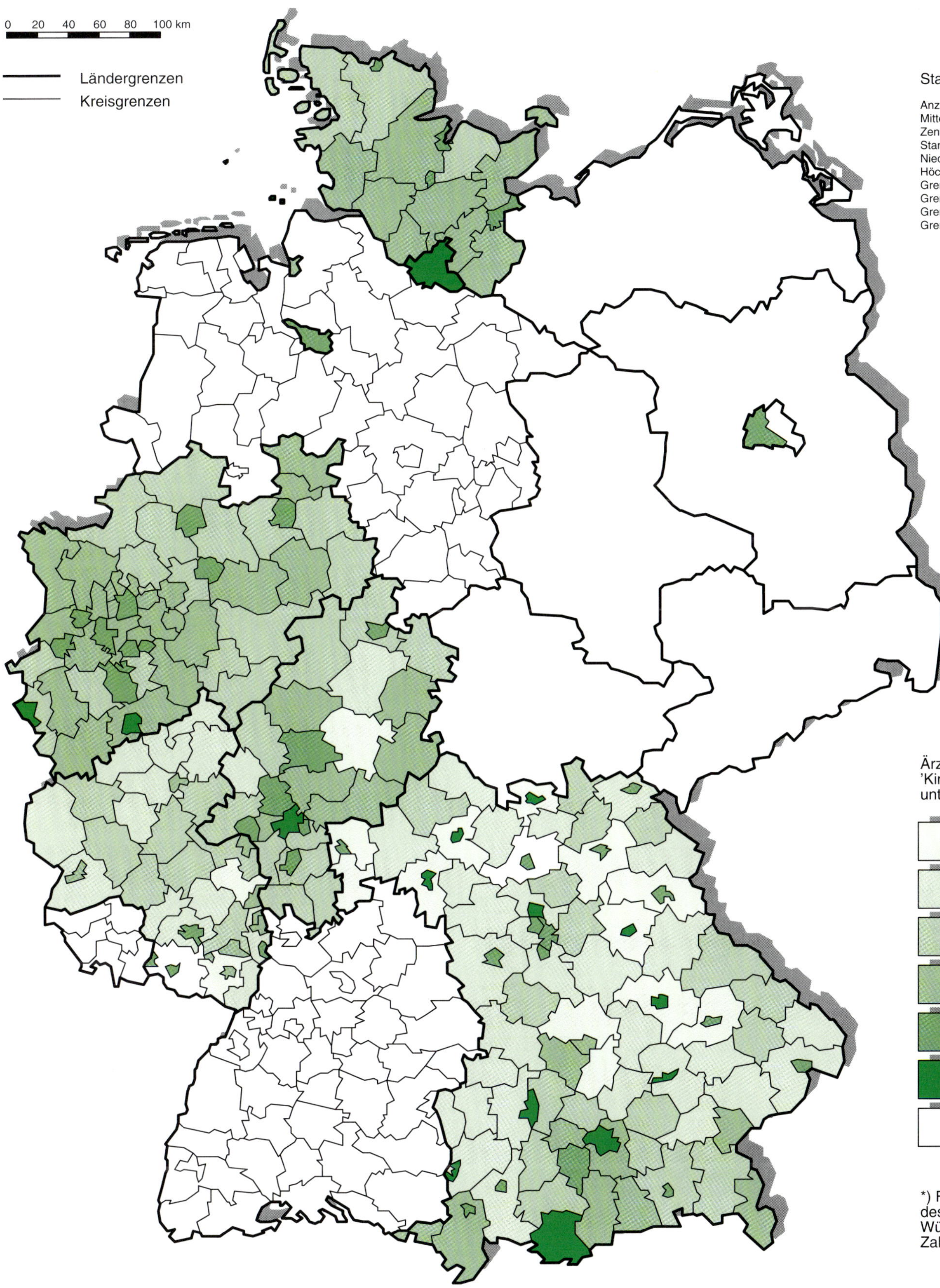

Statistische Maßzahlen

Anzahl der Fälle	229,0
Mittelwert	1,4
Zentralwert	1,0
Standardabweichung	1,1
Niedrigster Wert	0,1
Höchster Wert	5,8
Grenze des 1. Quartils	0,6
Grenze des 3. Quartils	1,8
Grenze der 15 niedrigsten Werte	0,3
Grenze der 15 höchsten Werte	3,3

Ärzte mit der Fachbezeichnung 'Kinderheilkunde' pro 1000 Kinder unter 6 Jahren - 1986

- 0,10 - 0,33
- 0,34 - 0,60
- 0,61 - 1,05
- 1,06 - 1,82
- 1,83 - 3,30
- 3,31 - 5,80
- Keine Angaben*

*) Für die Kreise Niedersachsens, des Saarlandes und Baden-Württembergs wurden 1986 keine Zahlen für Kinderärzte gemeldet.

Quelle: DJI-Regionaldatenbank, auf der Basis absoluter Zahlen der Statistischen Landesämter

Erziehungshilfe 1986

Kreise mit den niedrigsten Werten

Kreise	Kreisnr.	Werte*
Cham	9372	0,4
Freyung-Grafenau	9272	0,7
Regen	9276	1,2
Deggendorf	9271	1,2
Schwandorf	9376	1,4

*) Werte siehe Kartenlegende

Kreise mit den höchsten Werten

Kreise	Kreisnr.	Werte*
Bremerhaven	4012	16,3
Baden-Baden	8211	16,7
Wolfsburg	3103	17,1
Berlin (West)	11001	18,9
Kaiserslautern Stadt	7312	22,7

Vergleich ausgewählter Variablen in München Stadt und in den Kreisen mit den niedrigsten bzw. höchsten Anteilen an Minderjährigen mit Erziehungshilfe

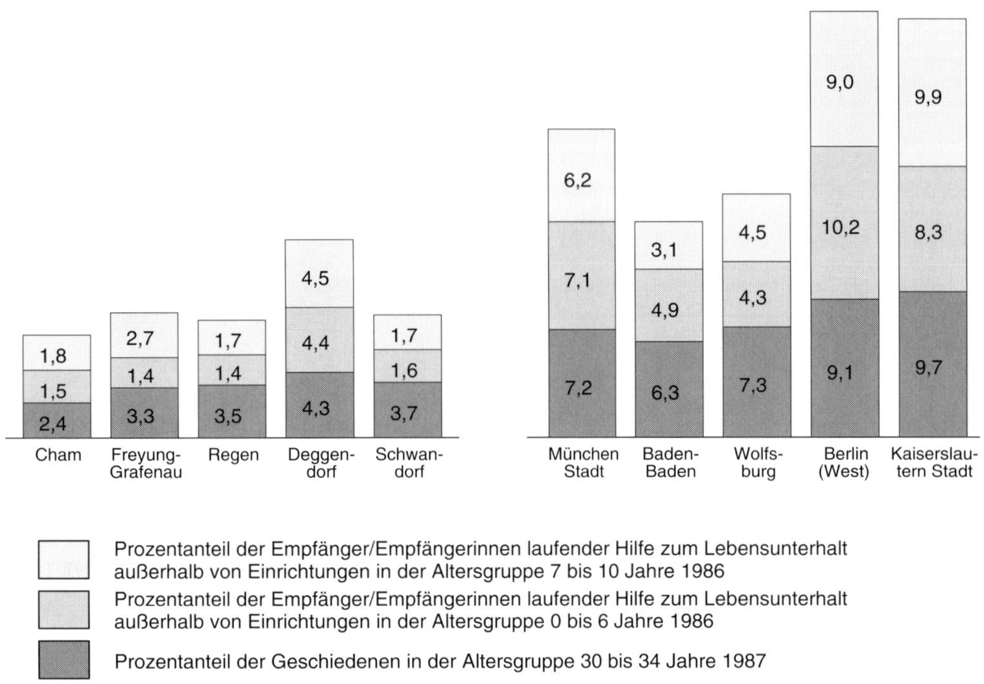

Mittelwerte der Standardvariablen in Kreisen mit sehr niedrigen bis sehr hohen Anteilen an Minderjährigen mit Erziehungshilfe

	Anteile an Minderjährigen mit Erziehungshilfe			
Standardvariablen	sehr niedrig	niedrig	hoch	sehr hoch
Lebendgeborene pro 1000 Einwohner 1986	11,7	10,6	9,7	9,7
0-5jährige pro 100 Einwohner 1986	7,0	6,3	5,5	5,4
Kindergartenplätze pro 100 3-5jährige 1986	68,5	81,3	80,6	89,2
Quartanerquote 1989	48,6	59,9	65,4	69,0
Zuzüge pro 100 Fortzüge der 18-24jährigen 1986	94,5	101,3	117,0	121,5
Erwerbstätigenanteil der 30-39jährigen Frauen 1987 (in %)	52,4	53,2	55,3	56,2
Erwerbstätigenanteil der 40-49jährigen Frauen 1987 (in %)	49,0	53,6	55,0	56,2

Datenquelle: DJI-Regionaldatenbank

Bertram, Bayer, Bauereiß: Familien-Atlas, Opladen 1993

Erziehungshilfe wird dann geleistet, wenn Verhaltensauffälligkeiten bei Kindern und Jugendlichen bis zum 18. Lebensjahr auftreten, die darauf schließen lassen, daß die Familie eine angemessene Entwicklung bzw. Erziehung der Kinder nicht mehr allein gewährleisten kann.

Die Karte über die Anteile der Minderjährigen mit Erziehungshilfe pro 1000 Minderjährige folgt einerseits dem schon häufig in diesem Atlas diskutierten urbanen Muster, zeigt gleichzeitig aber auch ein deutliches Nord-Süd-Gefälle. Das heißt, daß sich Erziehungsprobleme in Familien aus vielerlei Gründen sehr viel stärker in den großen urbanen Zentren, in großen Industriemetropolen sowie allgemein in nord- und mitteldeutschen Kreisen konzentrieren als in den ländlichen Kreisen, insbesondere denen in Bayern. So erhält in vielen bayerischen Landkreisen im Durchschnitt nur einer von 1000 Minderjährigen Erziehungshilfe, während es in Berlin 19 und in Kaiserslautern 23 sind.

Diese große Spannweite ist zwar teilweise Ausdruck der unterschiedlichen Politik in den einzelnen Kommunen, sie ist aber auch mit Sicherheit Ausdruck unterschiedlicher Lebensbedingungen von Kindern und Jugendlichen in den einzelnen Regionen der Bundesrepublik. Der oben beschriebene Sachverhalt, daß der Anteil von Minderjährigen mit Erziehungshilfe in Kreisen von Bayern und Baden-Württemberg auch in den großen Städten insgesamt sehr viel geringer ist als in den nördlichen Bundesländern, läßt sich vielleicht durch ein dort noch stärker wirkendes familiales Stützungssystem erklären

Der Vergleich der ausgewählten Variablen in den Kreisen mit den niedrigsten bzw. höchsten Anteilen Minderjähriger mit Erziehungshilfe zeigt klar erkennbare Zusammenhänge. Hilfe zur Erziehung wird verstärkt dort beantragt, wo der Anteil der Alleinerziehenden sowie der durch Sozialhilfe unterstützten Kinder allgemein besonders hoch ist.

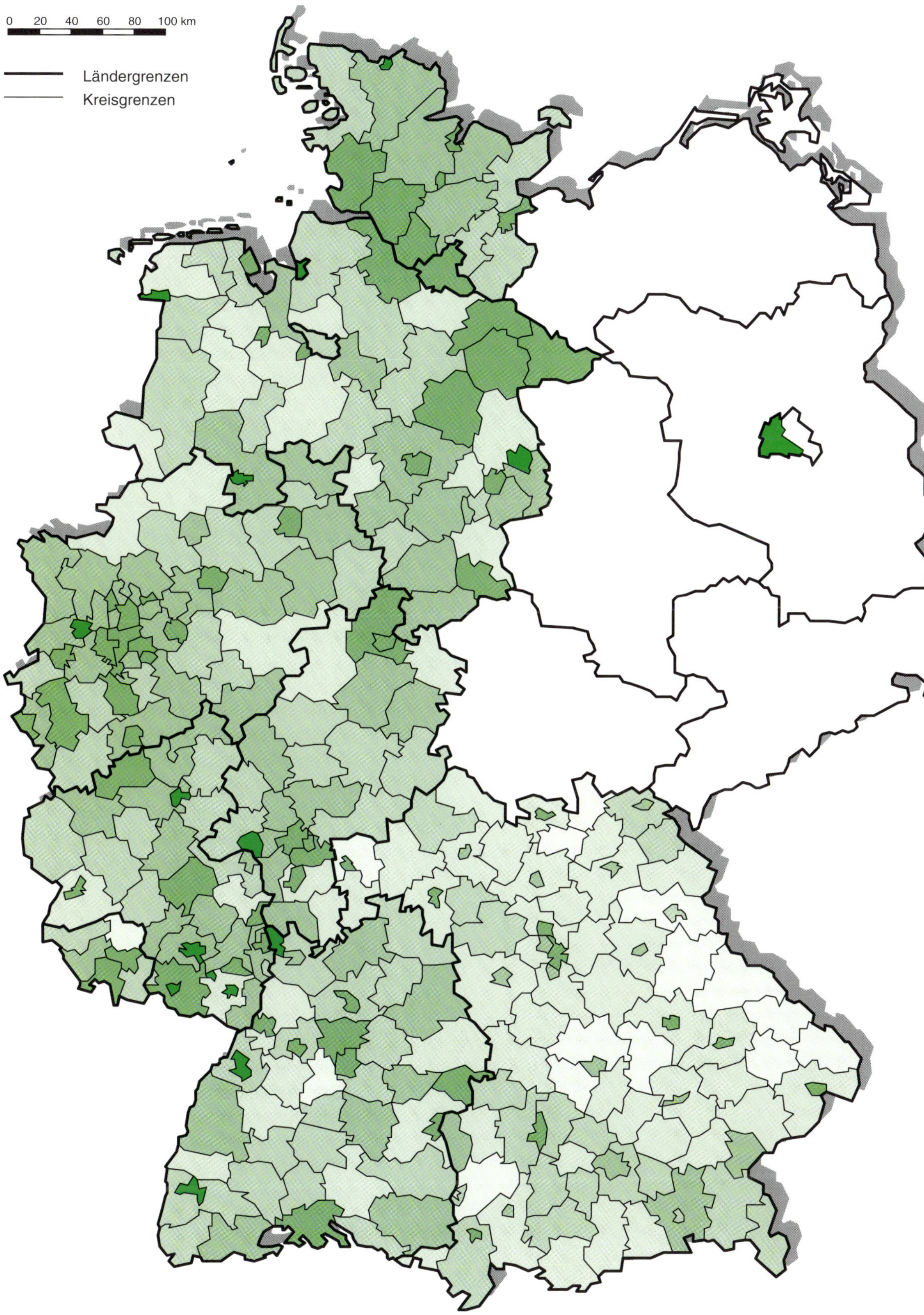

Statistische Maßzahlen

Anzahl der Fälle	328,0
Mittelwert	6,3
Zentralwert	5,5
Standardabweichung	3,4
Niedrigster Wert	0,4
Höchster Wert	22,7
Grenze des 1. Quartils	3,9
Grenze des 3. Quartils	7,9
Grenze der 15 niedrigsten Werte	2,2
Grenze der 15 höchsten Werte	13,0

Minderjährige mit Erziehungshilfe pro 1000 Minderjährige - 1986

- 0,4 - 2,2
- 2,3 - 3,9
- 4,0 - 5,5
- 5,6 - 7,9
- 8,0 - 13,0
- 13,1 - 22,7
- Keine Angaben

Quelle: DJI-Regionaldatenbank, auf der Basis absoluter Zahlen der Statistischen Landesämter

Kreise mit den niedrigsten Werten

Kreise	Kreisnr.	Werte*
Straubing	9263	14,0
Eichstätt	9176	14,8
Trier-Saarburg	7235	16,2
Miltenberg	9676	16,5
Neumarkt/Opf.	9373	16,7

*) Werte siehe Kartenlegende

Kreise mit den höchsten Werten

Kreise	Kreisnr.	Werte*
Pirmasens Stadt	7317	78,0
Hannover Stadt	3201	80,6
Berlin (West)	11001	88,1
Neumünster	1004	97,1
Flensburg	1001	111,0

Vergleich ausgewählter Variablen in München Stadt und in den Kreisen mit den niedrigsten bzw. höchsten Anteilen an Minderjährigen unter Amtspflegschaft

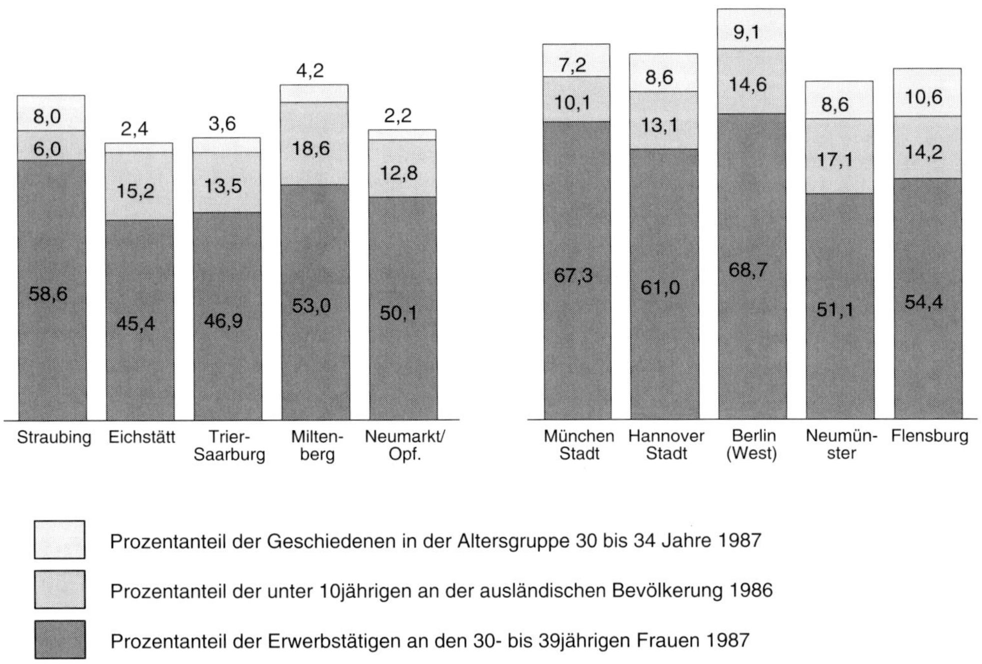

Mittelwerte der Standardvariablen in Kreisen mit sehr niedrigen bis sehr hohen Anteilen an Minderjährigen unter Amtspflegschaft

Standardvariablen	Anteile an Minderjährigen unter Amtspflegschaft sehr niedrig	niedrig	hoch	sehr hoch
Lebendgeborene pro 1000 Einwohner 1986	11,7	10,7	9,7	9,4
0-5jährige pro 100 Einwohner 1986	7,0	6,3	5,4	5,2
Kindergartenplätze pro 100 3-5jährige 1986	71,7	78,1	80,2	80,3
Quartanerquote 1989	55,0	57,6	65,0	68,8
Zuzüge pro 100 Fortzüge der 18-24jährigen 1986	99,7	100,1	119,4	122,3
Erwerbstätigenanteil der 30-39jährigen Frauen 1987 (in %)	49,5	53,2	56,3	57,0
Erwerbstätigenanteil der 40-49jährigen Frauen 1987 (in %)	46,9	51,9	55,4	58,6

Datenquelle: DJI-Regionaldatenbank

Bertram, Bayer, Bauereiß: Familien-Atlas, Opladen 1993

Für ein nichtehelich geborenes Kind steht der Mutter das alleinige Sorgerecht zu. Um jedoch die Rechte des Kindes vor allem gegenüber dem Vater zu sichern, z.B. zur Feststellung der Vaterschaft, dem Geltendmachen von Unterhaltsansprüchen oder für die Regelung von Erb- und Pflichtteilsrechten übernimmt das Jugendamt die Pflegschaft des Kindes. Die Amtspflegschaft erlischt, wenn diese in eine Amtsvormundschaft übergeht, wenn das Kind durch eine Ehe legitimiert oder adoptiert wird, wenn es volljährig wird oder wenn die Mutter eine Aufhebung beantragt und diese dem Wohle des Kindes nicht entgegensteht.

Die regionale Verteilung der Amtspflegschaften, d.h. der Pflegschaften, die das Jugendamt pro 1000 Minderjährige ausübt, folgt - wie bei der 'Erziehungshilfe' - dem urbanen Muster. Es wird deutlich, daß in den städtischen Regionen Amtspflegschaften häufiger vorkommen als in ländlichen Regionen, und es ist auch auf der Karte deutlich erkennbar, daß die ländlichen südlichen Kreise im Durchschnitt einen geringeren Anteil an Amtspflegschaften aufweisen als die nördlichen. Dabei weisen allerdings, anders als bei den Erziehungshilfen, die Kreise in den Grenzregionen Bayerns und Baden-Württembergs etwas höhere Anteile auf. Flensburg, der Kreis mit dem höchsten Anteil, verzeichnet mit 111 einen Anteil, der um das sieben- bis achtfache höher ist als der Anteil von Straubing oder Eichstätt

Das urbane Muster der Verteilung von Amtspflegschaften wird durch die Faktoren wie z.B. hohe Geschiedenenquote, höhere weibliche Erwerbsquote oder niedrige Geburtenrate bestätigt. Dieses Erklärungsmuster muß jedoch für die ländlichen Kreise durch genauere Einzelfallanalysen der Jungendamtsbehörden ergänzt werden.

0 20 40 60 80 100 km

Ländergrenzen

Kreisgrenzen

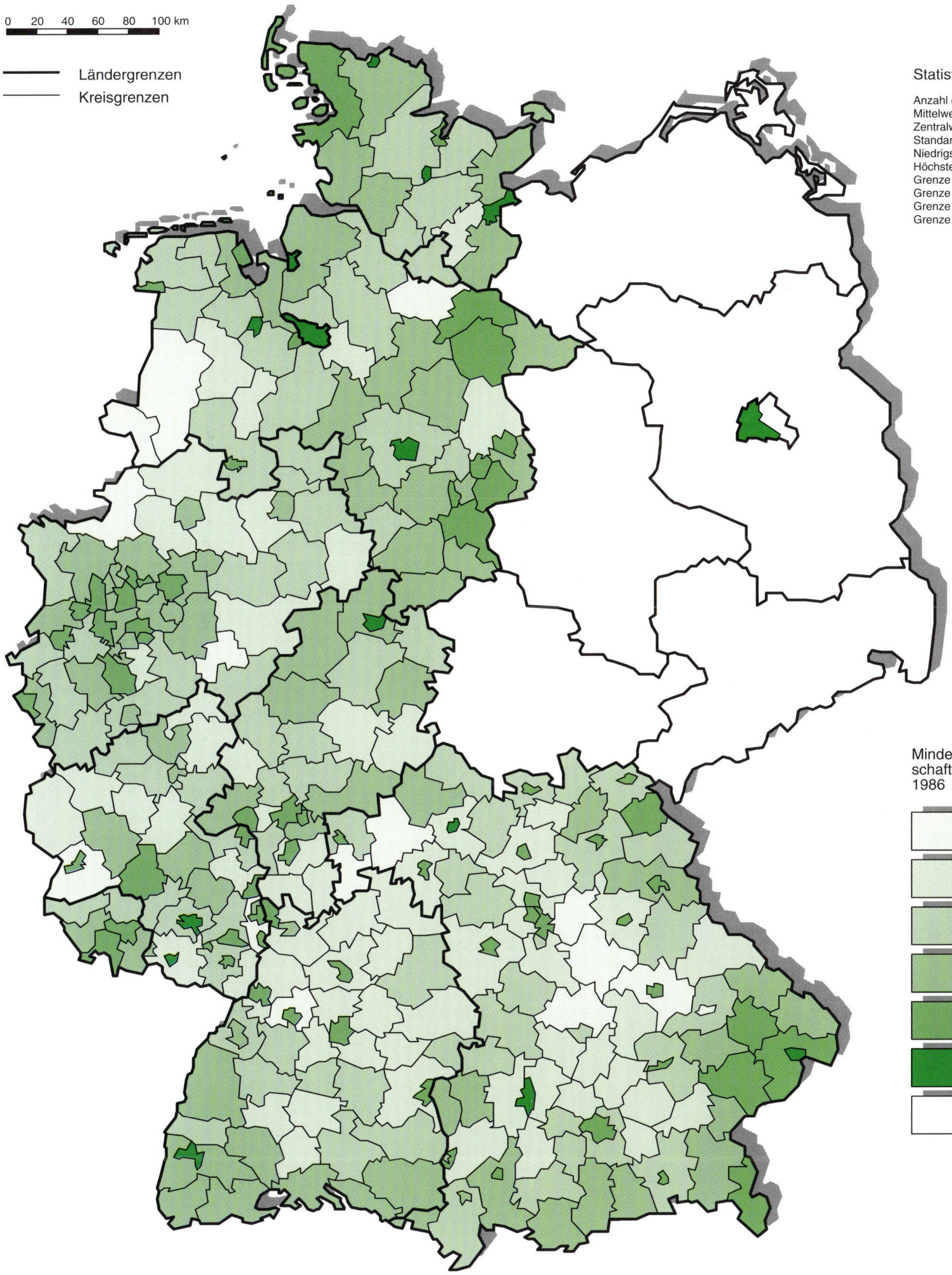

Statistische Maßzahlen

Anzahl der Fälle	328,0
Mittelwert	35,6
Zentralwert	32,5
Standardabweichung	14,3
Niedrigster Wert	14,0
Höchster Wert	111,0
Grenze des 1. Quartils	25,0
Grenze des 3. Quartils	42,1
Grenze der 15 niedrigsten Werte	19,2
Grenze der 15 höchsten Werte	63,2

Minderjährige unter Amtspflegschaft pro 1000 Minderjährige - 1986

- 14,0 - 19,2
- 19,3 - 25,0
- 25,1 - 32,5
- 32,6 - 42,1
- 42,2 - 63,2
- 63,3 - 111,0
- Keine Angaben

Quelle: DJI-Regionaldatenbank, auf der Basis absoluter Zahlen der Statistischen Landesämter

Finanzieller Aufwand für Jugendhilfe 1986

Kreise mit dem niedrigsten finanziellen Aufwand für Jugendhilfe

Kreise	Kreisnr.
Deggendorf	9271
Daun	7233
Oldenburg	3458
Oberbergischer Kreis	5374
Freyung-Grafenau	9272
Sankt Wendel	10046
Karlsruhe	8215

Kreise mit dem höchsten finanziellen Aufwand für Jugendhilfe

Kreise	Kreisnr.
Saarbrücken Stadt	10041
München Stadt	9162
Ludwigshafen Stadt	7314
Köln	5315
Stuttgart	8111
Schweinfurt Stadt	9662
Braunschweig	3101

Vergleich ausgewählter Variablen in verschiedenen Regionstypen

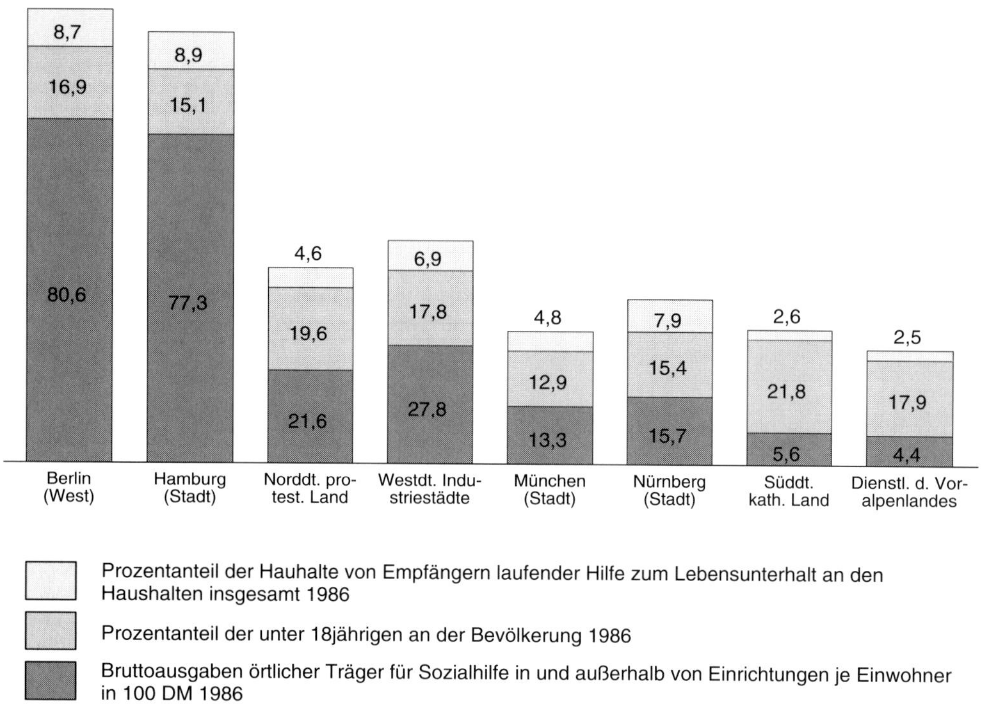

Mittelwerte der Standardvariablen in Kreisen mit sehr niedrigem bis sehr hohem finanziellen Aufwand für Jugendhilfe

Standardvariablen	Aufwand für Jugendhilfe sehr niedrig	mäßig niedrig	hoch	sehr hoch
Lebendgeborene pro 1000 Einwohner 1986	11,1	10,9	9,5	9,4
0-5jährige pro 100 Einwohner 1986	6,5	6,4	5,2	5,2
Kindergartenplätze pro 100 3-5jährige 1986	73,2	76,7	86,6	88,8
Quartanerquote 1989	54,9	57,2	68,2	67,8
Zuzüge pro 100 Fortzüge der 18-24jährigen 1986	98,6	98,0	124,5	129,6
Erwerbstätigenanteil der 30-39jährigen Frauen 1987 (in %)	49,2	53,1	57,9	56,7
Erwerbstätigenanteil der 40-49jährigen Frauen 1987 (in %)	44,2	52,8	57,1	56,6

Datenquelle: DJI-Regionaldatenbank

Bertram, Bayer, Bauereiß: Familien-Atlas, Opladen 1993

Die öffentlichen Träger der Jugendhilfe, d.h. Jugendwohlfahrtsbehörden, wie Jugendämter und Landesjugendämter sowie kreisangehörige Gemeinden ohne eigenes Jugendamt, geben 1986 fast 6,7 Mrd. DM für Maßnahmen und Leistungen der Jugendhilfe aus. Da der finanzielle Aufwand für die Jugendhilfe in den einzelnen Bundesländern auf sehr unterschiedliche Weise ermittelt wird und der direkte Vergleich jeweils eine lange Erklärung erfordert hätte, finden sich auf der Karte nur Kategorien von sehr niedrig bis sehr hoch. Diese Kategorienbildung wurde für jedes Bundesland gesondert vorgenommen, so daß nur das Größenverhältnis, nicht jedoch die zugrundeliegenden absoluten Zahlen zwischen den Ländern verglichen werden können.

Die Karte über den finanziellen Aufwand für Jugendhilfe zeigt zunächst deutlich jenes urbane Muster, welches schon bei den beiden vorangegangenen Karten (Minderjährige mit Erziehungshilfe je 1000 Minderjährige und Amtspflegschaften je 1000 Minderjährige) festgestellt wurde. Dem stehen geringe Aufwendungen in den ländlichen Regionen gegenüber. Entgegen dem oftmals auftretenden Nord-Süd-Gefälle bei staatlichen Unterstützungsleistungen läßt sich diese Tendenz auf der Karte nicht beobachten, was möglicherweise mit der unterschiedlichen Berechnungsmethode in den einzelnen Bundesländern zusammenhängt.

Das noch immer dominante Charakteristikum der Jugendhilfe, weniger präventive Maßnahmen zu verfolgen, sondern erst dann aktiv zu werden, wenn Probleme bereits virulent sind, zeigt sich deutlich in den Städten. Dort, wo es weniger Kinder gibt, sind die Aufwendungen für Jugendhilfe besonders hoch, was auf die besonders schwierigen Lebensbedingungen für Familien bzw. Kinder in den Städten hinweist. Der höhere Bedarf an öffentlichen finanziellen Zuwendungen in Städten zeigt sich auch an den sehr hohen Aufwendungen für Sozialhilfe z.B. in Berlin und Hamburg.

Finanzieller Aufwand für Jugendhilfe 1986

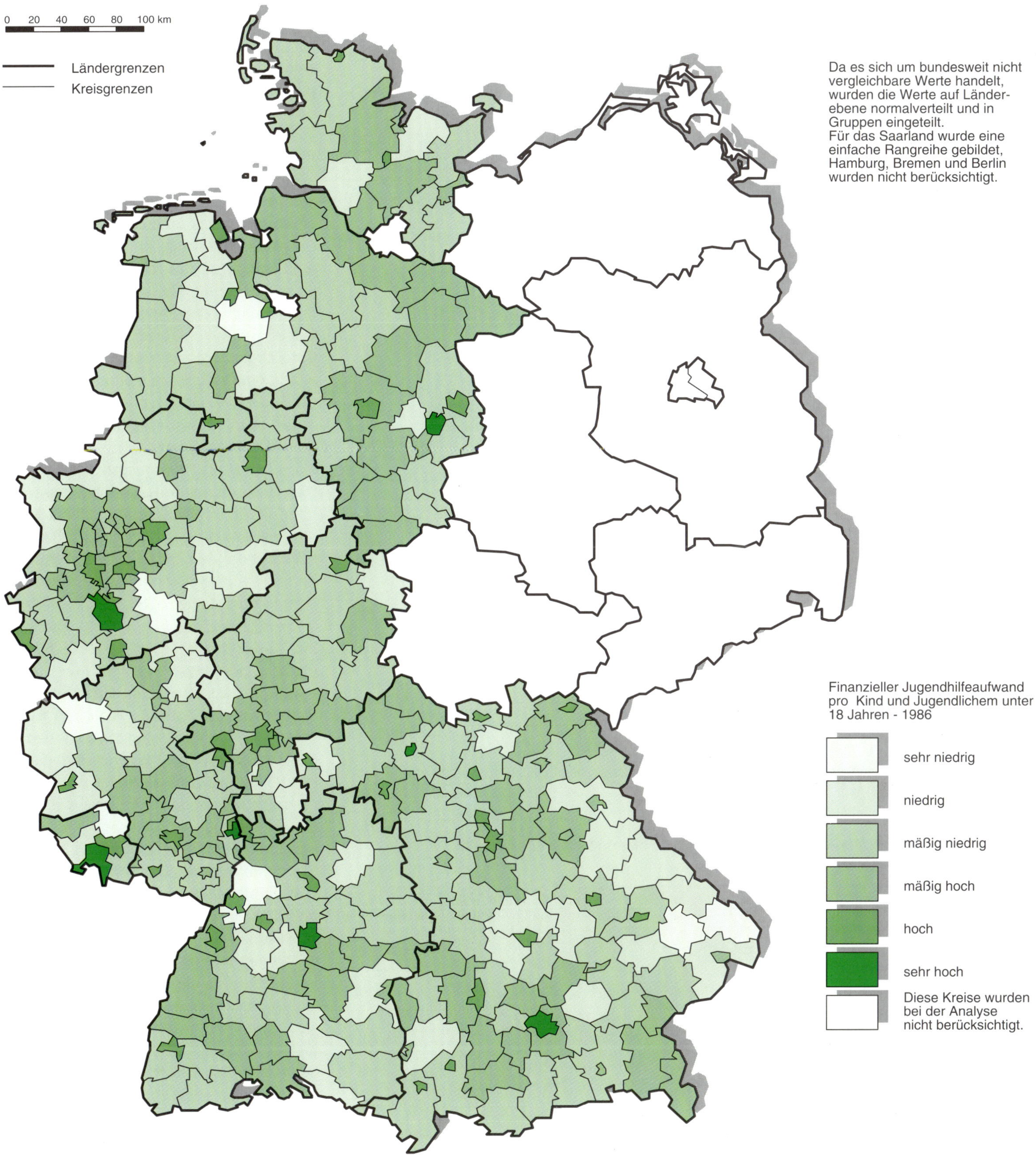

Quelle: DJI-Regionaldatenbank, auf der Basis absoluter Zahlen der Statistischen Landesämter

Finanzieller Aufwand für Heimpflege 1986

Kreise mit dem niedrigsten finanziellen Aufwand für Heimpflege

Kreise	Kreisnr.
Aschaffenburg	9671
Emmendingen	8316
Regen	9276
Bitburg-Prüm	7232
Ammerland	3451
Sankt Wendel	10046
Olpe	5966

Kreise mit dem höchsten finanziellen Aufwand für Heimpflege

Kreise	Kreisnr.
Würzburg Stadt	9663
Düsseldorf	5111
Pirmasens Stadt	7317
Hannover Stadt	3201
Stuttgart	8111
Saarbrücken Stadtv	10041
Regensburg Stadt	9362

Vergleich ausgewählter Variablen in verschiedenen Regionstypen

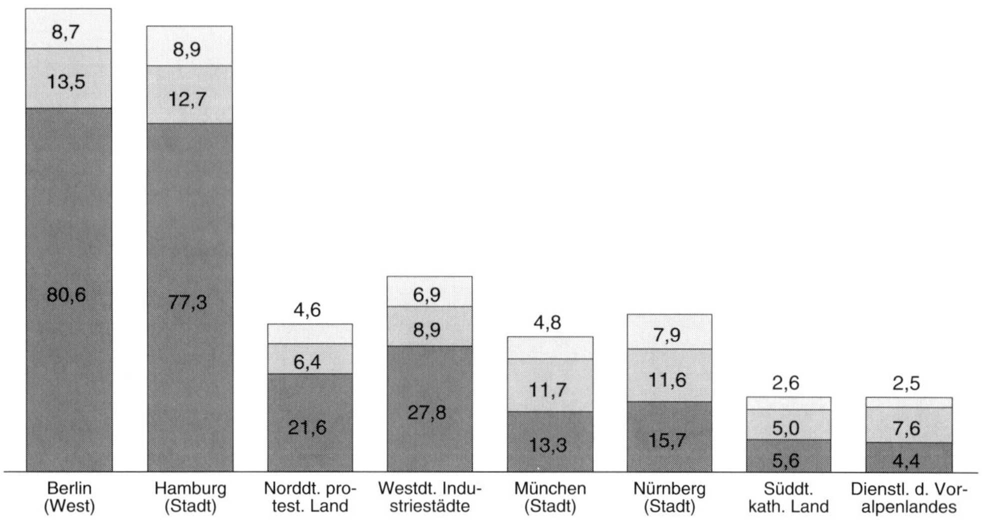

- Prozentanteil der Haushalte von Empfängern laufender Hilfe zum Lebensunterhalt an den Haushalten insgesamt 1986
- Prozentanteil der Geschiedenen in der Altersgruppe 35 bis 39 Jahre 1987
- Bruttoausgaben örtlicher Träger für Sozialhilfe in und außerhalb von Einrichtungen je Einwohner in 100 DM 1986

Mittelwerte der Standardvariablen in Kreisen mit sehr niedrigem bis sehr hohem finanziellen Aufwand für Heimpflege

Standardvariablen	Aufwand für Heimpflege sehr niedrig	mäßig niedrig	hoch	sehr hoch
Lebendgeborene pro 1000 Einwohner 1986	11,4	10,9	9,6	8,8
0-5jährige pro 100 Einwohner 1986	6,8	6,4	5,3	4,8
Kindergartenplätze pro 100 3-5jährige 1986	82,5	77,1	81,9	92,4
Quartanerquote 1989	52,1	57,7	66,7	67,9
Zuzüge pro 100 Fortzüge der 18-24jährigen 1986	103,5	99,0	120,9	114,4
Erwerbstätigenanteil der 30-39jährigen Frauen 1987 (in %)	48,3	52,6	56,6	59,6
Erwerbstätigenanteil der 40-49jährigen Frauen 1987 (in %)	43,5	51,9	55,5	59,0

Datenquelle: DJI-Regionaldatenbank

Bertram, Bayer, Bauereiß: Familien-Atlas, Opladen 1993

Ein Viertel der Finanzmittel der Jugendhilfe wurde 1986 für Heimpflege verwendet. Damit ist die Heimpflege nach den Kindertagesstätten, für die 37 % des Gesamtaufwands für Jugendhilfe ausgegeben wurden, einer der größten Ausgabenbereiche der Jugendhilfe.

Heimerziehung wird dann in Anspruch genommen, wenn aus irgendwelchen Gründen die Eltern als die eigentlichen Erziehungsberechtigten ausfallen, sei es durch berufliche Inanspruchnahme, durch Krankheit, Tod oder durch Erziehungsunfähigkeit. Die Heimerziehung war lange Zeit das wichtigste Angebot der Erziehungshilfe. Seit in den letzten Jahrzehnten die Bedeutung der Familie für die Entwicklung des Kindes stärker betont wird, wurden im Bereich der Jugendhilfe zunehmend ambulante Dienste, wie z.B. der Allgemeine Sozialdienst, die Erziehungsbeistandschaft oder die Erziehungsberatung eingerichtet, um ein Kind bei Verhaltensauffälligkeiten in der Familie zu belassen und den Eltern dort Unterstützung in ihrer Erziehungsarbeit zu geben.

Die regionale Verteilung des finanziellen Aufwands für Heimpflege folgt im großen und ganzen in etwa jenem Stadt-Land-Muster, das für den Abschnitt der Jugendhilfemaßnahmen kennzeichnend ist. Die vereinzelnd auftretenden ländlichen Kreise mit sehr niedrigen finanziellen Aufwendungen für Heimpflege geben möglicherweise Hinweise auf die spezifische Politik der einzelnen Jugendämter und natürlich auch auf die Standorte der jeweiligen Heime.

Auch hier spiegeln sich die für Kinder ungünstigen Lebensbedingungen in städtischen Regionen wider, da die Kreise mit den höchsten Aufwendungen für Heimpflege und hohen staatlichen Unterstützungsleistungen Städte sind. Der hohe Anteil an Alleinerziehenden, teilweise bedingt durch den hohen Anteil an Geschiedenen, sowie andere familienbelastende Umstände, die vorwiegend in der Stadt auftreten, ziehen sehr oft die Heimunterbringung von Kindern nach sich.

Finanzieller Aufwand für Heimpflege 1986

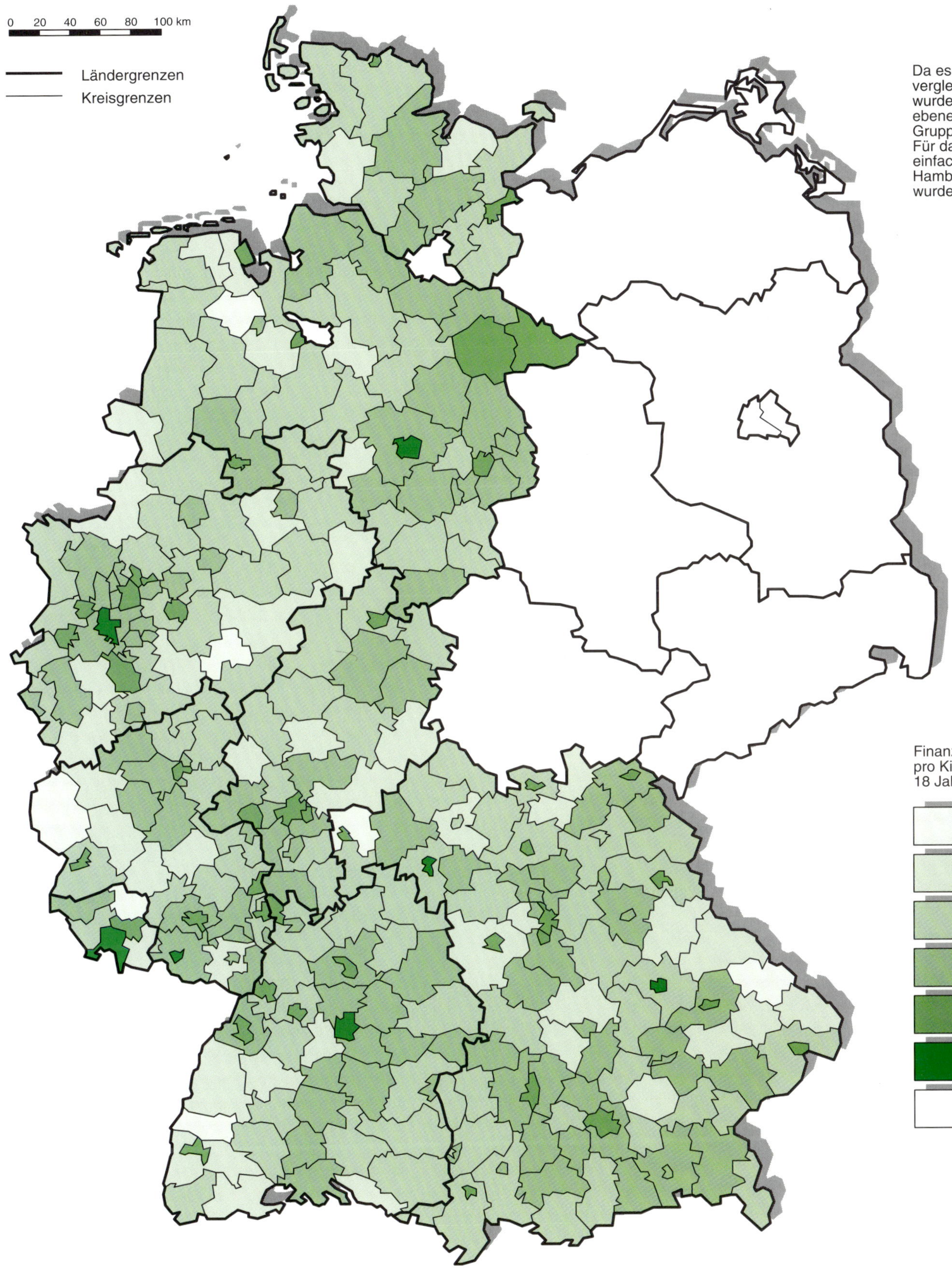

Da es sich um bundesweit nicht vergleichbare Werte handelt, wurden die Werte auf Länderebene normalverteilt und in Gruppen eingeteilt.
Für das Saarland wurde eine einfache Rangreihe gebildet, Hamburg, Bremen und Berlin wurden nicht berücksichtigt.

Finanzieller Heimpflegeaufwand pro Kind und Jugendlichem unter 18 Jahren - 1986

- sehr niedrig
- niedrig
- mäßig niedrig
- mäßig hoch
- hoch
- sehr hoch
- Diese Kreise wurden bei der Analyse nicht berücksichtigt.

Quelle: DJI-Regionaldatenbank, auf der Basis absoluter Zahlen der Statistischen Landesämter

Schleswig-
Holstein
Mecklenburg-
Vorpommern
Hamburg
Bremen
Nieder-
sachsen
Berlin
Brandenburg
Sachsen-
Anhalt
Nordrhein-
Westfalen
Sachsen
Thüringen
Hessen
Rheinland-
Pfalz
Saarland
Bayern
Baden-
Württemberg

Quartanerquote 1989

Kreise mit den niedrigsten Werten

Kreise	Kreisnr.	Werte*
Schweinfurt	9678	12,3
Würzburg	9679	22,6
Bamberg	9471	23,4
Pirmasens	7340	26,9
Kaiserslautern	7335	29,0

*) Werte siehe Kartenlegende

Kreise mit den höchsten Werten

Kreise	Kreisnr.	Werte*
Heidelberg	8221	86,4
Kassel	6633	87,9
Hochtaunuskreis	6434	88,4
Darmstadt	6411	89,0
Groß-Gerau	6433	90,8

Zeitvergleich der Quartanerquoten in Berlin (West), München Stadt und in den Kreisen mit der niedrigsten bzw. höchsten Quartanerquote

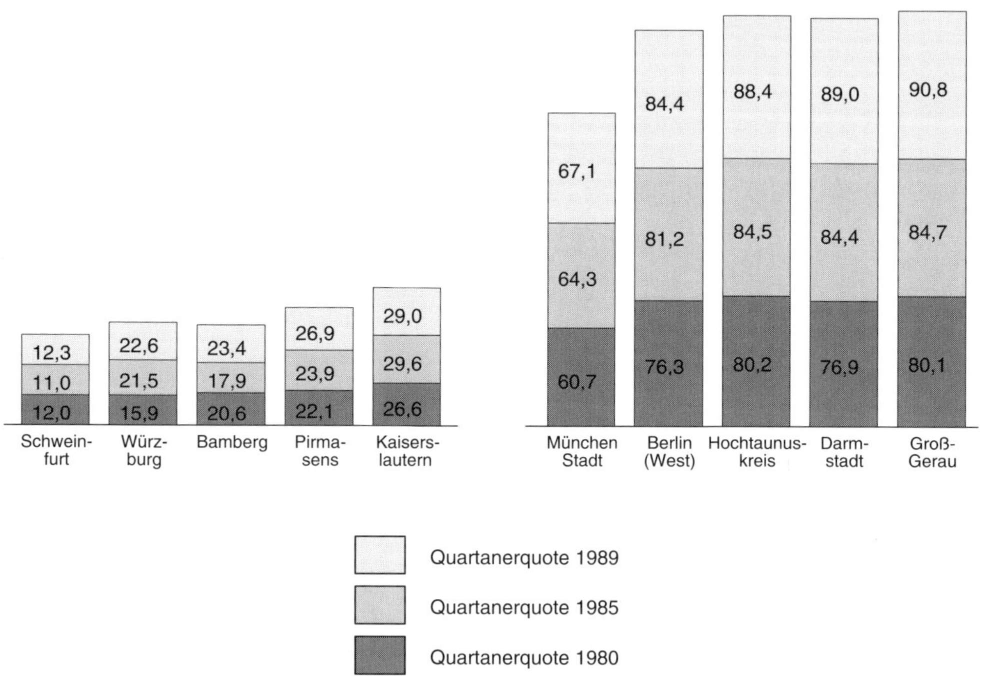

Mittelwerte der Standardvariablen in Kreisen mit sehr niedriger bis sehr hoher Quartanerquote

Standardvariablen	Quartanerquote sehr niedrig	niedrig	hoch	sehr hoch
Lebendgeborene pro 1000 Einwohner 1986	11,7	9,3	9,5	9,5
0-5jährige pro 100 Einwohner 1986	6,9	5,4	5,5	5,3
Kindergartenplätze pro 100 3-5jährige 1986	77,7	90,1	78,5	94,6
Zuzüge pro 100 Fortzüge der 18-24jährigen 1986	89,8	125,3	116,6	134,2
Erwerbstätigenanteil der 30-39jährigen Frauen 1987 (in %)	54,9	56,8	54,8	59,6
Erwerbstätigenanteil der 40-49jährigen Frauen 1987 (in %)	51,2	58,1	53,9	60,3

Datenquelle: DJI-Regionaldatenbank

Bertram, Bayer, Bauereiß: Familien-Atlas, Opladen 1993

Die Quartanerquote ist der Prozentanteil der Schüler und Schülerinnen in der siebten Jahrganggsstufe in weiterführenden Schulen. Die Wahl der Schulart und damit des Ausbildungsweges ist für Schüler und Schülerinnen, außer in Gesamtschulen, im allgemeinen in der siebten Klasse abgeschlossen. Die Quartanerquote kann damit als grober, aber dafür einfacher und relativ früher Indikator für die Bereitschaft und/oder die Möglichkeit der Jugendlichen eines Kreises betrachtet werden, an höherer Bildung zu partizipieren.

Die Karte zeigt vor allem in den Landkreisen in Bayern, Baden-Württemberg und Rheinland-Pfalz sehr niedrige Quartanerquoten. Dies ist u.a. auf die geringe Verbreitung von Gesamtschulen in diesen Bundesländern zurückzuführen, da Gesamtschulen zu den weiterführenden Schulen gerechnet werden. Nachdem die Schüler und Schülerinnen am Schul- und nicht am Wohnort gezählt werden, kann es zu Verzerrungen kommen. So haben z.B. die Landkreise Bamberg, Würzburg und Schweinfurt keine Gymnasien und deshalb auch die niedrigsten Quartanerquoten. In Städten und den daran angrenzenden Kreisen liegt die Quartanerquote im allgemeinen sehr hoch. In hessischen Kreisen ist sie insgesamt sehr hoch, was zum Teil auf die dortige Schulpolitik zurückzuführen ist.

In den Kreisen mit den höchsten Quartanerquoten kann man sowohl zwischen 1980 und 1985 als auch zwischen 1985 und 1989 gleichmäßige, deutliche Zunahmen dieser Quote feststellen. In den Kreisen mit den niedrigsten Werten erhöhte sich die Quartanerquote zwar insgesamt von 1980 bis 1989, die Zunahme ist jedoch geringer und verlief nicht gleichmäßig. Somit konnten die Kreise mit den höchsten Quartanerquoten ihren Vorsprung kontinuierlich vergrößern, wodurch sich die Ungleichheit der Bildungschancen unter den Schülerinnen und Schülern in der 7. Jahrgangsstufe von 1980 bis 1989 weiter ausgebaut und verfestigt hat.

Quartanerquote 1989

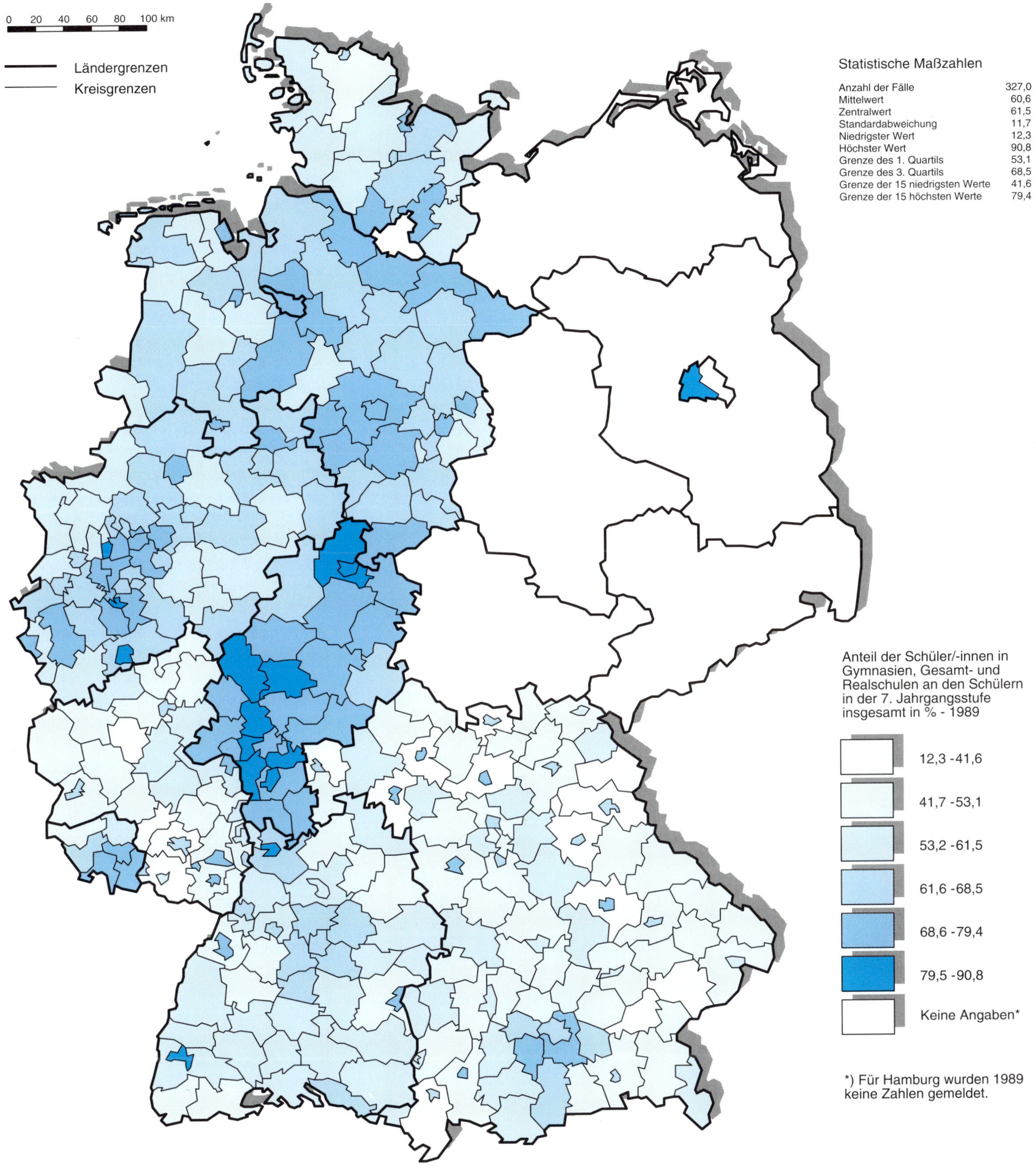

Quelle: DJI-Regionaldatenbank, auf der Basis absoluter Zahlen der Statistischen Landesämter

Veränderung der Quartanerquote 1980 - 1989

Kreise mit der stärksten Abnahme

Kreise	Kreisnr.	Werte*
Wittmund	3462	-18,2
Neustadt/Waldnaab	9374	-10,2
Stuttgart	8111	-7,7
Frankenthal	7311	-6,9
Heilbronn Stadt	8121	-6,5

*) Werte siehe Kartenlegende

Kreise mit der stärksten Zunahme

Kreise	Kreisnr.	Werte*
Düren	5358	45,6
Bottrop	5512	46,8
Kusel	7336	48,0
Neunkirchen	10043	50,1
Herne	5916	56,9

Männer und Frauen mit Realschulabschluß in Berlin (West), München Stadt und in den Kreisen mit der stärksten Abnahme bzw. stärksten Zunahme der Quartanerquote

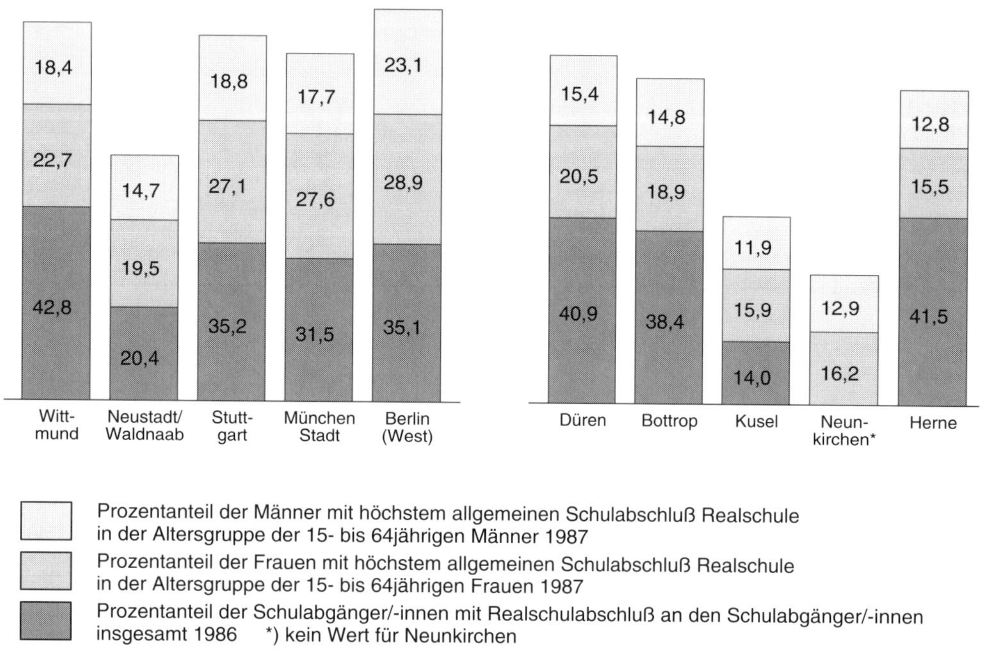

Mittelwerte der Standardvariablen in Kreisen mit starker Abnahme bis starker Zunahme der Quartanerquote

Standardvariablen	Veränderung der Quartanerquote starke Abnahme	leichte Zunahme	mittlere Zunahme	starke Zunahme
Lebendgeborene pro 1000 Einwohner 1986	11,7	10,9	9,5	9,3
0-5jährige pro 100 Einwohner 1986	6,9	6,3	5,5	5,4
Kindergartenplätze pro 100 3-5jährige 1986	77,7	80,9	78,5	90,1
Quartanerquote 1989	32,2	57,4	72,4	84,3
Zuzüge pro 100 Fortzüge der 18-24jährigen 1986	89,8	101,1	116,6	125,3
Erwerbstätigenanteil der 30-39jährigen Frauen 1987 (in %)	54,9	53,2	54,8	56,8
Erwerbstätigenanteil der 40-49jährigen Frauen 1987 (in %)	51,2	53,4	53,9	58,1

Datenquelle: DJI-Regionaldatenbank

Bertram, Bayer, Bauereiß: Familien-Atlas, Opladen 1993

Die relative Veränderung der Quartanerquote zwischen 1980 und 1989 verläuft in den einzelnen Kreisen sehr unterschiedlich. So sind in vielen Kreisen von Nordrhein-Westfalen, Rheinland-Pfalz, des Saarlands und von Bayern starke Anstiege der Quartanerquote von bis zu 57 % festzustellen, wohingegen die Quartanerquote in den meisten Kreisen von Baden-Württemberg, Niedersachsen und von Schleswig-Holstein nur geringfügig anstieg oder sogar sank.

In den Kreisen mit der stärksten Zu- bzw. Abnahme der Quartanerquote sowie in den urbanen Zentren München und Berlin scheinen die Prozentanteile von Männern und Frauen mit höchstem allgemeinbildenden Schulabschluß 'Realschule' in keinem sichtbaren Zusammenhang mit der Veränderung der Quartanerquote zu stehen. Auffallend ist lediglich, daß in diesen Kreisen Frauen insgesamt zu einem höheren Anteil den Realschulabschluß als höchsten allgemeinen Schulabschluß haben als Männer. Ebenso besteht 1986 kein direkter Zusammenhang zwischen dem Anteil an Realschulabgängern/-abgängerinnen und der Veränderung der Quartanerquote in den einzelnen Kreisen.

Ein eindeutiger Zusammenhang läßt sich jedoch zu den Standardvariablen feststellen: so ist z.B. die Veränderung der Quartanerquote in den Kreisen umso stärker, je stärker dort die Zuzüge die Fortzüge der 18- bis 24jährigen überwiegen. Desweiteren steigen in den Kreisen mit der Bildung die altersspezifischen Erwerbsquoten von Frauen, während der Anteil der Lebendgeborenen bzw. der Kinderanteil an der Bevölkerung sinkt. Die Veränderung der Quartanerquote bestätigt, wie die vorhergehende Karte, daß Kreise mit einer hohen Quartanerquote auch eine starke Zunahme zwischen 1980 und 1989 aufweisen. Andererseits gibt es Kreise, insbesondere in Bayern, die trotz starker Zunahme in diesem Zeitraum nach wie vor eine relativ niedrige Quartanerquote haben.

Veränderung der Quartanerquote 1980 - 1989

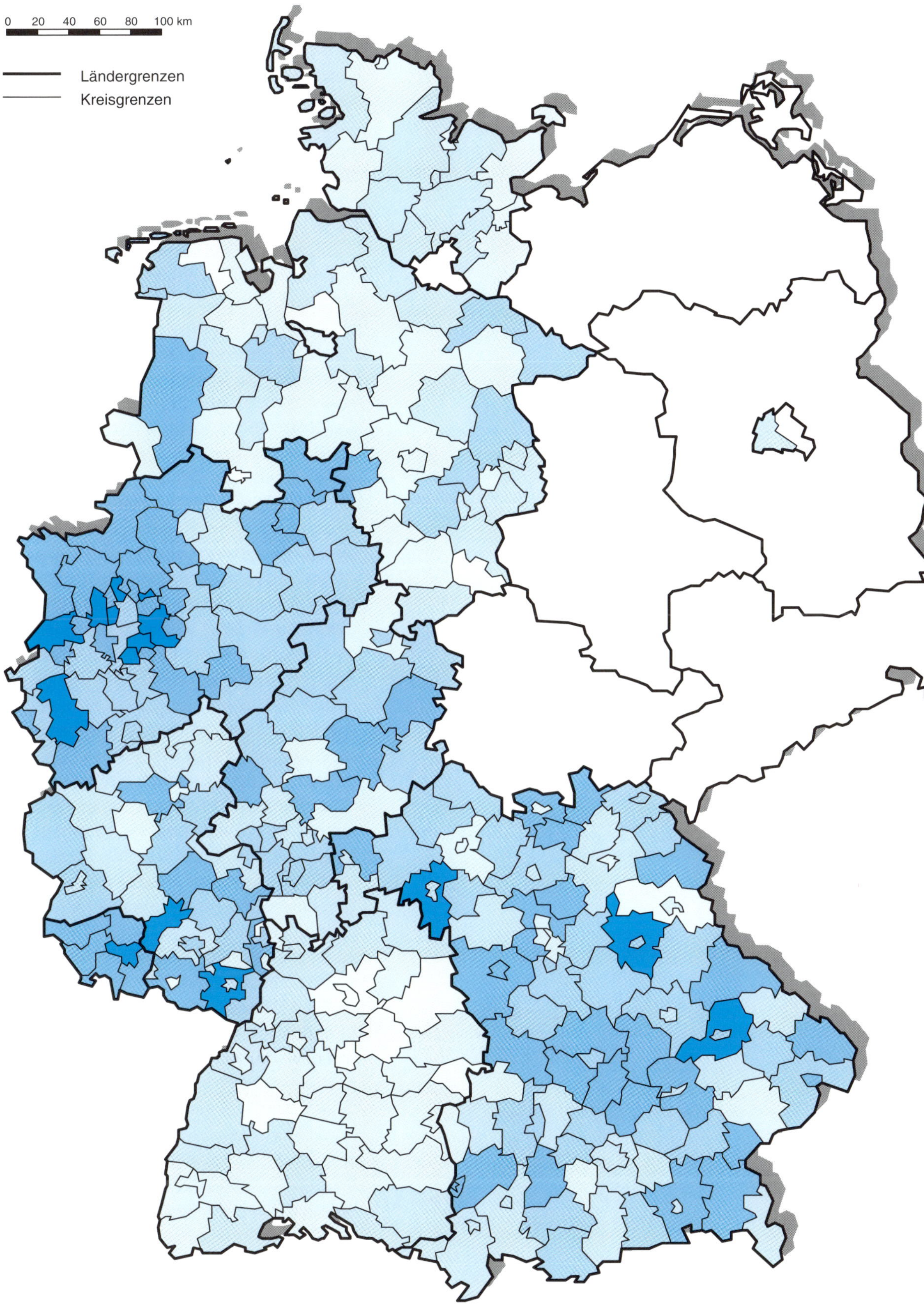

Statistische Maßzahlen

Anzahl der Fälle	327,0
Mittelwert	13,4
Zentralwert	11,2
Standardabweichung	11,7
Niedrigster Wert	0,2
Höchster Wert	56,9
Grenze des 1. Quartils	5,6
Grenze des 3. Quartils	20,5
Grenze der 15 niedrigsten Werte	-4,1
Grenze der 15 höchsten Werte	36,6

Prozentuale Veränderung der Quartanerquote zwischen 1980 (=100%) und 1989

- -18,2 - -4,1
- -4,0 - 5,6
- 5,7 - 11,2
- 11,4 - 20,5
- 20,6 - 36,6
- 36,7 - 56,9
- Keine Angaben*

*) Für Hamburg wurden 1989 keine Zahlen gemeldet.

Quelle: DJI-Regionaldatenbank, auf der Basis absoluter Zahlen der Statistischen Landesämter

Schüler/Schülerinnen und Studenten/Studentinnen 1987

Kreise mit den niedrigsten Werten

Kreise	Kreisnr.	Werte*
Wunsiedel/Fichtelg.	9479	10,7
Hof Stadt	9464	11,2
Pirmasens Stadt	7317	11,5
Kaufbeuren	9762	11,5
Garmisch-Partenk.	9180	11,6

*) Werte siehe Kartenlegende

Kreise mit den höchsten Werten

Kreise	Kreisnr.	Werte*
Würzburg Stadt	9663	19,6
Münster	5515	19,9
Tübingen	8416	19,9
Freiburg	8311	20,2
Heidelberg	8221	21,2

Anteil der Schüler/-innen und Studenten/-innen, Auszubildenden und Erwerbstätigen (ohne Auszubildende) bei Männern und Frauen in den Altersgruppen von 15 bis 29 Jahren 1987

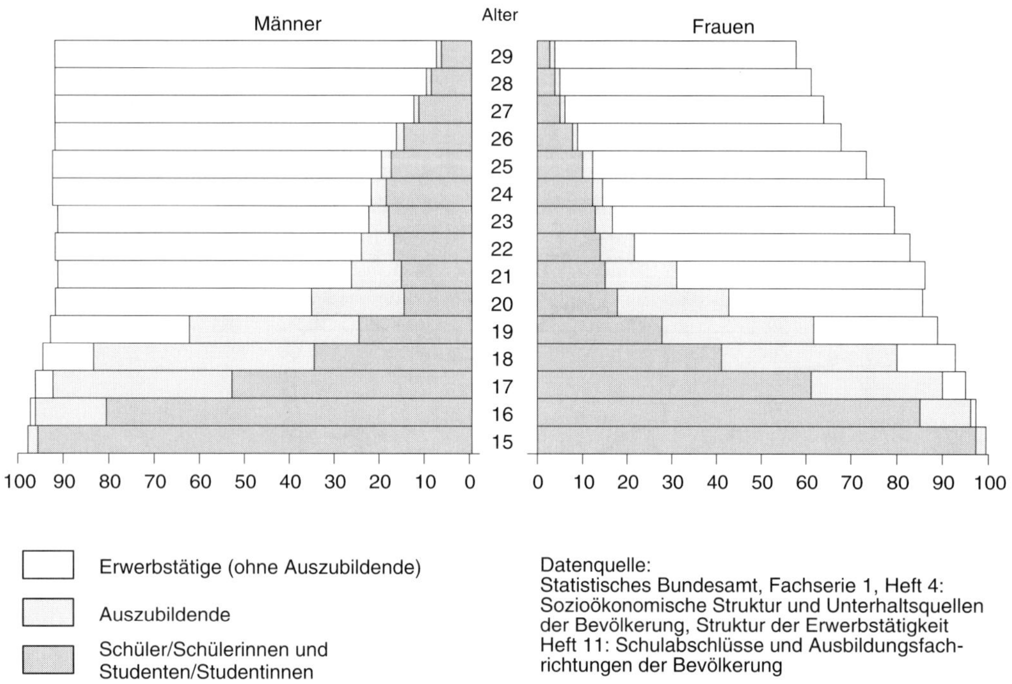

Datenquelle:
Statistisches Bundesamt, Fachserie 1, Heft 4: Sozioökonomische Struktur und Unterhaltsquellen der Bevölkerung, Struktur der Erwerbstätigkeit
Heft 11: Schulabschlüsse und Ausbildungsfachrichtungen der Bevölkerung

Mittelwerte der Standardvariablen in Kreisen mit sehr niedrigen bis sehr hohen Anteilen an Schülern/Schülerinnen und Studenten/Studentinnen

Standardvariablen	Anteile Schüler/-innen, Studenten/-innen sehr niedrig	niedrig	hoch	sehr hoch
Lebendgeborene pro 1000 Einwohner 1986	9,6	10,5	10,8	10,8
0-5jährige pro 100 Einwohner 1986	5,5	6,1	6,2	6,0
Kindergartenplätze pro 100 3-5jährige 1986	83,6	78,2	77,4	88,0
Quartanerquote 1989	55,8	57,7	62,8	71,7
Zuzüge pro 100 Fortzüge der 18-24jährigen 1986	108,5	101,0	111,1	147,8
Erwerbstätigenanteil der 30-39jährigen Frauen 1987 (in %)	62,4	53,5	51,1	55,2
Erwerbstätigenanteil der 40-49jährigen Frauen 1987 (in %)	61,6	52,3	50,4	54,5

Datenquelle: DJI-Regionaldatenbank

Bertram, Bayer, Bauereiß: Familien-Atlas, Opladen 1993

In den 50er Jahren setzte in der Bundesrepublik eine Bildungsexpansion ein, die u.a. durch ansteigende Bildungsanforderungen in vielen Berufen getragen war und wiederum auf diese Qualifikationsanforderungen zurückwirkte. Dadurch entwickelte sich eine 'Aufstiegsmentalität' in den unteren Bevölkerungsschichten.

Bei den Frauen verlief der Trend zu höheren Schulabschlüssen ausgeprägter, da bei ihnen aufgrund traditioneller Bildungsbarrieren ein erheblicher Nachholbedarf bestand. Bis 1987 ist es den jüngeren Frauen gelungen, den im Bereich der höchsten allgemeinbildenden Qualifikation bestehenden traditionellen Abstand zu den Männern weitgehend abzubauen (26,6 % der Männer und 24,1 % der Frauen haben in der Altersgruppe 20 bis 29 Jahre das Abitur). Durch den generell vermehrten und längeren Besuch weiterführender schulischer und beruflicher Ausbildungsinstitutionen hat sich für Mädchen und Jungen eine ausgedehnte Jugendphase etabliert. Allgemein ist bei den Männern in den Altersjahren ab 22 ein etwas höherer Anteil an Schülern und Studenten festzustellen als bei den Frauen. Dabei macht sich zum einen die abgeleistete Wehrdienstzeit bei Männern bemerkbar, desweiteren beträgt der Frauenanteil an den Hochschulen nur etwa 38 %.

Anhand der Karte mit den Anteilen an Schülern/Schülerinnen und Studenten/Studentinnen ist ein Nord-Süd-Gefälle zu erkennen, mit Ausnahme einiger Kreise im südlichen Baden-Württemberg und um München. Die Universitätsstädte haben erwartungsgemäß die höchsten Anteile zu verzeichnen, daneben sind es vor allem Landkreise im westlichen Teil von Niedersachsen und im nördlichen Teil von Nordrhein-Westfalen. Die Kreise mit den niedrigsten Anteilen sind dünn besiedelte Landkreise hauptsächlich in Bayern und Rheinland-Pfalz.

Schüler/Schülerinnen und Studenten/Studentinnen 1987

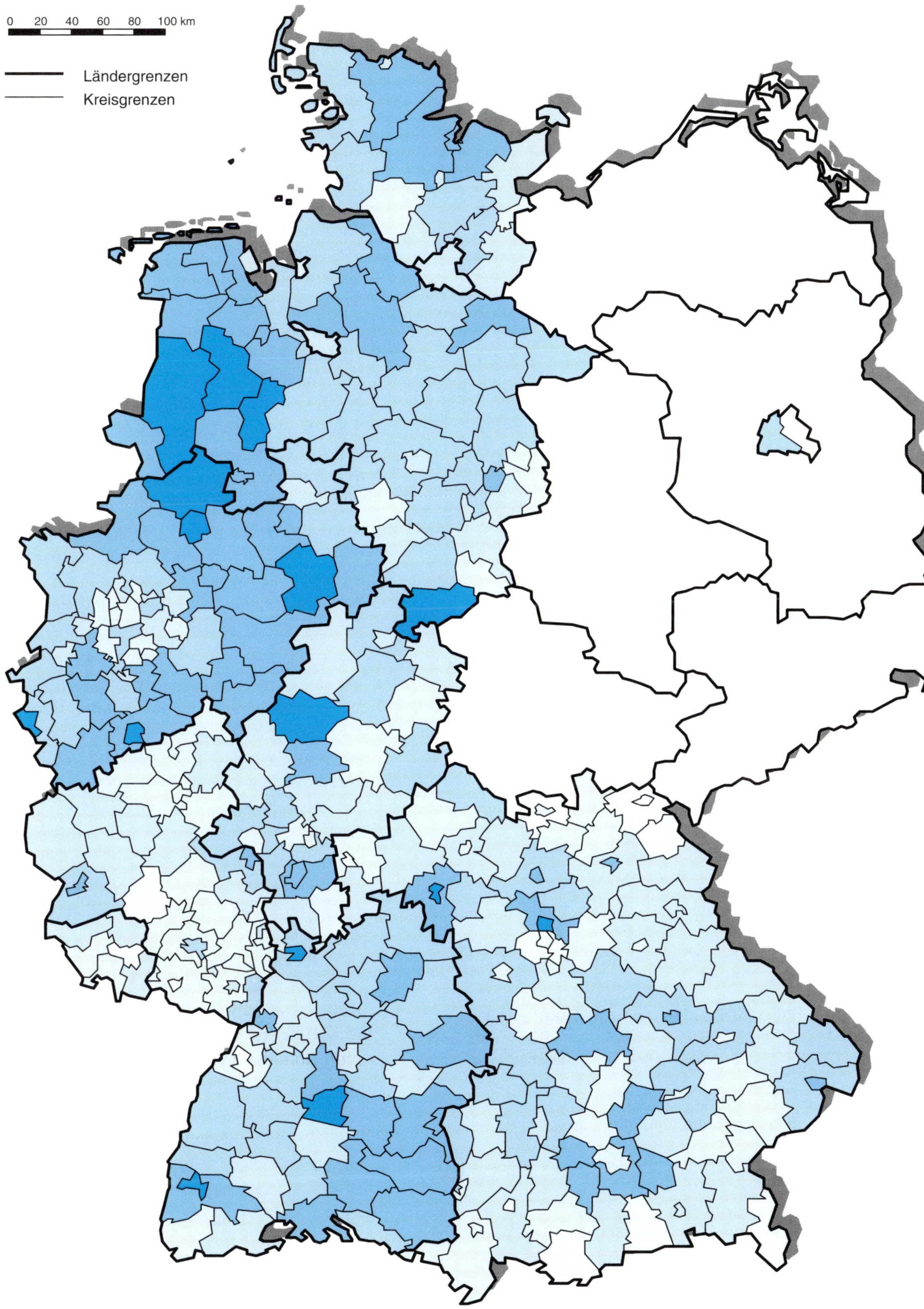

Statistische Maßzahlen

Anzahl der Fälle	328,0
Mittelwert	14,2
Zentralwert	13,9
Standardabweichung	1,5
Niedrigster Wert	10,7
Höchster Wert	21,2
Grenze des 1. Quartils	13,2
Grenze des 3. Quartils	14,8
Grenze der 15 niedrigsten Werte	12,2
Grenze der 15 höchsten Werte	17,0

Anteil der Schüler/-innen und Studenten/-innen an der Bevölkerung in % - 1987

10,7 - 12,2
12,3 - 13,2
13,3 - 13,9
14,0 - 14,8
14,9 - 17,0
17,1 - 21,2
Keine Angaben

Quelle: DJI-Regionaldatenbank, auf der Basis absoluter Zahlen der Statistischen Landesämter

Ausländische Schüler und Schülerinnen an Hauptschulen 1986

Kreise mit den niedrigsten Werten

Kreise	Kreisnr.	Werte*
Freyung-Grafenau	9272	0,2
Lüchow-Dannenberg	3354	0,3
Regen	9276	0,5
Cham	9372	0,5
Wittmund	3462	0,5

*) Werte siehe Kartenlegende

Kreise mit den höchsten Werten

Kreise	Kreisnr.	Werte*
Offenbach Stadt	6413	43,5
München Stadt	9162	45,0
Mannheim	8222	46,0
Stuttgart	8111	54,3
Frankfurt	6412	54,7

Vergleich ausgewählter Variablen in Berlin (West) und in den Kreisen mit den niedrigsten bzw. höchsten Anteilen an ausländischen Schülern/Schülerinnen an Hauptschulen

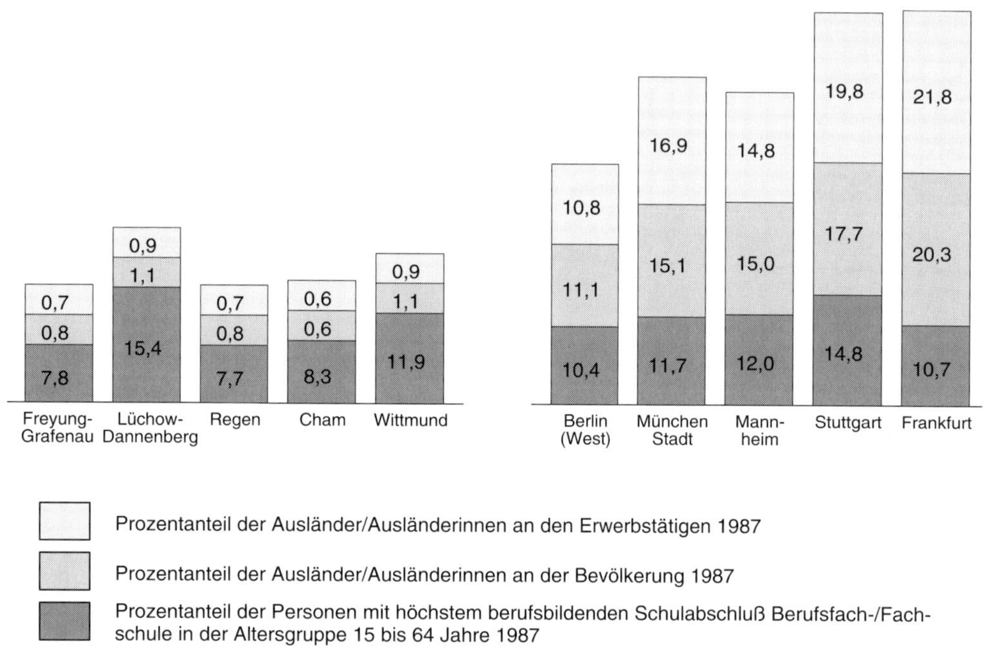

Mittelwerte der Standardvariablen in Kreisen mit sehr niedrigen bis sehr hohen Anteilen an ausländischen Schülern/Schülerinnen an Hauptschulen

Standardvariablen	Anteile ausl. Schüler/-innen an Hauptschulen sehr niedrig	niedrig	hoch	sehr hoch
Lebendgeborene pro 1000 Einwohner 1986	11,2	10,6	10,2	9,6
0-5jährige pro 100 Einwohner 1986	6,7	6,2	5,9	5,3
Kindergartenplätze pro 100 3-5jährige 1986	61,4	74,4	89,1	85,1
Quartanerquote 1989	49,9	58,8	65,3	66,1
Zuzüge pro 100 Fortzüge der 18-24jährigen 1986	98,0	100,3	113,4	135,5
Erwerbstätigenanteil der 30-39jährigen Frauen 1987 (in %)	49,3	53,3	55,9	58,7
Erwerbstätigenanteil der 40-49jährigen Frauen 1987 (in %)	45,9	53,0	56,5	58,0

Datenquelle: DJI-Regionaldatenbank

Bertram, Bayer, Bauereiß: Familien-Atlas, Opladen 1993

Der Anteil der Hauptschüler, die nichtdeutscher Herkunft sind, ist in den einzelnen Kreisen sehr unterschiedlich. So verzeichnen Landkreise wie z.B. Freyung-Grafenau oder Lüchow-Dannenberg nur einen Anteil von 0,2 %, während sich in Zentren wie Frankfurt oder Stuttgart Anteile von ca. 54 % finden. Wie bereits festgestellt wurde, lassen sich Ausländer vorzugsweise in Städten bzw. den urbanen Zentren nieder, die entsprechende Arbeitsplätze anbieten. Die Konzentration der ausländischen Wohnbevölkerung in bestimmten Gebieten macht sich u.a. auch am Anteil der ausländischen Schüler und Schülerinnen bemerkbar, wobei diese überproportional häufig die Hauptschule besuchen. So sind die Anteile ausländischer Hauptschüler in vielen Kreisen im Rhein-Ruhr-Gebiet, im Rhein-Main-Gebiet sowie allgemein in Baden-Württemberg sehr hoch.

Die hohe Ausländerquote an Schulen in den Städten stellt diese, wie schon bei den Infrastruktureinrichtungen für Kinder gezeigt wurde, vor spezielle Anforderungen und Probleme, wie z.B. Lehrplangestaltung oder entsprechende Schulung des Lehrpersonals. Hier stellt sich die Frage, ob die Chancen für ausländische Schüler und Schülerinnen, eine weiterführende Schule zu besuchen, und damit auch Voraussetzungen für ihre bessere Integration in die Gesellschaft, in diesen Städten eher gegeben sind als in Kreisen mit niedrigen Ausländeranteilen.

Die Mittelwerte der Standardvariablen weisen auf den Zusammenhang des Ausländeranteils an Hauptschülern mit der oben bereits genannten höheren Ansiedlung von Ausländern in städtischen Regionen hin: je höher die Ausländerquote unter den Hauptschülern ist, desto größer ist in diesen Kreisen die Zuwanderung von 18- bis 24jährigen, das Angebot an Kindergartenplätzen sowie die altersspezifische Frauenerwerbsquote, während der Anteil der Geburten und damit auch der Kinderanteil an der Bevölkerung abnehmen.

Ausländische Schüler und Schülerinnen an Hauptschulen 1986

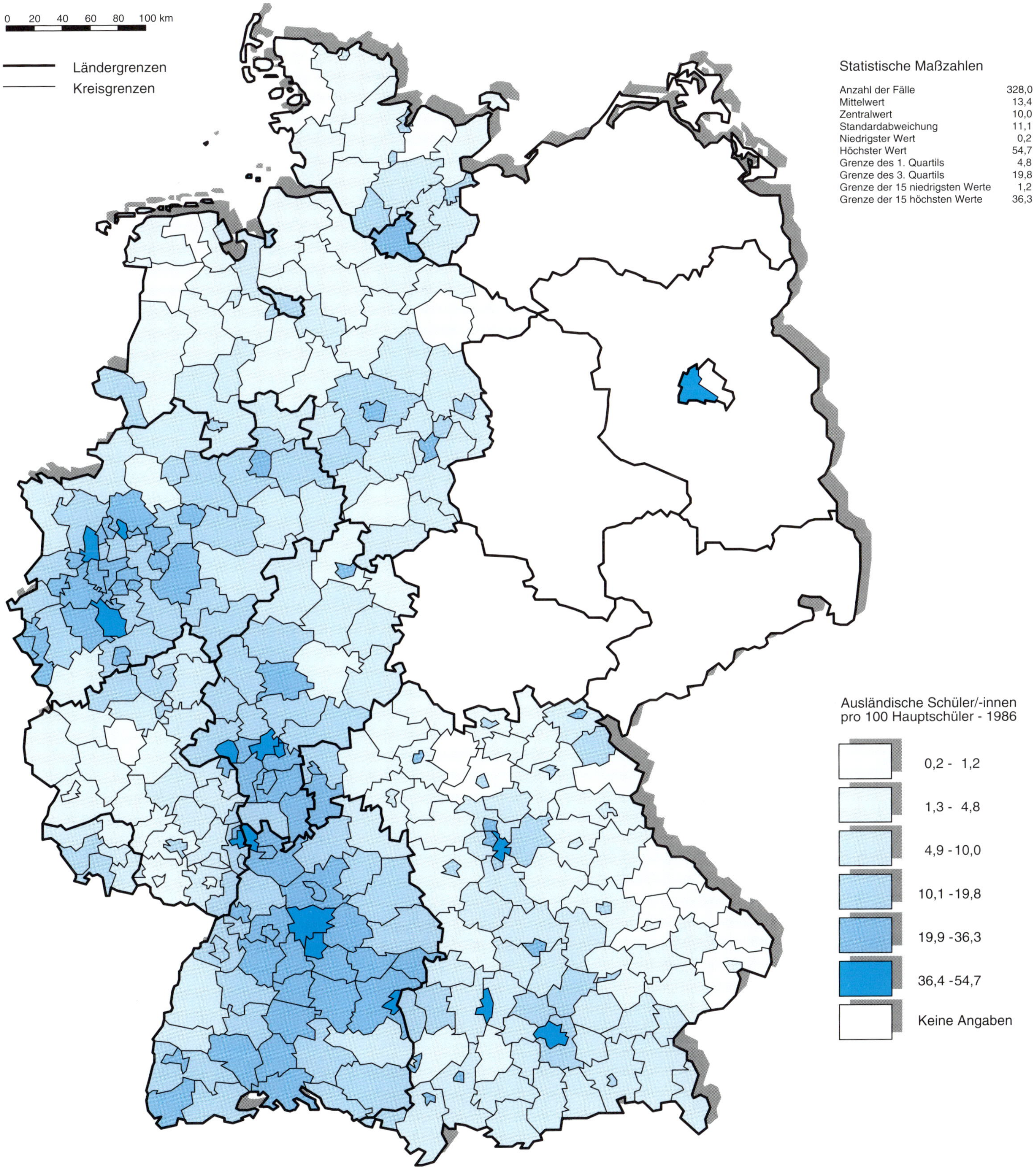

Quelle: DJI-Regionaldatenbank, auf der Basis absoluter Zahlen der Statistischen Landesämter

Schulabgänger/-abgängerinnen ohne Hauptschulabschluß 1986

Kreise mit den niedrigsten Werten

Kreise	Kreisnr.	Werte*
Leverkusen	5316	2,4
Coesfeld	5558	3,3
Münster	5515	3,4
Main-Tauber-Kreis	8128	3,5
Steinfurt	5566	3,8

*) Werte siehe Kartenlegende

Kreise mit den höchsten Werten

Kreise	Kreisnr.	Werte*
Lüchow-Dannenberg	3354	12,1
Pirmasens Stadt	7317	12,3
Neumünster	1004	13,3
Ludwigshafen Stadt	7314	13,7
Berlin (West)	11001	14,0

Vergleich ausgewählter Variablen in München Stadt und in den Kreisen mit den niedrigsten bzw. höchsten Anteilen an Schulabgängern/-abgängerinnen ohne Hauptschulabschluß

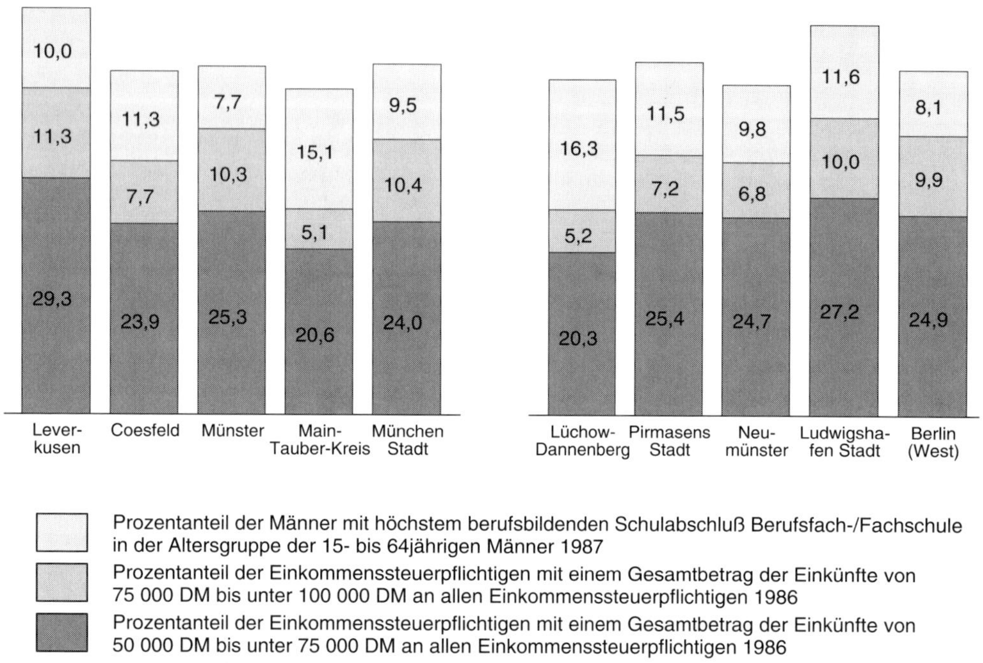

Mittelwerte der Standardvariablen in Kreisen mit sehr niedrigen bis sehr hohen Anteilen an Schulabgängern/-abgängerinnen ohne Hauptschulabschluß

Standardvariablen	Anteile Schulabgänger/-innen o. Hauptschulabschl. sehr niedrig	niedrig	hoch	sehr hoch
Lebendgeborene pro 1000 Einwohner 1986	10,6	10,7	10,1	9,7
0-5jährige pro 100 Einwohner 1986	6,2	6,1	5,9	5,6
Kindergartenplätze pro 100 3-5jährige 1986	85,6	81,2	76,7	74,2
Quartanerquote 1989	66,9	60,9	57,6	62,6
Zuzüge pro 100 Fortzüge der 18-24jährigen 1986	105,5	110,9	101,3	108,3
Erwerbstätigenanteil der 30-39jährigen Frauen 1987 (in %)	52,4	55,3	52,9	54,0
Erwerbstätigenanteil der 40-49jährigen Frauen 1987 (in %)	55,7	54,8	51,8	54,1

Datenquelle: DJI-Regionaldatenbank

Bertram, Bayer, Bauereiß: Familien-Atlas, Opladen 1993

Durch den Ausbau des Bildungswesens und den damit verbundenen Anstieg höherer Bildungsabschlüsse in der Bevölkerung ist die Situation von Schulabgängern und -abgängerinnen ohne Hauptschulabschluß besonders schwierig geworden, da ihnen immer weniger Ausbildungs- und Aufstiegsmöglichkeiten offenstehen.

Besonders hoch ist 1986 der Anteil an Schulabgänger und -abgängerinnen ohne Hauptschulabschluß an allen Schulabgängern in den Kreisen von Schleswig-Holstein und Rheinland-Pfalz. Desweiteren weisen einzelne Kreise Niedersachsens, Hessens und Bayerns relativ hohe Anteile auf. Kreise mit sehr niedrigen Anteilen findet man vor allem in Nordrhein-Westfalen sowie in Baden-Württemberg und in Südbayern.

Unter den Standardvariablen gibt es keine, die einen deutlichen Zusammenhang mit der Quote der Schulabgänger und -abgängerinnen ohne Hauptschulabschluß aufweist. Dies läßt darauf schließen, daß hier andere Faktoren wirksam werden. So hat z.B. in Leverkusen die Niederlassung eines großen Chemieunternehmens wahrscheinlich einen Einfluß auf die besonders niedrige Quote von Schulabgängern und -abgängerinnen ohne Hauptschulabschluß. Es besteht sicherlich ein Zusammenhang zwischen dem Vorhandensein bestimmter Unternehmen und der Ansiedlung von qualifizierten Arbeitskräften, deren Kinder wiederum hohe Bildungsaspirationen haben. Zudem ist anzunehmen, daß mit einem entsprechenden Ausbildungsplatzangebot auch der Anreiz für den Erwerb eines Bildungsabschlusses steigt. Ganz anders ist die Situation z.B. in Berlin, wo zum Zeitpunkt der Datenerhebung eine Wirtschaftsstruktur herrschte, die Jugendlichen nur geringe Anreize für einen Schulabschluß bot.
Neben den aufgezeigten Begründungszusammenhängen sind noch weitere Einflußfaktoren für die anderen Extremkreise denkbar, die hier nicht im einzelnen aufgeschlüsselt werden können.

Schulabgänger/-abgängerinnen ohne Hauptschulabschluß 1986

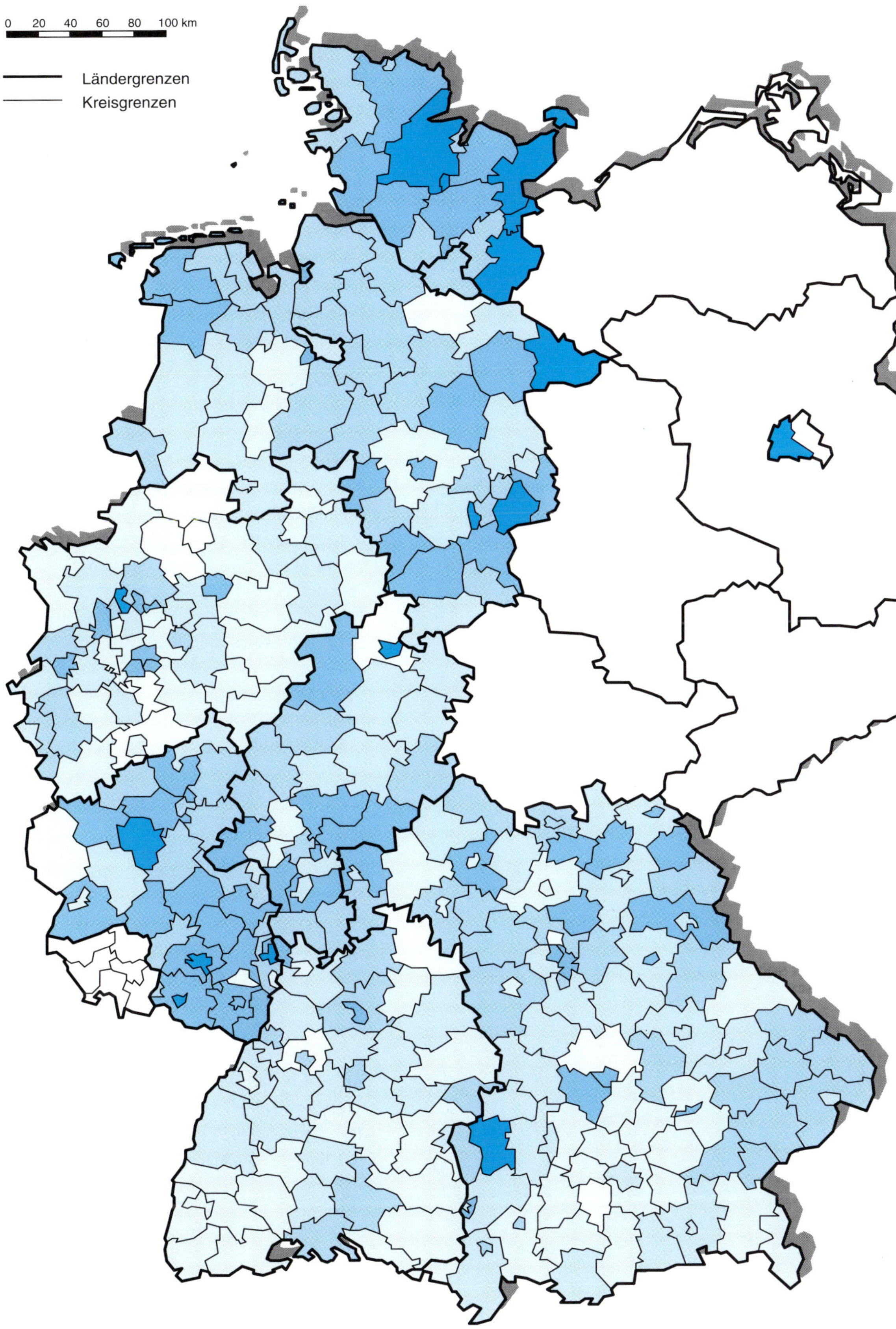

Statistische Maßzahlen

Anzahl der Fälle	322,0
Mittelwert	7,5
Zentralwert	7,5
Standardabweichung	2,0
Niedrigster Wert	2,4
Höchster Wert	14,0
Grenze des 1. Quartils	6,0
Grenze des 3. Quartils	8,8
Grenze der 15 niedrigsten Werte	4,5
Grenze der 15 höchsten Werte	11,2

Anteil der Schulabgänger/-innen ohne Hauptschulabschluß an den Schulabgängern insgesamt in % - 1986

- 2,4 - 4,5
- 4,6 - 6,0
- 6,1 - 7,5
- 7,6 - 8,8
- 8,9 - 11,2
- 11,3 - 14,0
- Keine Angaben*

*) Für die Kreise des Saarlandes wurden keine Zahlen für Schulabgänger gemeldet.

Quelle: DJI-Regionaldatenbank, auf der Basis absoluter Zahlen der Statistischen Landesämter

Schulabgänger/-abgängerinnen mit Hochschulreife 1986

Kreise mit den niedrigsten Werten

Kreise	Kreisnr.	Werte*
Landshut	9274	3,6
Coburg	9473	5,6
Regensburg	9375	5,8
Cochem-Zell	7135	5,9
Pirmasens	7340	6,4

*) Werte siehe Kartenlegende

Kreise mit den höchsten Werten

Kreise	Kreisnr.	Werte*
Münster	5515	41,2
Hochtaunuskreis	6434	41,2
Heidelberg	8221	44,8
Bonn	5314	48,2
Darmstadt	6411	53,5

Vergleich ausgewählter Variablen in Berlin (West), München Stadt und in den Kreisen mit den niedrigsten bzw. höchsten Anteilen an Schulabgängern/-abgängerinnen mit Hochschulreife

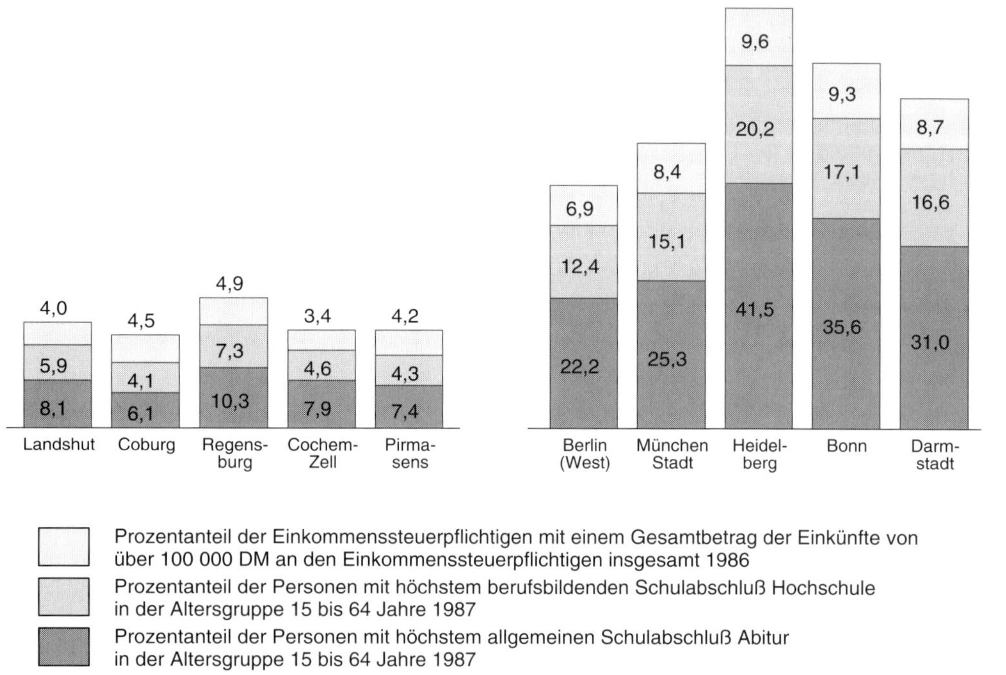

Mittelwerte der Standardvariablen in Kreisen mit sehr niedrigen bis sehr hohen Anteilen an Schulabgängern/-abgängerinnen mit Hochschulreife

Standardvariablen	Anteile Schulabgänger/-innen m. Hochschulreife sehr niedrig	niedrig	hoch	sehr hoch
Lebendgeborene pro 1000 Einwohner 1986	11,3	10,6	9,7	9,4
0-5jährige pro 100 Einwohner 1986	6,8	6,3	5,5	5,2
Kindergartenplätze pro 100 3-5jährige 1986	71,1	78,7	85,2	92,9
Quartanerquote 1989	42,0	57,9	68,7	76,1
Zuzüge pro 100 Fortzüge der 18-24jährigen 1986	93,8	99,3	118,6	126,8
Erwerbstätigenanteil der 30-39jährigen Frauen 1987 (in %)	54,6	52,5	56,6	58,1
Erwerbstätigenanteil der 40-49jährigen Frauen 1987 (in %)	52,2	52,9	55,9	57,6

Datenquelle: DJI-Regionaldatenbank

Bertram, Bayer, Bauereiß: Familien-Atlas, Opladen 1993

Der Anteil der Schulabgänger und -abgängerinnen mit Hochschulreife an allen Schulabgängern und -abgängerinnen in einem Kreis ist ein Indikator für die dortige Bildungs- und Berufsorientierung. Die Karte zeigt deutlich überdurchschnittlich hohe Anteile in den Kreisen von Nordrhein-Westfalen und Hessen. Hier zeigt sich, daß die dortige Schulpolitik sich nicht nur steigernd auf die Quartanerquoten auswirkt, sondern letztendlich auch zu einer hohen Quote der Schulabgänger mit Hochschulreife führt. In den anderen Bundesländern konzentrieren sich die hohen Quoten vorwiegend auf die kreisfreien Städte. Besonders niedrige Abiturientenquoten finden sich in den ländlich geprägten Landkreisen, vor allem in Bayern und Rheinland-Pfalz.
Angesichts der geforderten und propagierten Gleichheit der Bildungschancen fällt der extreme Unterschied der Abiturientenquoten in den Kreisen sofort ins Auge: während die Quote in den Kreisen mit den niedrigsten Anteilen nur bei 4 bis 6 % liegt, erreichen die Kreise mit den höchsten Anteilen um 50 %.

Die Graphik zeigt die 'klassischen' Faktoren der Bildungsbeteiligung: in Kreisen mit hoher Abiturientenquote sind die Anteile der Spitzenverdiener, der Anteil der Personen mit Hochschulreife sowie Hochschulabschluß an der Bevölkerung besonders hoch. Die Anteile in diesen Kreisen übertreffen diejenigen in den Kreisen mit den niedrigsten Abiturientenanteilen bis um das Vierfache. Es läßt sich in den Kreisen also ein starker Zusammenhang zwischen den finanziellen Ressourcen sowie der höheren Bildung der Bevölkerung insgesamt und dem Erreichen der Hochschulreife feststellen.

Alle Standardvariablen verweisen auf das städtische Milieu als bildungsunterstützender Faktor. Hohe Abiturientenquoten treffen mit hoher Mobilität, geringen Geburtenziffern, einem höheren Angebot an Kindergartenplätzen und hohen weiblichen altersspezifischen Erwerbsquoten zusammen.

Schulabgänger/-abgängerinnen mit Hochschulreife 1986

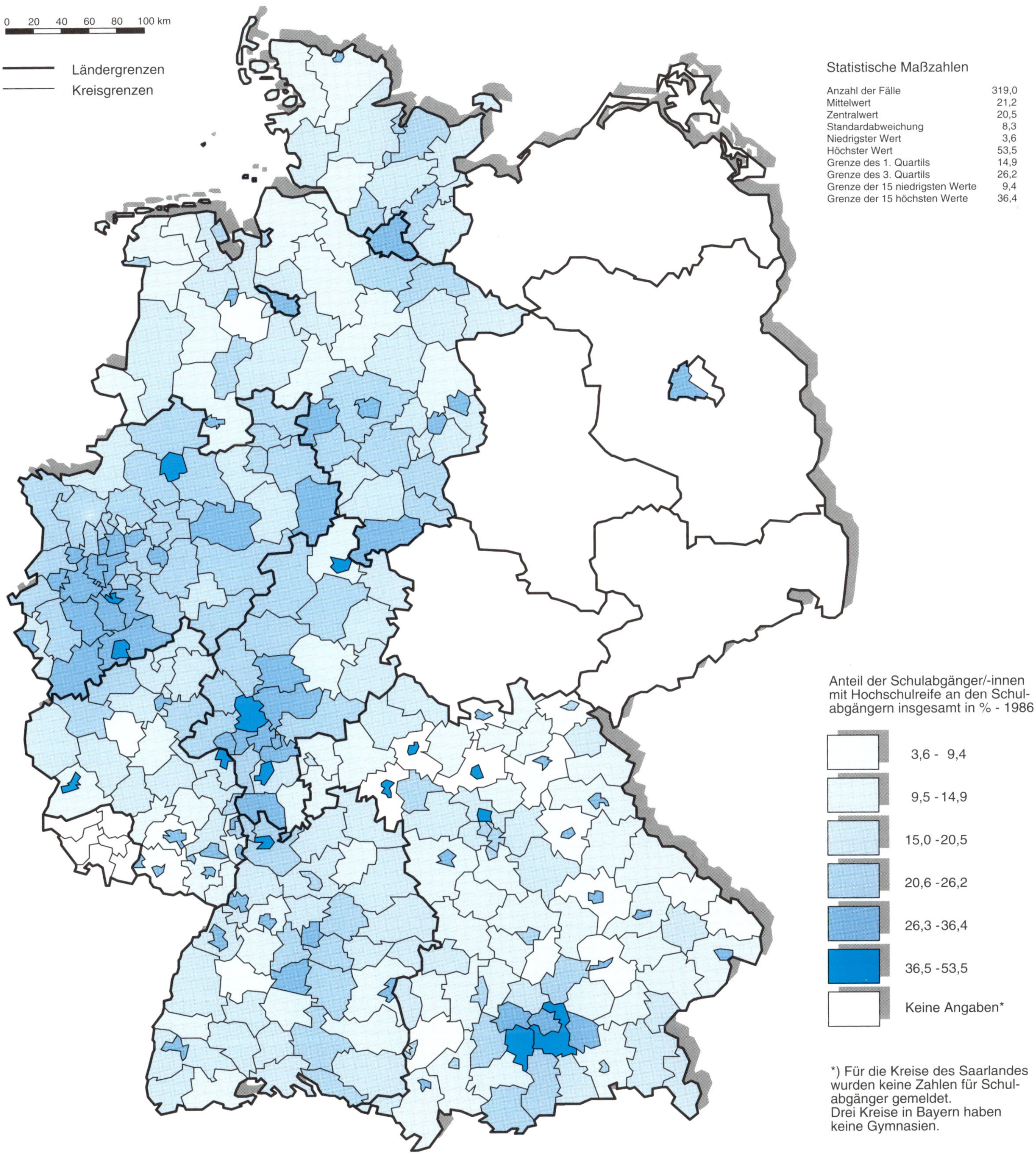

Statistische Maßzahlen

Anzahl der Fälle	319,0
Mittelwert	21,2
Zentralwert	20,5
Standardabweichung	8,3
Niedrigster Wert	3,6
Höchster Wert	53,5
Grenze des 1. Quartils	14,9
Grenze des 3. Quartils	26,2
Grenze der 15 niedrigsten Werte	9,4
Grenze der 15 höchsten Werte	36,4

*) Für die Kreise des Saarlandes wurden keine Zahlen für Schulabgänger gemeldet. Drei Kreise in Bayern haben keine Gymnasien.

Quelle: DJI-Regionaldatenbank, auf der Basis absoluter Zahlen der Statistischen Landesämter

Kreise mit den niedrigsten Werten

Kreise	Kreisnr.	Werte*
München	9184	3,8
Frankfurt	6412	4,4
München Stadt	9162	4,4
Berlin (West)	11001	4,5
Offenbach	6438	4,7

*) Werte siehe Kartenlegende

Kreise mit den höchsten Werten

Kreise	Kreisnr.	Werte*
Leer	3457	9,9
Aurich	3452	9,9
Coesfeld	5558	10,0
Emsland	3454	10,5
Dithmarschen	1051	11,0

Prozentanteil der Auszubildenden an den Beschäftigten insgesamt nach Wirtschaftsabteilungen und Beschäftigtengrößenklassen 1987

Wirtschaftsabteilungen	Beschäftigtengrößenklassen			
	2-19 Beschäftigte	20-49 Beschäftigte	50 u. mehr Beschäftigte	alle Größenklassen
Land-u.Forstwirtschaft,Fischerei	26,2	12,1	23,6	8,4
Energie-u.Wasserversorgung,Bergbau	4,8	3,4	30,7	6,1
Verarbeitendes Gewerbe	36,2	8,2	25,7	6,6
Baugewerbe	33,7	9,6	28,5	9,5
Handel	21,0	10,1	34,7	7,0
Verkehr und Nachrichtenübermittlung	5,7	3,1	25,1	4,1
Kreditinstitute/Versicherungsgewerbe	14,1	8,6	41,0	6,7
Dienstl.v.Untern. u. freien Berufen	26,5	8,0	21,3	6,6
Organisationen ohne Erwerbszweck	15,3	6,7	55,2	8,6
Gebietskörpersch./Sozialversicherung	9,3	2,5	23,9	4,0
Wirtschaftsabteilungen insgesamt	24,4	7,2	27,9	6,5

Quelle:
Statistisches Bundesamt, FS 2, Heft 3, Arbeitsstätten und Beschäftigte nach Beschäftigtengrößenklassen

Mittelwerte der Standardvariablen in Kreisen mit sehr niedrigen bis sehr hohen Anteilen an Auszubildenden

Standardvariablen	Anteile an Auszubildenden			
	sehr niedrig	niedrig	hoch	sehr hoch
Lebendgeborene pro 1000 Einwohner 1986	9,6	10,4	10,5	11,6
0-5jährige pro 100 Einwohner 1986	5,6	6,0	6,1	6,7
Kindergartenplätze pro 100 3-5jährige 1986	80,8	81,4	71,1	64,2
Quartanerquote 1989	65,7	60,6	59,2	60,3
Zuzüge pro 100 Fortzüge der 18-24jährigen 1986	121,8	106,4	104,4	109,4
Erwerbstätigenanteil der 30-39jährigen Frauen 1987 (in %)	58,9	54,9	50,4	45,8
Erwerbstätigenanteil der 40-49jährigen Frauen 1987 (in %)	60,6	54,3	49,7	43,8

Datenquelle: DJI-Regionaldatenbank

Bertram, Bayer, Bauereiß: Familien-Atlas, Opladen 1993

Der demographisch bedingte Druck auf dem Lehrstellenmarkt hat nachgelassen. Erstmals seit 1981 übersteigt 1987 das Gesamtangebot an betrieblichen Ausbildungsplätzen wieder die Gesamtnachfrage. Dabei konzentrieren sich 61 % aller Ausbildungsplätze bei Männern und 80 % aller Ausbildungsplätze bei Frauen auf nur 25 von insgesamt 400 anerkannten Ausbildungsberufen. In der Arbeitsstättenzählung werden unter dem Begriff 'Auszubildende' alle Auszubildenden, Anlernlinge, Umschüler, Volontäre und Praktikanten in den gewerblichen, kaufmännischen, handwerklichen, landwirtschaftlichen und technischen Ausbildungsbereichen sowie im öffentlichen Dienst zusammengefaßt. Beamte im Vorbereitungsdienst werden nicht miteinbezogen.

In Arbeitsstätten mit 2 bis 19 Beschäftigten beträgt der Auszubildendenanteil 24,4 %, in der Größenklasse 20 bis 49 Beschäftigte 7,2 % und in Arbeitsstätten mit 50 und mehr Beschäftigten 27,9 %; in den letzteren arbeiten über 52 % aller abhängig Erwerbstätigen. Die höchsten Anteile an Auszubildenden mit insgesamt 61 % sind im Baugewerbe, in Organisationen ohne Erwerbscharakter und in der Land- und Forstwirtschaft zu finden, die niedrigsten Anteile von ca. 4 % haben die Wirtschaftsabteilungen Gebietskörperschaften und Sozialversicherung, Verkehr und Nachrichtenübermittlung sowie der Handel.

Der Auszubildendenanteil in den einzelnen Kreisen ist sehr unterschiedlich. Anhand der Karte wird ein Nord-Süd-Gefälle sichtbar. So ist z.B. in Dithmarschen der Anteil fast dreimal so hoch wie in München. Hohe Auszubildendenquoten sind allgemein in den eher ländlich strukturierten Kreisen zu finden. In diesen Kreisen fallen hohe Auszubildendenquoten zusammen mit einer hohen Geburtenquote und einem hohen Kinderanteil, bei einer geringen altersspezifischen Frauenerwerbsquote, einem reduzierten Angebot an Kindergartenplätzen und einer niedrigen Quartanerquote.

Auszubildende 1987

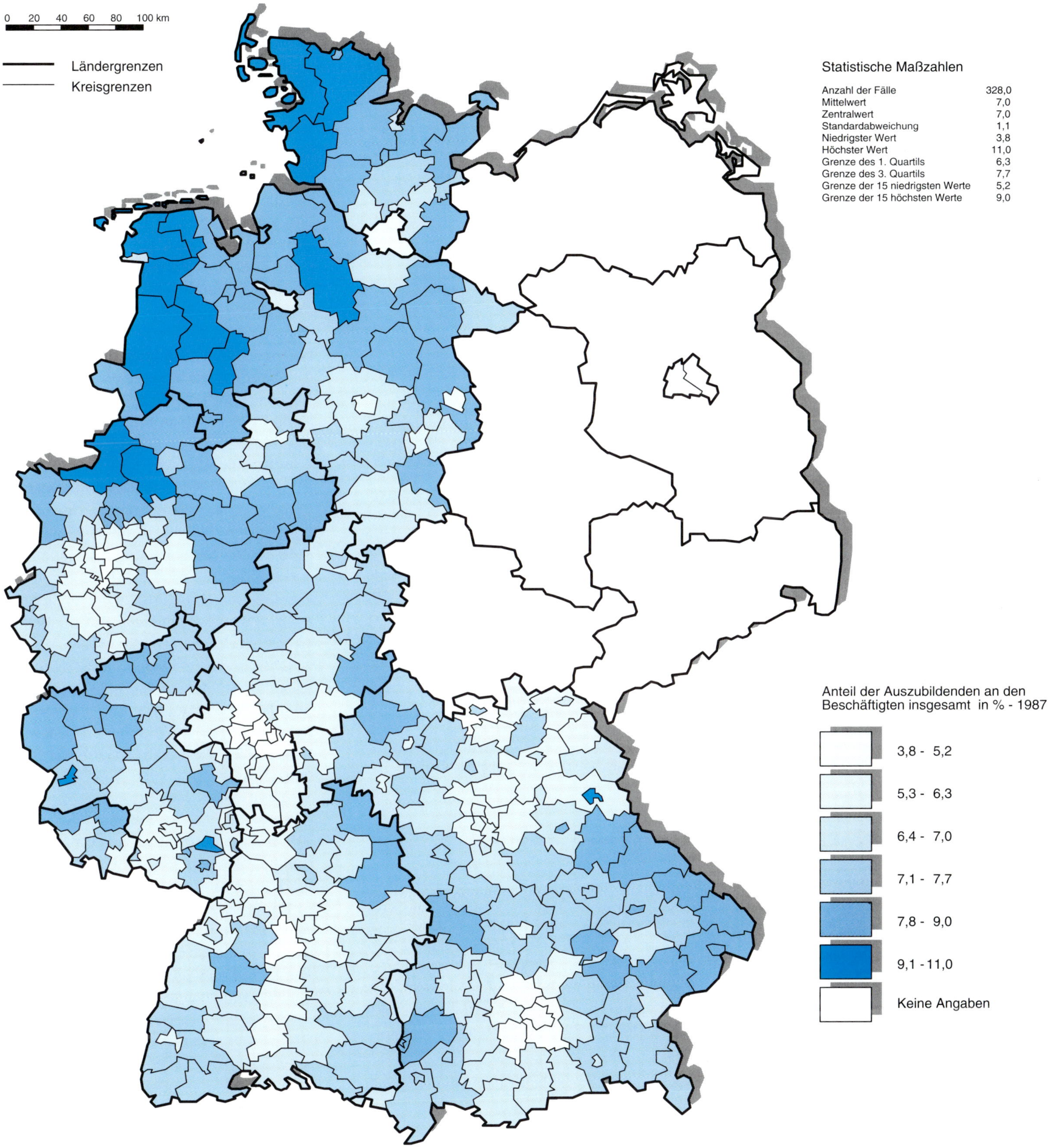

Quelle: DJI-Regionaldatenbank, auf der Basis absoluter Zahlen der Statistischen Landesämter

Bildungsabschluß Volks- bzw. Hauptschule - Männer und Frauen 1987

Kreise mit den niedrigsten Werten

Kreise	Kreisnr.	Werte*
Heidelberg	8221	38,1
Bonn	5314	40,4
Münster	5515	40,6
Freiburg	8311	41,0
Erlangen	9562	42,3

*) Werte siehe Kartenlegende

Kreise mit den höchsten Werten

Kreise	Kreisnr.	Werte*
Lichtenfels	9478	76,8
Coburg	9473	77,3
Rottal-Inn	9277	77,3
Freyung-Grafenau	9272	78,7
Kronach	9476	79,5

Vergleich ausgewählter Variablen in Berlin (West), München Stadt und in den Kreisen mit den niedrigsten bzw. höchsten Anteilen an Männern und Frauen mit Volks- bzw. Hauptschulabschluß

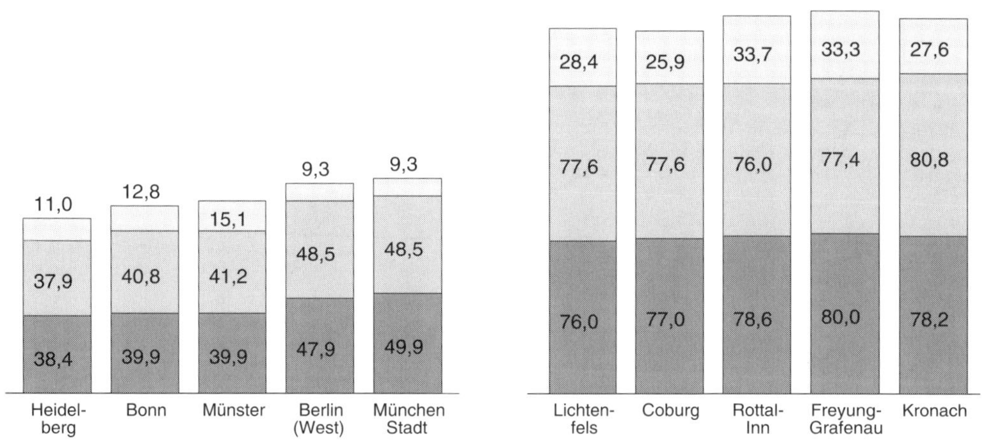

Prozentanteil der Haushalte mit vier und mehr Personen an den Haushalten insgesamt 1987

Prozentanteil der Frauen mit höchstem allgemeinen Schulabschluß Volks- bzw. Hauptschule in der Altersgruppe der 15- bis 64jährigen Frauen 1987

Prozentanteil der Männer mit höchstem allgemeinen Schulabschluß Volks- bzw. Hauptschule in der Altersgruppe der 15- bis 64jährigen Männer 1987

Mittelwerte der Standardvariablen in Kreisen mit sehr niedrigen bis sehr hohen Anteilen an Männern und Frauen mit Volks- bzw. Hauptschulabschluß

	Anteile Männer/Frauen m. Volks-/Hauptschulabschl.			
Standardvariablen	sehr niedrig	niedrig	hoch	sehr hoch
Lebendgeborene pro 1000 Einwohner 1986	9,4	10,2	11,2	11,7
0-5jährige pro 100 Einwohner 1986	5,3	5,9	6,6	6,9
Kindergartenplätze pro 100 3-5jährige 1986	91,5	74,2	79,4	70,1
Quartanerquote 1989	77,9	63,6	50,2	42,1
Zuzüge pro 100 Fortzüge der 18-24jährigen 1986	134,0	105,0	93,2	91,5
Erwerbstätigenanteil der 30-39jährigen Frauen 1987 (in %)	60,1	53,2	52,0	55,7
Erwerbstätigenanteil der 40-49jährigen Frauen 1987 (in %)	58,7	52,9	48,7	51,9

Datenquelle: DJI-Regionaldatenbank

Bertram, Bayer, Bauereiß: Familien-Atlas, Opladen 1993

Die Ergebnisse der Karten zur Bildungsbeteiligung spiegeln sich in der Karte zum Bildungsstand der Bevölkerung wider. Die Kreise mit den höchsten Anteilen der 15- bis 64jährigen Bevölkerung mit höchstem Bildungsabschluß Volks- bzw. Hauptschule liegen in ländlich strukturierten und dünn besiedelten Gebieten Oberfrankens, der Oberpfalz und Niederbayerns. Außer in Bayern finden sich Kreise mit hohen Anteilen vorwiegend noch in Rheinland-Pfalz und im Saarland. Niedrige Anteile weisen grundsätzlich die urbanen Zentren und deren angrenzende Kreise sowie die Universitätsstädte auf. So ist z.B. der Anteil der Bevölkerung mit Volks- bzw. Hauptschulabschluß in Heidelberg, Münster oder Freiburg nur halb so hoch wie in den bayrischen Kreisen Freyung-Grafenau oder Kronach.

Anhand der Karte läßt sich allgemein feststellen, wie die Bildungshoheit der Länder den Bildungsstand der Bevölkerung eines Landes beeinflußt. Daneben bringen die einzelnen Gebiete jeweils eigene Strukturen und Traditionen mit ein. So zeigt der Vergleich der Kreise mit den Extremwerten zwar keine geschlechtsspezifischen Differenzen, aber die traditionelle Lebensform in einem Haushalt mit vier und mehr Personen steht in einem Zusammenhang mit einem niedrigen Bildungsstand der Bevölkerung.

An den Mittelwerten der Standardvariablen wird der Zusammenhang zwischen niedrigen Bildungsabschlüssen der Bevölkerung und ländlichen Strukturen bestätigt. Die ländlichen Strukturen zeigen sich in der hohen Geburtenrate bzw. dem hohen Kinderanteil bei einem geringen Angebot an Kindergartenplätzen und einer niedrigen altersspezifischen Frauenerwerbsquote. Der relativ niedrige Bildungsstand der Bevölkerung in ländlichen Gebieten beeinflußt wiederum die Bildungsorientierung von Kindern und Jugendlichen, d.h. es findet sich dort eine niedrige Quartanerquote.

Bildungsabschluß Volks- bzw. Hauptschule - Männer und Frauen 1987

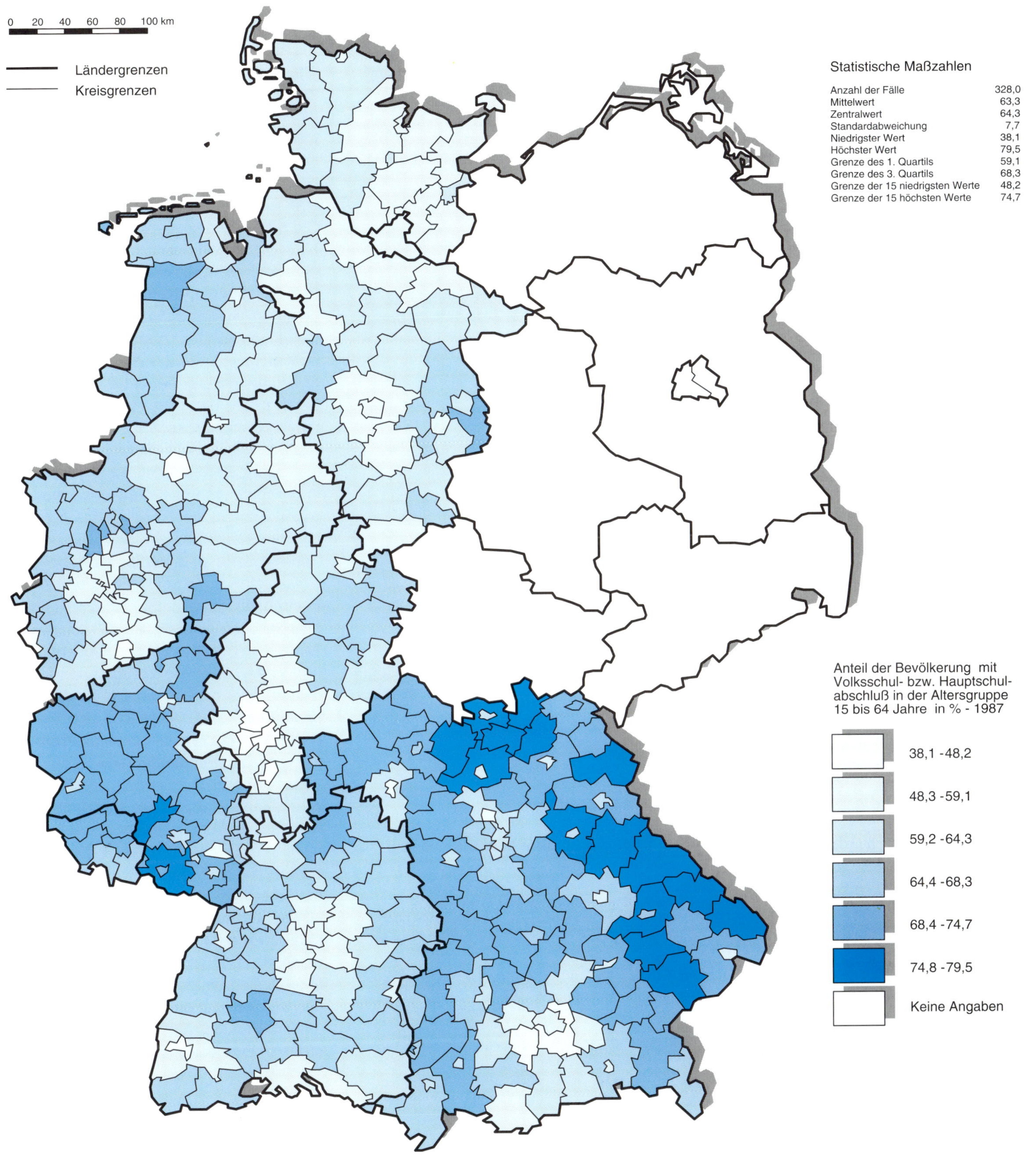

Quelle: DJI-Regionaldatenbank, auf der Basis absoluter Zahlen der Statistischen Landesämter

Bildungsabschluß Hochschul-/Fachhochschulreife - Frauen 1987

Kreise mit den niedrigsten Werten

Kreise	Kreisnr.	Werte*
Tirschenreuth	9377	3,8
Kronach	9476	3,8
Neustadt/Waldnaab	9374	4,0
Lichtenfels	9478	4,1
Coburg	9473	4,2

*) Werte siehe Kartenlegende

Kreise mit den höchsten Werten

Kreise	Kreisnr.	Werte*
Tübingen	8416	26,6
Münster	5515	30,7
Bonn	5314	32,0
Freiburg	8311	32,8
Heidelberg	8221	39,0

Die Spannweite der Anteile von Frauen mit höchstem allgemeinbildenden Schulabschluß Hochschul-/Fachhochschulreife an der Bevölkerung ist sehr groß. So liegt der Wert in Heidelberg, dem Kreis mit dem höchsten Anteil, mit 39 % zehnmal so hoch wie in Tirschenreuth oder Kronach, den Kreisen mit den niedrigsten Anteilen.

Die Karte zeigt wiederum ein Stadt-Land- sowie ein gewisses Nord-Süd-Gefälle: besonders hoch sind die Anteile in Städten und den urbanen Einzugsgebieten, während die niedrigsten Anteile in den ländlich geprägten Kreisen zu finden sind, vor allem in Rheinland-Pfalz und Bayern. Bei den Kreisen mit den höchsten Anteilen handelt es sich um Universitätsstandorte.

Die bereits beschriebene Lebensform in urbanen Zentren spiegelt sich auch in der Bildungsorientierung von Frauen wider. So fällt in den oben genannten Universitätsstädten und den urbanen Zentren Berlin und München der hohe Anteil von Frauen mit Hochschul- bzw. Fachhochschulreife zusammen mit hohen Scheidungsraten, einem hohem Anteil an Schülerinnen und Studentinnen sowie allgemein einem hohen Anteil an Akademikerinnen. Die beiden letztgenannten Aspekte sind selbstredend in den typischen Universitätsstädten am stärksten ausgeprägt.

Das hohe Bildungsniveau von Frauen wird einerseits durch das städtische Milieu gefördert und wirkt andererseits erhaltend auf diesen urbanen Lebensstil zurück; hohes Bildungsniveau weckt bei Frauen den Wunsch nach finanzieller Selbständigkeit und Selbstverwirklichung sowie nach beruflicher Karriere, wobei diese Wünsche oftmals schwer mit Familie und Kindern verbunden werden können, wie die niedrigen Anteile an Geburten bzw. an Kindern in diesen urbanen Zentren zeigen.

Vergleich ausgewählter Variablen in Berlin (West), München Stadt und in den Kreisen mit den niedrigsten bzw. höchsten Anteilen an Frauen mit Hochschul-/Fachhochschulreife

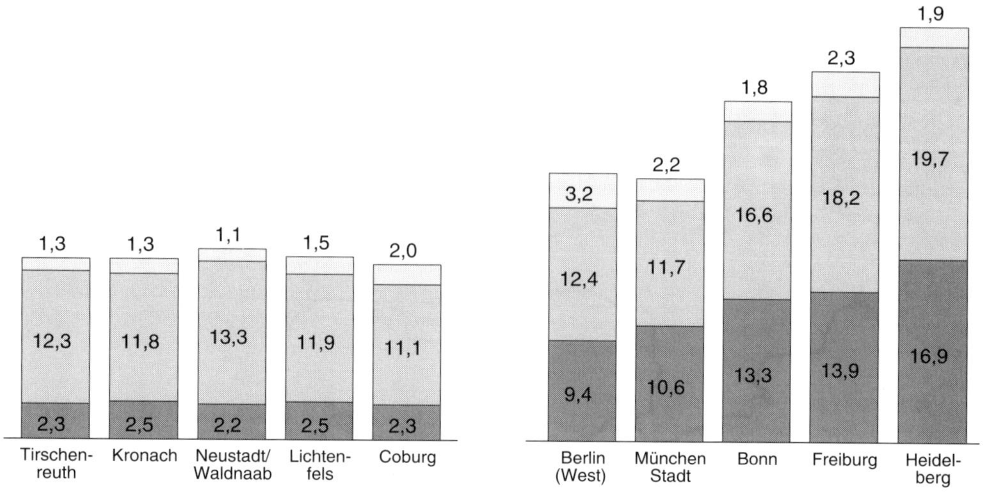

Ehescheidungen pro 1000 Einwohner 1986

Prozentanteil der Schülerinnen und Studentinnen an der weiblichen Bevölkerung 1987

Prozentanteil der Frauen mit höchstem berufsbildenden Schulabschluß Hochschule in der Altersgruppe der 15- bis 64jährigen Frauen 1987

Mittelwerte der Standardvariablen in Kreisen mit sehr niedrigen bis sehr hohen Anteilen an Frauen mit Hochschul-/Fachhochschulreife

Standardvariablen	Anteile Frauen m. Hochschul-/Fachhochschulreife sehr niedrig	niedrig	hoch	sehr hoch
Lebendgeborene pro 1000 Einwohner 1986	11,3	10,6	9,6	9,5
0-5jährige pro 100 Einwohner 1986	6,8	6,2	5,5	5,2
Kindergartenplätze pro 100 3-5jährige 1986	63,5	80,3	83,1	93,2
Quartanerquote 1989	45,2	59,9	68,2	75,8
Zuzüge pro 100 Fortzüge der 18-24jährigen 1986	88,4	100,4	121,0	144,2
Erwerbstätigenanteil der 30-39jährigen Frauen 1987 (in %)	56,3	52,0	57,0	59,9
Erwerbstätigenanteil der 40-49jährigen Frauen 1987 (in %)	53,4	51,1	56,9	60,7

Datenquelle: DJI-Regionaldatenbank

Bertram, Bayer, Bauereiß: Familien-Atlas, Opladen 1993

Bildungsabschluß Hochschul-/Fachhochschulreife - Frauen 1987

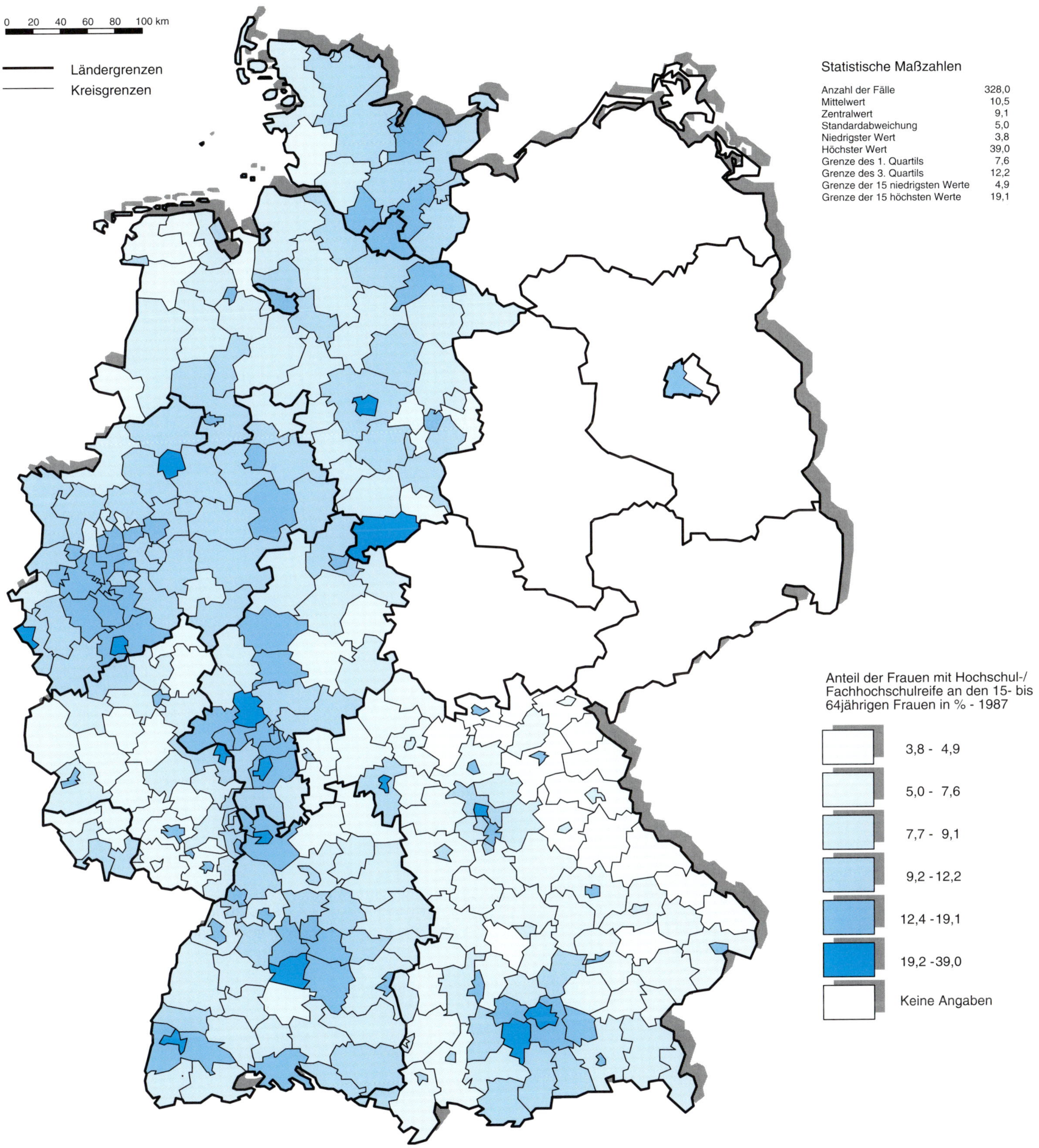

Statistische Maßzahlen

Anzahl der Fälle	328,0
Mittelwert	10,5
Zentralwert	9,1
Standardabweichung	5,0
Niedrigster Wert	3,8
Höchster Wert	39,0
Grenze des 1. Quartils	7,6
Grenze des 3. Quartils	12,2
Grenze der 15 niedrigsten Werte	4,9
Grenze der 15 höchsten Werte	19,1

Quelle: DJI-Regionaldatenbank, auf der Basis absoluter Zahlen der Statistischen Landesämter

Schleswig-
Holstein
Mecklenburg-
Vorpommern
Hamburg
Bremen
Nieder-
sachsen
Berlin
Brandenburg
Sachsen-
Anhalt
Nordrhein-
Westfalen
Sachsen
Thüringen
Hessen
Rheinland-
Pfalz
Saarland
Bayern
Baden-
Württemberg

Sozialhilfeempfänger und -empfängerinnen - Kinder 1986

Kreise mit den niedrigsten Werten

Kreise	Kreisnr.	Werte*
Eichstätt	9176	0,6
Neustadt/Waldnaab	9374	0,6
Ebersberg	9175	0,8
Dingolfing-Landau	9279	1,1
Pfaffenhofen/Ilm	9186	1,2

*) Werte siehe Kartenlegende

Kreise mit den höchsten Werten

Kreise	Kreisnr.	Werte*
Freiburg	8311	15,0
Offenbach Stadt	6413	15,3
Mönchengladbach	5116	15,7
Hamburg	2000	17,3
Oldenburg Stadt	3403	23,6

Sozialhilfeempfänger/-innen nach Altersgruppen in Berlin (West), München Stadt und in den Kreisen mit den niedrigsten bzw. höchsten Anteilen an Sozialhilfeempfängern/-empfängerinnen** unter 7 Jahren**

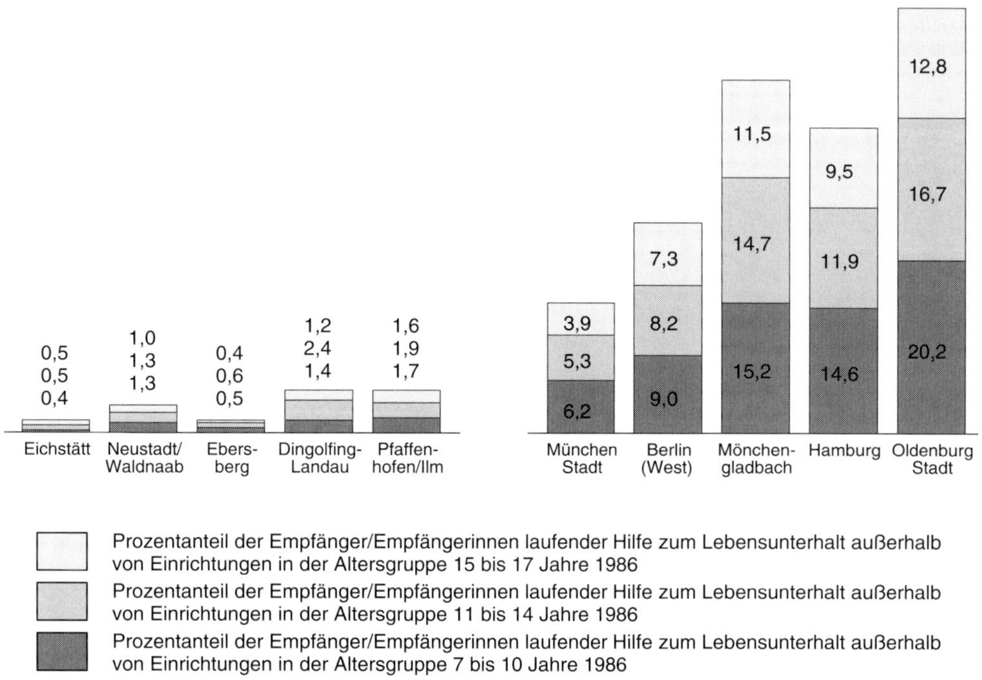

**) Nur Empfänger/-innen laufender Hilfe zum Lebensunterhalt außerhalb von Einrichtungen

Mittelwerte der Standardvariablen in Kreisen mit sehr niedrigen bis sehr hohen Anteilen an Sozialhilfeempfängern/-empfängerinnen unter 7 Jahren**

	Anteile Sozialhilfeempf.** (unter 7 Jahren)			
Standardvariablen	sehr niedrig	niedrig	hoch	sehr hoch
Lebendgeborene pro 1000 Einwohner 1986	12,2	10,6	9,8	9,2
0-5jährige pro 100 Einwohner 1986	7,3	6,2	5,5	5,2
Kindergartenplätze pro 100 3-5jährige 1986	62,8	87,7	77,3	82,5
Quartanerquote 1989	46,5	61,4	66,8	65,4
Zuzüge pro 100 Fortzüge der 18-24jährigen 1986	96,3	102,4	115,3	125,2
Erwerbstätigenanteil der 30-39jährigen Frauen 1987 (in %)	52,3	53,5	53,3	55,4
Erwerbstätigenanteil der 40-49jährigen Frauen 1987 (in %)	50,6	52,3	52,2	56,1

Datenquelle: DJI-Regionaldatenbank

Bertram, Bayer, Bauereiß: Familien-Atlas, Opladen 1993

Der Anteil der Empfänger laufender Hilfe zum Lebensunterhalt an den Kindern unter sieben Jahren zeigt in den alten Bundesländern einerseits eine Stadt/-Land-Differenz und andererseits ein starkes Nord-Süd-Gefälle. So liegt beispielsweise in einem süddeutschen ländlichen Kreis wie Eichstätt der Anteil bei 0,6 % gegenüber norddeutschen Städten wie z.B. Hamburg mit 17 % oder Oldenburg mit fast 24 %. Diese extreme Differenz kann im einzelnen hier nicht erläutert werden, es wird jedoch deutlich, daß sich die Lebensbedingungen für Kinder zwischen Nord- und Süddeutschland sowie zwischen ländlichen und städtischen Regionen sehr unterschiedlich gestalten.

In Rheinland-Pfalz, Baden-Württemberg und insbesondere in Bayern bedürfen Familien in geringerem Maße staatlicher Unterstützungsleistungen für den Familienunterhalt bzw. nehmen diese seltener in Anspruch, während Eltern in West- und Norddeutschland, insbesondere in den Städten, häufiger durch diese Leistung Unterstützung suchen und finden. Der Bedarf an sozialer Unterstützung hängt sicherlich mit dem Anteil der Geschiedenen bzw. Alleinerziehenden zusammen, wobei hinsichtlich der Bereitschaft, sich um Sozialhilfe zu bemühen, auch kulturelle Traditionen eine Rolle spielen. Durch die Wertorientierungen und Einstellungen der konservativen ländlichen Regionen im Süden wird gegenüber der individualisierteren Kultur Norddeutschlands der Familienunterhalt eher als ausschließliche Familienpflicht betrachtet.

Die Einkommensunterschiede und die Kaufkraft können hinsichtlich der Differenz nicht als erklärende Faktoren herangezogen werden, da Regionen mit geringen Anteilen an kindlichen Sozialhilfeempfängern eher zu den 'ärmeren' Regionen der alten Bundesländer gehören und nicht zu jenen, die eine überdurchschnittlich hohe Kaufkraft aufweisen wie z.B. Hamburg oder Berlin.

Sozialhilfeempfänger und -empfängerinnen - Kinder 1986

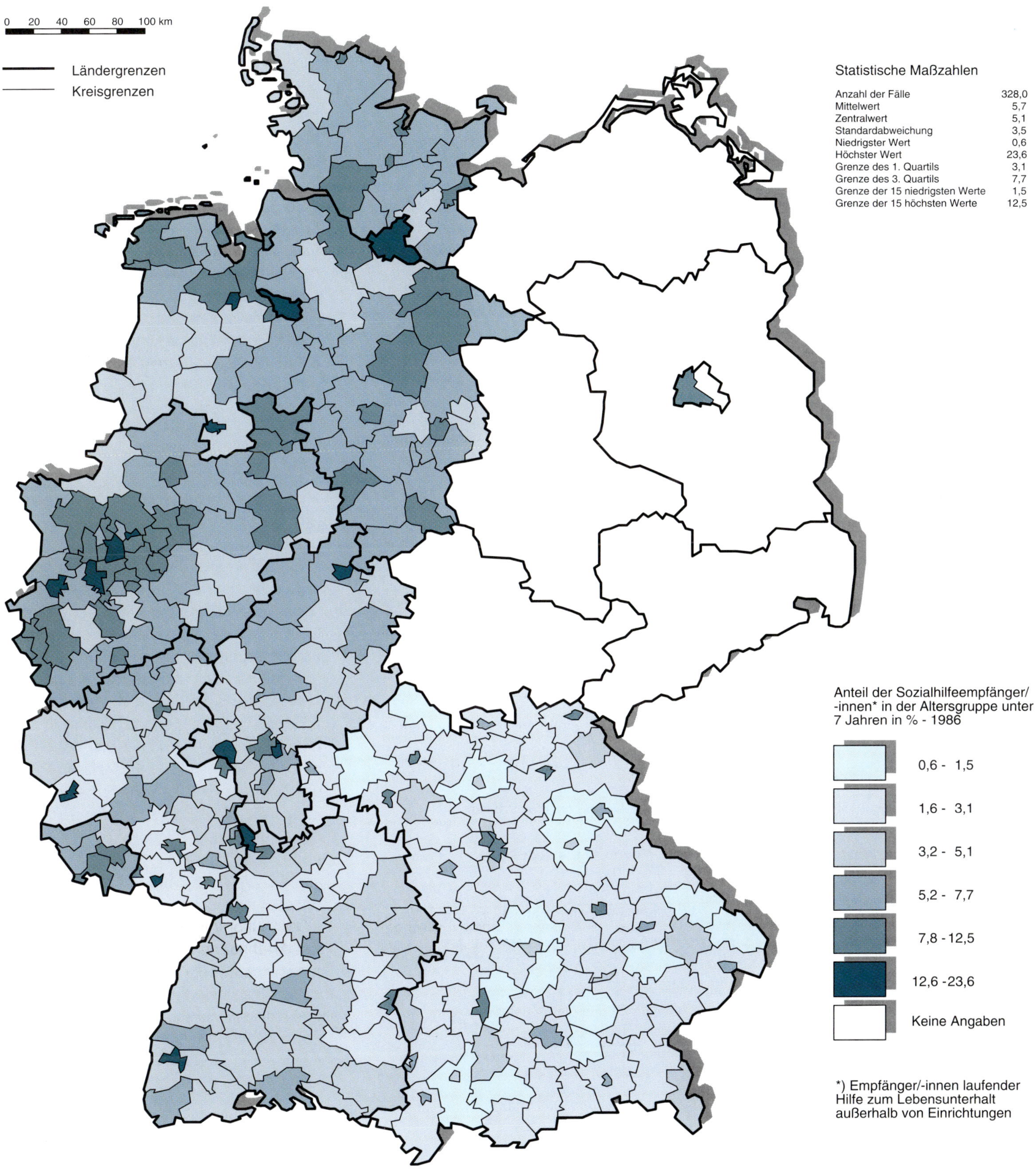

Quelle: DJI-Regionaldatenbank, auf der Basis absoluter Zahlen der Statistischen Landesämter

Sozialhilfeempfänger und -empfängerinnen - Kinder und Jugendliche 1986

Kreise mit den niedrigsten Werten

Kreise	Kreisnr.	Werte*
Eichstätt	9176	0,5
Ebersberg	9175	0,6
Neustadt/Waldnaab	9374	1,0
Rhön-Grabfeld	9673	1,1
Weilheim-Schongau	9190	1,3

*) Werte siehe Kartenlegende

Kreise mit den höchsten Werten

Kreise	Kreisnr.	Werte*
Essen	5113	13,9
Hamburg	2000	13,9
Kassel Stadt	6611	14,2
Mönchengladbach	5116	14,5
Oldenburg Stadt	3403	19,0

Vergleich ausgewählter Variablen in Berlin (West), München Stadt und in den Kreisen mit den niedrigsten bzw. höchsten Anteilen an Sozialhilfeempfängern/-empfängerinnen unter 18 Jahren**

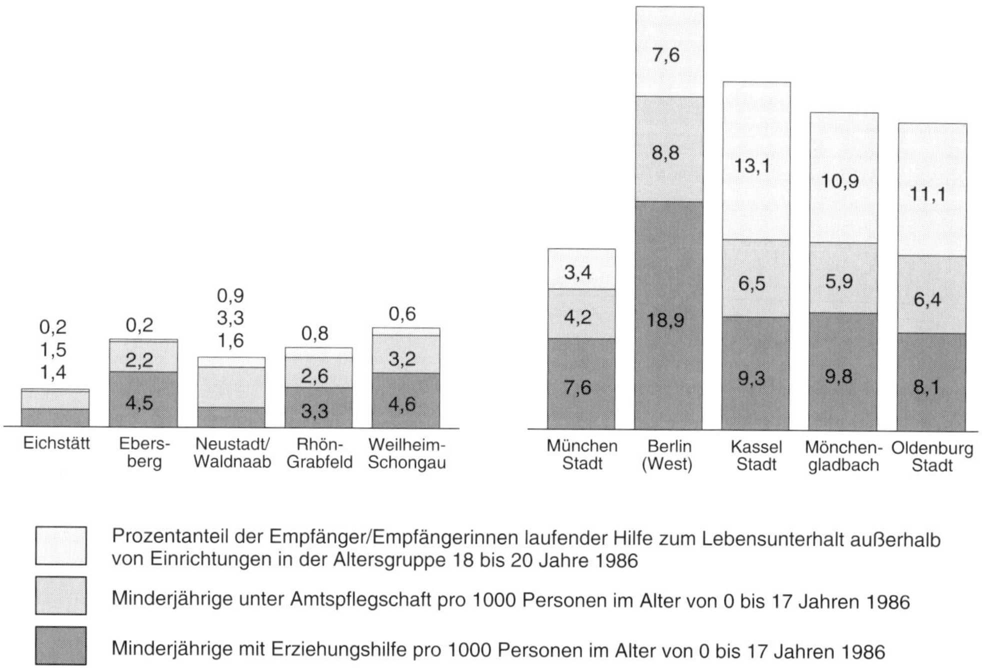

**) Nur Empfänger/-innen laufender Hilfe zum Lebensunterhalt außerhalb von Einrichtungen

Mittelwerte der Standardvariablen in Kreisen mit sehr niedrigen bis sehr hohen Anteilen an Sozialhilfeempfängern/-empfängerinnen unter 18 Jahren**

Standardvariablen	Anteile Sozialhilfeemp.** unter 18 Jahren sehr niedrig	niedrig	hoch	sehr hoch
Lebendgeborene pro 1000 Einwohner 1986	11,9	10,6	9,8	9,4
0-5jährige pro 100 Einwohner 1986	7,1	6,3	5,5	5,2
Kindergartenplätze pro 100 3-5jährige 1986	77,4	87,5	76,0	83,1
Quartanerquote 1989	45,0	60,8	66,9	65,1
Zuzüge pro 100 Fortzüge der 18-24jährigen 1986	95,2	101,8	115,2	121,5
Erwerbstätigenanteil der 30-39jährigen Frauen 1987 (in %)	55,2	53,4	52,1	55,4
Erwerbstätigenanteil der 40-49jährigen Frauen 1987 (in %)	55,1	51,8	50,6	56,6

Datenquelle: DJI-Regionaldatenbank

Bertram, Bayer, Bauereiß: Familien-Atlas, Opladen 1993

Das Nord-Süd-Gefälle sowie die Differenz zwischen städtischen und ländlichen Regionen bleibt auch beim Anteil der Empfänger laufender Hilfe zum Lebensunterhalt an den unter 18jährigen bestehen. In den süddeutschen ländlichen Kreisen liegen die Anteile um 1 %, in den dortigen Städten, z.B. in Regensburg, Nürnberg, München, Freiburg, Karlsruhe oder Heidelberg liegen sie mit ca. 5 % etwas höher. In den nördlichen Städten, z.B. in Oldenburg, Mönchengladbach und Hamburg, liegen die Anteile zwischen 14 und 19 %.

Ähnlich wie bei der vorhergehenden Karte zeigen sich in den Kreisen mit einem hohen Anteil an Empfängern laufender Hilfe zum Lebensunterhalt an den unter 18jährigen besonders niedrige Geburtenraten. Die vorliegenden Differenzen lassen sich weder durch eine unterschiedliche Politik der Sozialämter, noch durch die Einkommens- bzw. Finanzlage der Familien erklären. Hier spielen eher die traditionell intakten Familienstrukturen sowie verwandtschaftliche Stützungssysteme eine Rolle, die in den süddeutschen Regionen noch eher bestehen und Hilfeleistungen geben sowie Notfälle auffangen können. In der individualisierteren Kultur Nord- und Westdeutschlands sind diese Strukturen anscheinend in diesem Umfang nicht mehr gegeben. Dort werden auch andere staatliche Unterstützungsleistungen wie z.B. Amtspflegeschaft und Erziehungshilfe stärker in Anspruch genommen.

Der Anstieg der Sozialhilfeempfänger unter Kindern und Jugendlichen, auch in den Städten, scheint die These von Robert Bellah und James Coleman zu belegen, daß Hilfe und Unterstützung im familiären Rahmen an bestimmte kulturelle Traditionen gebunden und in urbanen Zentren besonders gefährdet sind.

Sozialhilfeempfänger und -empfängerinnen - Kinder und Jugendliche 1986

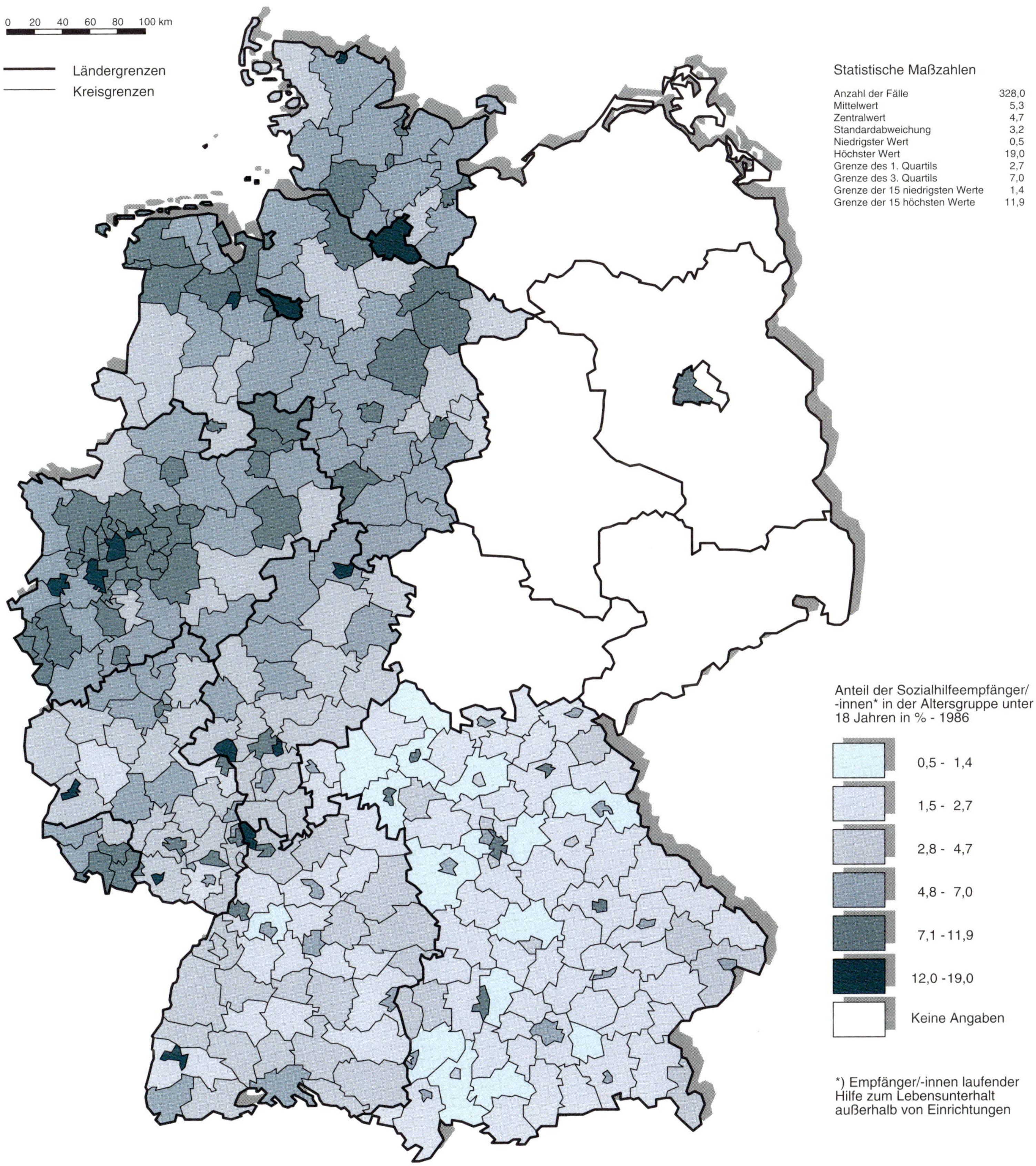

Statistische Maßzahlen

Anzahl der Fälle	328,0
Mittelwert	5,3
Zentralwert	4,7
Standardabweichung	3,2
Niedrigster Wert	0,5
Höchster Wert	19,0
Grenze des 1. Quartils	2,7
Grenze des 3. Quartils	7,0
Grenze der 15 niedrigsten Werte	1,4
Grenze der 15 höchsten Werte	11,9

*) Empfänger/-innen laufender Hilfe zum Lebensunterhalt außerhalb von Einrichtungen

Quelle: DJI-Regionaldatenbank, auf der Basis absoluter Zahlen der Statistischen Landesämter

Sozialhilfeempfänger und -empfängerinnen (21 bis 24 Jahre) 1986

Kreise mit den niedrigsten Werten

Kreise	Kreisnr.	Werte*
Eichstätt	9176	0,4
Ebersberg	9175	0,5
Neuburg-Schrobenh.	9185	0,7
Erding	9177	0,7
München	9184	0,8

*) Werte siehe Kartenlegende

Kreise mit den höchsten Werten

Kreise	Kreisnr.	Werte*
Flensburg	1001	9,8
Oldenburg Stadt	3403	11,1
Hamburg	2000	11,2
Bremen	4011	11,3
Kassel Stadt	6611	13,1

Vergleich ausgewählter Variablen in Berlin (West), München Stadt und in den Kreisen mit den niedrigsten bzw. höchsten Anteilen an Sozialhilfeempfängern/-empfängerinnen in der Altersgruppe 21 bis 24 Jahre**

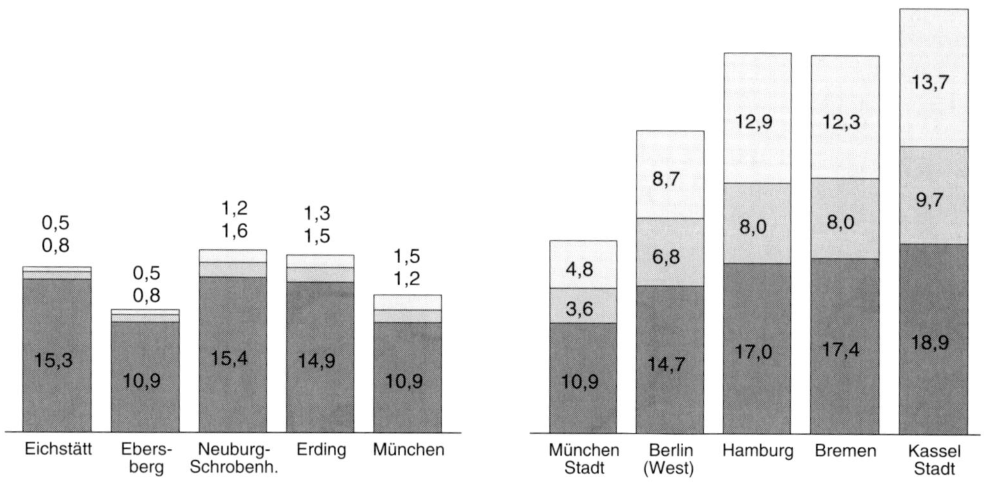

- Prozentanteil der Empfänger/Empfängerinnen laufender Hilfe zum Lebensunterhalt außerhalb von Einrichtungen in der Altersgruppe 0 bis 24 Jahre 1986
- Prozentanteil der Empfänger/Empfängerinnen laufender Hilfe zum Lebensunterhalt außerhalb von Einrichtungen in der Altersgruppe 11 bis 14 Jahre 1986
- Prozentanteil der Arbeitslosen von 20 bis 24 Jahren an den Arbeitslosen insgesamt 1986

**) Nur Empfänger/-innen laufender Hilfe zum Lebensunterhalt außerhalb von Einrichtungen

Mittelwerte der Standardvariablen in Kreisen mit sehr niedrigen bis sehr hohen Anteilen an Sozialhilfeempfängern/-empfängerinnen in der Altersgruppe 21 bis 24 Jahre**

	Anteile Sozialhilfeempf.** (21 bis 24 Jahre)			
Standardvariablen	sehr niedrig	niedrig	hoch	sehr hoch
Lebendgeborene pro 1000 Einwohner 1986	11,7	10,7	9,8	9,3
0-5jährige pro 100 Einwohner 1986	6,9	6,3	5,6	5,2
Kindergartenplätze pro 100 3-5jährige 1986	68,9	87,4	75,6	75,1
Quartanerquote 1989	49,9	60,0	66,1	66,4
Zuzüge pro 100 Fortzüge der 18-24jährigen 1986	98,3	104,0	110,0	123,7
Erwerbstätigenanteil der 30-39jährigen Frauen 1987 (in %)	55,8	53,1	52,4	56,1
Erwerbstätigenanteil der 40-49jährigen Frauen 1987 (in %)	56,5	51,6	50,8	58,1

Datenquelle: DJI-Regionaldatenbank

Bertram, Bayer, Bauereiß: Familien-Atlas, Opladen 1993

Anspruch auf Sozialhilfe hat jeder, der sich in einer Notlage befindet, die er nicht aus eigenen Kräften und Mitteln beheben kann. Die Ausgaben für Sozialhilfe haben sich in den vergangenen zwanzig Jahren enorm erhöht, wobei die Ausgaben für die Gruppe der jungen Erwachsenen eine überproportional hohe Steigerung erfahren hat.

Die Bedeutung der kulturellen und regionalen Einflüsse bei der Sozialhilfe, die in den beiden vorhergehenden Karten bereits aufgezeigt wurde, bestätigt sich auch beim Anteil der Sozialhilfeempfänger in der Gruppe der 21- bis 24jährigen. Die höchsten Anteile haben wiederum die urbanen Zentren sowie Kreise in Nord- und Westdeutschland, während die Anteile insbesondere in Bayern, aber auch in Baden-Württemberg besonders niedrig sind.

Bei dieser Altersgruppe liegt die Vermutung nahe, daß die Arbeitslosigkeit die Hauptursache für die Gewährung laufender Hilfe zum Lebensunterhalt ist. 1986 erhält ein Drittel der Haushalte von Sozialhilfeempfängern diese Hilfe aufgrund von Arbeitslosigkeit.
Bei der Betrachtung der Extremkreise schlägt jedoch der Faktor 'Arbeitslosigkeit bei den jungen Erwachsenen' nicht in dem zu erwartenden Umfang durch, und die enormen regionalen Unterschiede lassen sich nicht damit erklären. So liegt z.B. in Eichstätt, mit 0,4 % der Kreis mit dem niedrigsten Anteil an Empfängern laufender Hilfe zum Lebensunterhalt im Alter von 21 bis 24 Jahren, der Anteil dieser Altersgruppe an den Arbeitslosen bei mehr als 15 %. Der entsprechende Wert liegt in der Stadt Kassel, mit 13,1 % der Kreis mit dem höchsten Anteil an Empfängern laufender Hilfe zum Lebensunterhalts im Alter von 21 bis 24 Jahren, auch 'nur' bei knapp 19 %

Sozialhilfeempfänger und -empfängerinnen (21 bis 24 Jahre) 1986

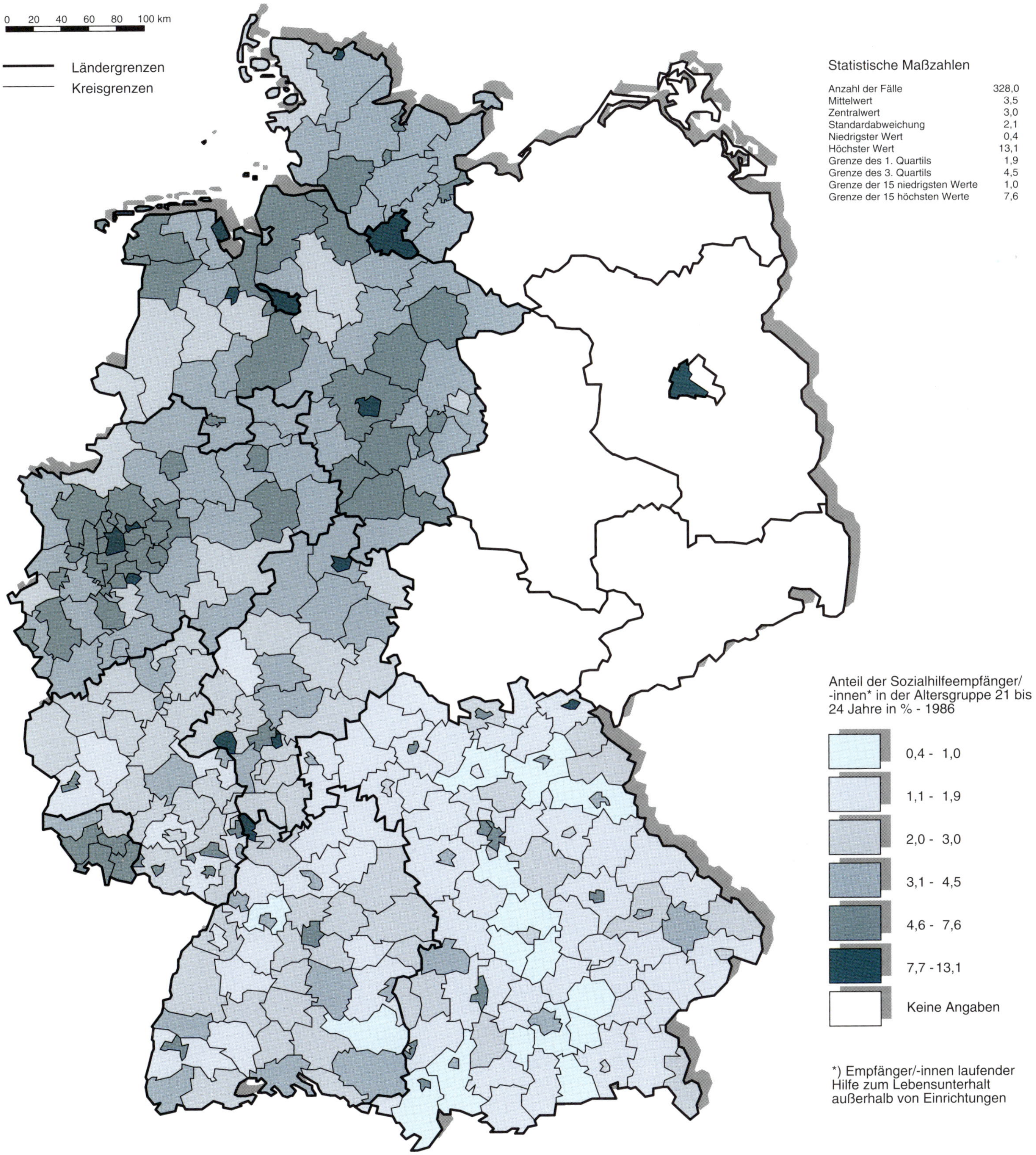

Statistische Maßzahlen

Anzahl der Fälle	328,0
Mittelwert	3,5
Zentralwert	3,0
Standardabweichung	2,1
Niedrigster Wert	0,4
Höchster Wert	13,1
Grenze des 1. Quartils	1,9
Grenze des 3. Quartils	4,5
Grenze der 15 niedrigsten Werte	1,0
Grenze der 15 höchsten Werte	7,6

Quelle: DJI-Regionaldatenbank, auf der Basis absoluter Zahlen der Statistischen Landesämter

Sozialhilfeempfänger und -empfängerinnen - Gesamtbevölkerung 1986

Kreise mit den niedrigsten Werten

Kreise	Kreisnr.	Werte*
Eichstätt	9176	0,4
Ebersberg	9175	0,5
Enzkreis	8236	0,7
Rhön-Grabfeld	9673	0,8
Fürth	9573	0,8

*) Werte siehe Kartenlegende

Kreise mit den höchsten Werten

Kreise	Kreisnr.	Werte*
Bremen	4011	7,8
Offenbach Stadt	6413	8,0
Flensburg	1001	8,3
Oldenburg Stadt	3403	9,0
Kassel Stadt	6611	9,0

Vergleich ausgewählter Variablen in Berlin (West), München Stadt und in den Kreisen mit den niedrigsten bzw. höchsten Anteilen an Sozialhilfeempfängern/-empfängerinnen an der Gesamtbevölkerung**

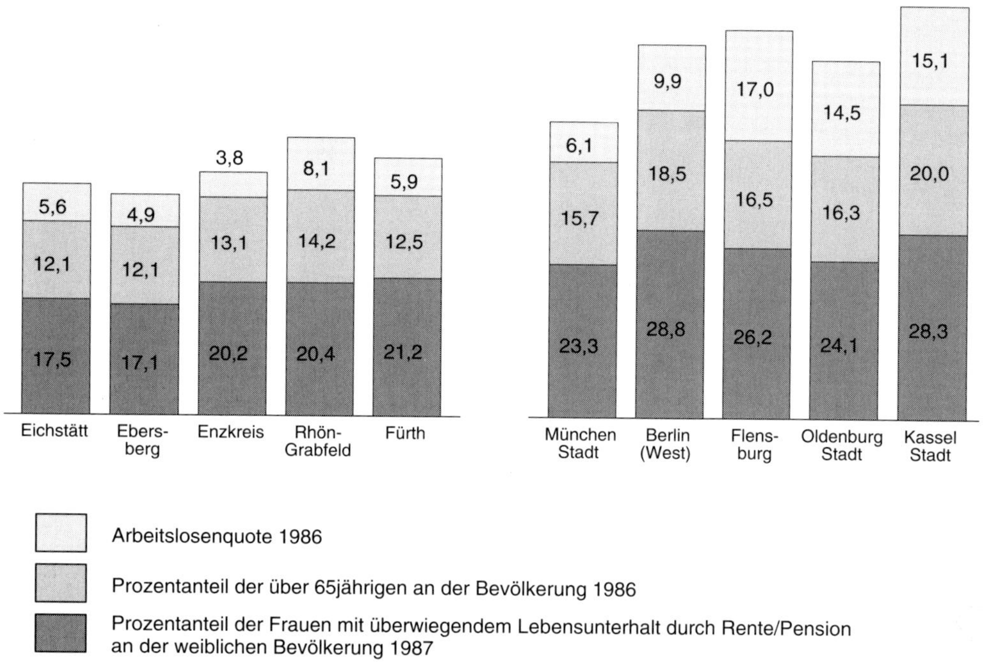

**) Nur Empfänger/-innen laufender Hilfe zum Lebensunterhalt außerhalb von Einrichtungen

Mittelwerte der Standardvariablen in Kreisen mit sehr niedrigen bis sehr hohen Anteilen an Sozialhilfeempfängern/-empfängerinnen an der Gesamtbevölkerung**

Standardvariablen	Anteile Sozialhilfeempf.** a.d. Gesamtbevölkerung			
	sehr niedrig	niedrig	hoch	sehr hoch
Lebendgeborene pro 1000 Einwohner 1986	11,7	10,6	9,9	9,4
0-5jährige pro 100 Einwohner 1986	7,0	6,2	5,6	5,2
Kindergartenplätze pro 100 3-5jährige 1986	76,0	86,8	77,9	77,6
Quartanerquote 1989	45,8	61,3	66,0	66,9
Zuzüge pro 100 Fortzüge der 18-24jährigen 1986	93,6	100,9	111,1	124,4
Erwerbstätigenanteil der 30-39jährigen Frauen 1987 (in %)	56,4	53,3	51,6	55,6
Erwerbstätigenanteil der 40-49jährigen Frauen 1987 (in %)	56,6	51,8	49,6	57,2

Datenquelle: DJI-Regionaldatenbank

Bertram, Bayer, Bauereiß: Familien-Atlas, Opladen 1993

1986 werden insgesamt 3,4 Mio. Personen durch Sozialhilfe unterstützt. Davon beziehen 2,2 Mio. laufende Hilfe zum Lebensunterhalt und 1,2 Mio. Hilfe in besonderen Lebenslagen. Auf dem Gebiet der alten Bundesländer erhalten somit 3,7 % der Bevölkerung laufende Hilfe zum Lebensunterhalt.
Das Nord-Süd-Gefälle sowie die Stadt/-Land-Differenz hinsichtlich der Sozialhilfeempfänger zeigt sich nicht nur bei der altersspezifischen Betrachtung der jüngeren Jahrgänge bis 25 Jahre. In norddeutschen Städten wie z.B. Oldenburg oder Kassel ist jeder elfte Einwohner Empfänger laufender Hilfe zum Lebensunterhalt, während es in ländlich südlichen Kreisen wie Eichstätt oder Ebersberg nur einer von zweihundert ist.

Bei der allgemeinen Betrachtung der Sozialhilfeempfänger zeigt sich wiederum, daß unterschiedliche Faktoren die Bereitschaft, Sozialhilfe in Anspruch zu nehmen, bedingen bzw. die Bedürftigkeit verursachen. Es zeigt sich, daß die Arbeitslosigkeit in einem Kreis zwar nicht die Anzahl der Sozialhilfeempfänger bestimmt, aber die Kreise mit den höchsten Anteilen an Empfängern laufender Hilfe zum Lebensunterhalt haben überproportional hohe Arbeitslosenquoten von bis zu 17 %. Desweiteren zeigt die Altersstruktur der Bevölkerung in einem Kreis, daß die erhöhte Hilfebedürftigkeit der älteren Menschen einen gewissen Einfluß auf die Sozialhilfeempfängerquote hat.

Neben diesen mehr bedürfnisorientierten Gesichtspunkten treten hinsichtlich der Bereitschaft,Sozialhilfe in Anspruch zu nehmen, die Bedeutung des verwandtschaftlichen Unterstützungssystems sowie die kulturellen Besonderheiten hinzu. Im Hinblick auf die regional extremen Unterschiede sollten bei den gegenwärtig sehr ökonomisch geführten Diskussionen um Armut, die in der Regel durch den Sozialhilfesatz definiert wird, diese Punkte miteinfließen. Ansonsten würde das Modell der 'Zwei-Drittel-Gesellschaft' fälschlicherweise nur Nord- und Westdeutschland sowie den urbanen Zentren zugeschrieben werden.

Sozialhilfeempfänger und -empfängerinnen - Gesamtbevölkerung 1986

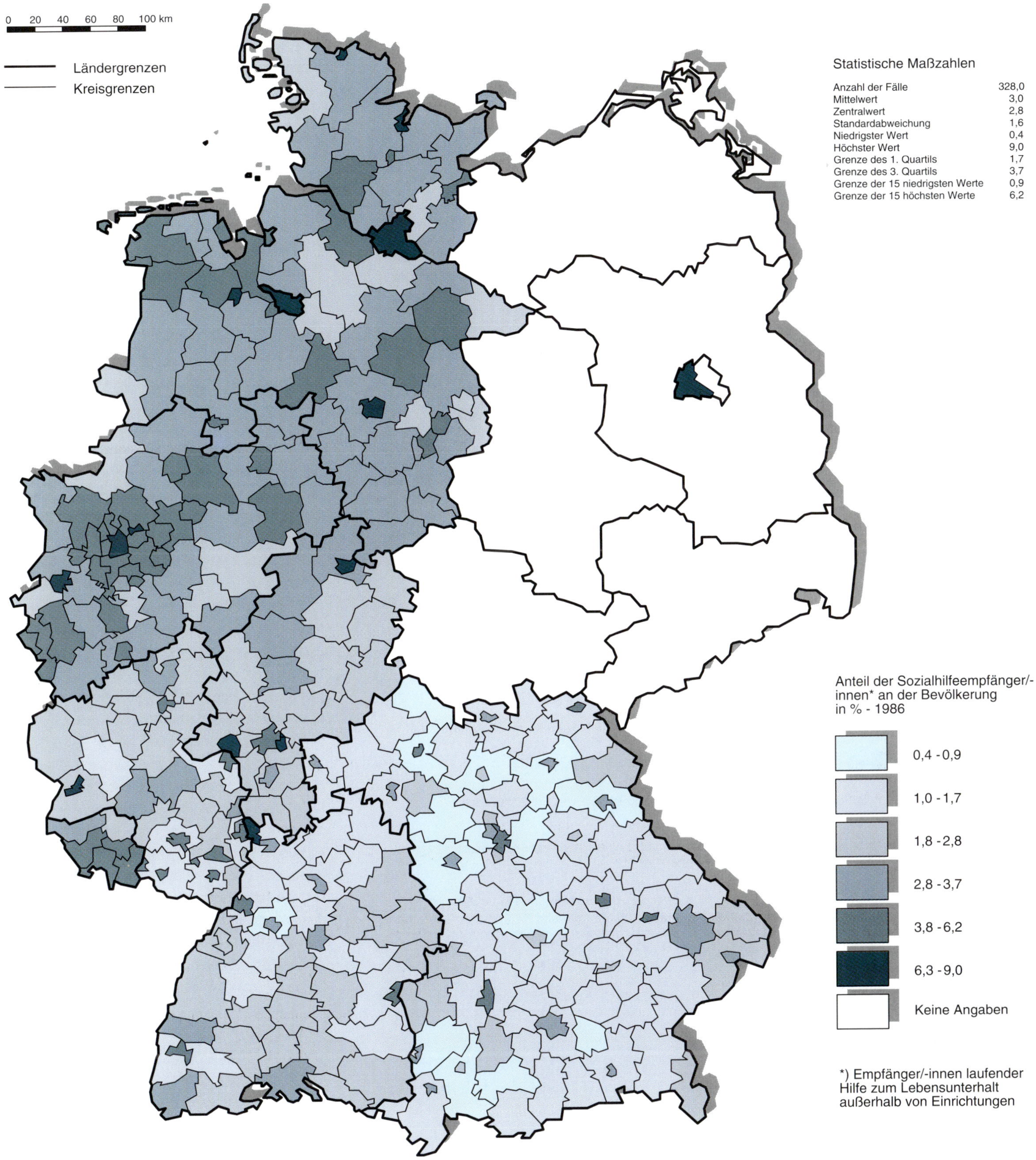

Statistische Maßzahlen

Anzahl der Fälle	328,0
Mittelwert	3,0
Zentralwert	2,8
Standardabweichung	1,6
Niedrigster Wert	0,4
Höchster Wert	9,0
Grenze des 1. Quartils	1,7
Grenze des 3. Quartils	3,7
Grenze der 15 niedrigsten Werte	0,9
Grenze der 15 höchsten Werte	6,2

*) Empfänger/-innen laufender Hilfe zum Lebensunterhalt außerhalb von Einrichtungen

Quelle: DJI-Regionaldatenbank, auf der Basis absoluter Zahlen der Statistischen Landesämter

Sozialhilfe und Haushalte 1986

Kreise mit den niedrigsten Werten

Kreise	Kreisnr.	Werte*
Eichstätt	9176	0,9
Enzkreis	8236	1,1
Ebersberg	9175	1,1
Fürth	9573	1,3
Bamberg	9471	1,4

*) Werte siehe Kartenlegende

Kreise mit den höchsten Werten

Kreise	Kreisnr.	Werte*
Offenbach Stadt	6413	9,7
Oldenburg Stadt	3403	10,2
Bremen	4011	10,4
Flensburg	1001	10,7
Kassel Stadt	6611	12,0

Vergleich ausgewählter Variablen in Berlin (West), München Stadt und in den Kreisen mit den niedrigsten bzw. höchsten Anteilen an Haushalten mit Sozialhilfeempfängern/-innen**

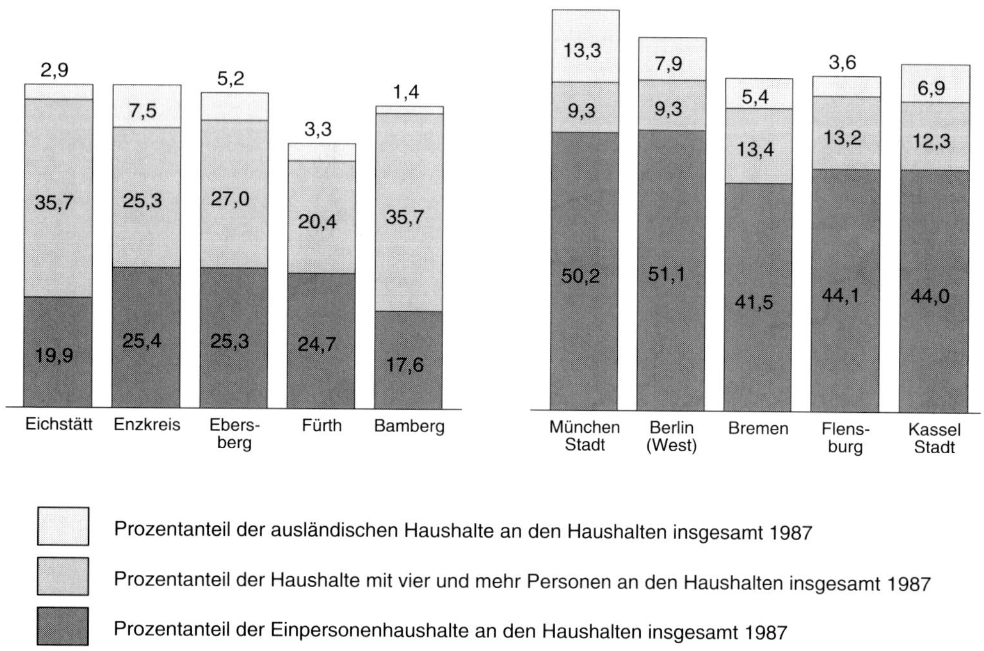

**) Nur Empfänger/-innen laufender Hilfe zum Lebensunterhalt außerhalb von Einrichtungen

Mittelwerte der Standardvariablen in Kreisen mit sehr niedrigen bis sehr hohen Anteilen an Haushalten mit Sozialhilfeempfängern/-innen**

Standardvariablen	Anteile Haushalte mit Sozialhilfeempf. ** sehr niedrig	niedrig	hoch	sehr hoch
Lebendgeborene pro 1000 Einwohner 1986	11,3	10,7	10,1	9,5
0-5jährige pro 100 Einwohner 1986	6,8	6,3	5,7	5,3
Kindergartenplätze pro 100 3-5jährige 1986	84,5	76,4	77,3	72,2
Quartanerquote 1989	48,9	59,7	65,4	65,1
Zuzüge pro 100 Fortzüge der 18-24jährigen 1986	97,3	100,6	110,7	124,6
Erwerbstätigenanteil der 30-39jährigen Frauen 1987 (in %)	56,1	53,1	51,8	52,7
Erwerbstätigenanteil der 40-49jährigen Frauen 1987 (in %)	55,7	51,8	49,6	53,9

Datenquelle: DJI-Regionaldatenbank

Bertram, Bayer, Bauereiß: Familien-Atlas, Opladen 1993

In den letzten zwanzig Jahren hat sich die Anzahl der Haushalte mit Empfängern laufender Hilfe zum Lebensunterhalt verfünffacht. Nimmt man als Untersuchungseinheiten hinsichtlich der Sozialhilfe die Haushalte, wiederholt sich das regionale Muster: in norddeutschen Städten wie Oldenburg, Bremen und Flensburg erhält jeder zehnte Haushalt Sozialhilfe, während es in den südlichen ländlichen Kreisen wie z.B. in Eichstätt, im Enzkreis oder in Ebersberg nur einer von hundert ist.

Welche Bedeutung die kulturellen und familialen Faktoren für die Verteilung der Sozialhilfe haben, zeigt der Zusammenhang zwischen Sozialhilfe und Haushaltungen. Die Kreise mit den höchsten Anteilen an Haushalten mit Sozialhilfe haben überproportional hohe Anteile an Einpersonenhaushalten. Spiegelbildlich dazu haben die Kreise mit den niedrigsten Anteilen an Sozialhilfe sehr hohe Anteile an Haushalten mit vier und mehr Personen. Der Anteil dieser Mehrpersonenhaushalte in den Kreisen mit weniger Sozialhilfe empfangenden Haushalten ist mehr als dreimal so hoch als in den Städten Bremen, Flensburg oder Kassel. Der Anteil der ausländischen Haushalte zeigt jedoch keinen direkten Einfluß auf die Anzahl der durch Sozialhilfe unterstützten Haushalte.

Überraschenderweise fließen hohe staatliche Zuwendungen nicht in die ländlichen Kreise mit den höheren Anteilen an Mehrpersonenhaushalten und einer entsprechend geringeren Kaufkraft, sondern vorwiegend in die Kreise, d.h. Städte, die u.a. durch eine geringe Anzahl an Kindern und durch gut verdienende Singles über eine überdurchschnittlich hohe Kaufkraft verfügen. Das weist daraufhin, daß es in diesen Städten Bevölkerungsgruppen gibt, die von diesem Wohlstand nicht profitieren können und leicht unter die 'Sozialhilfegrenze' fallen.

Sozialhilfe und Haushalte 1986

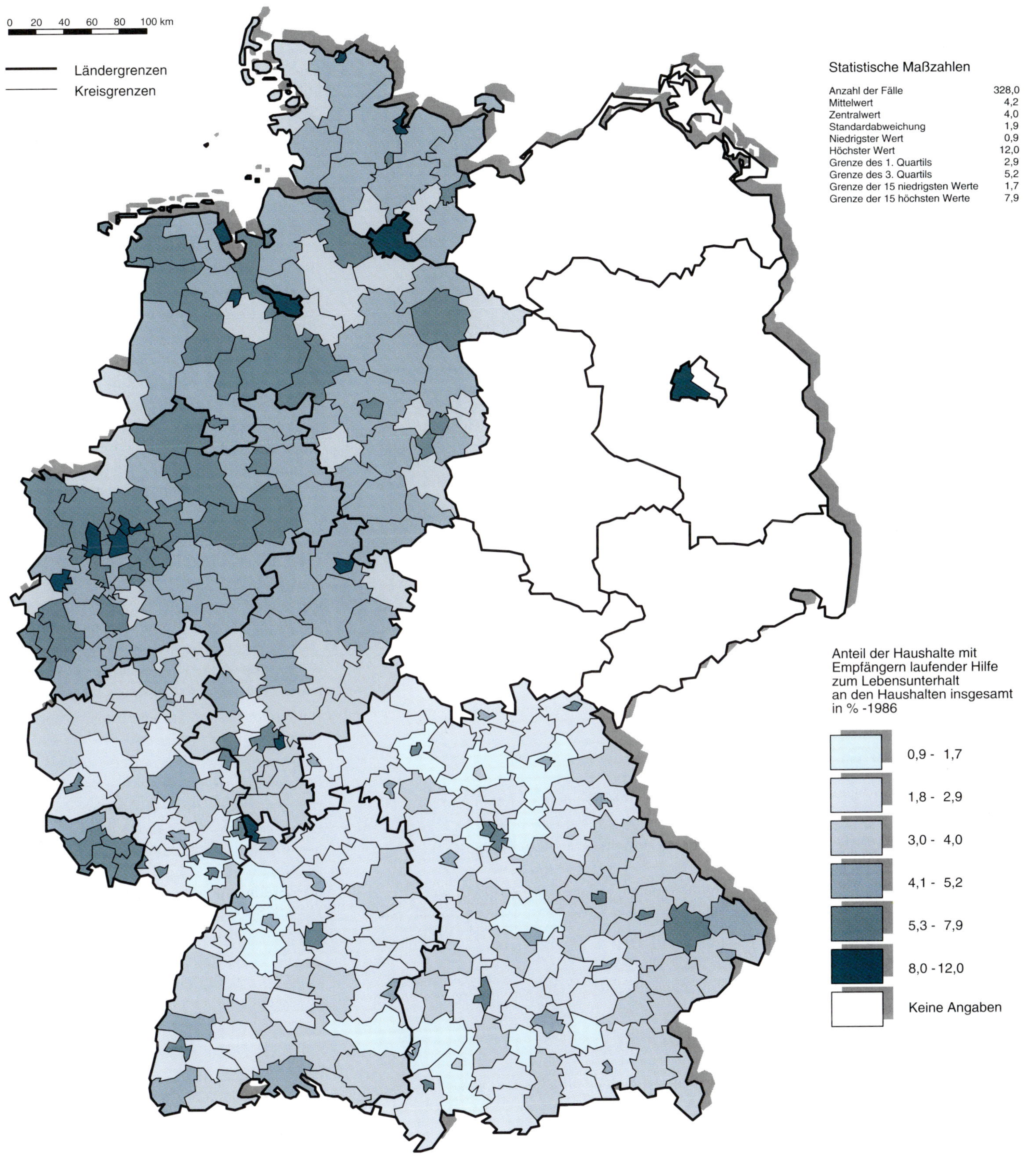

Statistische Maßzahlen

Anzahl der Fälle	328,0
Mittelwert	4,2
Zentralwert	4,0
Standardabweichung	1,9
Niedrigster Wert	0,9
Höchster Wert	12,0
Grenze des 1. Quartils	2,9
Grenze des 3. Quartils	5,2
Grenze der 15 niedrigsten Werte	1,7
Grenze der 15 höchsten Werte	7,9

Quelle: DJI-Regionaldatenbank, auf der Basis absoluter Zahlen der Statistischen Landesämter

Aufwendungen für Sozialhilfe 1986

Kreise mit den niedrigsten Werten

Kreise	Kreisnr.	Werte*
Eichstätt	9176	19,7
Unterallgäu	9778	20,2
Rhön-Grabfeld	9673	21,8
Fürth	9573	23,6
Schweinfurt	9678	25,2

*) Werte siehe Kartenlegende

Kreise mit den höchsten Werten

Kreise	Kreisnr.	Werte*
Kiel	1002	568,2
Flensburg	1001	618,6
Lübeck	1003	643,6
Hamburg	2000	772,8
Berlin (West)	11001	805,6

Vergleich ausgewählter Variablen in München Stadt und in den Kreisen mit den niedrigsten bzw. höchsten Aufwendungen für Sozialhilfe**

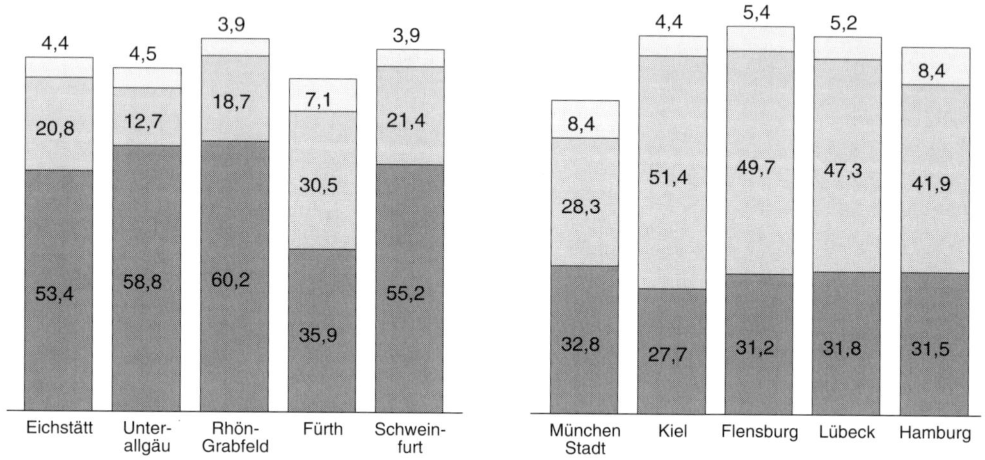

- Prozentanteil der Einkommensteuerpflichtigen mit einem Gesamtbetrag der Einkünfte von über 100 000 DM im Jahr an allen Einkommenssteuerpflichtigen 1986
- Stimmenanteil für die SPD bei der Europawahl 1989 (in Prozent)
- Stimmenanteil für die CDU/CSU bei der Europawahl 1989 (in Prozent)

**) Da für Berlin (West) keine Zahlen über die Stimmenanteile bei der Europawahl 1989 vorliegen, wurde es bei der Graphik nicht berücksichtigt

Mittelwerte der Standardvariablen in Kreisen mit sehr niedrigen bis sehr hohen Aufwendungen für Sozialhilfe

Standardvariablen	Aufwendungen für Sozialhilfe sehr niedrig	niedrig	hoch	sehr hoch
Lebendgeborene pro 1000 Einwohner 1986	11,3	10,6	9,6	9,2
0-5jährige pro 100 Einwohner 1986	6,8	6,1	5,5	5,1
Kindergartenplätze pro 100 3-5jährige 1986	79,2	94,8	68,5	71,5
Quartanerquote 1989	46,2	59,6	66,3	66,9
Zuzüge pro 100 Fortzüge der 18-24jährigen 1986	93,8	104,0	113,1	123,3
Erwerbstätigenanteil der 30-39jährigen Frauen 1987 (in %)	57,4	55,1	51,8	55,9
Erwerbstätigenanteil der 40-49jährigen Frauen 1987 (in %)	57,0	54,3	51,5	56,8

Datenquelle: DJI-Regionaldatenbank

Bertram, Bayer, Bauereiß: Familien-Atlas, Opladen 1993

Die Ausgaben für Sozialhilfe haben sich zwischen 1970 und 1986 von 3,3 auf 23,1 Mrd. DM erhöht, d.h., der Aufwand für Sozialhilfe je Einwohner ist in diesem Zeitraum bundesweit von 54 auf 380 DM angestiegen.

Es verwundert nicht, daß den bisherigen Analysen entsprechend der Aufwand für Sozialhilfe je Einwohner den bisher diskutierten Mustern des Nord-Süd-Gefälles und der Differenz zwischen städtischen und ländlichen Regionen deutlich folgt. So haben z.B. die Städte Hamburg und Berlin die höchsten Aufwendungen, während die Kreise mit den niedrigsten Aufwendungen ländlich geprägte Kreise in Bayern sind. Beim Vergleich der Aufwendungen müssen die unterschiedlichen länderspezifischen Regelsätze mitberücksichtigt werden.

Die höchst unterschiedliche Belastung der kommunalen Finanzen von ca. 20 - 25 DM bis zu 600 - 800 DM für Sozialhilfe je Einwohner führt einerseits zu ganz unterschiedlichen finanziellen Möglichkeiten in den einzelnen Regionen; andererseits wird deutlich, daß möglicherweise eine Sozialpolitik in den urbanen Zentren und auch in Norddeutschland, die auf die Stärkung familiärer und verwandtschaftlicher Bande hinausläuft, für die Kommunen sowie die für Landkreise langfristige Ersparnisse im Sozialhilfebereich nach sich ziehen kann. Die Diskussion um regionale Mentalitäten, regionale Kulturen und Traditionen und die Leistungen des Sozialstaates sollten einmal unter dieser Perspektive geführt werden.

Die stärkere Betonung der Familienleistungen, die Ausdruck einer bestimmten Lebensform sind, hätte zur Konsequenz, daß Hilfe und Unterstützung nicht nur dem Staat und den Kommunen überlassen werden, wie es bei den sozialstaatlichen Konzepten der Fall ist, die am Individuum orientiert sind und Hilfe und Unterstützungssysteme im familiären Kontext unterschätzen.

Aufwendungen für Sozialhilfe 1986

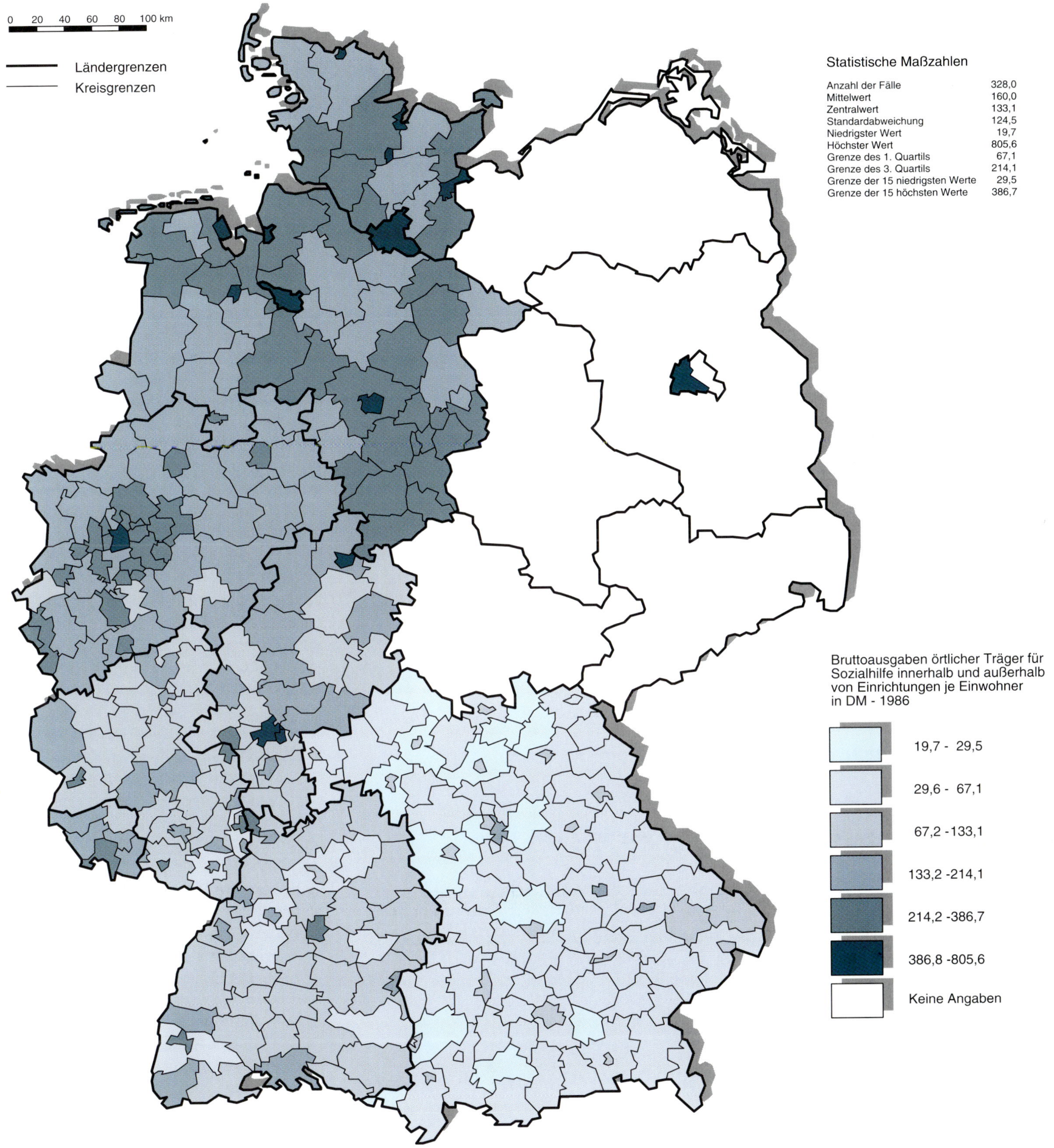

Quelle: DJI-Regionaldatenbank, auf der Basis absoluter Zahlen der Statistischen Landesämter

Wohngeldempfänger/-empfängerinnen 1986

Kreise mit den niedrigsten Werten

Kreise	Kreisnr.	Werte*
Pirmasens	7340	0,2
Mainz-Bingen	7339	0,7
Enzkreis	8236	0,8
Straubing-Bogen	9278	0,9
Ludwigshafen	7338	0,9

*) Werte siehe Kartenlegende

Kreise mit den höchsten Werten

Kreise	Kreisnr.	Werte*
Bremen	4011	6,9
Kassel Stadt	6611	6,9
Oldenburg Stadt	3403	7,1
Bremerhaven	4012	7,8
Flensburg	1001	8,3

Vergleich ausgewählter Variablen in Berlin (West), München Stadt und in den Kreisen mit den niedrigsten bzw. höchsten Anteilen an Wohngeldempfängern/-innen

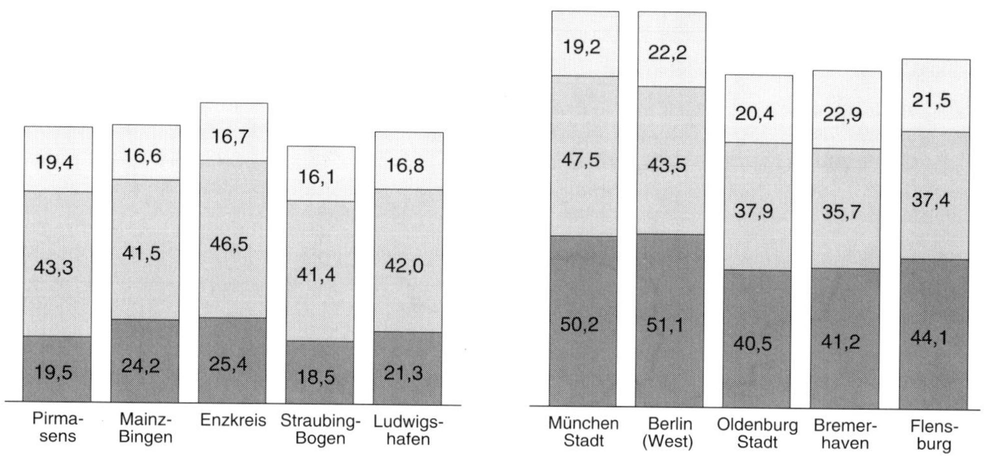

- Prozentanteil der Bevölkerung mit überwiegendem Lebensunterhalt durch Rente bzw. Pension an der Gesamtbevölkerung 1987
- Prozentanteil der Bevölkerung mit überwiegendem Lebensunterhalt durch Erwerbstätigkeit an der Gesamtbevölkerung 19877
- Prozentanteil der Einpersonenhaushalte an den Haushalten insgesamt 1987

Mittelwerte der Standardvariablen in Kreisen mit sehr niedrigen bis sehr hohen Anteilen an Wohngeldempfängern/-empfängerinnen

Standardvariablen	Anteile Wohngeldempfängern/-innen sehr niedrig	niedrig	hoch	sehr hoch
Lebendgeborene pro 1000 Einwohner 1986	11,3	10,8	9,8	9,6
0-5jährige pro 100 Einwohner 1986	6,8	6,4	5,5	5,3
Kindergartenplätze pro 100 3-5jährige 1986	81,4	77,8	73,7	74,2
Quartanerquote 1989	49,1	58,7	65,5	68,0
Zuzüge pro 100 Fortzüge der 18-24jährigen 1986	100,4	98,7	117,4	116,9
Erwerbstätigenanteil der 30-39jährigen Frauen 1987 (in %)	55,4	52,9	54,3	49,5
Erwerbstätigenanteil der 40-49jährigen Frauen 1987 (in %)	55,1	52,0	53,3	50,2

Datenquelle: DJI-Regionaldatenbank

Bertram, Bayer, Bauereiß: Familien-Atlas, Opladen 1993

Obwohl die Mietpreise allgemein keinem Nord-Süd-Gefälle folgen, allenfalls in der Art, daß in den süddeutschen Großstädten die Mieten in der Regel sehr viel höher sind als in Nord- und Westdeutschland, folgt der Anteil der Wohngeldempfänger an der Bevölkerung mehr oder minder dem schon häufig in diesem Atlas diskutierten urbanen Muster und zeigt gleichzeitig ein deutliches Nord-Süd-Gefälle.

Der Sachverhalt, daß der Anteil der Wohngeldempfänger in den großen urbanen Zentren sehr viel höher ist als in ländlichen Regionen, ist wenig überraschend. Dagegen erreichen in vielen Regionen von Schleswig-Holstein, Niedersachsen und Nordrhein-Westfalen die Anteile an Wohngeldempfängern die acht- bis zehnfache Höhe der Regionen, in denen der Anteil an Wohngeldempfängern am niedrigsten ist. Dies führt zu der Vermutung, daß in den industrialisierten sowie in den ländlichen wie städtischen Regionen Norddeutschlands familiale Hilfe und Unterstützung sehr viel schwerer zu bekommen sind, als in den ländlichen Regionen Südwestdeutschlands.

Bei der unterschiedlichen Spannweite der Anteile an Wohngeldempfängern spielen sicherlich auch die unterschiedlichen Besitzverhältnisse, etwa in Bezug auf Wohnhäuser, eine erhebliche Rolle. Die deutlichste Differenzierung bei den geprüften Variablen zeigt jedoch der Anteil an Einpersonenhaushalten: ein hoher Anteil an Einpersonenhaushalten führt in einer Region nicht nur zu einer großen Wohnungsknappheit, sondern auch zu einer besonders starken Beanspruchung staatlicher Zuschüsse zu den Wohnkosten.

Sollten die Entwicklungen, die sich im Bereich der Sozialhilfe, der Jugendhilfe und des Wohngeldes in urbanen Zentren und in den Regionen Norddeutschlands jetzt schon abzeichnen, einmal maßgebende Tendenzen für alle Regionen der alten und neuen Bundesländer sein, dann ist der Zeitpunkt abzusehen, an dem der Sozialstaat nicht mehr zu finanzieren ist.

Wohngeldempfänger/-empfängerinnen 1986

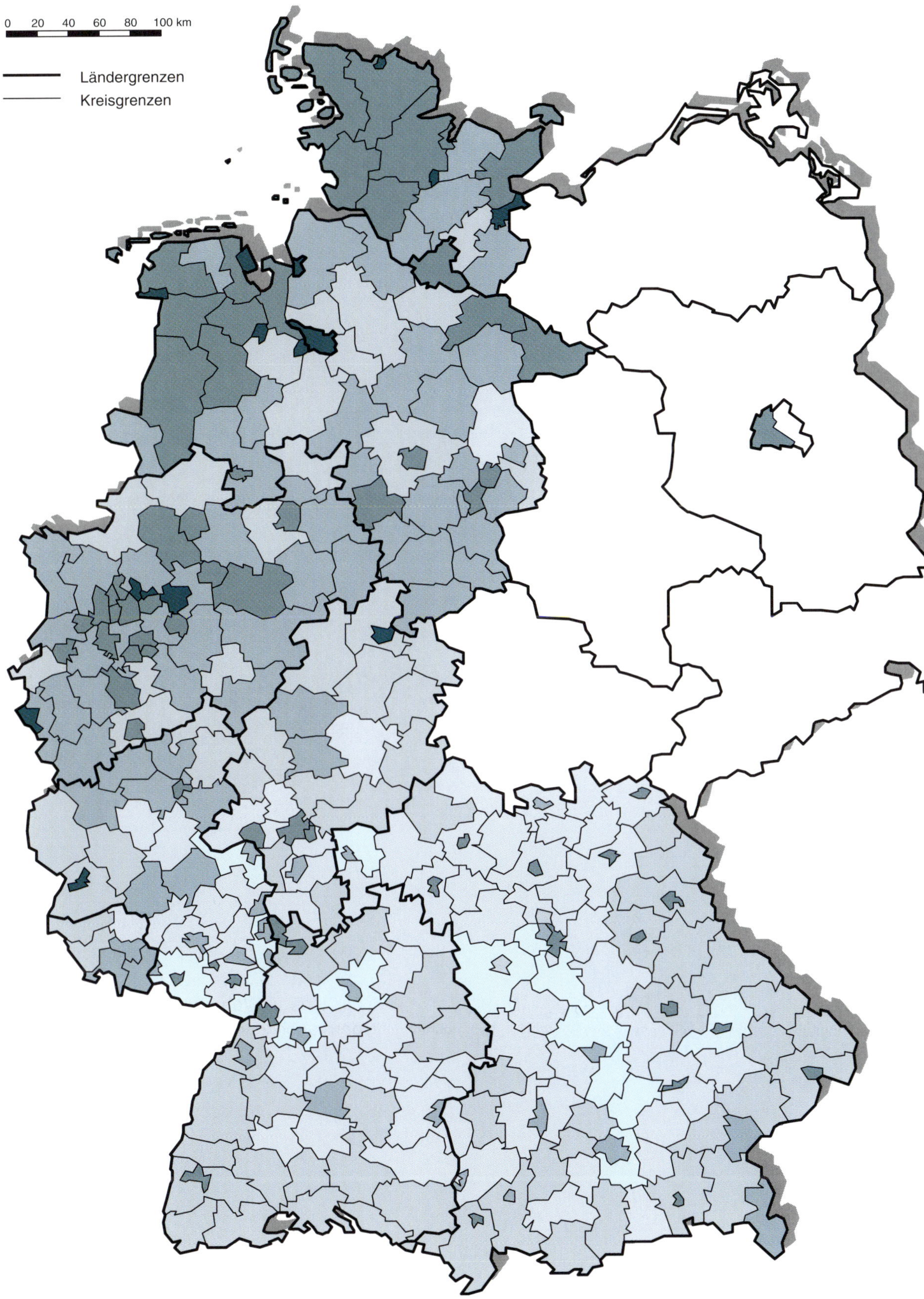

Statistische Maßzahlen

Anzahl der Fälle	328,0
Mittelwert	2,8
Zentralwert	2,5
Standardabweichung	1,4
Niedrigster Wert	0,2
Höchster Wert	8,3
Grenze des 1. Quartils	1,7
Grenze des 3. Quartils	3,6
Grenze der 15 niedrigsten Werte	1,1
Grenze der 15 höchsten Werte	5,7

Anteil der Wohngeld-empfänger/-innen an der Bevölkerung in % - 1986

- 0,2 - 1,1
- 1,2 - 1,7
- 1,8 - 2,5
- 2,6 - 3,6
- 3,7 - 5,7
- 5,8 - 8,3
- Keine Angaben

Quelle: DJI-Regionaldatenbank, auf der Basis absoluter Zahlen der Statistischen Landesämter

Schleswig-
Holstein
Mecklenburg-
Vorpommern
Hamburg
Bremen
Nieder-
sachsen
Berlin
Brandenburg
Sachsen-
Anhalt
Nordrhein-
Westfalen
Sachsen
Thüringen
Hessen
Rheinland-
Pfalz
Saarland
Bayern
Baden-
Württemberg

Kreise mit den niedrigsten Werten

Kreise	Kreisnr.	Werte*
Tübingen	8416	7,4
München	9184	7,6
Vechta	3460	7,7
Freising	9178	7,7
Fürstenfeldbruck	9179	7,8

*) Werte siehe Kartenlegende

Kreise mit den höchsten Werten

Kreise	Kreisnr.	Werte*
Baden-Baden Stadt	8211	15,2
Pirmasens Stadt	7317	15,8
Wunsiedel	9479	15,9
Hof Stadt	9464	16,8
Berlin (West)	11001	16,9

Altersgruppen- und familienstandsspezifische Sterbeziffern von Frauen und Männern (jeweils pro 100 000) 1986

Altersgruppen	insgesamt	ledig	verheiratet	verwitwet	geschieden
			Frauen		
15 - 24	35,6	36,0	30,0		35,6
25 - 34	52,5	67,0	42,3	210,5	99,8
35 - 44	125,5	191,5	105,4	231,2	238,5
45 - 54	286,3	436,7	243,9	429,4	462,5
55 - 65	749,1	1011,0	638,0	957,5	1070,2
			Männer		
15 - 24	93,7	94,3	80,3		185,7
25 - 34	110,6	140,7	74,2	332,9	215,3
35 - 44	228,8	380,9	166,4	687,2	510,0
45 - 54	594,3	1139,2	478,6	1234,0	1317,4
55 - 65	1564,7	2312,4	1417,6	2635,9	3174,3

Quelle: Gärtner, Karla, Sterblichkeit nach dem Familienstand. In: Zeitschrift für Bevölkerungswissenschaft, Jg. 16, 1/1990, S. 53 ff.

Mittelwerte der Standardvariablen in Kreisen mit sehr niedrigen bis sehr hohen Anteilen an Gestorbenen

Standardvariablen	Gestorbenenanteile sehr niedrig	niedrig	hoch	sehr hoch
Lebendgeborene pro 1000 Einwohner 1986	11,9	10,7	9,7	9,1
0-5jährige pro 100 Einwohner 1986	6,9	6,3	5,6	5,2
Kindergartenplätze pro 100 3-5jährige 1986	82,8	78,7	78,5	74,7
Quartanerquote 1989	59,4	59,9	61,8	65,5
Zuzüge pro 100 Fortzüge der 18-24jährigen 1986	110,6	103,7	103,0	109,9
Erwerbstätigenanteil der 30-39jährigen Frauen 1987 (in %)	53,8	53,4	54,2	59,1
Erwerbstätigenanteil der 40-49jährigen Frauen 1987 (in %)	54,6	53,3	52,8	58,6

Datenquelle: DJI-Regionaldatenbank

Bertram, Bayer, Bauereiß: Familien-Atlas, Opladen 1993

Seit 1972 gibt es in der Bundesrepublik Deutschland kein natürliches Bevölkerungswachstum mehr. Die Bundesrepublik Deutschland gehört zu den wenigen Ländern, in denen jährlich mehr Menschen sterben als Kinder geboren werden. Im Jahr 1986 beträgt der Überschuß der Gestorbenen rd. 76 000 Menschen. Die Sterblichkeit in den Kreisen der Bundesrepublik variiert: hohe Sterbequoten findet man im ländlich geprägten südöstlichen Teil von Niedersachsen, im Nordosten Bayerns, in Rheinland-Pfalz, in den industriell geprägten Kreisen des Ruhrgebiets, im Saarland sowie in den Städten Hamburg, Berlin und Baden-Baden. In den Kreisen von Baden-Württemberg und um München ist die Sterbequote eher gering.
Die unterschiedlichen Sterbequoten haben viele Ursachen, wobei objektive wie auch subjektive Faktoren die Lebenserwartung des einzelnen beeinflussen. So hat derjenige, der am Rande des Existenzminimums, von körperlich schwerer Arbeit gezeichnet, in verschmutzter Umwelt leben muß eine geringe Chance, sehr alt zu werden. Neben den Unterschieden in der Lebenserwartung zwischen den sozialen Schichten gibt es auch geographische Lagen, die sozial benachteiligt sind. Dort ist eine weitere Zunahme der Zivilisations- und Umweltkrankheiten zu befürchten.

Aber auch dem Geschlecht und dem Familienstand kommen bei der Sterblichkeit hohe Bedeutungen zu. So ist bei den Frauen im Vergleich zu den Männern eine weitaus niedrigere Sterblichkeit in den Altersgruppen von 15 bis unter 65 Jahre sowie deutlich geringere Unterschiede in der Sterblichkeit nach dem Familienstand zu erkennen. Die niedrigsten Sterbeziffern weisen sowohl bei den Frauen als auch bei den Männern aller Altersgruppen die Verheirateten auf, die höchsten Sterbeziffern haben geschiedene und verwitwete Männer von 55 bis 65 Jahren.

Gestorbene 1986

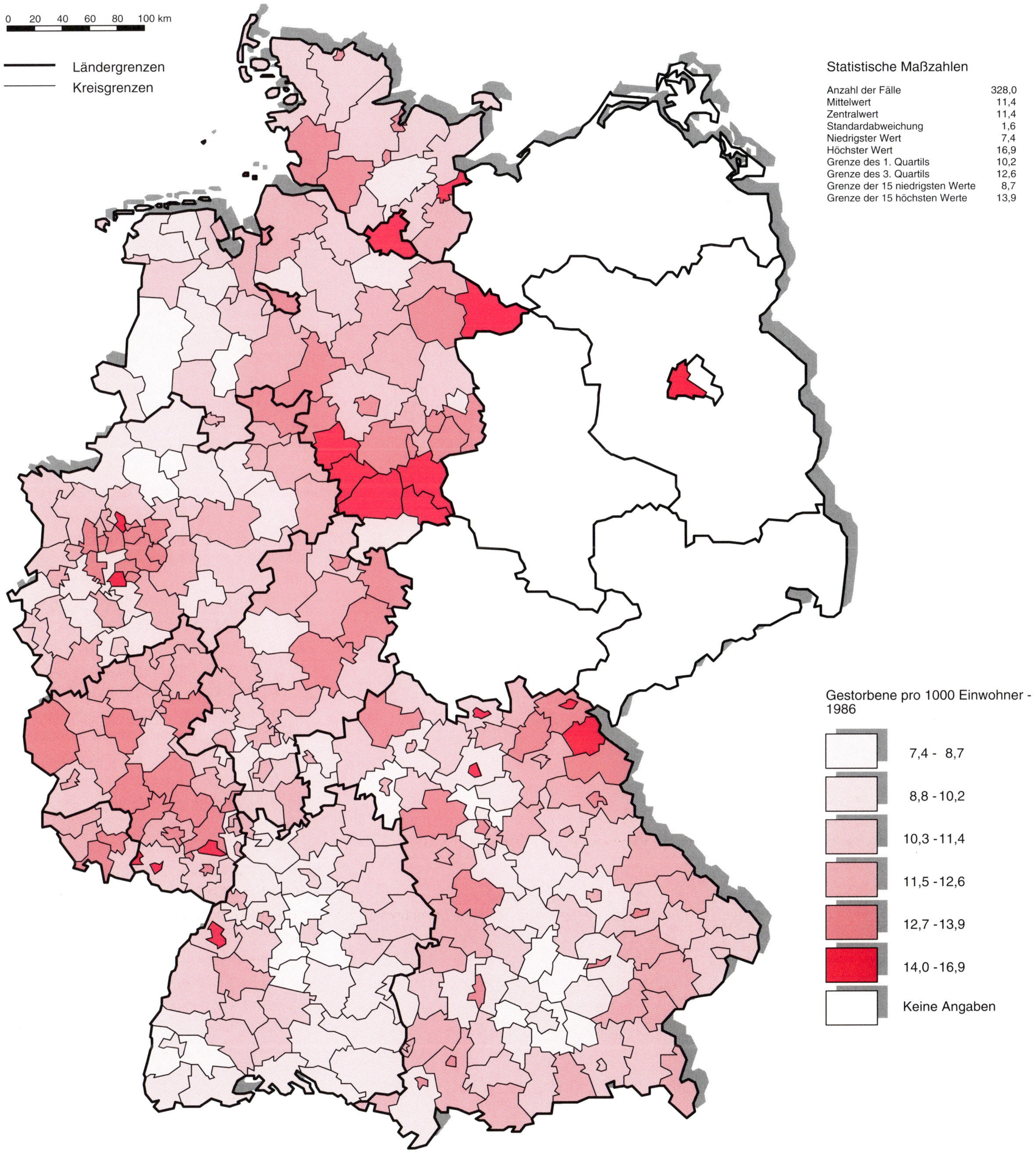

Quelle: DJI-Regionaldatenbank, auf der Basis absoluter Zahlen der Statistischen Landesämter

Säuglingssterblichkeit 1986

Kreise mit den niedrigsten Werten

Kreise	Kreisnr.	Werte*
Berchtesgadener Ld.	9172	0,0
Schwabach	9565	0,0
Forchheim	9474	0,1
Alb-Donau-Kreis	8425	0,1
Neustadt/Weinstr.	7316	0,2

*) Werte siehe Kartenlegende

Kreise mit den höchsten Werten

Kreise	Kreisnr.	Werte*
Verden	3361	1,5
Zweibrücken	7320	1,7
Hagen	5914	1,7
Straubing	9263	1,8
Hof Stadt	9464	1,8

Vergleich ausgewählter Variablen in Berlin (West), München Stadt und in den Kreisen mit der niedrigsten bzw. höchsten Säuglingssterblichkeit

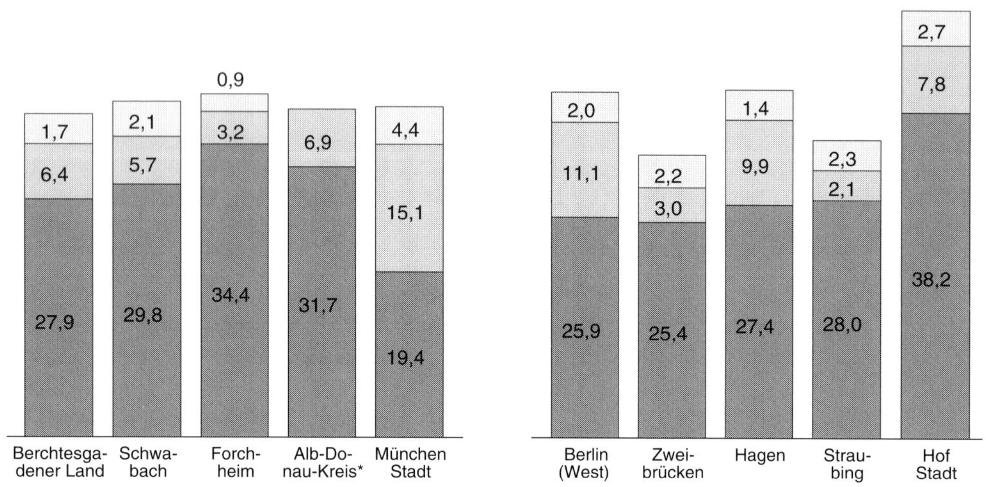

Ärzte mit der Gebietsbezeichnung "Kinderheilkunde" pro 1000 Kinder im Alter von 0 bis 5 Jahren 1986 *) kein Wert für den Alb-Donau-Kreis

Prozentanteil der Ausländer/Ausländerinnen an der Bevölkerung 1987

Prozentanteil der weiblichen Arbeiter und gewerblich Auszubildenden an den weiblichen Erwerbstätigen 1987

Mittelwerte der Standardvariablen in Kreisen mit sehr niedriger bis sehr hoher Säuglingssterblichkeit

Standardvariablen	Säuglingssterblichkeit sehr niedrig	niedrig	hoch	sehr hoch
Lebendgeborene pro 1000 Einwohner 1986	11,3	10,4	10,3	10,1
0-5jährige pro 100 Einwohner 1986	6,6	6,1	5,9	5,7
Kindergartenplätze pro 100 3-5jährige 1986	80,2	80,5	76,1	73,4
Quartanerquote 1989	53,5	61,6	62,4	63,8
Zuzüge pro 100 Fortzüge der 18-24jährigen 1986	100,0	105,4	109,1	103,3
Erwerbstätigenanteil der 30-39jährigen Frauen 1987 (in %)	50,6	54,9	52,9	53,7
Erwerbstätigenanteil der 40-49jährigen Frauen 1987 (in %)	51,1	54,4	51,0	52,1

Datenquelle: DJI-Regionaldatenbank

Bertram, Bayer, Bauereiß: Familien-Atlas, Opladen 1993

Die Säuglingssterblichkeit ist zwar in den vergangenen Jahren in den alten Bundesländern deutlich gesunken, dennoch sterben auch im Jahr 1986 in den ersten 365 Tagen ihres Lebens mehr Kinder als nach der statistischen Wahrscheinlichkeit in den darauffolgenden 19 Lebensjahren zusammen. Die meisten Säuglinge verlieren ihr Leben durch angeborene Mißbildungen. Erstickungszustände und sonstige atmungsbedingte Krankheiten bei Kleinstkindern konnten in den zurückliegenden Jahren wirksam bekämpft werden. Der Anteil der Säuglingssterbefälle durch verzögertes fetales Wachstum, fetale Mangelernährung und Unreife ist deutlich gesunken. Gestiegen sind dagegen die Fälle des plötzlichen Säuglingstodes, dessen Ursachen noch nicht geklärt sind.

Insgesamt starben 1986 in den alten Bundesländern 5 355 Säuglinge im ersten Lebensjahr. Davon starben 42 % in den ersten sechs Lebenstagen, 57 % im ersten Lebensmonat und 86 % bis zum Ende des fünften Lebensmonats. 57,4 % aller gestorbenen Säuglinge waren männlichen Geschlechts.

Die Ursachen der unterschiedlichen Sterbeziffern in den Landkreisen und kreisfreien Städte sind sehr vielfältig und nicht genau eruierbar. Mögliche Gründe sind eine mangelhafte medizinische Versorgung in den ökonomisch benachteiligten Gegenden sowie die Wahl der Entbindungsklinik bei Risikogeburten. Zudem gehen Frauen aus Arbeiterfamilien, Ausländerinnen und junge Schwangere seltener zu den Vor- und Nachsorgeuntersuchungen. So sind hohe Sterbequoten von Säuglingen in sozial benachteiligten Kreisen in Rheinland-Pfalz, Nordrhein-Westfalen und Nordostbayern festzustellen. Ausländische Frauen bringen mehr Kinder in geringeren Abständen zur Welt als deutsche Frauen - auch ein wichtiger Faktor für die hohe Säuglingssterblichkeit, z.B. im Ruhrgebiet. Auffallend viele Kreise mit sehr niedrigen Quoten findet man in Ostfriesland, im Harz, im südlichen Teil von Bayern und allgemein in Baden-Württemberg.

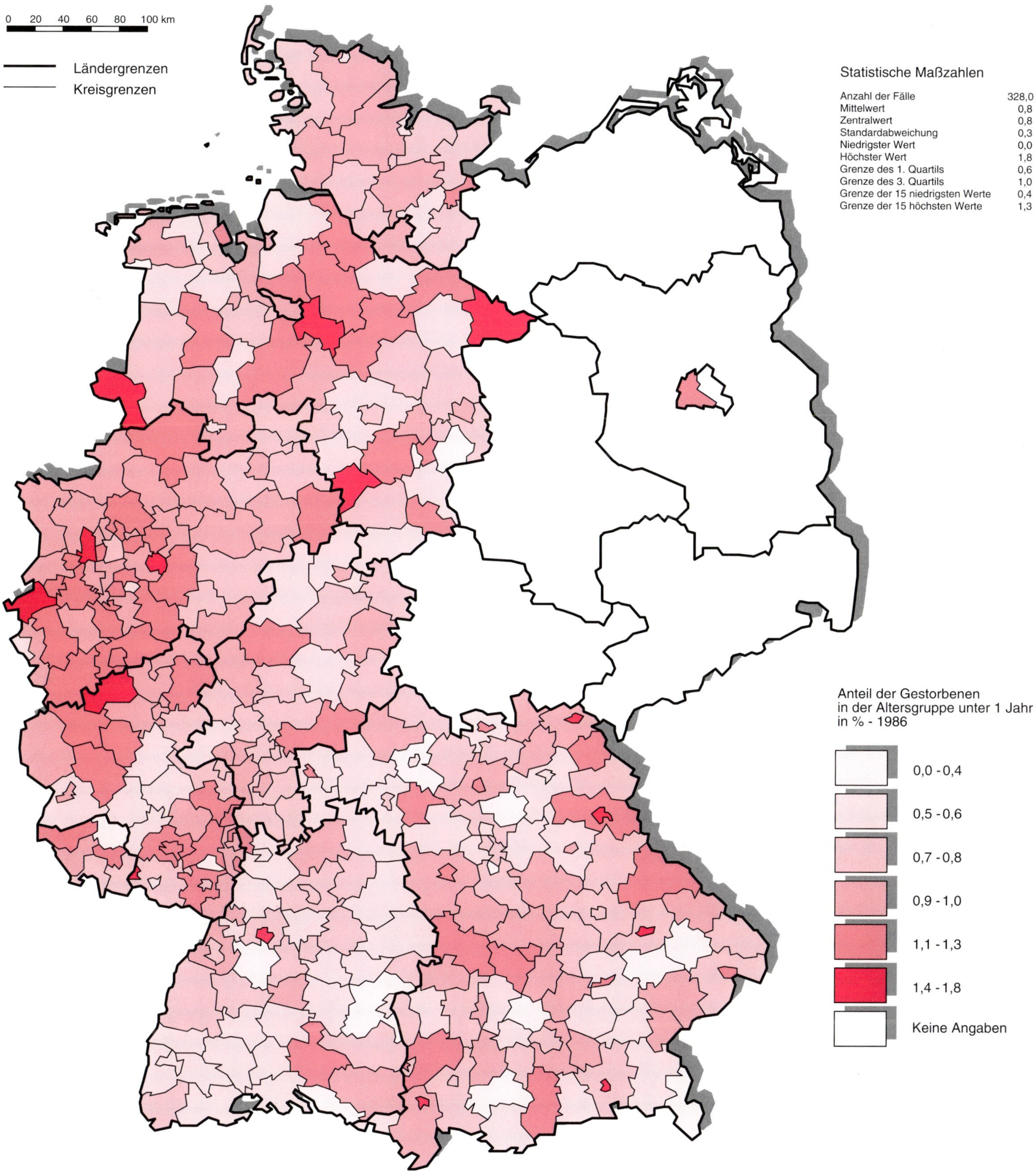

Statistische Maßzahlen

Anzahl der Fälle	328,0
Mittelwert	0,8
Zentralwert	0,8
Standardabweichung	0,3
Niedrigster Wert	0,0
Höchster Wert	1,8
Grenze des 1. Quartils	0,6
Grenze des 3. Quartils	1,0
Grenze der 15 niedrigsten Werte	0,4
Grenze der 15 höchsten Werte	1,3

Quelle: DJI-Regionaldatenbank, auf der Basis absoluter Zahlen der Statistischen Landesämter

Im Straßenverkehr verletzte Kleinkinder 1986

Kreise mit den niedrigsten Werten

Kreise	Kreisnr.	Werte*
Passau Stadt	9262	0,3
Hohenlohekreis	8126	0,3
Regensburg Stadt	9362	0,6
Rhön-Grabfeld	9673	0,7
Rhein-Lahn-Kreis	7141	1,0

*) Werte siehe Kartenlegende

Kreise mit den höchsten Werten

Kreise	Kreisnr.	Werte*
Paderborn	5774	4,2
Herne	5916	4,3
Oberhausen	5119	4,9
Emden	3402	5,3
Ansbach Stadt	9561	9,3

Bei Verkehrsunfällen verunglückte Kinder unter 6 Jahren pro 100 000 Kinder dieser Altersgruppe 1986

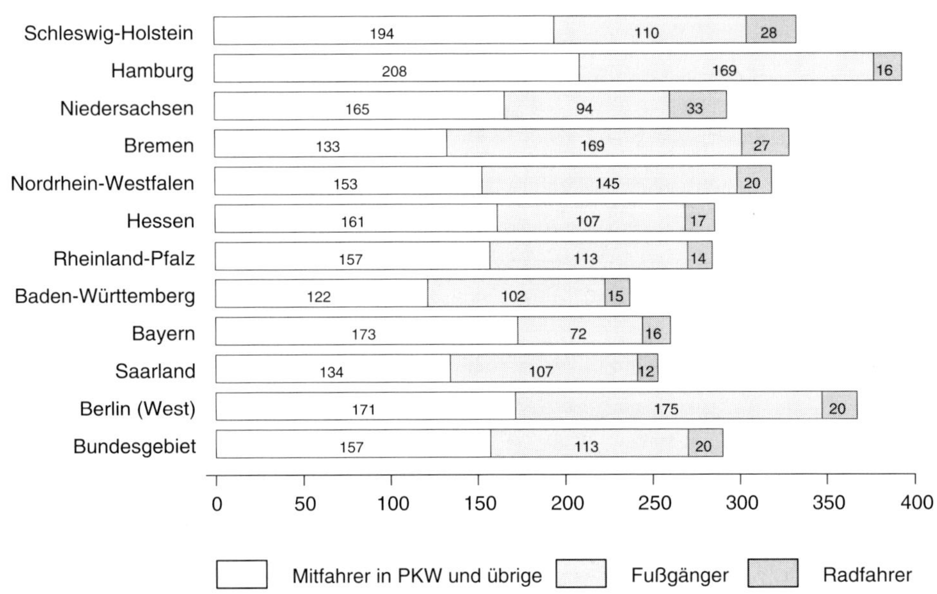

Datenquelle: Statistisches Bundesamt, Fachserie 8, Reihe 3.3, Kinderunfälle im Straßenverkehr 1986

Mittelwerte der Standardvariablen in Kreisen mit sehr niedrigen bis sehr hohen Anteilen an Verkehrsverletzten unter 6 Jahren

	Anteile an Verkehrsverletzten unter 6 Jahren			
Standardvariablen	sehr niedrig	niedrig	hoch	sehr hoch
Lebendgeborene pro 1000 Einwohner 1986	9,6	10,4	10,6	11,4
0-5jährige pro 100 Einwohner 1986	5,5	6,1	6,1	6,4
Kindergartenplätze pro 100 3-5jährige 1986	87,7	80,7	76,1	70,0
Quartanerquote 1989	62,4	60,0	60,2	62,0
Zuzüge pro 100 Fortzüge der 18-24jährigen 1986	107,3	106,4	101,5	109,3
Erwerbstätigenanteil der 30-39jährigen Frauen 1987 (in %)	56,3	54,3	51,3	46,4
Erwerbstätigenanteil der 40-49jährigen Frauen 1987 (in %)	55,0	54,3	50,1	43,6

Datenquelle: DJI-Regionaldatenbank

Bertram, Bayer, Bauereiß: Familien-Atlas, Opladen 1993

In die Straßenverkehrsunfallstatistik gehen alle Unfälle ein, bei denen Personen zu Schaden kommen oder bei denen sich der Schaden bei einem der Beteiligten auf mindestens 3000 DM beläuft. Im Jahr 1986 gab es rd. 1,9 Mio. polizeilich aufgenommene Straßenverkehrsunfälle, davon waren 1,6 Mio. mit einem Sachschaden verbunden. Bei 341 921 Unfällen wurden 443 217 Menschen verletzt und 8 948 getötet. Von den Verletzten waren 2,4 % bzw. von den Getöteten 1,6 % unter sechs Jahre alt.

Bei der Betrachtung der Grafik über die bei Verkehrsunfällen verunglückten Kinder unter sechs Jahren fällt auf, daß die Stadtstaaten und die nördlichen Bundesländer Schleswig-Holstein, Niedersachsen und Nordrhein-Westfalen über dem Bundesdurchschnitt liegen. Unter dem Durchschnitt liegen die Zahlen von Hessen, Rheinland-Pfalz, Bayern, Saarland, und an letzter Stelle liegt das Land Baden-Württemberg. Das Unfallrisiko für Kleinkinder ist demnach in den südlichen Regionen der alten Bundesländer geringer als im Norden bzw. in den Stadtstaaten. Die für Kleinkinder gefährlichsten Städte sind 1986 Ansbach und Emden, dann folgen Landkreise in Nordrhein-Westfalen. Passau und Regensburg sowie die Landkreise Hohenlohekreis und Rhön-Grabfeld verzeichnen 1986 die geringsten Anteile an im Straßenverkehr verletzten Kleinkindern.

Auffallend ist in diesem Zusammenhang, daß eine größere Anzahl von Kindergartenplätzen sowie eine vermehrte weibliche Erwerbstätigkeit in den Kreisen einen senkenden Effekt auf den Anteil der im Straßenverkehr verletzten Kleinkinder haben. Ein Vergleich mit älteren Kohorten zeigt, daß das Alter der Kinder die Art der Unfälle bestimmt. So verunglücken die meisten Kleinkinder bei Unfällen als Mitfahrer. Dagegen sind die Anteile der verletzten Fahrradfahrer in dieser Altersgruppe noch sehr gering. In den Städten werden im Vergleich zum Land, bedingt durch das höhere Verkehrsaufkommen, mehr Kleinkinder als Fußgänger verletzt.

Im Straßenverkehr verletzte Kleinkinder 1986

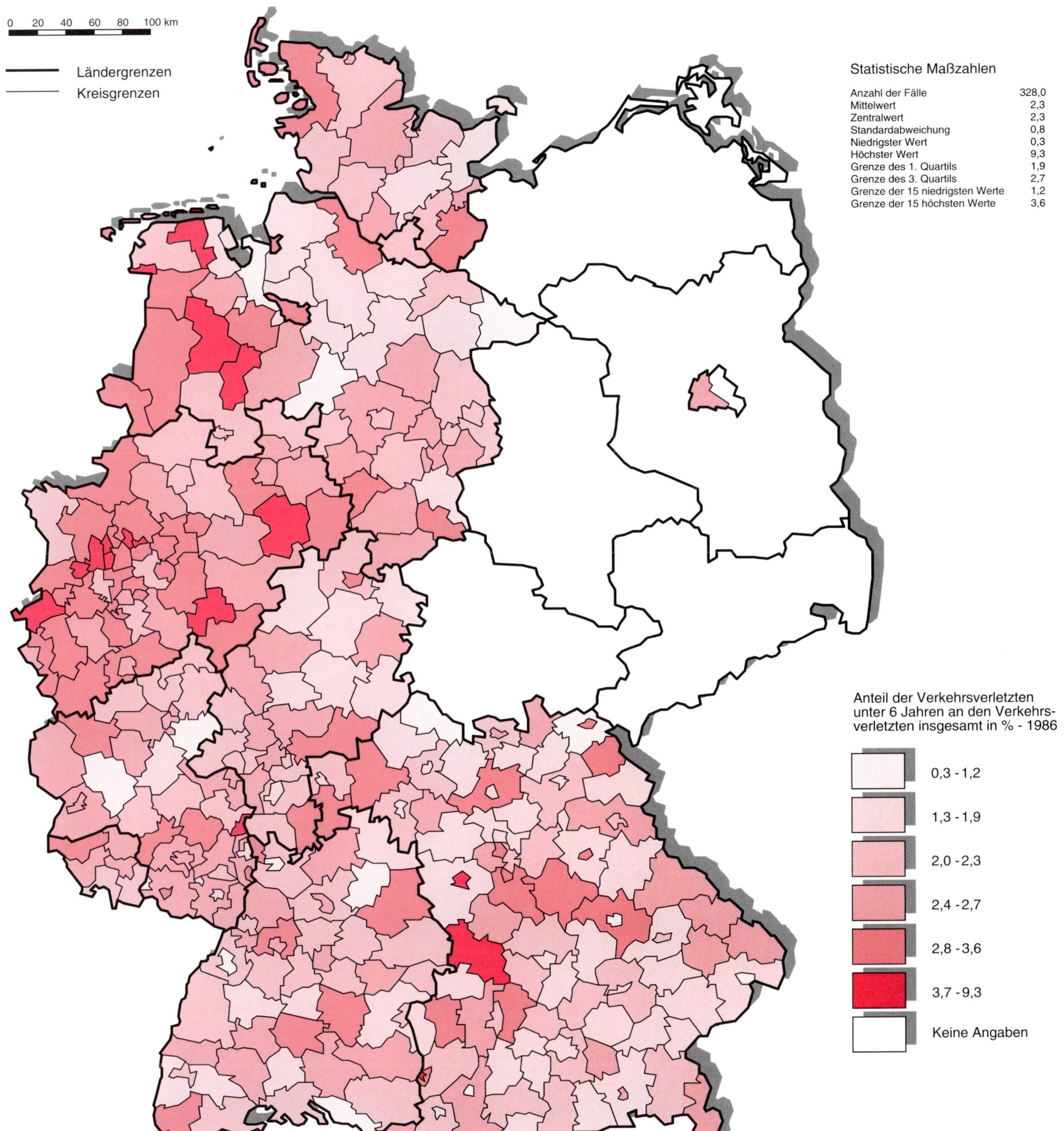

Statistische Maßzahlen

Anzahl der Fälle	328,0
Mittelwert	2,3
Zentralwert	2,3
Standardabweichung	0,8
Niedrigster Wert	0,3
Höchster Wert	9,3
Grenze des 1. Quartils	1,9
Grenze des 3. Quartils	2,7
Grenze der 15 niedrigsten Werte	1,2
Grenze der 15 höchsten Werte	3,6

Quelle: DJI-Regionaldatenbank, auf der Basis absoluter Zahlen der Statistischen Landesämter

Im Straßenverkehr verletzte Kinder 1986

Kreise mit den niedrigsten Werten

Kreise	Kreisnr.	Werte*
Neckar-Odenwald-Kr.	8225	3,7
Miesbach	9182	3,9
Altötting	9171	4,1
Kitzingen	9675	4,1
Schwalm-Eder-Kreis	6634	4,3

*) Werte siehe Kartenlegende

Kreise mit den höchsten Werten

Kreise	Kreisnr.	Werte*
Mönchengladbach	5116	12,1
Neumünster	1004	12,1
Oberhausen	5119	12,2
Wittmund	3462	12,3
Herne	5916	13,4

Verletzte Kinder bei Straßenverkehrsunfällen 1986 nach Altersjahren und Geschlecht

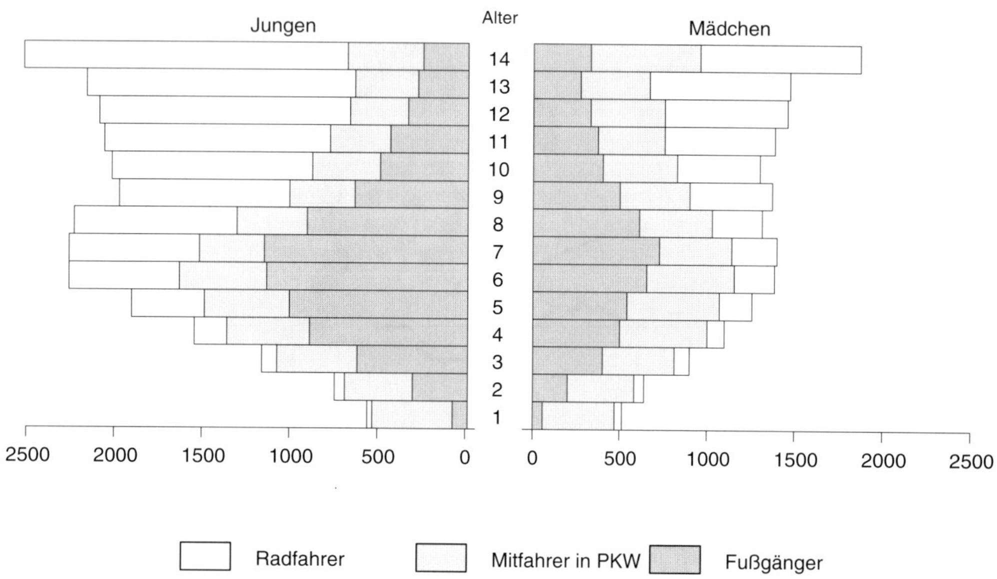

Datenquelle:
Statistisches Bundesamt, Fachserie 8, Reihe 3.3: Kinderunfälle im Straßenverkehr 1986

Mittelwerte der Standardvariablen in Kreisen mit sehr niedrigen bis sehr hohen Anteilen an Verkehrsverletzten von 6 bis 14 Jahren

Standardvariablen	Anteile an Verkehrsverletzten von 6 bis 14 Jahren sehr niedrig	niedrig	hoch	sehr hoch
Lebendgeborene pro 1000 Einwohner 1986	10,9	10,4	10,4	10,2
0-5jährige pro 100 Einwohner 1986	6,5	6,1	6,1	5,8
Kindergartenplätze pro 100 3-5jährige 1986	72,9	81,1	75,7	70,8
Quartanerquote 1989	52,0	60,4	62,6	63,6
Zuzüge pro 100 Fortzüge der 18-24jährigen 1986	100,5	106,9	103,5	109,5
Erwerbstätigenanteil der 30-39jährigen Frauen 1987 (in %)	52,8	55,6	50,7	46,6
Erwerbstätigenanteil der 40-49jährigen Frauen 1987 (in %)	52,7	55,6	49,3	45,1

Datenquelle: DJI-Regionaldatenbank

Bertram, Bayer, Bauereiß: Familien-Atlas, Opladen 1993

Der Beginn der Schulzeit sowie die erhöhte Verkehrsteilnahme der Schulanfänger, bei einem ungeübten Umgang mit den Gefahren des Straßenverkehrs, schlagen sich in der Statistik der Straßenverkehrsunfälle deutlich nieder. Im Jahr 1986 wurden im Bundesgebiet 33 420 Kinder im Alter von 6 bis 14 Jahren bei Unfällen verletzt, das sind 7,5 % der gesamten Straßenverkehrsverletzten bzw. rd. 76 % der insgesamt verunglückten Kinder. Dabei lassen sich bereits in dieser Altersgruppe geschlechtsspezifische Unterschiede feststellen, denn nur 40 % der Unfallverletzten sind Mädchen. Von ihnen verunglücken 31 % als Fußgänger, 34 % als Radfahrer und 30 % als Mitfahrer in Personenkraftwagen. Von den Jungen verunglücken mehr als die Hälfte (51 %) als Radfahrer, 28 % als Fußgänger und 17 % als Mitfahrer in Personenkraftwagen Die meisten Kinder (80 %) in dieser Altersgruppe verunglücken als Fußgänger oder Radfahrer bei Unfällen innerhalb von Ortschaften.

Besonders gefährdet in dieser Altersgruppe sind die Schulanfänger im Alter von 6 bis 7 Jahren. Im Jahr 1986 verunglückten 3 718 Sechsjährige und 3 747 Siebenjährige, wobei jeweils 44 getötet wurden. Ein weiterer stark unfallgefährdeter Altersjahrgang sind die Vierzehnjährigen, die besonders oft als Fahrer oder Mitfahrer von Mofas, Mopeds und Motorrädern an Unfällen beteiligt sind.

Bei der Betrachtung der Karte fallen die hohen Anteile an im Straßenverkehr verletzten Kindern in den Kreisen der nördlichen Bundesländer auf. Rund 42 % der verletzten Kinder verunglücken allein in Nordrhein-Westfalen und Niedersachsen. Vergleicht man in den einzelnen Bundesländern die Anteile der Unfallverletzen 6- bis 14jährigen, dann liegen neben Nordrhein-Westfalen, Niedersachsen und Schleswig-Holstein auch Berlin und Bremen über dem Bundesdurchschnitt. Die Mehrheit der Kreise im Süden weist gegenüber denen im Norden ein dreimal geringeres Risiko auf, daß 6- bis 14jährige Kinder bei Straßenverkehrsunfällen verletzt werden.

Im Straßenverkehr verletzte Kinder 1986

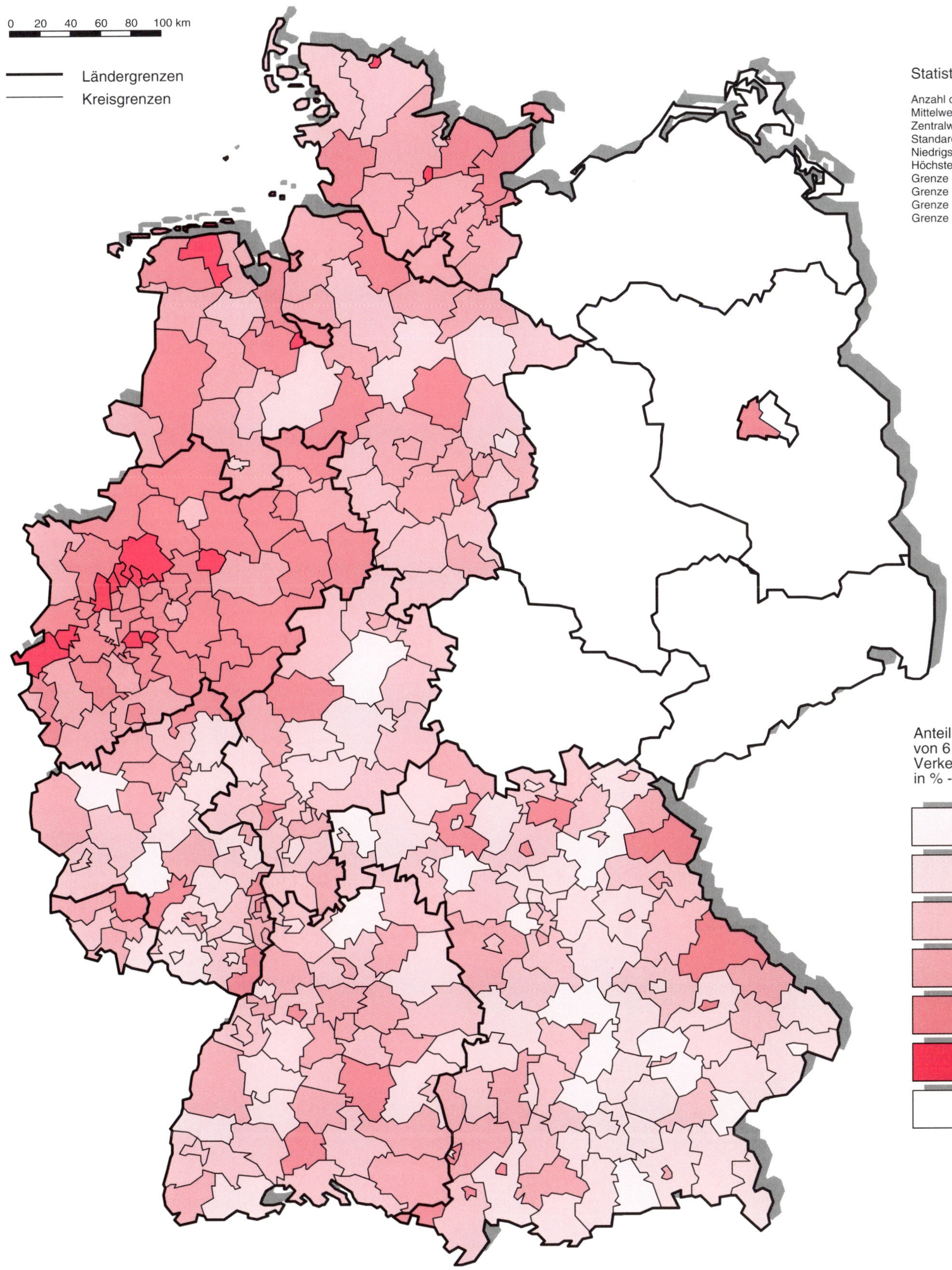

Statistische Maßzahlen

Anzahl der Fälle	328,0
Mittelwert	7,3
Zentralwert	7,2
Standardabweichung	1,8
Niedrigster Wert	3,7
Höchster Wert	13,4
Grenze des 1. Quartils	6,1
Grenze des 3. Quartils	8,3
Grenze der 15 niedrigsten Werte	4,6
Grenze der 15 höchsten Werte	10,6

Anteil der Verkehrsverletzten von 6 bis 14 Jahren an den Verkehrsverletzten insgesamt in % - 1986

- 3,7 - 4,6
- 4,7 - 6,1
- 6,2 - 7,2
- 7,3 - 8,3
- 8,4 - 10,6
- 10,7 - 13,4
- Keine Angaben

Quelle: DJI-Regionaldatenbank, auf der Basis absoluter Zahlen der Statistischen Landesämter

Im Straßenverkehr verletzte Jugendliche 1986

Kreise mit den niedrigsten Werten

Kreise	Kreisnr.	Werte*
Straubing	9263	9,5
Offenbach Stadt	6413	10,4
Düsseldorf	5111	10,6
Neumünster	1004	10,6
Hof Stadt	9464	10,7

*) Werte siehe Kartenlegende

Kreise mit den höchsten Werten

Kreise	Kreisnr.	Werte*
Calw	8235	21,4
Donnersbergkreis	7333	21,9
Sigmaringen	8437	21,9
Haßberge	9674	23,4
Rhön-Grabfeld	9673	23,8

Vergleich ausgewählter Variablen in Berlin (West), München Stadt und in den Kreisen mit den niedrigsten bzw. höchsten Anteilen an Verkehrsverletzten von 18 bis 20 Jahren

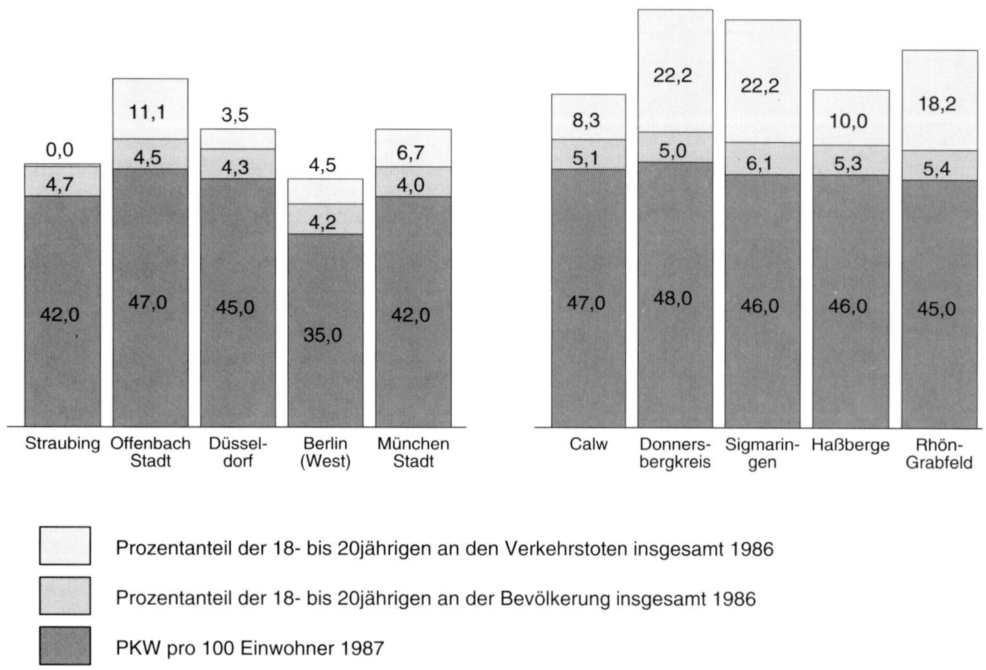

Mittelwerte der Standardvariablen in Kreisen mit sehr niedrigen bis sehr hohen Anteilen an Verkehrsverletzten von 18 bis 20 Jahren

	Anteile an Verkehrsverletzten (18 bis 20 Jahre)			
Standardvariablen	sehr niedrig	niedrig	hoch	sehr hoch
Lebendgeborene pro 1000 Einwohner 1986	9,5	10,2	11,0	11,8
0-5jährige pro 100 Einwohner 1986	5,3	5,9	6,5	7,0
Kindergartenplätze pro 100 3-5jährige 1986	77,7	79,8	77,3	76,0
Quartanerquote 1989	70,7	63,0	53,1	50,4
Zuzüge pro 100 Fortzüge der 18-24jährigen 1986	125,6	107,2	96,9	95,8
Erwerbstätigenanteil der 30-39jährigen Frauen 1987 (in %)	59,7	53,5	52,7	54,0
Erwerbstätigenanteil der 40-49jährigen Frauen 1987 (in %)	60,7	52,3	52,0	51,3

Datenquelle: DJI-Regionaldatenbank

Bertram, Bayer, Bauereiß: Familien-Atlas, Opladen 1993

Die 'Führerscheinneulinge' gehören zu einer weiteren Risikogruppe unter den Verkehrsteilnehmern. 1986 gehören 15,2 % der Verletzten und 13,2 % der Getöteten im Straßenverkehr zur Altersgruppe der 18- bis 20jährigen. Daher wurde 1986 der 'Führerschein auf Probe' eingeführt.

Die Karte mit den Anteilen an verkehrsverletzten Jugendlichen ist zum Teil ein Umkehrbild jener mit den verkehrsverletzten Kindern. Von den Verkehrsverletzten insgesamt ist der Jugendlichenanteil sehr hoch in den Kreisen im Norddeutschen Tiefland, in Pfälzer Wald, im Hunsrück, im Odenwald, im Steigerwald, im Fichtelgebirge, im Oberpfälzer Wald sowie im Bayerischen Wald. Dabei handelt es sich um Gebiete, die durch ihre landwirtschaftliche Strukturierung sehr dünn besiedelt sind. Allgemein ist ein Land-Stadt-Gefälle festzustellen, da leichtsinniges Überholen und überhöhte Geschwindigkeit auf den kurvenreichen Land- und Bundesstraßen gerade bei Führerscheinneulingen oftmals Unfallursachen sind, wohingegen sich in den Städten wegen der höheren Verkehrsdichte zwar mehr Karambolagen ereignen, es wegen der geringeren Geschwindigkeit jedoch seltener zu Personenschäden kommt.

Auto oder Motorrad sind für viele Jugendliche in weniger dicht besiedelten Kreisen oft die einzigen Fortbewegungsmittel zur Arbeit oder in der Freizeit. Die Kreise mit den höchsten Anteilen an verletzten Jugendlichen, die alle im südlichen Bundesgebiet liegen, weisen einen etwas höheren PKW-Bestand und einen etwas höheren Jugendlichenanteil auf als die Kreise mit den niedrigsten Anteilen.

Auffallend ist in einigen Kreisen das Verhältnis der Verkehrstoten (vgl. nächste Karte) zu den Verkehrsverletzten. So haben z.B. die Stadt Offenbach und der Kreis Haßberge zwar ähnliche Anteile an jugendlichen Verkehrstoten, Offenbach weist jedoch eine der geringsten Quoten jugendlicher Verkehrsverletzter auf, während Haßberge den zweithöchsten Anteil zu verzeichnen hat.

Im Straßenverkehr verletzte Jugendliche 1986

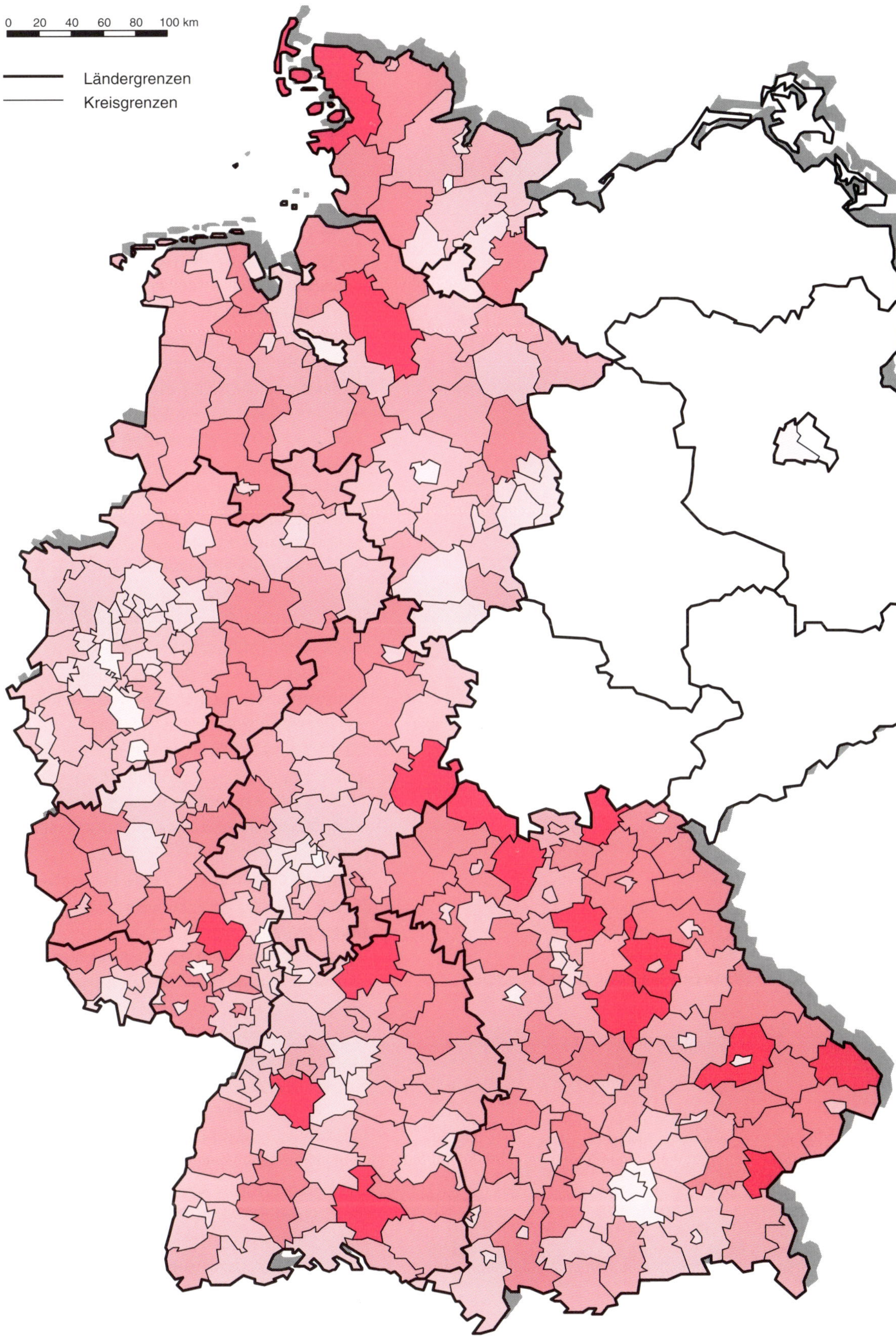

Statistische Maßzahlen

Anzahl der Fälle	328,0
Mittelwert	16,0
Zentralwert	16,1
Standardabweichung	2,4
Niedrigster Wert	9,5
Höchster Wert	23,8
Grenze des 1. Quartils	14,4
Grenze des 3. Quartils	17,6
Grenze der 15 niedrigsten Werte	11,7
Grenze der 15 höchsten Werte	19,4

Anteil der Verkehrsverletzten von 18 bis 20 Jahren an den Verkehrsverletzten insgesamt in % - 1986

- 9,5 - 11,7
- 11,8 - 14,4
- 14,5 - 16,1
- 16,2 - 17,6
- 17,7 - 19,4
- 19,5 - 23,8
- Keine Angaben

Quelle: DJI-Regionaldatenbank, auf der Basis absoluter Zahlen der Statistischen Landesämter

Im Straßenverkehr getötete Jugendliche 1986

Kreise mit den niedrigsten Werten*

*) In 42 Landkreisen und kreisfreien Städten gab es 1986 keine Verkehrstoten im Alter von 18 bis 20 Jahren

Kreise mit den höchsten Werten

Kreise	Kreisnr.	Werte**
Speyer	7318	33,3
Baden-Baden	8211	33,3
Main-Taunus-Kreis	6436	35,0
Saarlouis	10044	36,4
Bayreuth Stadt	9462	42,9

**) Werte siehe Kartenlegende

Bestand an Kraftfahrzeugen, Unfälle mit Personenschaden und Unfallbeteiligung von Führerscheinneulingen 1964 - 1986

Jahr	PKW je 1000 Einwohner	Motorzweiräder je 1000 Einwohner	Prozentant. der Unfälle mit Personenschaden	Prozentant. 18- bis 20jähriger an den Verkehrstoten	Prozentant. 18- bis 20j. PKW-Führer bei Personenschäden
1964	142	16	30,2	6,5	7,8
1966	173	9	28,5	7,1	9,8
1968	194	5	28,8	8,8	11,1
1970	230	6	27,1	8,8	11,5
1972	260	6	27,4	9,8	12,1
1974	279	7	26,9	10,7	11,8
1976	307	8	25,4	12,4	15,2
1978	346	10	23,5	12,8	16,1
1980	377	12	22,5	14,0	16,9
1982	391	17	22,0	14,8	17,2
1984	412	22	20,2	14,3	17,3
1986	441	23	17,7	13,2	16,6

Datenquelle:
Statistisches Bundesamt, Fachserie 8, Reihe 3.3: Straßenverkehrsunfälle 1986

Mittelwerte der Standardvariablen in Kreisen mit sehr niedrigen bis sehr hohen Anteilen an im Straßenverkehr getöteten Jugendlichen

Standardvariablen	Anteile im Straßenverkehr getöteter Jugendlicher			
	sehr niedrig	niedrig	hoch	sehr hoch
Lebendgeborene pro 1000 Einwohner 1986	10,0	10,6	11,0	9,9
0-5jährige pro 100 Einwohner 1986	5,8	6,2	6,4	5,8
Kindergartenplätze pro 100 3-5jährige 1986	82,0	78,6	75,1	88,9
Quartanerquote 1989	65,1	57,6	59,5	65,1
Zuzüge pro 100 Fortzüge der 18-24jährigen 1986	101,5	105,2	103,4	105,9
Erwerbstätigenanteil der 30-39jährigen Frauen 1987 (in %)	52,9	52,7	53,1	56,1
Erwerbstätigenanteil der 40-49jährigen Frauen 1987 (in %)	52,2	53,0	51,9	55,1

Datenquelle: DJI-Regionaldatenbank

Bertram, Bayer, Bauereiß: Familien-Atlas, Opladen 1993

Ein Vergleich der Unfallzahlen seit 1964 zeigt, daß Unfälle mit Sachschäden im Ansteigen begriffen sind, während Unfälle mit Personenschäden allmählich zurückgehen. Der Anteil der Unfälle mit Personenschäden an den polizeilich erfaßten Unfällen fiel zwischen 1964 und 1986 von 30,2 % auf 17,7 %.

Die Ursachen für diese Entwicklung liegen in der zunehmenden Verkehrssicherheit durch entsprechenden Straßenbau, wie Ortsumgehungen, Beseitigung von Bahnübergängen, Bau von Radwegen etc., sowie in der zunehmenden technischen Sicherheit der Kraftfahrzeuge und der vielfältigen Maßnahmen zur Verkehrserziehung und -aufklärung. Dennoch ist der Erfolg aller Bemühungen um die Verkehrssicherheit immer noch unbefriedigend. Der Anteil jugendlicher Fahrzeugführer bei Unfällen mit Personenschäden hat sich zwischen 1964 und 1986 mit einer Steigerung von 7,8 % auf 16,6 % verdoppelt. Zwei Drittel der Unfallverursacher 1986 sind Jugendliche, wobei Männer einen höheren Anteil aufweisen als Frauen. Unter den Verkehrstoten im Alter von 18 bis 20 Jahren sind 78,7 % männlichen Geschlechts. 72,8 % der männlichen und 80,1 % der weiblichen jugendlichen Verkehrstoten werden als Fahrer oder Mitfahrer in einem PKW getötet, 21,5 % der männlichen und 13,5 % der weiblichen jugendlichen Verkehrstoten auf Motorzweirädern.

Der Jugendlichenanteil unter den Verkehrstoten liegt im Bundesdurchschnitt bei 13,2 %. Über diesem Durchschnitt liegen die meisten Kreise Niedersachsens, Nordrhein-Westfalens, Bayerns, Baden-Württembergs und des Saarlandes. Die Anteile der Städte Berlin (4,5 %), Hamburg (10,1 %) und Bremen (4,3 %) liegen weit darunter. Ausschlaggebend hierfür ist u.a. die Tatsache, daß in den Städten schneller ärztliche Hilfe geleistet werden kann. Bemerkenswert ist auch, daß 1986 in 42 Landkreisen und kreisfreien Städten keine Verkehrstoten in dieser Altersgruppe gemeldet werden.

Im Straßenverkehr getötete Jugendliche 1986

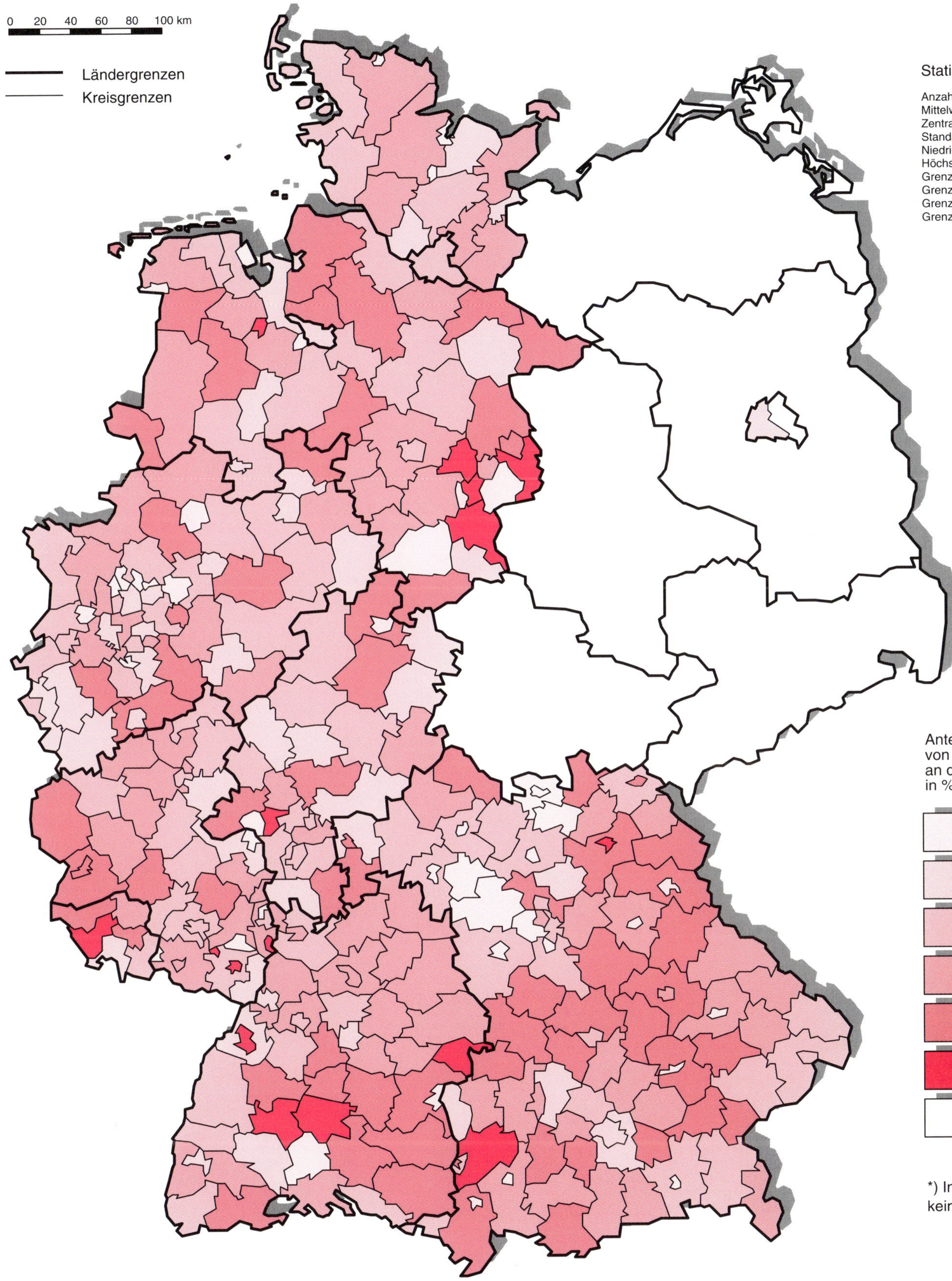

Statistische Maßzahlen

Anzahl der Fälle	328,0
Mittelwert	12,7
Zentralwert	12,1
Standardabweichung	8,3
Niedrigster Wert	0,0
Höchster Wert	42,9
Grenze des 1. Quartils	7,1
Grenze des 3. Quartils	17,8
Grenze der 15 niedrigsten Werte	0,0
Grenze der 15 höchsten Werte	27,1

Anteil der Verkehrstoten von 18 bis 20 Jahren an den Verkehrstoten insgesamt in % - 1986

- *)
- 0,1 - 7,1
- 7,2 - 12,1
- 12,2 - 17,8
- 17,9 - 27,1
- 27,2 - 42,9
- Keine Angaben

*) In diesen Kreisen gab es keine getöteten Jugendlichen

Quelle: DJI-Regionaldatenbank, auf der Basis absoluter Zahlen der Statistischen Landesämter

Schleswig-
Holstein
Mecklenburg-
Vorpommern
Hamburg
Bremen
Nieder-
sachsen
Berlin
Brandenburg
Sachsen-
Anhalt
Nordrhein-
Westfalen
Sachsen
Thüringen
Hessen
Rheinland-
Pfalz
Saarland
Bayern
Baden-
Württemberg

Lohnsteuerpflichtige mit niedrigen Einkünften 1986

Kreise mit den niedrigsten Werten

Kreise	Kreisnr.	Werte*
Gelsenkirchen	5513	17,2
Freyung-Grafenau	9272	18,4
Duisburg	5112	18,9
Cham	9372	19,0
Oberhausen	5119	19,1

*) Werte siehe Kartenlegende

Kreise mit den höchsten Werten

Kreise	Kreisnr.	Werte*
Peine	3157	42,8
Frankenthal	7311	44,0
Ludwigshafen Stadt	7314	45,5
Ludwigshafen	7338	47,9
Wolfsburg	3103	49,5

Nicht zur Einkommenssteuer veranlagte Lohnsteuerpflichtige und Einkünfte aus nichtselbständiger Arbeit 1986 nach Einkunftsgrößenklassen

Gesamtbetrag der Einkünfte von ... bis unter ... DM / Jahr	*Nichtveranlagte Lohnsteuerpflichtige* Anzahl	in %	*Einkünfte der nichtveranlagten Lohnsteuerpflichtigen* in Mrd. DM	in %
1 - 4000	1348819	13,2	2,3	1,2
4000 - 8000	1075343	10,5	6,5	3,4
8000 - 16000	1392535	13,6	16,4	8,5
16000 - 25000	1729561	16,9	36,0	18,6
25000 - 40000	2092772	20,4	66,2	34,2
40000 - 50000	996216	9,7	44,3	22,9
50000 - 75000	397768	3,9	21,4	11,0
75000 oder mehr	2106		0,2	0,1
Insgesamt	10257069	100,0	193,3	100,0

Datenquelle: Statistisches Bundesamt, FS 14, Reihe 7.3, Lohnsteuer 1986

Mittelwerte der Standardvariablen in Kreisen mit sehr niedrigen bis sehr hohen Anteilen an Lohnsteuerpflichtigen mit niedrigen Einkünften

Standardvariablen	Anteile der niedrigen Einkünfte sehr gering	gering	hoch	sehr hoch
Lebendgeborene pro 1000 Einwohner 1986	10,9	11,2	9,8	9,5
0-5jährige pro 100 Einwohner 1986	6,3	6,4	5,7	5,6
Kindergartenplätze pro 100 3-5jährige 1986	67,6	84,0	79,9	82,9
Quartanerquote 1989	56,5	57,0	66,0	68,4
Zuzüge pro 100 Fortzüge der 18-24jährigen 1986	97,1	105,2	107,9	103,8
Erwerbstätigenanteil der 30-39jährigen Frauen 1987 (in %)	47,1	55,7	53,7	52,2
Erwerbstätigenanteil der 40-49jährigen Frauen 1987 (in %)	42,6	56,5	53,0	50,7

Datenquelle: DJI-Regionaldatenbank

Bertram, Bayer, Bauereiß: Familien-Atlas, Opladen 1993

Im Rahmen der für das Jahr 1986 durchgeführten Lohnsteuerstatistik wurden im Bundesgebiet 22,4 Mio. Arbeitnehmer erfaßt. Davon waren 10,3 Mio. nichtveranlagte Lohnsteuerpflichtige, die insgesamt 193,3 Mrd. DM Einkünfte aus nichtselbständiger Arbeit erzielten. Diese Personen führten im Rahmen der Einkommenssteuererhebung nur Lohnsteuer ab. Die Lohnsteuer wird im Quellenabzugsverfahren erhoben, d.h. der Arbeitgeber ist verpflichtet, die laut amtlicher Lohnsteuertabelle sich ergebende Steuer vom Bruttolohn des Arbeitnehmers an das Finanzamt abzuführen. Als Arbeitnehmer im steuerrechtlichen Sinn gelten nicht nur Personen, die im privaten oder öffentlichen Dienst beschäftigt sind oder waren, sondern auch die Rechtsnachfolger z.B. Witwen- und Waisengeldempfänger.

Bei den nichtveranlagten Lohnsteuerpflichtigen mit Einkünften unter 8000 DM handelt es sich überwiegend um Teilzeitbeschäftigte, Aushilfskräfte, Auszubildende, Bezieher von Betriebsrenten sowie um Arbeitnehmer, die nicht das ganze Jahr über beschäftigt sind. Sie stellen 1986 rd. 24 % aller Lohnsteuerpflichtigen, jedoch nur 4,6 % der gesamten Einkünfte aus nichtselbständiger Arbeit. Die größte Gruppe der Lohnsteuerpflichtigen ist die mit jährlichen Einkünften zwischen 25 000 und 40 000 DM. Sie stellen ein Drittel der Einkünfte aus nichtselbständiger Arbeit.

Da die Einordnung in die Gruppe der nichtveranlagten Lohnsteuerpflichtigen von vielen Faktoren abhängt, gibt es keine einfache Erklärung für die hohen Anteile an Lohnsteuerpflichtigen mit geringen Einkünften in Rheinland-Pfalz, Hessen und Niedersachsen. So ist z.B. in Wolfsburg oder Ludwigshafen der Anteil fast dreimal so hoch wie in Gelsenkirchen. Die Kreise mit den niedrigsten Anteilen liegen in Niederbayern, der Oberpfalz und im Ruhrgebiet. Zudem fällt auf, daß die süddeutschen urbanen Zentren Stuttgart und München Anteile über dem Bundesdurchschnitt aufweisen.

Lohnsteuerpflichtige mit niedrigen Einkünften 1986

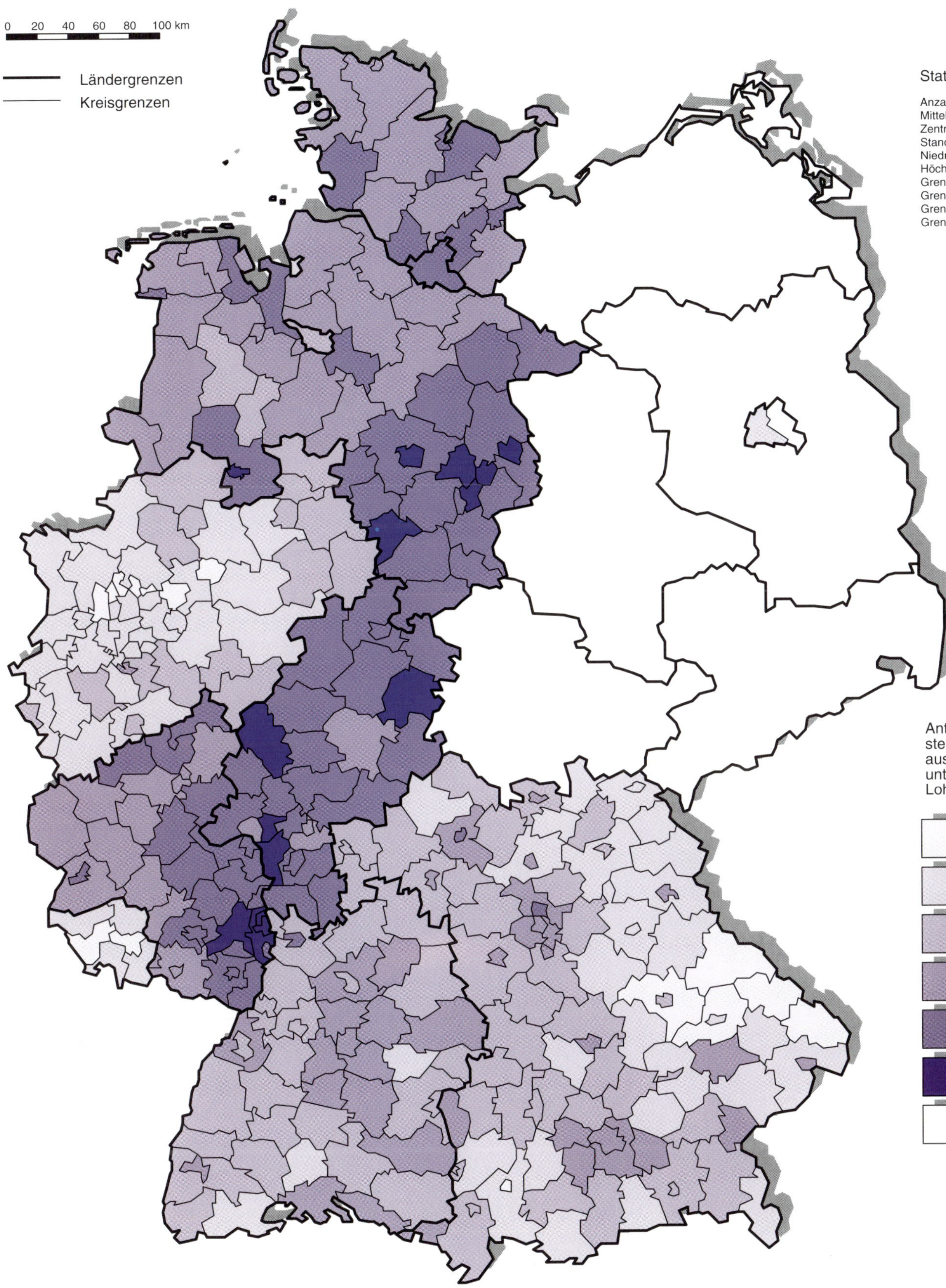

Statistische Maßzahlen

Anzahl der Fälle	328,0
Mittelwert	28,3
Zentralwert	27,1
Standardabweichung	6,0
Niedrigster Wert	17,2
Höchster Wert	49,5
Grenze des 1. Quartils	23,6
Grenze des 3. Quartils	32,7
Grenze der 15 niedrigsten Werte	20,2
Grenze der 15 höchsten Werte	39,8

Anteil der nichtveranlagten Lohnsteuerpflichtigen mit Einkünften aus nichtselbständiger Arbeit von unter 8000 DM im Jahr an allen Lohnsteuerpflichtigen in % -1986

- 17,2 -20,2
- 20,3 -23,6
- 23,7 -27,1
- 27,2 -32,7
- 32,8 -39,8
- 39,9 -49,5
- Keine Angaben

Quelle: DJI-Regionaldatenbank, auf der Basis absoluter Zahlen der Statistischen Landesämter

Einkommenssteuerpflichtige mit hohen Einkünften 1986

Kreise mit den niedrigsten Werten

Kreise	Kreisnr.	Werte*
Waldeck-Frankenberg	6635	3,7
Freyung-Grafenau	9272	3,8
Bremerhaven	4012	3,8
Vogelsbergkreis	6535	3,8
Werra-Meissner-Kreis	6636	3,9

*) Werte siehe Kartenlegende

Kreise mit den höchsten Werten

Kreise	Kreisnr.	Werte*
Fürstenfeldbruck	9179	13,3
Erlangen	9562	13,8
Wolfsburg	3103	13,9
Böblingen	8115	14,1
München	9184	14,6

Unbeschränkt veranlagte natürliche Einkommenssteuerpflichtige, Gesamtbetrag der Einkünfte und festgesetzte Einkommenssteuer nach Einkommensklassen 1986

Gesamtbetrag der Einkünfte von ... bis unter ... DM / Jahr	*Steuerpflichtige* in 1000	in %	*Gesamtbetrag der Einkünfte* in Mrd. DM	in %	*festgesetzte Einkommenssteuer* in %
1 - 4000	96,4	0,7	0,3	0,0	0,0
4000 - 8000	380,2	2,7	2,4	0,3	0,0
8000 - 12000	502,0	3,6	5,0	0,7	0,1
12000 - 16000	456,6	3,3	6,4	0,8	0,2
16000 - 20000	445,0	3,2	8,0	1,1	0,3
20000 - 25000	588,3	4,2	13,3	1,7	0,6
25000 - 30000	991,1	7,2	27,8	3,6	1,9
30000 - 40000	2828,3	20,4	98,3	12,9	8,8
40000 - 50000	1930,4	13,9	86,3	11,3	8,4
50000 - 60000	1624,6	11,7	89,4	11,7	9,0
60000 - 75000	1854,6	13,4	123,7	16,2	13,6
75000 - 100000	1238,2	8,9	105,3	13,8	13,7
100000 - 250000	791,1	5,7	108,0	14,2	19,2
250000 - 500000	93,6	0,7	31,4	4,1	7,9
500000 - 1 Mio.	26,6	0,2	17,9	2,3	5,0
1 Mio. oder mehr	13,7	0,1	39,5	5,1	11,4
insgesamt	13860,5	100,0	763,0	100,0	100,0

Datenquelle: Statistisches Bundesamt, FS 14, Reihe 7.1, Einkommenssteuer 1986

Mittelwerte der Standardvariablen in Kreisen mit sehr niedrigen bis sehr hohen Anteilen an Einkommenssteuerpflichtigen mit hohen Einkünften

Standardvariablen	Anteile der hohen Einkünfte: sehr niedrig	niedrig	hoch	sehr hoch
Lebendgeborene pro 1000 Einwohner 1986	10,9	10,7	10,0	10,0
0-5jährige pro 100 Einwohner 1986	6,6	6,2	5,7	5,9
Kindergartenplätze pro 100 3-5jährige 1986	70,9	80,1	78,4	81,2
Quartanerquote 1989	53,0	57,6	64,8	67,4
Zuzüge pro 100 Fortzüge der 18-24jährigen 1986	90,3	101,5	116,3	107,2
Erwerbstätigenanteil der 30-39jährigen Frauen 1987 (in %)	50,0	53,1	55,1	54,9
Erwerbstätigenanteil der 40-49jährigen Frauen 1987 (in %)	46,4	51,9	56,2	55,4

Datenquelle: DJI-Regionaldatenbank

Bertram, Bayer, Bauereiß: Familien-Atlas, Opladen 1993

Ein Einkommenssteuerpflichtiger kann Einkünfte aus mehreren Einkunftsarten haben. Dabei kommen neben den Einkünften aus Land- und Forstwirtschaft, dem Gewerbebetrieb und der selbständigen Arbeit, den Einkünften aus nichtselbständiger Arbeit die größte Bedeutung zu. 1986 beziehen rd. 80 % der zur Einkommenssteuer veranlagten Personen überwiegend Einkünfte aus diesem Bereich, 8 % aus Gewerbebetrieben, und jeweils rd. 2 % aus Vermietung und Verpachtung, selbständiger Arbeit und aus Land- und Forstwirtschaft.

Rund ein Viertel der Einkommenssteuerpflichtigen hat ein Einkommen von bis zu DM 30 000 und trägt zu 3,1 % zum Einkommenssteueraufkommen bei. Ca. 20 % der Steuerpflichtigen verfügen über ein Einkommen zwischen DM 30 000 und 40 000, 25 % haben Einkünfte zwischen DM 50 000 und 75 000. Mehr als die Hälfte des Aufkommens an Einkommensteuer (57,2 %), stammt von den Steuerpflichtigen mit jährlichen Mindesteinkünften von DM 75 000. Obwohl nur einer von tausend Steuerpflichtigen 1986 Einkünfte von mindestens einer Mio. DM hat, erzielt diese Gruppe rd. 5 % der steuerpflichtigen Einkünfte und entrichtet damit 11,4 % der insgesamt abgeführten Einkommenssteuer.

Die Karte zeigt den Anteil der Steuerpflichtigen mit Einkünften zwischen DM 75 000 und 100 000. Davon weisen die Kreise um die Zentren München, Nürnberg, Stuttgart, Düsseldorf, Köln und Hamburg sehr hohe Anteile auf. In diesen städtischen Einzugsgebieten ist mit vielen erwerbstätigen Ehepaaren zu rechnen, was sich aus der relativ hohen Frauenerwerbsquote schließen läßt, und die Verdienstmöglichkeiten sind allgemein in den Städten auch durch den Ausbau der Dienstleistungsunternehmen gut. Geringe Einkünfte zeigen demgegenüber ländlich strukturierte Kreise in Niederbayern, der Oberpfalz und in Hessen.

Einkommenssteuerpflichtige mit hohen Einkünften 1986

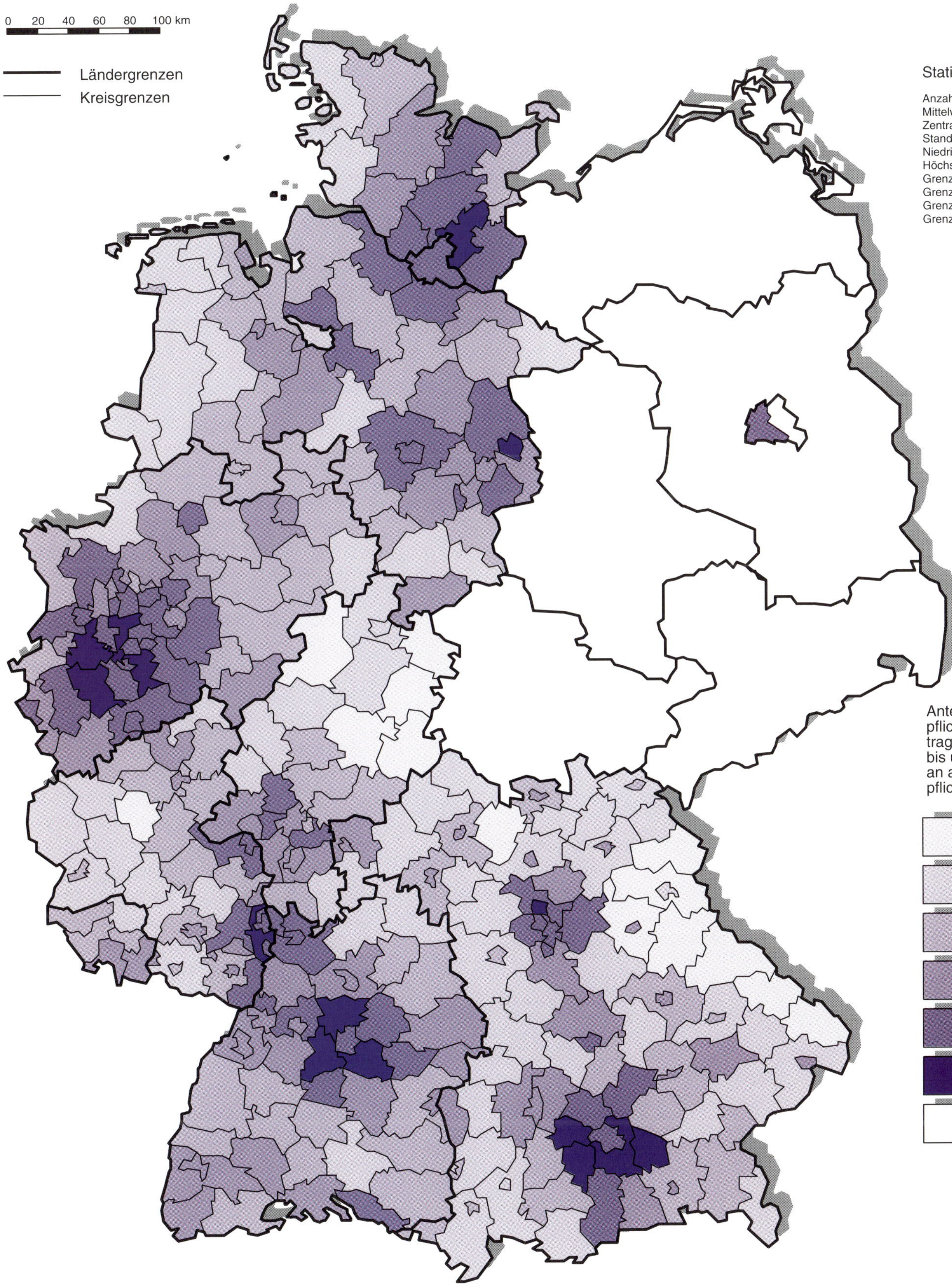

Statistische Maßzahlen

Anzahl der Fälle	328,0
Mittelwert	7,7
Zentralwert	7,6
Standardabweichung	2,1
Niedrigster Wert	3,7
Höchster Wert	14,6
Grenze des 1. Quartils	6,1
Grenze des 3. Quartils	9,1
Grenze der 15 niedrigsten Werte	4,5
Grenze der 15 höchsten Werte	11,8

Anteil der Einkommenssteuerpflichtigen mit einem Gesamtbetrag der Einkünfte von 75 000 DM bis unter 100 000 DM im Jahr an allen Einkommenssteuerpflichtigen in % - 1986

3,7 - 4,5
4,6 - 6,1
6,2 - 7,6
7,7 - 9,1
9,2 - 11,8
11,9 - 14,6
Keine Angaben

Quelle: DJI-Regionaldatenbank, auf der Basis absoluter Zahlen der Statistischen Landesämter

Einkommenssteuerpflichtige mit sehr hohen Einkünften 1986

Kreise mit den niedrigsten Werten

Kreise	Kreisnr.	Werte*
Bad Kissingen	9672	0,4
Bremerhaven	4012	2,3
Kusel	7336	2,9
Amberg-Sulzbach	9371	3,0
Haßberge	9674	3,0

*) Werte siehe Kartenlegende

Kreise mit den höchsten Werten

Kreise	Kreisnr.	Werte*
Rheinisch-Berg. Kreis	5378	12,1
Main-Taunus-Kreis	6436	14,1
Starnberg	9188	14,8
München	9184	15,1
Hochtaunuskreis	6434	15,7

Arten des Lebensunterhalts in Berlin (West), München Stadt und in den Kreisen mit den niedrigsten bzw. höchsten Anteilen an Einkommenssteuerpflichtigen mit sehr hohen Einkünften

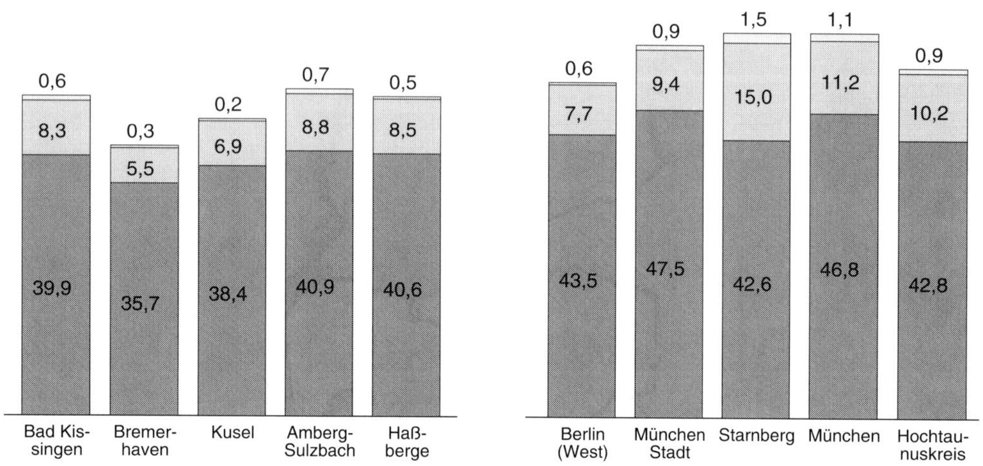

Prozentanteil der Bevölkerung mit überwiegendem Lebensunterhalt durch eigenes Vermögen, Vermietung, Verpachtung oder Altenteil 1987

Prozentanteil der Selbständigen unter den Erwerbstätigen 1987

Prozentanteil der Bevölkerung mit überwiegendem Lebensunterhalt durch Erwerbstätigkeit 1987

Mittelwerte der Standardvariablen in Kreisen mit sehr niedrigen bis sehr hohen Anteilen an Einkommenssteuerpflichtigen mit sehr hohen Einkünften

Standardvariablen	Anteile der hohen Einkünfte sehr niedrig	niedrig	hoch	sehr hoch
Lebendgeborene pro 1000 Einwohner 1986	11,5	10,9	9,8	9,4
0-5jährige pro 100 Einwohner 1986	6,9	6,3	5,6	5,6
Kindergartenplätze pro 100 3-5jährige 1986	69,1	76,5	83,4	79,8
Quartanerquote 1989	43,6	58,2	66,8	74,5
Zuzüge pro 100 Fortzüge der 18-24jährigen 1986	92,8	103,4	115,6	111,2
Erwerbstätigenanteil der 30-39jährigen Frauen 1987 (in %)	50,9	51,5	56,5	56,3
Erwerbstätigenanteil der 40-49jährigen Frauen 1987 (in %)	47,0	50,4	56,1	57,2

Datenquelle: DJI-Regionaldatenbank

Bertram, Bayer, Bauereiß: Familien-Atlas, Opladen 1993

Personen werden 1986 zur Einkommensteuer veranlagt, wenn ihr Einkommen 24 000 DM (Alleinstehende) bzw. 48 000 DM (Verheiratete) übersteigt. Desweiteren, wenn diese Grenze zwar nicht überschritten wird, aber zusätzliche Einkünfte aus anderen Einkommensarten von monatlich mehr als 800 DM erzielt werden, sowie wenn auf der Lohnsteuerkarte ein Freibetrag nach /7b EstG eingetragen ist oder der Arbeitslohn gleichzeitig von mehreren Arbeitgebern bezogen wird und dabei das zu versteuernde Einkommen mehr als 18 000 DM (Alleinstehende) bzw. 36 000 DM (Verheiratete) beträgt.

Von den 13,9 Mio. im Jahr 1986 unbeschränkt veranlagten, natürlichen Einkommenssteuerpflichtigen haben 6,7 % Einkünfte von über 100 000 DM. In dieser Einkommensklasse sind 79 % der freiberuflich Tätigen, 67 % der Gewerbetreibenden und 68 % der hauptsächlich von Kapitalerträgen Lebenden.

Die Kreise mit den höchsten Anteilen an Einkommenssteuerpflichtigen mit Einkünften über 100 000 DM grenzen an die urbanen Zentren Hamburg, Düsseldorf, Frankfurt und München. Desweiteren konzentrieren sich hohe Anteile in und um die Städte Hannover, Bonn, Heidelberg, Mannheim, Karlsruhe, Stuttgart und Nürnberg. Wie bei der vorhergehenden Karte sind die Besserverdienenden in vielen Landkreisen in Hessen, Rheinland-Pfalz und Bayern unterdurchschnittlich vertreten.

Die hohen Anteile an Selbständigen und an Personen mit überwiegendem Lebensunterhalt durch eigenes Vermögen, Vermietung, Verpachtung oder Altenteil treffen mit den höchsten Anteilen an Personen mit jährlichen Einkünften über 100 000 DM zusammen. Wie bei der vorangehenden Karte sind hohe Einkünfte eher ein Phänomen des städtischen Umlandes. Die Mittelwerte der Standardvariablen zeigen dort relativ hohe weibliche Erwerbsquoten, niedrige Geburten- bzw. Kinderanteile sowie Überschüsse bei den Zuzügen von jungen Erwachsenen.

Einkommenssteuerpflichtige mit sehr hohen Einkünften 1986

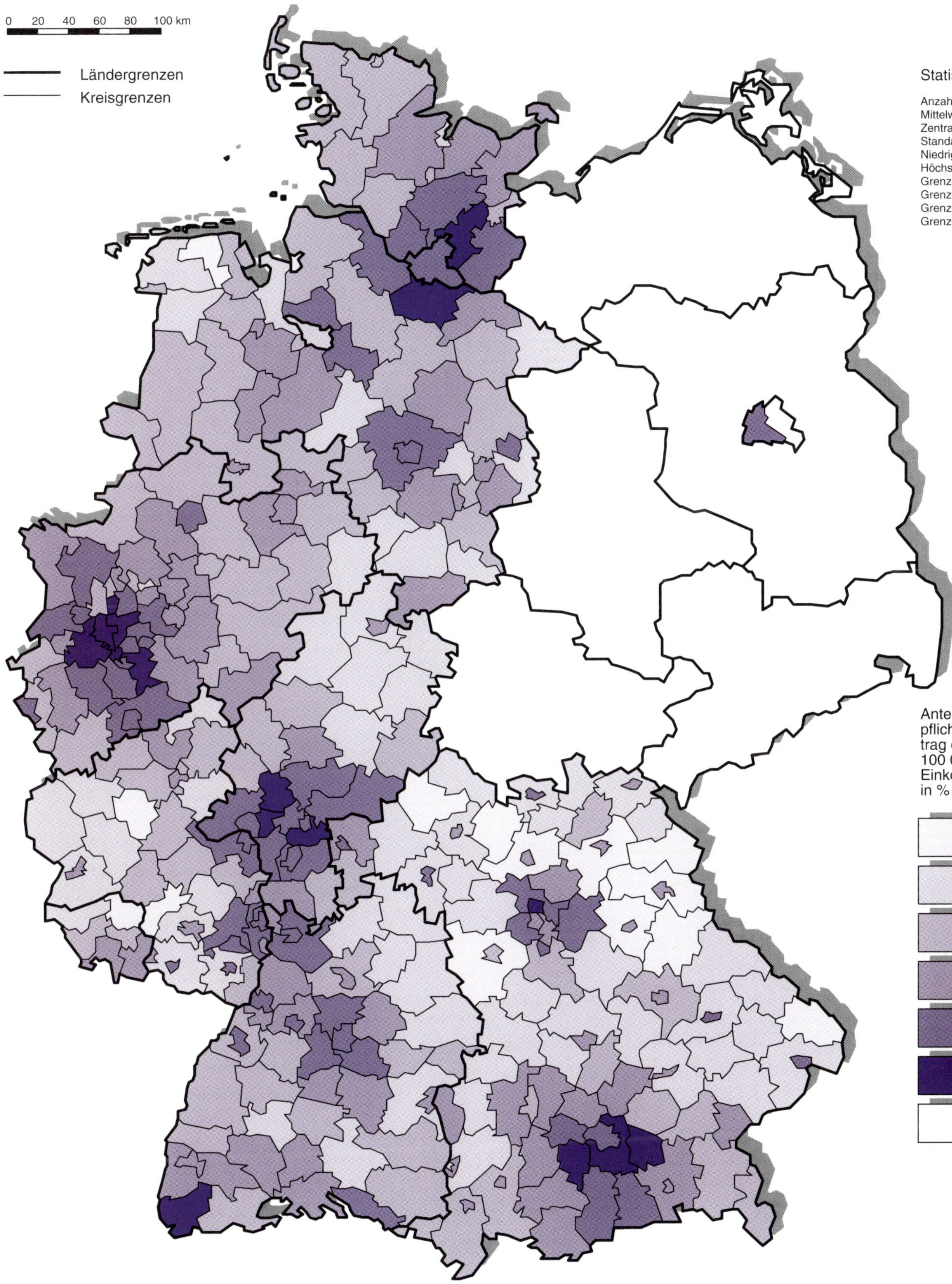

Statistische Maßzahlen

Anzahl der Fälle	328,0
Mittelwert	5,9
Zentralwert	5,6
Standardabweichung	2,1
Niedrigster Wert	0,4
Höchster Wert	16,7
Grenze des 1. Quartils	4,6
Grenze des 3. Quartils	6,7
Grenze der 15 niedrigsten Werte	3,5
Grenze der 15 höchsten Werte	9,8

Anteil der Einkommenssteuerpflichtigen mit einem Gesamtbetrag der Einkünfte von über 100 000 DM im Jahr an allen Einkommenssteuerpflichtigen in % - 1986

- 0,4 - 3,5
- 3,6 - 4,6
- 4,7 - 5,6
- 5,7 - 6,7
- 6,8 - 9,8
- 9,9 - 16,7
- Keine Angaben

Quelle: DJI-Regionaldatenbank, auf der Basis absoluter Zahlen der Statistischen Landesämter

Veränderung der Einkommenssteuerpflichtigen mit sehr hohen Einkünften 1983 - 1986

Kreise mit den niedrigsten Werten

Kreise	Kreisnr.	Werte*
Bad Kissingen	9672	-89,3
Bremerhaven	4012	-38,5
Bremen	4011	-26,7
Memmingen	9764	-2,3
Amberg	9361	-0,6

*) Werte siehe Kartenlegende

Kreise mit den höchsten Werten

Kreise	Kreisnr.	Werte*
Saarlouis	10044	67,4
Merzig-Wadern	10042	74,9
Neunkirchen	10043	80,3
Saar-Pfalz-Kreis	10045	82,9
Sankt Wendel	10046	84,2

Veränderung der unbeschränkt veranlagten, natürlichen Einkommenssteuerpflichtigen, des Gesamtbetrages der Einkünfte, der festgesetzten Einkommenssteuer und der Steuerbelastung 1986 gegenüber 1983 nach Einkommensklassen

Gesamtbetrag der Einkünfte von ... bis unter ... DM / Jahr	*Veränderung 1986 gegenüber 1983 in %* Einkommenssteuerpflichtige	Gesamtbetrag der Einkünfte	festgesetzte Einkommenssteuer	*Steuerbelastung (in % des Einkommens)* 1983	1986
1 - 4000	-2,2	-2,9	-6,5	0,9	0,9
4000 - 8000	6,9	7,9	-26,8	2,6	1,9
8000 - 12000	12,0	12,0	-5,1	5,7	5,2
12000 - 16000	7,1	7,0	-5,3	8,0	7,6
16000 - 20000	0,4	0,2	-11,5	9,9	9,5
20000 - 25000	-5,9	-6,1	-18,4	12,2	11,4
25000 - 30000	-0,8	-0,6	-4,2	15,9	15,7
30000 - 40000	10,7	11,1	9,8	18,7	18,5
40000 - 50000	12,9	12,5	12,0	19,9	20,1
50000 - 60000	16,1	16,3	14,3	20,3	20,3
60000 - 75000	26,4	26,8	22,5	22,0	21,5
75000 - 100000	42,4	42,8	37,2	25,6	24,8
100000 oder mehr	39,8	37,5	33,0	40,9	40,1
insgesamt	14,9	23,2	24,3	25,6	25,9

Datenquelle: Statistisches Bundesamt, FS 14, Reihe 7.1, Einkommenssteuer 1986

Mittelwerte der Standardvariablen in Kreisen mit abnehmendem bis stark zunehmendem Anteil der Einkommenssteuerpflichtigen mit sehr hohen Einkünften

Standardvariablen	Veränderung von 1983 auf 1986: Abnahme	leichte Zunahme	mittlere Zunahme	starke Zunahme
Lebendgeborene pro 1000 Einwohner 1986	10,5	10,5	10,2	10,6
0-5jährige pro 100 Einwohner 1986	6,0	6,0	6,1	6,2
Kindergartenplätze pro 100 3-5jährige 1986	73,1	76,3	82,6	91,0
Quartanerquote 1989	58,2	60,1	64,3	62,8
Zuzüge pro 100 Fortzüge der 18-24jährigen 1986	99,5	106,9	104,3	104,7
Erwerbstätigenanteil der 30-39jährigen Frauen 1987 (in %)	56,2	52,3	54,0	52,5
Erwerbstätigenanteil der 40-49jährigen Frauen 1987 (in %)	55,5	50,8	54,2	49,1

Datenquelle: DJI-Regionaldatenbank

Bertram, Bayer, Bauereiß: Familien-Atlas, Opladen 1993

Die steuerliche Belastung richtet sich nach der Höhe des Einkommens und berücksichtigt die besonderen persönlichen Verhältnisse der Steuerpflichtigen. Dies geschieht durch den progressiv, nach der Höhe des Gesamteinkommens und dem Familienstand, gestaffelten Tarif, der die Einräumung eines steuerfreien Betrages und weitere steuermindernde Faktoren umfaßt.

1986 werden in den alten Bundesländern 13,9 Mio. Steuerpflichtige zur Einkommenssteuer veranlagt, rd. 15 % mehr als im vorangegangenen Statistikjahr 1983. In diesen drei Jahren nehmen die Steuerpflichtigen in den Einkommensklassen ab DM 30 000 kontinuierlich zu, am stärksten in der Einkommensklasse ab DM 75 000. Dementsprechend gestiegen ist in diesem Zeitraum der Gesamtbetrag der Einkünfte und die festgesetzte Einkommenssteuer in den hohen Einkommensklassen. Da sich die Besteuerung nach dem Einkommen richtet, zeigen sich 1986 Steuerbelastungen von 0,9 % in der untersten bis 40,1 % in der höchsten Einkommensklasse. Die durchschnittliche Steuerbelastung aller veranlagten Steuerpflichtigen stieg dabei mit 0,3 % nur sehr schwach, was auf die in diesem Zeitraum erlassenen Steuererleichterungen zurückzuführen ist.

Regional betrachtet zeigt sich im Raum um und zwischen Frankfurt und Stuttgart ein 'Speckgürtel'. Die Kreise in diesem Raum verzeichnen extrem hohe Anstiege der Steuerpflichtigen mit sehr hohen Einkünften von bis zu rd. 40 %. Die Kreise mit den höchsten Anstiegen liegen jedoch in Bayern, wobei Erlangen mit einem Anstieg von 60 % herausragt. Wie sich an den Karten mit den Besserverdienenden bereits gezeigt hat, sind höhere Einkünfte im städtischen Umland vorzufinden. Analog dazu zeigen sich hohe Zuwachsraten in den angrenzenden Kreisen von Hamburg, Hannover, Kassel, Köln, Nürnberg und München. Negative Veränderungen sind vorwiegend in bayerischen Kreisen anzutreffen.

Veränderung der Einkommenssteuerpflichtigen mit sehr hohen Einkünften 1983 - 1986

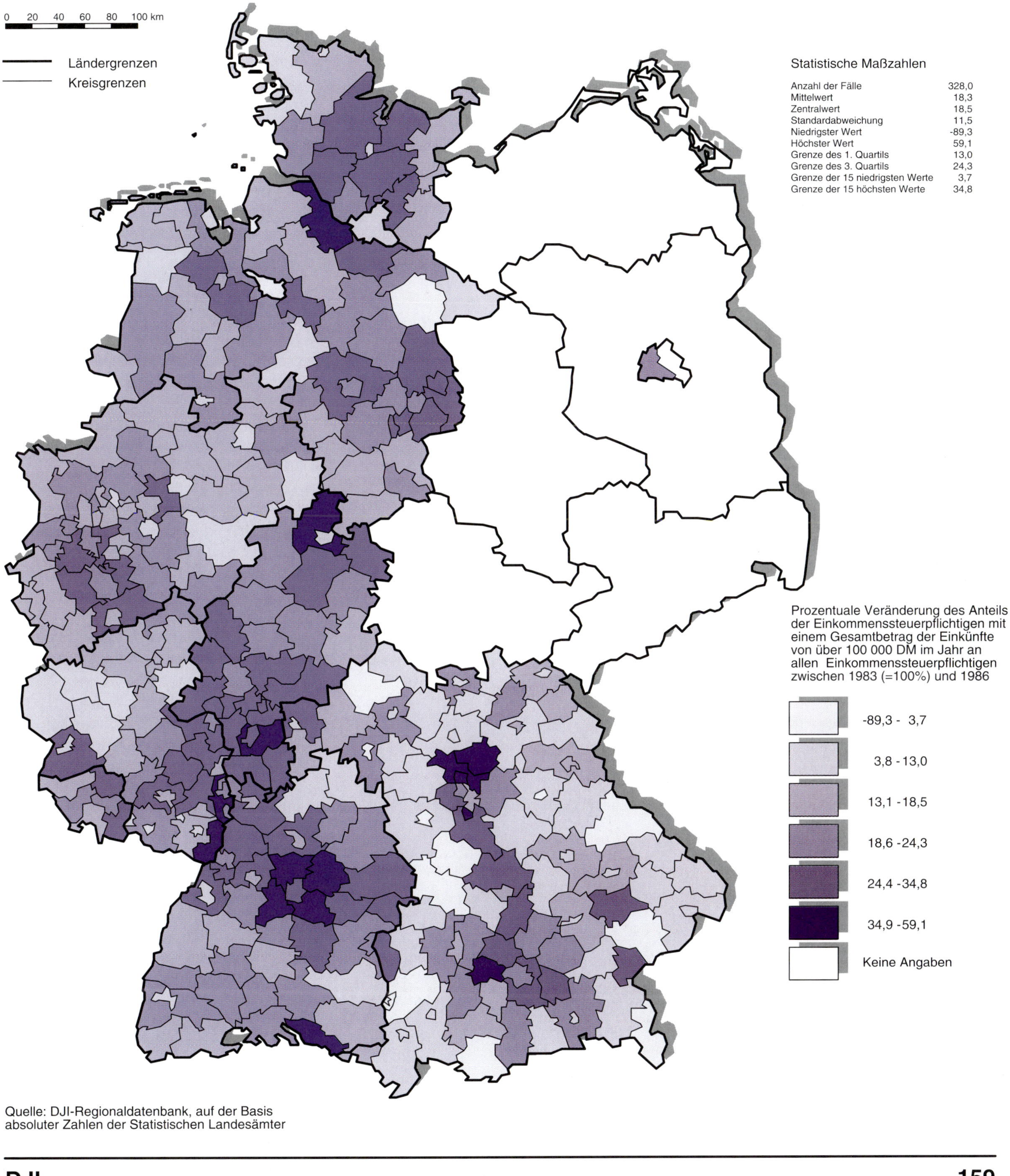

Statistische Maßzahlen

Anzahl der Fälle	328,0
Mittelwert	18,3
Zentralwert	18,5
Standardabweichung	11,5
Niedrigster Wert	-89,3
Höchster Wert	59,1
Grenze des 1. Quartils	13,0
Grenze des 3. Quartils	24,3
Grenze der 15 niedrigsten Werte	3,7
Grenze der 15 höchsten Werte	34,8

Quelle: DJI-Regionaldatenbank, auf der Basis absoluter Zahlen der Statistischen Landesämter

Wohneigentümerquote 1987

Kreise mit den niedrigsten Werten

Kreise	Kreisnr.	Werte*
Berlin (West)	11001	11,0
Frankfurt	6412	12,3
Gelsenkirchen	5513	13,3
Düsseldorf	5111	14,7
Duisburg	5112	15,2

*) Werte siehe Kartenlegende

Kreise mit den höchsten Werten

Kreise	Kreisnr.	Werte*
Cloppenburg	3453	70,0
Kusel	7336	70,1
Aurich	3452	70,3
Merzig-Wadern	10042	72,0
Bitburg-Prüm	7232	73,0

Vergleich ausgewählter Variablen in München Stadt und in den Kreisen mit den niedrigsten bzw. höchsten Wohneigentümerquoten

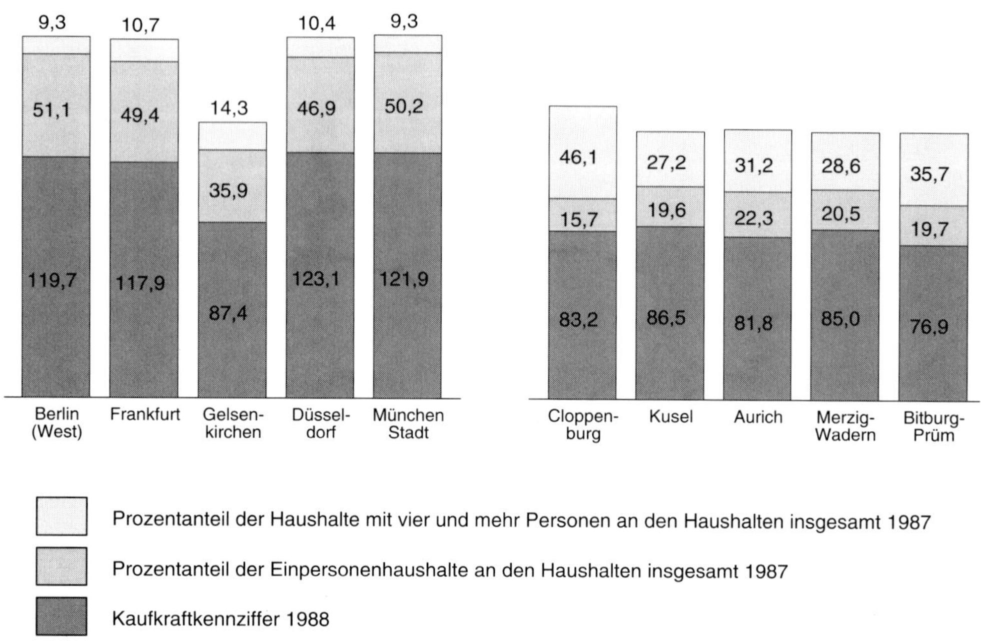

Mittelwerte der Standardvariablen in Kreisen mit sehr niedriger bis sehr hoher Wohneigentümerquote

Standardvariablen	Wohneigentümerquote sehr niedrig	niedrig	hoch	sehr hoch
Lebendgeborene pro 1000 Einwohner 1986	9,2	10,2	11,2	11,6
0-5jährige pro 100 Einwohner 1986	5,1	5,9	6,7	6,9
Kindergartenplätze pro 100 3-5jährige 1986	73,7	79,1	74,8	80,0
Quartanerquote 1989	65,5	64,6	52,7	49,5
Zuzüge pro 100 Fortzüge der 18-24jährigen 1986	129,4	105,3	98,5	104,3
Erwerbstätigenanteil der 30-39jährigen Frauen 1987 (in %)	56,3	54,7	52,4	45,2
Erwerbstätigenanteil der 40-49jährigen Frauen 1987 (in %)	55,3	54,9	50,2	40,2

Datenquelle: DJI-Regionaldatenbank

Bertram, Bayer, Bauereiß: Familien-Atlas, Opladen 1993

Die Gebäude- und Wohnungszählung ermittelte 1987 in den alten Bundesländern 25,3 Mio. Miet- und Eigentumswohnungen. Von den Eigentumswohnungen werden 39,3 % vom Eigentümer selbst bewohnt. Das Saarland steht mit einem Anteil von 55,1 % an der Spitze dieser Wohnungsnutzung, gefolgt von Rheinland-Pfalz mit 52,2 %. In den urbanen Zentren Berlin, Frankfurt, Düsseldorf oder München wird hingegen nur jede sechste bis zehnte Wohnung vom Eigentümer selbst bewohnt.

Insgesamt zeigt die Karte hohe Wohneigentümerquoten in den meisten der schwach besiedelten und ländlich geprägten Kreise von Schleswig-Holstein, Niedersachsen, Rheinland-Pfalz, des Saarlandes und Bayerns. So sind z.B. in Bitburg-Prüm, Merzig-Wadern oder Aurich die Anteile mit über 70 % am höchsten. Diese Kreise haben eine niedrige Kaufkraftkennziffer und einen sehr hohen Anteil an Mehrpersonenhaushalten, der bis um das Vierfache höher ist als in den urbanen Zentren. Analog dazu weisen diese Zentren überproportional viele Einpersonenhaushalte auf.

Durch infrastrukturelle Faktoren und geringe Bevölkerungsdichte lassen sich Wünsche nach eigenen vier Wänden in ländlichen Regionen leichter verwirklichen bzw. dort ist Wohneigentum fast selbstverständlich. Dem hohen Anteil an Kindern in ländlichen Gebieten - d.h. den Familien - kommen die dort günstigen Bauland- und Baupreise entgegen. Bundesweit liegt 1987 die Wohneigentümerquote bei den Mehrpersonenhaushalten mit 48,6 % erheblich höher als bei den Einpersonenhaushalten (19,1 %). Desweiteren spielt das Lebensalter eine Rolle, denn die Wohneigentümerquote liegt bei den über 65-jährigen bei 25,7 %, bei den unter 30jährigen nur bei 3 %. Eine niedrige Wohneigentümerquote ist neben den Städten allgemein in den dicht besiedelten Kreisen des industriell geprägten Rhein-Ruhr-Gebietes vorzufinden.

Wohneigentümerquote 1987

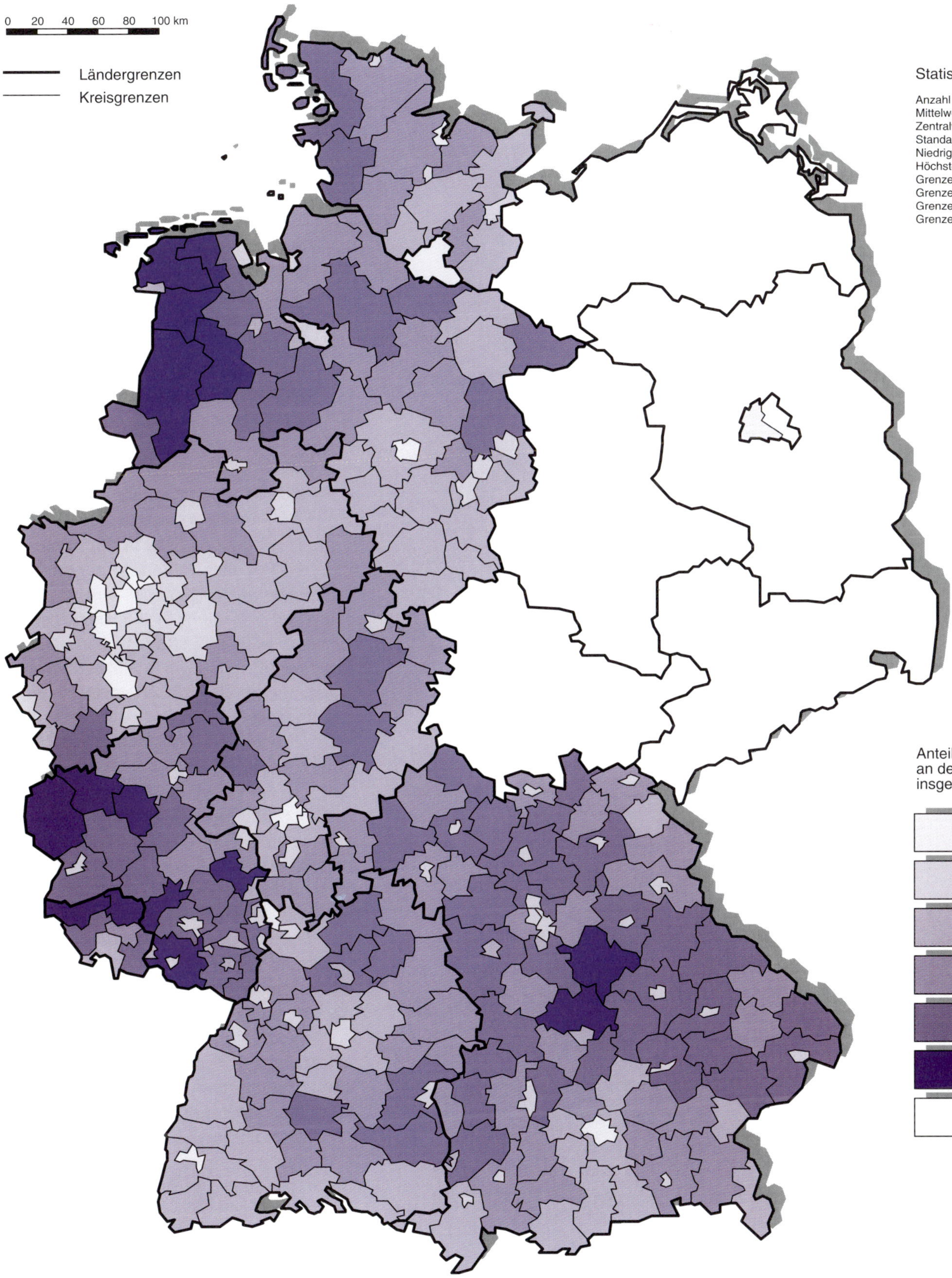

Statistische Maßzahlen

Anzahl der Fälle	328,0
Mittelwert	46,9
Zentralwert	50,2
Standardabweichung	15,0
Niedrigster Wert	11,0
Höchster Wert	73,0
Grenze des 1. Quartils	35,0
Grenze des 3. Quartils	58,4
Grenze der 15 niedrigsten Werte	18,9
Grenze der 15 höchsten Werte	67,2

Anteil der Eigentümerwohnungen an den bewohnten Wohnungen insgesamt in % - 1987

- 11,0 - 18,9
- 19,0 - 35,0
- 35,1 - 50,2
- 50,2 - 58,4
- 58,5 - 67,2
- 67,3 - 73,0
- Keine Angaben

Quelle: DJI-Regionaldatenbank, auf der Basis absoluter Zahlen der Statistischen Landesämter

Wohnräume je Person 1987

Wohnraumversorgung in den Regionstypen der alten Bundesländer

Regionstyp	Anzahl Kreise	Wohnräume je Person
Berlin (West)	1	1,8
Hamburg (Stadt)	1	1,9
Norddeutsches protestantisches Land	55	1,9
Westdeutsche Industriestädte	21	1,8
München (Stadt)	1	1,8
Nürnberg (Stadt)	1	1,9
Süddeutsches katholisches Land	73	1,8
Dienstleistungszentren des Voralpenlandes	7	1,8

Mietwohnungen (MW) und Eigentümerwohungen (EW) nach Raumzahl in den alten Bundesländern 1987

Land		Anzahl in 1000	Prozentanteil der Wohnungen mit 1 - 2 Räumen	3 Räumen	4 Räumen	5 u. m. Räumen
Schleswig-Holstein	MW	604,4	10,6	32,4	36,3	20,6
	EW	471,8	1,5	7,5	22,3	68,6
Hamburg	MW	638,3	11,5	35,3	37,1	16,1
	EW	133,2	1,6	9,9	27,3	61,2
Niedersachsen	MW	1561,3	9,6	27,1	38,0	25,3
	EW	1310,3	0,9	5,5	18,2	75,3
Bremen	MW	220,8	10,7	32,5	38,9	17,9
	EW	96,3	1,4	11,1	27,9	59,5
Nordrhein-Westfalen	MW	4703,1	11,9	32,1	36,7	19,3
	EW	2295,2	1,2	7,3	21,0	70,5
Hessen	MW	1347,3	12,0	29,6	36,0	22,4
	EW	936,1	1,0	6,3	18,9	73,8
Rheinland-Pfalz	MW	688,1	11,1	28,7	35,0	25,2
	EW	752,5	1,0	6,2	16,6	76,2
Baden-Württemberg	MW	2058,0	11,9	25,2	37,1	25,8
	EW	1663,5	1,2	6,7	21,3	70,8
Bayern	MW	2435,8	15,0	28,5	33,5	23,1
	EW	1939,9	1,5	6,9	17,8	73,8
Saarland	MW	192,6	12,2	28,7	34,7	24,4
	EW	236,0	1,0	6,3	18,3	74,4
Berlin (West)	MW	922,9	18,8	40,4	28,4	12,4
	EW	114,0	2,6	13,4	28,3	55,8
Bundesgebiet	MW	15372,5	12,5	30,3	35,7	21,5
	EW	9948,9	1,2	6,9	19,8	72,2

Datenquelle: Statistisches Bundesamt, FS 5, Heft 6, Wohnraumversorgung

Mittelwerte der Standardvariablen in Kreisen mit einer durchschnittlichen Anzahl von 1,7 bis 2,0 Wohnräumen je Person

Standardvariablen	Wohnräume je Person 1,7	1,8	1,9	2,0
Lebendgeborene pro 1000 Einwohner 1986	11,4	10,9	9,9	9,4
0-5jährige pro 100 Einwohner 1986	6,5	6,4	5,8	5,4
Kindergartenplätze pro 100 3-5jährige 1986	75,5	76,8	81,1	83,9
Quartanerquote 1989	60,5	58,9	61,6	64,3
Zuzüge pro 100 Fortzüge der 18-24jährigen 1986	102,3	106,8	105,5	104,4
Erwerbstätigenanteil der 30-39jährigen Frauen 1987 (in %)	46,8	53,7	55,2	54,2
Erwerbstätigenanteil der 40-49jährigen Frauen 1987 (in %)	43,8	53,3	54,8	52,5

Datenquelle: DJI-Regionaldatenbank

Bertram, Bayer, Bauereiß: Familien-Atlas, Opladen 1993

Die Veränderung der Haushaltsstruktur in unserer Gesellschaft ist von einer Zunahme der Ein- und Zweipersonenhaushalte gekennzeichnet. Dies sowie die erhöhten Ansprüche an Wohnraum führten zu einer Verknappung der angebotenen Wohnungen. Hier zeigt sich im Laufe der fortschreitenden Singularisierung ein Mißverhältnis zwischen den Haushalts- und Wohnungsgrößen: viele Ein- und Zweipersonenhaushalte leben im Verhältnis in zu großen Wohnungen. Dies gilt vor allem für ältere Menschen, die z.B. trotz Verkleinerung des Haushalts in den großen Wohnungen verbleiben. Diese 'Fehlbelegung' führt zu einer Verknappung von geeignetem Wohnraum für Familien mit Kindern, vor allem im Mietwohnungsbereich.

Bei den von Eigentümern selbst bewohnten Wohnungen ist die Versorgung mit Räumen etwas besser. Selbst die größeren Haushalte sind in den meisten Fällen mit angemessenem Wohnraum versorgt, denn 72,2 % der Eigentümerwohnungen verfügen über fünf und mehr Räume. Bei den Mietwohnungen hingegen dominieren mit 66 % die Wohnungen mit drei und vier Räumen.

Der Wechsel von einer Mietwohnung in eine Eigentümerwohnung bedeutet daher in der Regel auch einen Wechsel in eine geräumigere Wohnung: im Durchschnitt stehen 1987 in den alten Bundesländern den Mietern 1,7 Räume zur Verfügung, bei den von Eigentümern selbst bewohnten Wohnungen sind es 1,9 Räume.

Anhand der Karte ist festzustellen, daß einer Person in den Ländern Niedersachsen, Hessen und insbesondere in Rheinland-Pfalz und im Saarland überdurchschnittlich viel Wohnraum zur Verfügung steht. Eine schlechte Wohnsituation stellt sich demgegenüber in vielen Kreisen in Nordrhein-Westfalen dar.

Wohnräume je Person 1987

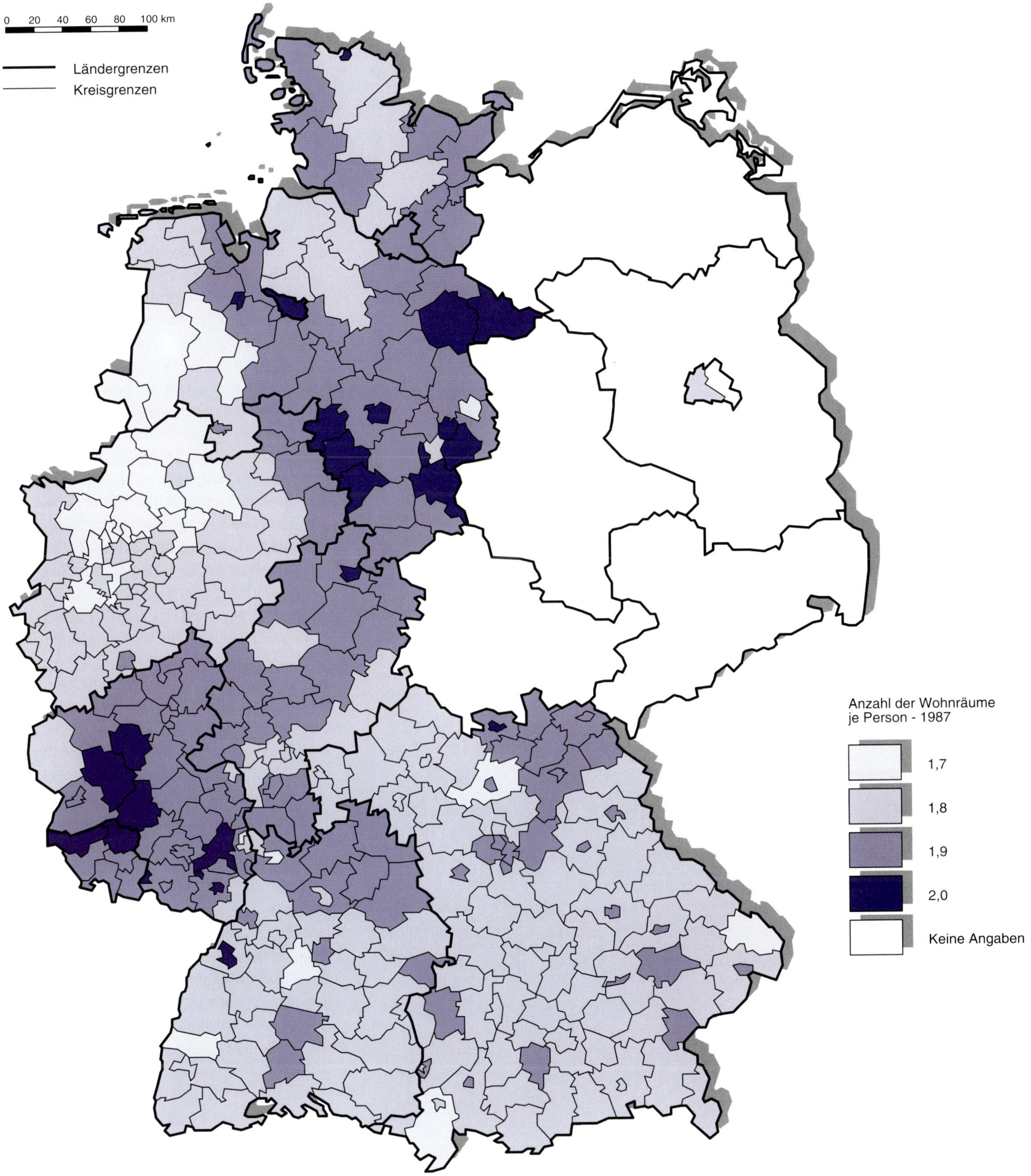

Quelle: DJI-Regionaldatenbank, auf der Basis absoluter Zahlen der Statistischen Landesämter

Durchschnittliche Wohnungsmieten 1987

Kreise mit den niedrigsten Werten

Kreise	Kreisnr.	Werte*
Neustadt/Waldnaab	9374	3,9
Tirschenreuth	9377	3,9
Cham	9372	4,0
Hof	9475	4,1
Schwandorf	9376	4,1

*) Werte siehe Kartenlegende

Kreise mit den höchsten Werten

Kreise	Kreisnr.	Werte*
Garmisch-Partenk.	9180	9,0
Ebersberg	9175	9,3
Fürstenfeldbruck	9179	9,8
München Stadt	9162	10,0
München	9184	10,6

Vergleich der durchschnittlichen Mieten in reinen Mietwohnungen 1968 und 1987 in den alten Bundesländern

Land	*Miete je Wohnung in DM* 1968	1987	Zunahme in %	*Durchschn. Miete in DM / qm* 1968	1987	Zunahme in %
Schleswig-Holstein	131	496	278,6	2,4	7,7	222,3
Hamburg	148	516	248,6	2,6	8,2	222,3
Niedersachsen	129	454	251,9	2,2	6,5	201,9
Bremen	137	475	246,7	2,4	7,5	217,3
Nordrhein-Westfalen	133	458	244,4	2,3	6,9	203,1
Hessen	152	496	226,3	2,5	7,2	188,0
Rheinland-Pfalz	127	449	253,5	2,1	6,2	194,8
Baden-Württemberg	151	476	215,2	2,4	6,7	181,8
Bayern	134	475	254,5	2,3	6,9	206,2
Saarland	127	449	253,5	2,0	6,3	209,9
Berlin (West)	120	421	250,8	2,0	6,4	221,1
Bundesgebiet	136	467	243,4	2,3	6,9	201,3

Datenquelle:
Statistisches Bundesamt, FS 5, Heft 3, Teil3: Mietenstruktur

Mittelwerte der Standardvariablen in Kreisen mit sehr niedrigen bis sehr hohen durchschnittlichen Wohnungsmieten

Standardvariablen	Wohnungsmieten sehr niedrig	niedrig	hoch	sehr hoch
Lebendgeborene pro 1000 Einwohner 1986	11,4	10,6	9,9	9,5
0-5jährige pro 100 Einwohner 1986	6,8	6,2	5,6	5,6
Kindergartenplätze pro 100 3-5jährige 1986	65,3	80,6	78,1	69,0
Quartanerquote 1989	46,2	58,5	67,7	69,3
Zuzüge pro 100 Fortzüge der 18-24jährigen 1986	88,8	103,0	118,6	116,3
Erwerbstätigenanteil der 30-39jährigen Frauen 1987 (in %)	55,1	52,6	55,5	56,9
Erwerbstätigenanteil der 40-49jährigen Frauen 1987 (in %)	51,6	50,9	56,3	60,9

Datenquelle: DJI-Regionaldatenbank

Bertram, Bayer, Bauereiß: Familien-Atlas, Opladen 1993

Die steigende Nachfrage nach Wohnungen und Wohnfläche sowie die Verbesserung der Wohnungsqualität haben zu einem starken Anstieg der Wohnungsmieten geführt. Dennoch liegen die in der Gebäude- und Wohnungszählung 1987 ermittelten Durchschnittsmieten erheblich unter den derzeitigen Marktmieten, denn die Mietpreise aus seit Jahren bestehenden Mietverhältnissen liegen erheblich niedriger als beim Neuabschluß von Mietverträgen.

Als Miete wird der monatliche Betrag ausgewiesen, der mit dem Vermieter als Entgelt für die Überlassung einer Wohneinheit zum Zeitpunkt der Zählung vereinbart ist. Zur Miete gerechnet werden auch die monatlich anfallenden Kosten für Wasser, Kanalisation, Straßenreinigung, Müllabfuhr, Treppenhausbeleuchtung und Schornsteinreinigung. Keine Berücksichtigung finden die Umlagen für den Betrieb einer Zentralheizung oder Warmwasserversorgung, für eine Garage oder einen Einstellplatz, Zuschläge für Möblierung, Gewerberäume oder untervermietete Räume, Grundgebühren für eine zentrale Waschanlage und dergleichen mehr.

In den urbanen Zentren Frankfurt, Hamburg oder München und in deren angrenzenden Kreisen liegen 1987 die durchschnittlichen Mieten mit 8,21 bis 10,60 DM je qm am höchsten. In Städten wie Bremen, Hannover, Stuttgart, Köln, Heidelberg, Freiburg oder Nürnberg, die u.a. sehr hohe Zuzugsquoten von jungen Erwachsenen aufweisen, liegt die durchschnittliche Quadratmetermiete zwischen 7 und 8 DM. Dagegen müssen Mieter in den ländlichen Kreisen von Niederbayern, der Oberpfalz und von Oberfranken gerade mit rund 4 DM rechnen. Die Veränderungen der Wohnungsmieten zwischen 1968 und 1987 zeigen u.a., daß die große Nachfrage nach Wohnungen sowie die umfangreichen Sanierungs- und Modernisierungsmaßnahmen der 70er Jahre z.B. in Hamburg oder Berlin (West) zu erheblichen Mietsteigerungen geführt haben.

Durchschnittliche Wohnungsmieten 1987

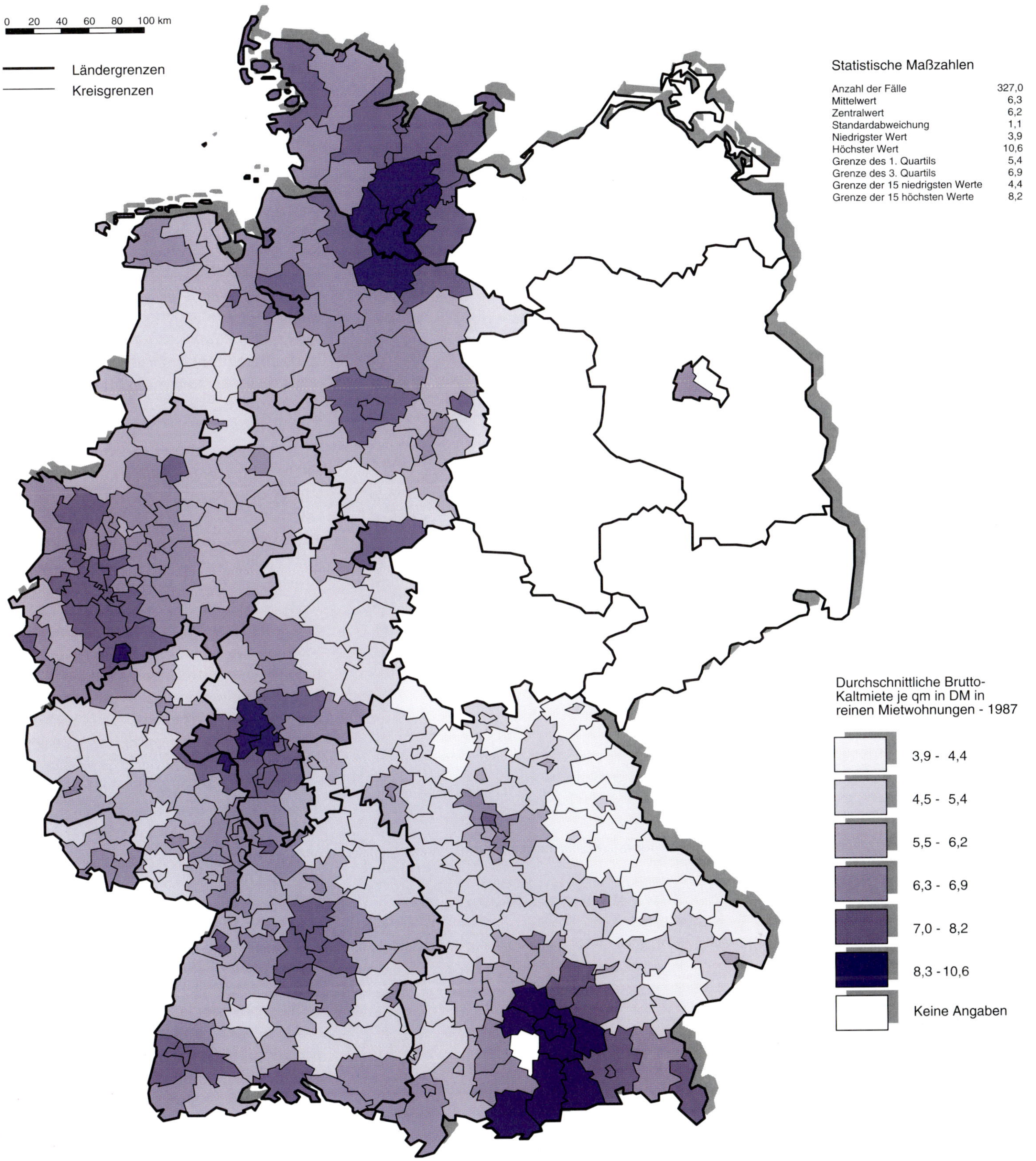

Statistische Maßzahlen

Anzahl der Fälle	327,0
Mittelwert	6,3
Zentralwert	6,2
Standardabweichung	1,1
Niedrigster Wert	3,9
Höchster Wert	10,6
Grenze des 1. Quartils	5,4
Grenze des 3. Quartils	6,9
Grenze der 15 niedrigsten Werte	4,4
Grenze der 15 höchsten Werte	8,2

Quelle: DJI-Regionaldatenbank, auf der Basis absoluter Zahlen der Statistischen Landesämter

Niedrige Wohnungsmieten 1987

Kreise mit den niedrigsten Werten

Kreise	Kreisnr.	Werte*
Bremerhaven	4012	2,5
Hamburg	2000	2,5
Wolfsburg	3103	2,6
Kiel	1002	2,7
München	9184	2,7

*) Werte siehe Kartenlegende

Kreise mit den höchsten Werten

Kreise	Kreisnr.	Werte*
Kronach	9476	27,0
Wunsiedel/Fichtelg.	9479	29,8
Neustadt/Waldnaab	9374	31,6
Tirschenreuth	9377	33,0
Hof	9475	34,2

Prozentuale Aufteilung der Haushalte in Mietwohnungen nach der Monatsmiete in den alten Bundesländern 1987

	Haushalte mit einer monatl. Miete von ... bis unter ... DM			
Bundesland	unter 200	200 - 400	400 - 600	600 und mehr
Schleswig-Holstein	4,4	32,3	37,8	25,6
Hamburg	2,5	31,2	40,2	26,1
Niedersachsen	6,6	37,9	36,4	19,1
Bremen	3,2	34,7	41,2	20,9
Nordrhein-Westfalen	5,9	40,1	34,8	19,2
Hessen	6,7	34,4	33,9	25,1
Rheinland-Pfalz	8,3	38,0	34,7	19,1
Baden-Württemberg	7,0	36,1	33,7	23,2
Bayern	11,1	36,8	28,7	23,4
Saarland	8,6	37,6	35,6	18,2
Berlin (West)	8,5	46,6	29,9	15,0
Bundesgebiet	7,0	37,9	33,9	21,1

Datenquelle:
Statistisches Bundesamt, FS 5, Heft 1: Ausgewählte Strukturdaten für Bund und Länder

Mittelwerte der Standardvariablen in Kreisen mit sehr niedrigen bis sehr hohen Anteilen an Haushalten mit niedrigen Monatsmieten

	Anteile Haushalte m. niedr. Monatsmieten			
Standardvariablen	sehr niedrig	niedrig	hoch	sehr hoch
Lebendgeborene pro 1000 Einwohner 1986	9,3	10,7	11,0	11,0
0-5jährige pro 100 Einwohner 1986	5,4	6,2	6,4	6,6
Kindergartenplätze pro 100 3-5jährige 1986	64,4	81,7	75,5	66,0
Quartanerquote 1989	66,3	61,9	54,4	47,6
Zuzüge pro 100 Fortzüge der 18-24jährigen 1986	108,3	109,7	98,4	86,7
Erwerbstätigenanteil der 30-39jährigen Frauen 1987 (in %)	54,0	52,1	55,9	55,9
Erwerbstätigenanteil der 40-49jährigen Frauen 1987 (in %)	56,4	51,1	54,3	52,8

Datenquelle: DJI-Regionaldatenbank

Bertram, Bayer, Bauereiß: Familien-Atlas, Opladen 1993

Die derzeit geforderten Marktmieten, die für den einzelnen Wohnungssuchenden von hohem Interesse sind, liegen erheblich über den in der Gebäude- und Wohnungszählung 1987 ermittelten Durchschnittsmieten, wobei sich die 'Schere' zwischen Neuvermietungen und den schon längere Zeit bestehenden Mietverhältnissen immer noch weiter öffnet. Aufgrund des Zustroms neuer Bevölkerungsgruppen in der jüngsten Vergangenheit (Aus- und Übersiedler, Asylbewerber) sowie der weiteren Zunahme kleinerer Haushalte ist auch in Zukunft mit erheblichen Problemen auf dem Wohnungsmarkt und mit weiter steigenden Wohnungsmieten zu rechnen.

In den Kreisen entlang der ehemaligen innerdeutschen Grenze von Niedersachsen bis Bayern sind besonders niedrige Mietpreise zu zahlen. Aber auch im Pfälzer Wald, im Odenwald und allgemein in Bayern, mit Ausnahme des Großraums München, ist das Mietniveau niedrig. Die Kreise mit den höchsten Anteilen an günstigsten Mieten, d.h. bis zu DM 200 monatlich, liegen in Oberfranken, der Oberpfalz und in Niederbayern. Diese Kreise weisen eine hohe Eigentümerquote auf. Auf der anderen Seite haben Städte wie z.B. Kiel, Hamburg und Bremerhaven ein hohes Mietniveau bei einer niedrigen Eigentümerquote. In diesen Städten ist der Anteil an Einpersonenhaushalten hoch, und in der Regel sind für kleine Wohnungen, insbesondere Appartements, überdurchschnittlich hohe Quadratmetermieten zu zahlen.

Aus den Ergebnissen der Wohnungszählung geht auch hervor, daß Haushalte mit älteren Personen im Schnitt niedrigere Mieten aufbringen müssen als der Durchschnitt der Haushalte. Ältere Menschen bewohnen überwiegend Altbauwohnungen, die oftmals dem heutigen Wohnungsstandard nicht entsprechen. Dies ist bedingt durch deren meist geringere finanzielle Möglichkeiten und nicht zuletzt durch den häufig niedrigeren Anspruch an die Wohnqualität.

Niedrige Wohnungsmieten 1987

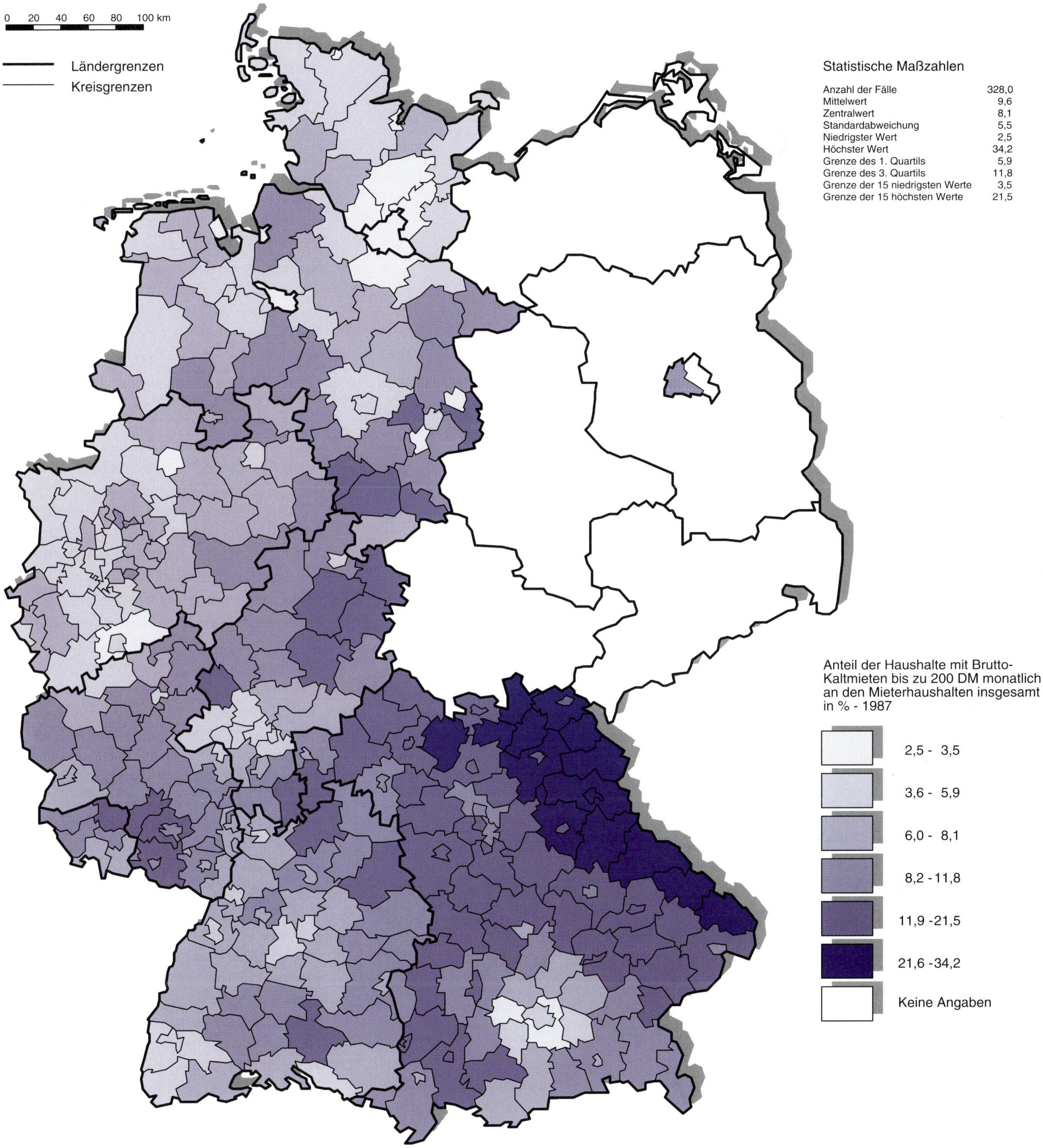

Quelle: DJI-Regionaldatenbank, auf der Basis absoluter Zahlen der Statistischen Landesämter

Ausländerhaushalte 1987

Kreise mit den niedrigsten Werten

Kreise	Kreisnr.	Werte*
Plön	1057	1,3
Freyung-Grafenau	9272	1,4
Lüchow-Dannenberg	3354	1,4
Dithmarschen	1051	1,5
Regen	9276	1,6

*) Werte siehe Kartenlegende

Kreise mit den höchsten Werten

Kreise	Kreisnr.	Werte*
Esslingen	8116	17,6
Stuttgart	8111	18,0
Groß-Gerau	6433	18,0
Ludwigsburg	8118	18,4
Böblingen	8115	18,9

Durchschnittliche Monatsmieten der Haushalte in Mietwohnungen 1987 in DM nach sozialer Stellung bzw. Nationalität der Bezugsperson des Haushalts

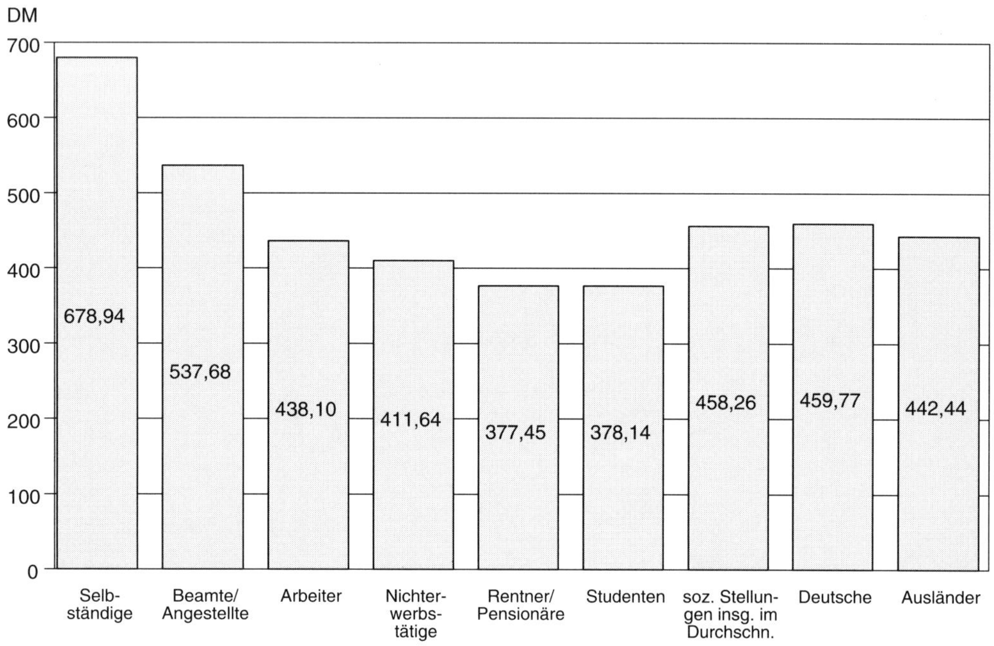

Datenquelle: Statistisches Bundesamt, Wirtschaft und Statistik 7/1991

Mittelwerte der Standardvariablen in Kreisen mit sehr niedrigen bis sehr hohen Anteilen an Ausländerhaushalten

Standardvariablen	Anteile an Ausländerhaushalten: sehr niedrig	niedrig	hoch	sehr hoch
Lebendgeborene pro 1000 Einwohner 1986	10,4	10,3	10,6	10,8
0-5jährige pro 100 Einwohner 1986	6,2	6,0	6,1	6,3
Kindergartenplätze pro 100 3-5jährige 1986	49,3	76,8	88,9	102,7
Quartanerquote 1989	56,4	59,7	62,5	62,7
Zuzüge pro 100 Fortzüge der 18-24jährigen 1986	99,9	99,0	113,1	113,3
Erwerbstätigenanteil der 30-39jährigen Frauen 1987 (in %)	49,1	53,1	55,5	59,9
Erwerbstätigenanteil der 40-49jährigen Frauen 1987 (in %)	48,5	52,2	56,1	61,1

Datenquelle: DJI-Regionaldatenbank

Bertram, Bayer, Bauereiß: Familien-Atlas, Opladen 1993

Haushalte mit ausländischem Haushaltsvorstand haben, ähnlich wie die Einpersonenhaushalte, zwischen 1968 und 1987 sehr stark zugenommen. Ihre Zahl erhöhte sich von 0,23 auf 1,29 Mio., was einer Zunahme von rd. 450 % entspricht. So ist 1987 etwa jeder neunte Haushalt ein ausländischer.

Die größte Konzentration der ausländischen Haushalte in Mietwohnungen findet man im Frankfurter Raum sowie allgemein in Baden-Württemberg, dort insbesondere im Stuttgarter Raum. Demgegenüber weisen die ländlich geprägten Kreise mit wenig Industrie in Schleswig-Holstein und in Bayern die niedrigsten Anteile auf.

Zahlreiche Untersuchungen, die bis in die 50er Jahre zurückreichen, zeigen, daß ausländische Haushalte von drei wesentlichen Problemen betroffen sind: einer Unterversorgung mit Wohnraum, einer relativ schlechten Ausstattung der Wohnungen und von, im Verhältnis zur Größe und Qualität der Wohnungen, überhöhten Mieten.
Hinsichtlich der Mietbelastung lassen sich auf Bundesebene zwischen ausländischen und deutschen Haushalten zunächst keine großen Unterschiede feststellen. Mit einer durchschnittlichen Monatsmiete von rund 460 DM zahlen deutsche Haushalte geringfügig mehr als ausländische, die eine durchschnittliche monatliche Mietbelastung von 442 DM haben. Regional betrachtet zeigen sich allerdings erhebliche Unterschiede. So zahlen ausländische Haushalte z.B. in Hessen im Durchschnitt um 3,5 %, in Bayern um 5,2 % mehr als deutsche Haushalte. Im Gegensatz dazu liegen die monatlichen Mietaufwendungen der ausländischen Haushalte in Baden-Württemberg um ca. 12 % unter denen der deutschen Haushalte.
Für die Situation von ausländischen und deutschen Haushalten im regionalen Vergleich wären die Mietaufwendungen in Relation zum Einkommen sowie die eigentlichen Quadratmetermieten interessant, wozu aber statistische Aussagen fehlen.

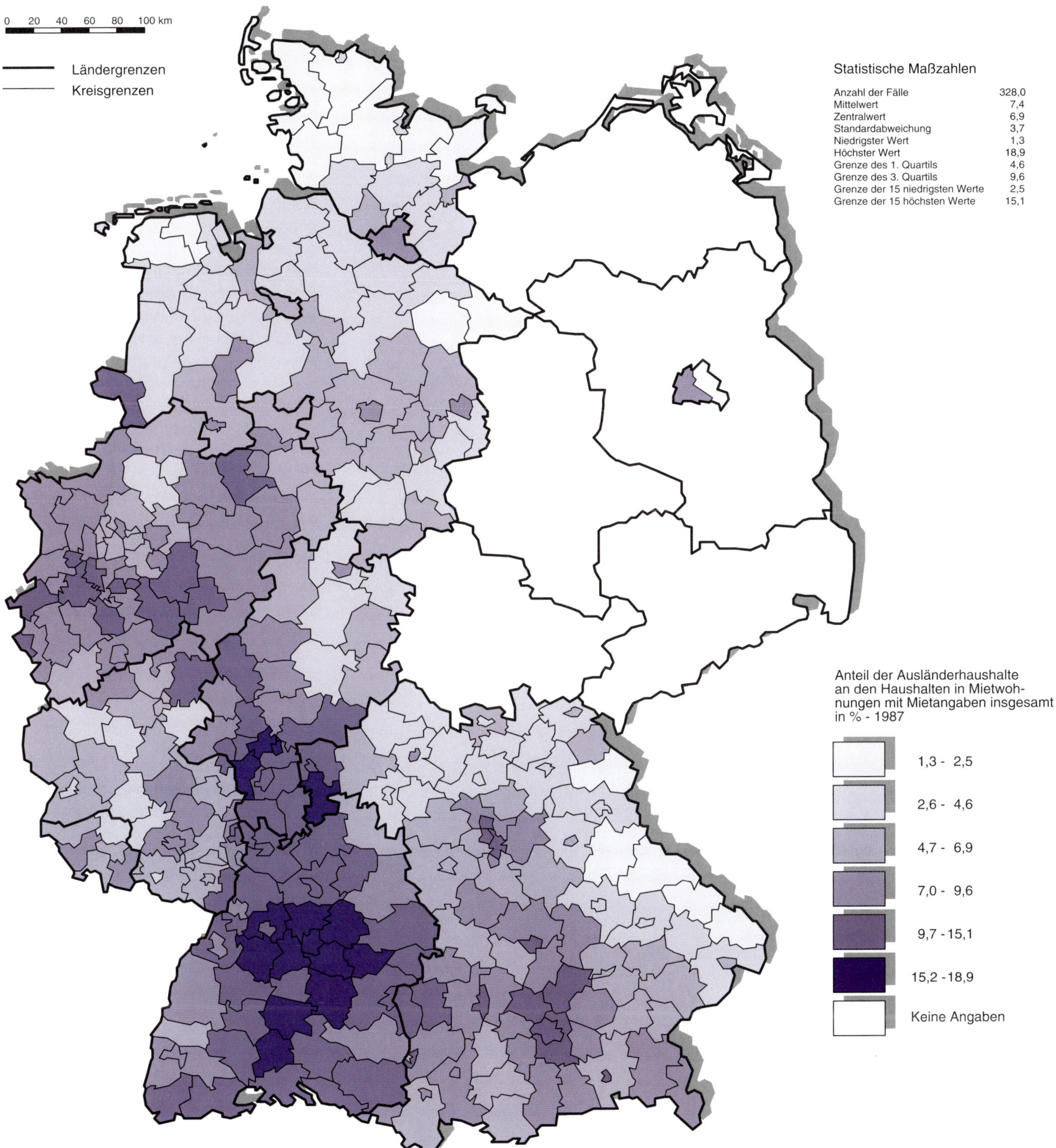

Statistische Maßzahlen

Anzahl der Fälle	328,0
Mittelwert	7,4
Zentralwert	6,9
Standardabweichung	3,7
Niedrigster Wert	1,3
Höchster Wert	18,9
Grenze des 1. Quartils	4,6
Grenze des 3. Quartils	9,6
Grenze der 15 niedrigsten Werte	2,5
Grenze der 15 höchsten Werte	15,1

Quelle: DJI-Regionaldatenbank, auf der Basis absoluter Zahlen der Statistischen Landesämter

Kreise mit den niedrigsten Werten

Kreise	Kreisnr.	Werte*
Münster	5515	12,8
Bonn	5314	14,1
Oldenburg Stadt	3403	15,8
Würzburg Stadt	9663	16,1
Freiburg	8311	16,3

*) Werte siehe Kartenlegende

Kreise mit den höchsten Werten

Kreise	Kreisnr.	Werte*
Donnersbergkreis	7333	42,6
Dingolfing-Landau	9279	42,7
Miltenberg	9676	43,3
Coburg	9473	44,3
Wolfsburg	3103	45,7

Vergleich ausgewählter Variablen in Berlin (West), München Stadt und in den Kreisen mit den niedrigsten bzw. höchsten Anteilen an Arbeiterhaushalten in Mietwohnungen

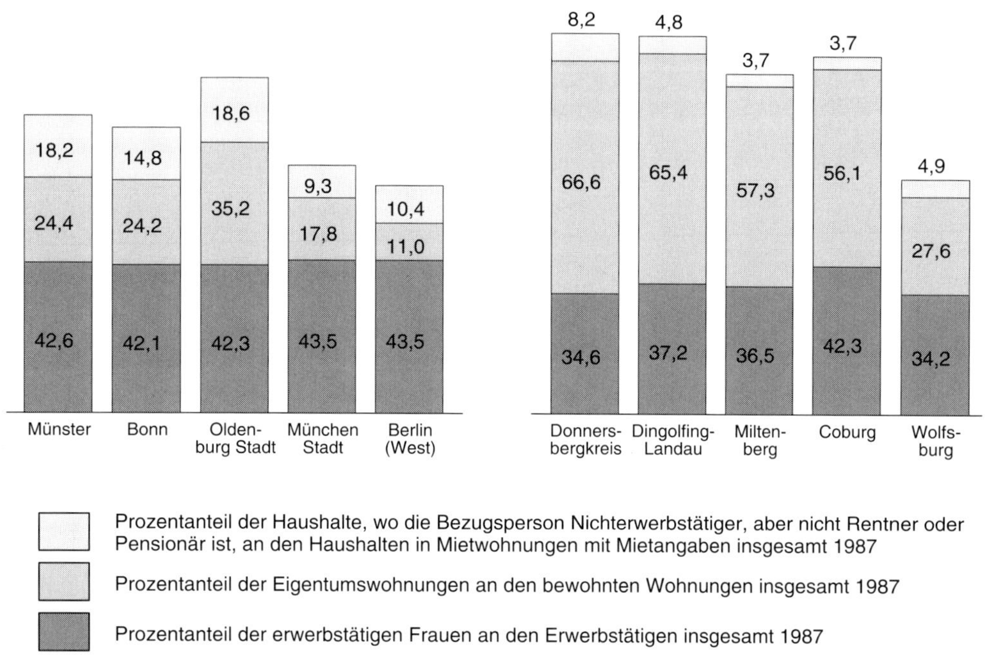

Mittelwerte der Standardvariablen in Kreisen mit sehr niedrigen bis sehr hohen Anteilen an Arbeiterhaushalten in Mietwohnungen

Standardvariablen	Anteile Arbeiterhaush. in Mietwohnungen sehr niedrig	niedrig	hoch	sehr hoch
Lebendgeborene pro 1000 Einwohner 1986	9,2	10,2	11,3	11,5
0-5jährige pro 100 Einwohner 1986	5,0	5,9	6,7	6,7
Kindergartenplätze pro 100 3-5jährige 1986	86,8	75,2	82,0	92,7
Quartanerquote 1989	73,2	62,4	51,7	53,0
Zuzüge pro 100 Fortzüge der 18-24jährigen 1986	137,3	104,8	95,6	102,5
Erwerbstätigenanteil der 30-39jährigen Frauen 1987 (in %)	59,3	53,0	54,2	56,6
Erwerbstätigenanteil der 40-49jährigen Frauen 1987 (in %)	59,7	52,9	52,8	56,8

Datenquelle: DJI-Regionaldatenbank

Bertram, Bayer, Bauereiß: Familien-Atlas, Opladen 1993

Bei der Wohnungszählung 1987 wurde gefragt nach dem Wohnverhältnis, dem Bezugsjahr, der Ausstattung, der Beheizungsart, der Raumzahl und Wohnfläche, nach Förderung durch Mittel des sozialen Wohnungsbaus, der Monatsmiete und ob es sich um eine Dienst- oder Werkswohnung oder um eine verbilligt, ermäßigt oder kostenlos überlassene Wohnung handelt. Ferner war anzugeben, ob die Wohnung von Angehörigen ausländischer Streitkräfte, diplomatischer oder berufskonsularischer Vertretungen privatrechtlich gemietet ist. Die Tatsache, daß die Gebäude- und Wohnungszählung mit der Volks- und Berufszählung gekoppelt ist, erlaubt die Kombination von Wohnungs- und Gebäudedaten mit persönlichen Angaben zu den in Wohneinheiten lebenden Personen.

1987 werden im Gebiet der alten Bundesländer rd.13,5 Mio. Haushalte in Mietwohnungen gezählt. Davon sind 27 % Arbeiterhaushalte. Die Karte zeigt, daß es im Süden von Rheinland-Pfalz, in Baden-Württemberg und in Bayern, mit Ausnahme des Alpenvorlandes, viele Landkreise mit einem sehr hohen Anteil an Arbeiterhaushalten unter den Haushalten in Mietwohnungen gibt. Diese Verteilung deckt sich folgerichtig mit dem regionalen Anteil der Arbeiter unter den Erwerbstätigen.

In den Kreisen mit den höchsten Anteilen an Arbeiterhaushalten in Mietwohnungen gibt es einen wesentlich höheren Anteil an Eigentümerwohnungen als in den Kreisen mit den niedrigsten Anteilen. Dort wiederum ist der Anteil an nichterwerbstätigen Haushaltsvorständen (ohne Rentner und Pensionäre) in Mietwohnungen wesentlich höher. Zudem fällt auf, daß mit hohem Arbeiteranteil die weibliche Erwerbsquote sowie die Quartanerquote geringer sind. Dagegen zeigt sich bei den Geburten eine positive Korrelation, d.h. innerhalb der Kreise steigt mit dem Arbeiteranteil der Anteil der Geburten an der Bevölkerung bzw. der Kinderanteil.

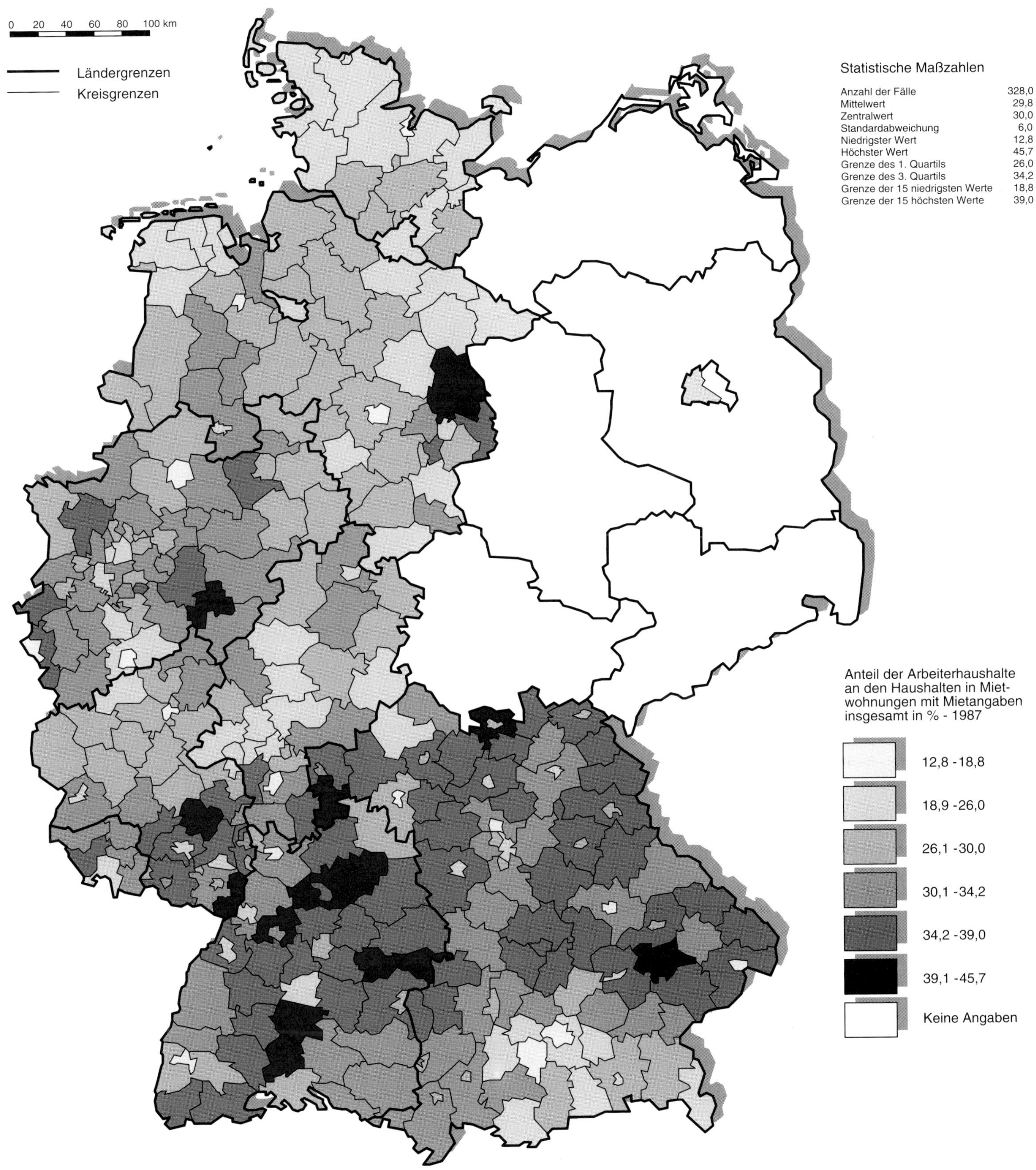

Quelle: DJI-Regionaldatenbank, auf der Basis absoluter Zahlen der Statistischen Landesämter

Wohnfläche in Wohnungen 1987

Kreise mit den niedrigsten Werten

Kreise	Kreisnr.	Werte*
Duisburg	5112	30,7
Gelsenkirchen	5513	30,8
Bottrop	5512	31,0
Oberhausen	5119	31,2
Herne	5916	31,4

*) Werte siehe Kartenlegende

Kreise mit den höchsten Werten

Kreise	Kreisnr.	Werte*
Bad Dürkheim	7332	39,3
Landau	7313	39,3
Lüchow-Dannenberg	3354	39,4
Merzig-Wadern	10042	39,5
Baden-Baden	8211	41,3

Räume und Wohnfläche je Person in Eigentümer- und Mietwohnungen 1968 und 1987 in den alten Bundesländern

		Eigentümerwohnungen		*Mietwohnungen*	
Land	Jahr	Räume je Person	qm je Person	Räume je Person	qm je Person
Schleswig-Holstein	1968	1,5	25,4	1,4	21,5
	1987	1,9	38,2	1,9	32,8
Hamburg	1968	1,6	28,0	1,4	23,4
	1987	2,0	40,0	1,9	32,7
Niedersachsen	1968	1,5	24,9	1,4	22,4
	1987	1,9	38,3	1,9	34,2
Bremen	1968	1,6	27,8	1,4	22,1
	1987	2,0	38,8	1,9	34,0
Nordrhein-Westfalen	1968	1,5	25,5	1,3	21,6
	1987	1,8	37,3	1,7	31,7
Hessen	1968	1,5	26,4	1,4	23,2
	1987	1,9	39,7	1,8	33,5
Rheinland-Pfalz	1968	1,5	25,4	1,3	21,7
	1987	2,0	39,7	1,8	33,7
Baden-Württemberg	1968	1,5	25,6	1,3	22,7
	1987	1,9	37,8	1,8	32,8
Bayern	1968	1,4	24,6	1,3	22,5
	1987	1,9	38,0	1,8	33,5
Saarland	1968	1,5	27,9	1,3	22,4
	1987	2,0	40,6	1,8	34,1
Berlin (West)	1968	1,7	33,0	1,5	27,8
	1987	1,9	41,1	1,8	35,6
Bundesgebiet	1968	1,5	25,5	1,3	22,5
	1987	1,9	38,2	1,8	33,0

Datenquelle: Statistisches Bundesamt, Wirtschaft und Statistik 8/1989

Mittelwerte der Standardvariablen in Kreisen mit sehr geringer bis sehr großer Wohnfläche je Person in Wohnungen

	Wohnfläche je Person			
Standardvariablen	sehr gering	gering	groß	sehr groß
Lebendgeborene pro 1000 Einwohner 1986	10,1	11,0	10,1	9,8
0-5jährige pro 100 Einwohner 1986	5,8	6,4	6,0	5,9
Kindergartenplätze pro 100 3-5jährige 1986	70,9	79,0	78,1	93,0
Quartanerquote 1989	65,0	57,6	60,9	61,9
Zuzüge pro 100 Fortzüge der 18-24jährigen 1986	101,6	104,8	99,7	102,1
Erwerbstätigenanteil der 30-39jährigen Frauen 1987 (in %)	45,0	54,6	52,9	52,3
Erwerbstätigenanteil der 40-49jährigen Frauen 1987 (in %)	42,0	55,0	50,9	47,8

Datenquelle: DJI-Regionaldatenbank

Bertram, Bayer, Bauereiß: Familien-Atlas, Opladen 1993

Die Wohnraumversorgung hat 1987 ein hohes Niveau erreicht. In den alten Bundesländern entstanden zwischen 1968 und 1987 rd. 6,6 Mio. zusätzliche Wohnungen. Da die Bevölkerung in diesem Zeitraum jedoch nur um rd. eine Million zunahm, steht dem einzelnen deutlich mehr Wohnraum zur Verfügung. Die Wohnfläche pro Person stieg von 1968 bis 1987 von 23,8 qm auf fast 36 qm an.

In den von Eigentümern selbst bewohnten Wohnungen verbesserte sich die Situation noch deutlicher als in Mietwohnungen: im Vergleich zu 1968 stehen Mietern 1987 mit 33 qm im Durchschnitt 10,5 qm mehr Wohnraum zur Verfügung, bei Eigentümerwohnungen erhöhte sich dieser Wert um 12,7 qm auf 38,2 qm. Im Ländervergleich verzeichnet Rheinland-Pfalz die höchsten Anstiege der durchschnittlichen Wohnfläche: bei Eigentümerwohnungen um 14,3 qm, bei Mietwohnungen um 12 qm. Die geringste Zunahme zeigt sich in Berlin, wo allerdings 1987, wie bereits 1968, die durchschnittliche Wohnfläche am größten ist.

Wie die Karte zeigt, weisen die meisten Kreise im Saarland, in Rheinland-Pfalz, in Hessen und im östlichen Niedersachsen eine überdurchschnittlich hohe Wohnraumversorgung bezüglich der Wohnfläche je Person auf. Obwohl Baden-Württemberg allgemein hier eine vergleichsweise schlechtere Wohnsituation bietet, steht Baden-Baden mit 41,3 qm pro Person an der Bundesspitze. Die beengtesten Wohnverhältnisse haben die Einwohner in den sehr dicht besiedelten Kreisen und Städten des Ruhrgebietes, so entfällt z.B. in Duisburg oder Gelsenkirchen auf eine Person nur 30,7 qm Wohnfläche.

Obwohl sich der Wohnraumbedarf nicht nur qualitativ, sondern auch quantitativ deutlich verbessert hat, ist durch die fortschreitende Singularisierung der Gesellschaft auch weiterhin mit einer angespannten Lage auf dem Wohnungsmarkt zu rechnen bzw. mit einer Verschärfung, wenn beim Wohnungsbau keine Gegenmaßnahmen erfolgen.

Wohnfläche in Wohnungen 1987

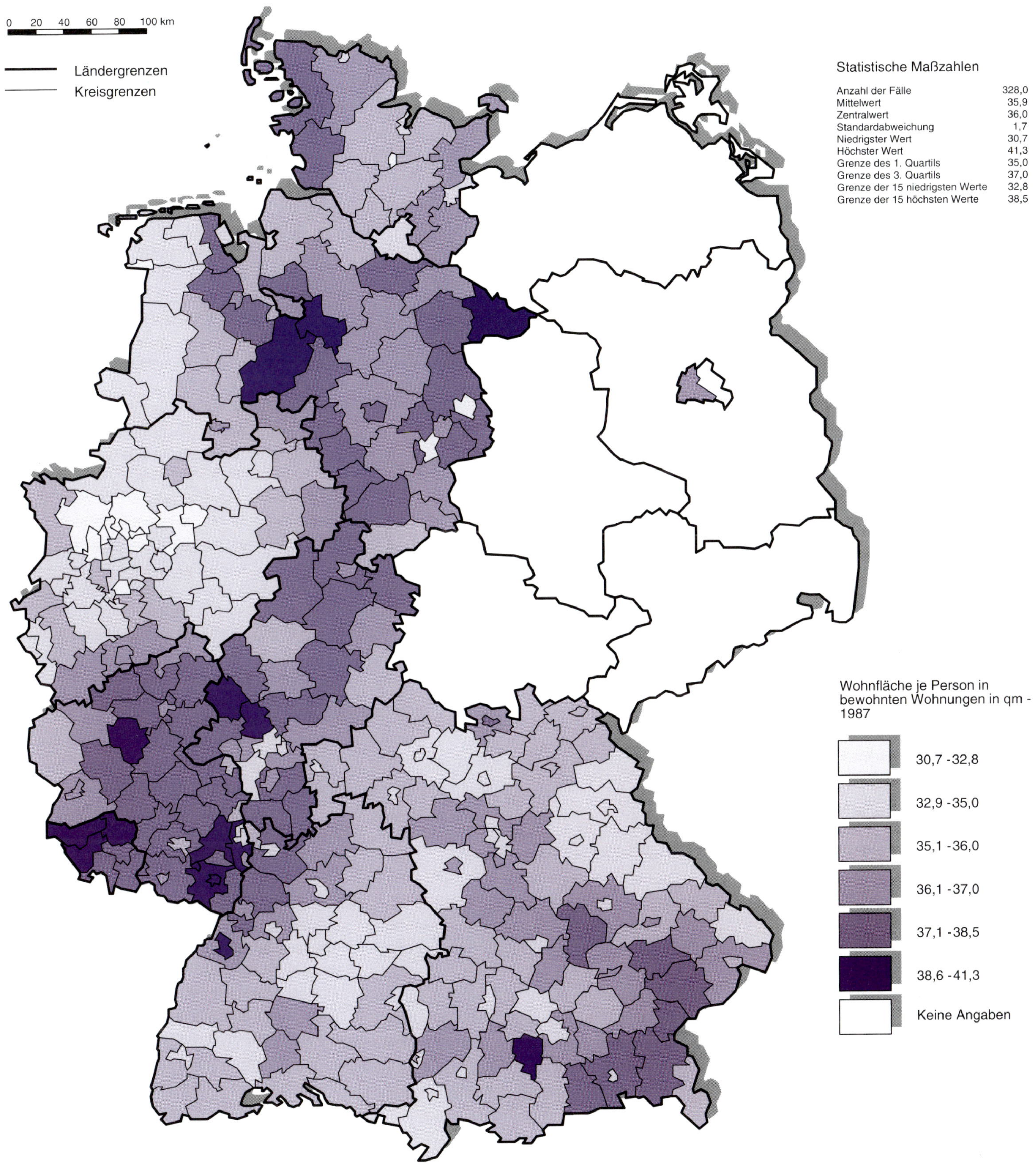

Quelle: DJI-Regionaldatenbank, auf der Basis absoluter Zahlen der Statistischen Landesämter

Erwerbslosenquote 1987

Kreise mit den niedrigsten Werten

Kreise	Kreisnr.	Werte*
Hohenlohekreis	8126	2,8
Erding	9177	2,8
Ostallgäu	9777	2,9
Esslingen	8116	3,0
Freudenstadt	8237	3,0

*) Werte siehe Kartenlegende

Kreise mit den höchsten Werten

Kreise	Kreisnr.	Werte*
Gelsenkirchen	5513	13,3
Emden	3402	13,8
Duisburg	5112	14,1
Flensburg	1001	14,3
Bremerhaven	4012	15,9

Vergleich ausgewählter Variablen in Berlin (West), München Stadt und in den Kreisen mit den niedrigsten bzw. höchsten Erwerbslosenquoten

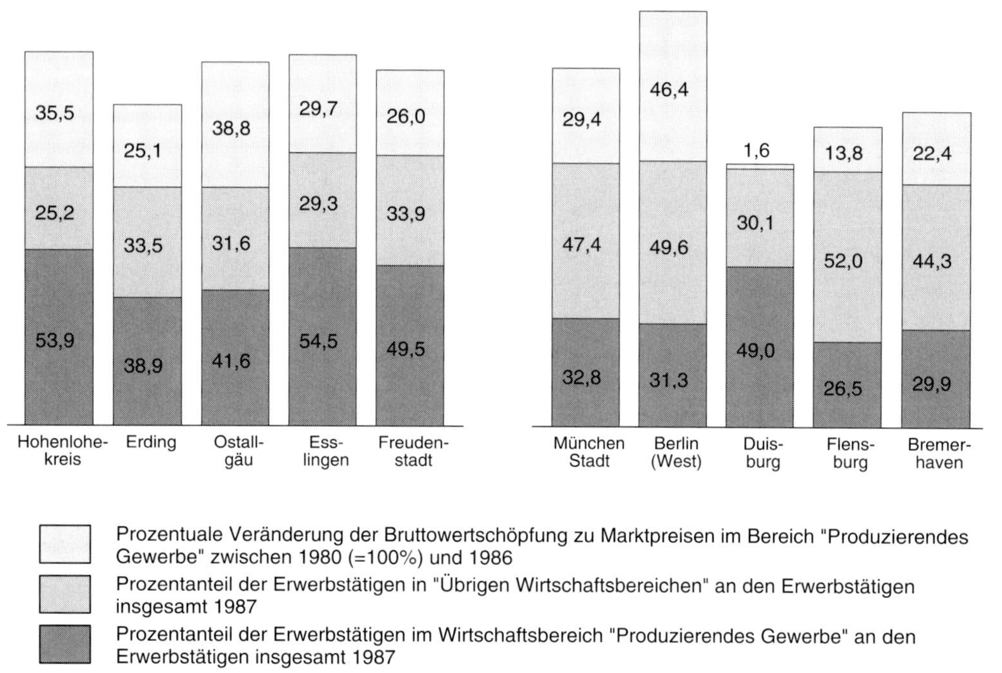

Mittelwerte der Standardvariablen in Kreisen mit sehr niedrigen bis sehr hohen Erwerbslosenquoten

Standardvariablen	Erwerbslosenquote sehr niedrig	niedrig	hoch	sehr hoch
Lebendgeborene pro 1000 Einwohner 1986	11,7	10,5	9,9	9,6
0-5jährige pro 100 Einwohner 1986	6,9	6,2	5,7	5,3
Kindergartenplätze pro 100 3-5jährige 1986	80,6	84,2	74,1	72,9
Quartanerquote 1989	50,8	58,4	64,1	66,9
Zuzüge pro 100 Fortzüge der 18-24jährigen 1986	101,6	101,1	112,0	109,8
Erwerbstätigenanteil der 30-39jährigen Frauen 1987 (in %)	58,1	54,2	51,7	48,0
Erwerbstätigenanteil der 40-49jährigen Frauen 1987 (in %)	60,7	52,3	50,2	47,7

Datenquelle: DJI-Regionaldatenbank

Bertram, Bayer, Bauereiß: Familien-Atlas, Opladen 1993

Der Vollbeschäftigungsgrundsatz gehört zu den wichtigsten politischen Zielen. Erwerbslosigkeit ist ein schwerwiegendes Problem für die Betroffenen und eine große Herausforderung für die Gesellschaft: zum einen müssen die Erwerbslosen gravierende finanzielle Einbußen hinnehmen und stehen unter großer psychischer Belastung, zum anderen stellen sie für den Staat einen erheblichen Kostenfaktor dar. Als erwerbslos gelten Personen, die nicht in einem Arbeitsverhältnis stehen, sich aber um eine Arbeitsstelle bemühen, unabhängig davon, ob sie beim Arbeitsamt als Arbeitslose gemeldet sind oder nicht.

Auf Bundesebene zeigt sich 1987 ein deutliches Nord-Süd-Gefälle. Die Erwerbslosenquote ist am höchsten in den von Steinkohlebergbau und der Stahlindustrie dominierten Kreisen an Ruhr und Saar, sowie in den Kreisen mit Werftstandorten. Daneben weisen die ländlich geprägten und industrieschwachen Kreise überdurchschnittlich hohe Erwerbslosenquoten auf. Die höchsten Quoten haben Kreise an der Küste und im ehemaligen niedersächsischen Zonenrandgebiet, etwas niedrigere finden sich in der Eifel, der Röhn, im Spessart und im östlichen Grenzgebiet Bayerns. Insgesamt gesehen bieten Bayern und Baden-Württemberg die beste Arbeitsmarktlage.

In den Kreisen mit den niedrigsten Erwerbslosenquoten (ca. 3 %) sind viele Erwerbstätige im produzierenden Gewerbe beschäftigt. Dagegen ist in den Kreisen mit der höchsten Erwerbslosigkeit (ca. 15 %) der Anteil Erwerbstätiger in den übrigen Wirtschaftsbereichen hoch. Desweiteren wird ein Zusammenhang zwischen Bruttowertschöpfung und Arbeitsmarktsituation deutlich: in den Kreisen mit den höchsten Erwerbslosenquoten ist der Anstieg der Bruttowertschöpfung im produzierenden Gewerbe zwischen 1980 und 1986 deutlich geringer als in den Kreisen mit den niedrigsten Erwerbslosenquoten.

Erwerbslosenquote 1987

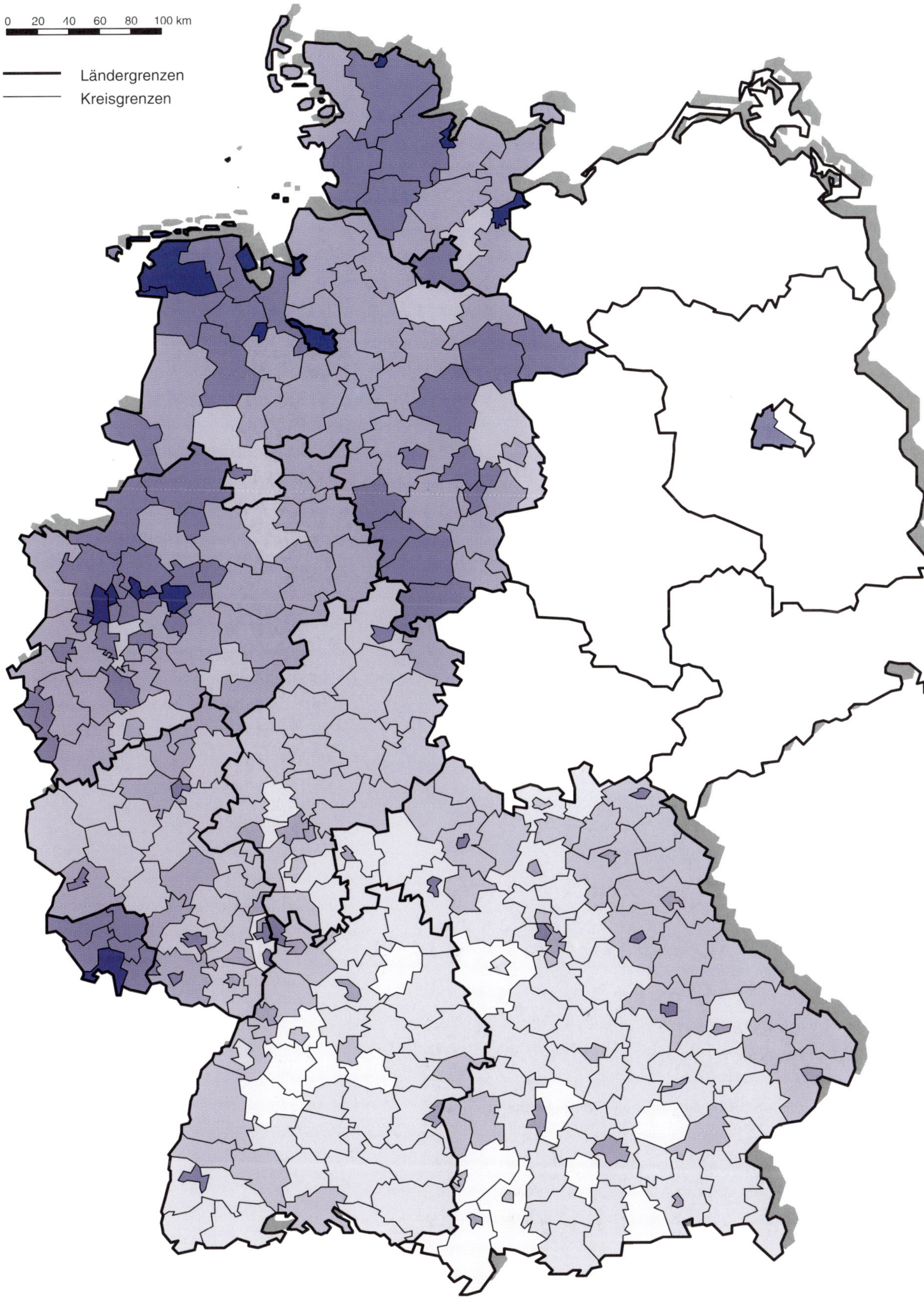

Statistische Maßzahlen

Anzahl der Fälle	328,0
Mittelwert	6,7
Zentralwert	6,6
Standardabweichung	2,6
Niedrigster Wert	2,8
Höchster Wert	15,9
Grenze des 1. Quartils	4,5
Grenze des 3. Quartils	8,2
Grenze der 15 niedrigsten Werte	3,3
Grenze der 15 höchsten Werte	11,8

Anteil der Erwerbslosen an den Erwerbspersonen (= Erwerbstätige + Erwerbslose) in % - 1987

- 2,8 - 3,3
- 3,4 - 4,5
- 4,6 - 6,6
- 6,7 - 8,2
- 8,4 - 11,8
- 11,9 - 15,9
- Keine Angaben

Quelle: DJI-Regionaldatenbank, auf der Basis absoluter Zahlen der Statistischen Landesämter

Ausländische Erwerbslose 1987

Kreise mit den niedrigsten Werten

Kreise	Kreisnr.	Werte*
Regen	9276	1,1
Freyung-Grafenau	9272	1,3
Cham	9372	1,4
Schwandorf	9376	1,5
Aurich	3452	1,5

*) Werte siehe Kartenlegende

Kreise mit den höchsten Werten

Kreise	Kreisnr.	Werte*
Ulm	8421	26,1
München Stadt	9162	26,9
Offenbach Stadt	6413	27,2
Stuttgart	8111	28,4
Frankfurt	6412	29,8

Vergleich ausgewählter Variablen in Berlin (West) und in den Kreisen mit den niedrigsten bzw. höchsten Anteilen an ausländischen Erwerbslosen

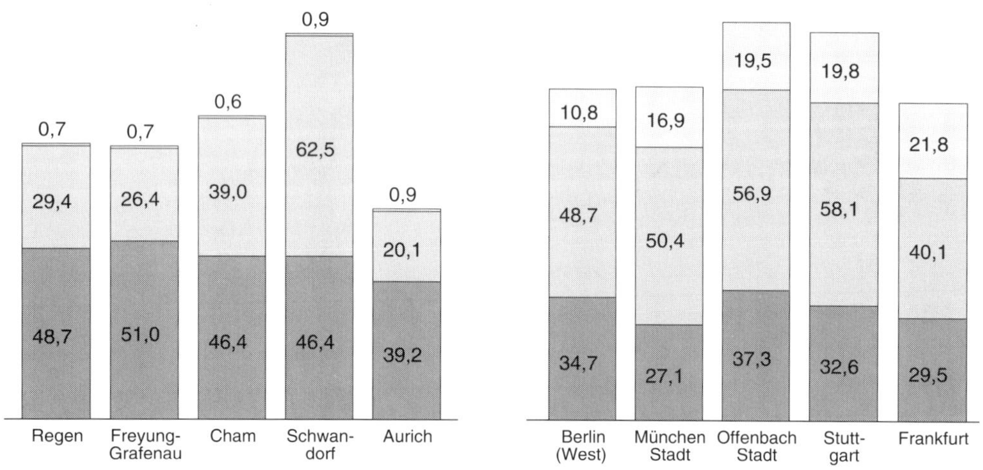

Prozentanteil der Ausländer/Ausländerinnen an den Erwerbstätigen insgesamt 1987

Prozentanteil der ausländischen Erwerbstätigen im Wirtschaftsbereich "Produzierendes Gewerbe" an den ausländischen Erwerbstätigen insgesamt 1987

Prozentanteil der Arbeiter/Arbeiterinnen und gewerblich Auszubildenden an den Erwerbstätigen insgesamt 1987

Mittelwerte der Standardvariablen in Kreisen mit sehr niedrigen bis sehr hohen Anteilen an ausländischen Erwerbslosen

Standardvariablen	Anteile an ausländischen Erwerbslosen sehr niedrig	niedrig	hoch	sehr hoch
Lebendgeborene pro 1000 Einwohner 1986	11,2	10,5	10,2	9,9
0-5jährige pro 100 Einwohner 1986	6,6	6,1	5,9	5,6
Kindergartenplätze pro 100 3-5jährige 1986	57,6	73,6	90,6	96,3
Quartanerquote 1989	52,3	59,1	64,0	66,5
Zuzüge pro 100 Fortzüge der 18-24jährigen 1986	97,0	101,4	115,2	129,8
Erwerbstätigenanteil der 30-39jährigen Frauen 1987 (in %)	50,5	53,1	57,3	60,0
Erwerbstätigenanteil der 40-49jährigen Frauen 1987 (in %)	47,7	52,4	58,6	60,4

Datenquelle: DJI-Regionaldatenbank

Bertram, Bayer, Bauereiß: Familien-Atlas, Opladen 1993

Für die wirtschaftspolitische Beurteilung der Erwerbslosigkeit ist nicht nur deren Höhe, sondern auch ihre Struktur von Bedeutung. Nicht alle Bevölkerungsgruppen sind in gleichem Ausmaß von der Beschäftigungskrise betroffen: Jugendliche und ältere Arbeitnehmer, Schwerbehinderte und Personen ohne abgeschlossene Berufsausbildung gehören zu den Problemgruppen des Arbeitsmarktes. Als besonders schwierig erweist sich die Arbeitsmarktlage inzwischen für ausländische Arbeitnehmer, deren Zustrom ins Bundesgebiet zwischen 1960 und 1970 noch willkommen war, um den damals herrschenden Arbeitskräftemangel auszugleichen.

Die Arbeitsstätten von Ausländern beschränken sich auf relativ wenige Bereiche. Über die Hälfte der ausländischen Arbeitnehmer sind 1987 im produzierenden bzw. verarbeitenden Gewerbe beschäftigt, vor allem in den Bereichen Stahl-, Maschinen- und Fahrzeugbau, Elektrotechnik und Feinmechanik. Im Bereich der 'Dienstleistungen von Unternehmen und freien Berufen' sind 20 % tätig, darunter knapp 9 % bei der Gebäudereinigung und der Abfallbeseitigung. Der Stukturwandel der Wirtschaft, vom produzierenden Gewerbe hin zum Dienstleistungssektor, hat in den vergangenen Jahren gerade auch viele ausländische Arbeitnehmer betroffen. Viele Arbeitskräfte wurden entlassen bzw. umgeschult.

Die Karte zeigt hohe Anteile an ausländischen Erwerbslosen in den industriellen Ballungsgebieten um Stuttgart, im Rhein-Main-Gebiet und an Rhein und Ruhr sowie allgemein in Städten. Die Kreise in diesen Regionen beschäftigen sehr viele ausländische Erwerbstätige und haben einen überdurchschnittlich hohen Anteil an beschäftigten Ausländern im produzierenden Gewerbe. Diese Konstellation führt dazu, daß z.B. in Stuttgart oder Frankfurt drei von zehn Erwerbslosen Ausländer sind, während es in den eher ländlich strukturierten Kreisen in den übrigen Bundesländern nicht einmal jeder fünfzigste ist.

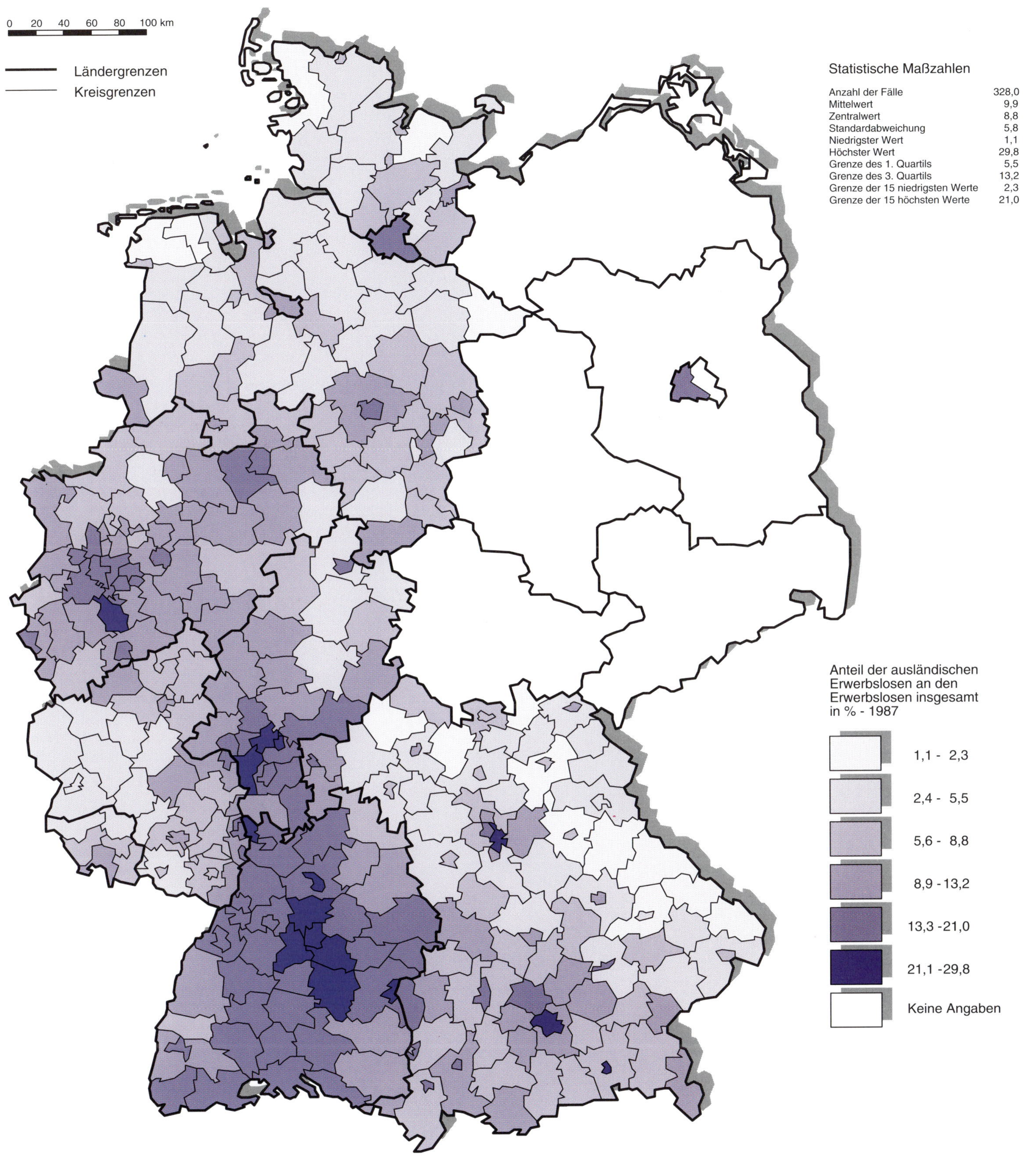

Statistische Maßzahlen

Anzahl der Fälle	328,0
Mittelwert	9,9
Zentralwert	8,8
Standardabweichung	5,8
Niedrigster Wert	1,1
Höchster Wert	29,8
Grenze des 1. Quartils	5,5
Grenze des 3. Quartils	13,2
Grenze der 15 niedrigsten Werte	2,3
Grenze der 15 höchsten Werte	21,0

Quelle: DJI-Regionaldatenbank, auf der Basis absoluter Zahlen der Statistischen Landesämter

Schleswig-
Holstein
Mecklenburg-
Vorpommern
Hamburg
Bremen
Nieder-
sachsen
Berlin
Brandenburg
Sachsen-
Anhalt
Nordrhein-
Westfalen
Sachsen
Thüringen
Hessen
Rheinland-
Pfalz
Saarland
Bayern
Baden-
Württemberg

Beschäftigte in 'Energie- und Wasserversorgung, Bergbau' 1987

Kreise mit den niedrigsten Werten

Kreise	Kreisnr.	Werte*
Erlangen-Höchstadt	9572	0,2
Tirschenreuth	9377	0,2
Neu-Ulm	9775	0,2
Starnberg	9188	0,2
Darmstadt-Dieburg	6432	0,2

*) Werte siehe Kartenlegende

Kreise mit den höchsten Werten

Kreise	Kreisnr.	Werte*
Unna	5978	13,1
Gelsenkirchen	5513	13,2
Hamm	5915	13,7
Wesel	5170	15,2
Bottrop	5512	16,4

Arbeitsstätten und Beschäftigte in den Wirtschaftszweigen 'Energie- und Wasserversorgung, Bergbau'

Wirtschaftszweig	Arbeitsstätten	Beschäftigte	Beschäftigte je Arbeitsstätte	Prozentanteil der Ausländer	Prozentanteil der Facharbeiter
Elektrizitäts-, Gas- und Fernwärmeversorgung, OAS **	659	60916	93	1,0	40,5
Elektrizitätsversorgung	2842	117124	41	1,1	45,1
Gasversorgung	455	17859	39	1,8	41,5
Fernwärmeversorgung	209	6528	31	2,9	60,5
Wasserversorgung	1671	18288	11	1,3	44,4
Steinkohlenbergbau	67	143253	2138	15,9	66,9
Braunkohlenbergbau	19	12550	661	5,5	72,0
Erzbergbau	6	1893	316	7,5	59,6
Kali- und Steinsalzbergbau	25	10334	413	2,4	54,1
Gewinnung von Erdöl, Erdgas	99	7790	79	3,1	35,3
sonst. Bergbau, Torfgewinnung	273	4854	18	12,6	25,7
Energie- und Wasserversorgung, Bergbau insgesamt	6325	401389	63	6,8	52,9

**) ohne ausgeprägten Schwerpunkt

Datenquelle: Statistisches Bundesamt, Fachserie 2
Heft 3: Arbeitsstätten und Beschäftigte nach Beschäftigtengrößenklassen
Heft 4: Beschäftigte in Arbeitsstätten nach Stellung im Betrieb

Mittelwerte der Standardvariablen in Kreisen mit sehr niedrigen bis sehr hohen Anteilen an Beschäftigten in 'Energie- und Wasserversorgung, Bergbau'

Standardvariablen	Beschäftigtenanteile sehr niedrig	niedrig	hoch	sehr hoch
Lebendgeborene pro 1000 Einwohner 1986	10,9	10,5	10,3	10,3
0-5jährige pro 100 Einwohner 1986	6,4	6,1	6,0	5,9
Kindergartenplätze pro 100 3-5jährige 1986	81,7	82,0	72,2	76,9
Quartanerquote 1989	61,4	62,1	60,6	65,7
Zuzüge pro 100 Fortzüge der 18-24jährigen 1986	101,1	105,7	103,8	96,1
Erwerbstätigenanteil der 30-39jährigen Frauen 1987 (in %)	57,8	54,4	70,5	44,2
Erwerbstätigenanteil der 40-49jährigen Frauen 1987 (in %)	59,4	54,4	50,6	39,5

Datenquelle: DJI-Regionaldatenbank

Bertram, Bayer, Bauereiß: Familien-Atlas, Opladen 1993

Energieverbrauch und wirtschaftliches Wachstum sind eng miteinander verbunden. Zwischen 1955 und 1987 verdoppelte sich der Energieverbrauch im Bundesgebiet. Das Mineralöl ist 1987 mit 42 % der wichtigste Energielieferant, gefolgt von der Kohle (28 %), dem Erdgas (17 %) und der Kernenergie (11°%). 1987 entfallen 30 % des gesamten Stromverbrauchs auf die privaten Haushalte, 45 % auf die Industrie und 25 % auf sonstige Verbraucher.
Weitere Schwerpunkte der Primärversorgung sind Trinkwasser- und Abwasseraufbereitung. 1987 wurden der Natur 45 Mrd. cbm Wasser entnommen und aufbereitet. Entsprechend hoch war die Abwassermenge, die mechanisch, biologisch oder physikalisch-chemisch behandelt werden mußte. Die Anlagen der Energie- und Wasserversorgung sind hochtechnisiert und benötigen daher nur wenige Fachkräfte zur Wartung und Kontrolle. Deshalb haben viele Kreise nur einen geringen Beschäftigtenanteil von unter 0,5 % in diesem Bereich, obwohl diese Anlagen flächendeckend im Bundesgebiet verteilt sind.

Der Abbau von Steinkohle, Braunkohle, Kali und Steinsalz benötigt dagegen viele Arbeitskräfte. Die höchsten Beschäftigtenquoten haben die Steinkohlereviere im Ruhrgebiet zwischen Ruhr und Lippe, um Aachen und an der Saar sowie das größte Braunkohlerevier auf dem Höhenzug der Ville westlich von Köln. Die meisten Kaliabbaubetriebe gibt es im Raum Hannover-Hildesheim. Die Werke mit der höchsten Erzeugung liegen im Kreis Hersfeld-Rotenburg in der Hessischen Senke. Der Abbau von Eisenerzen erfordert viele Beschäftigte in und um die Stadt Salzgitter und im Kreis Amberg-Sulzbach in der Oberpfalz. Auch dort, wo Erdöl- und Erdgaslagerstätten oder Raffinerien ihre Standorte haben - wie in den Einfuhrhäfen, im Norddeutschen Tiefland, im Oberrheinischen Graben, im Rhein-Neckar-Raum und um Ingolstadt - ist der Beschäftigtenanteil im Bereich 'Energie und Wasserversorgung, Bergbau' hoch.

Beschäftigte in 'Energie- und Wasserversorgung, Bergbau' 1987

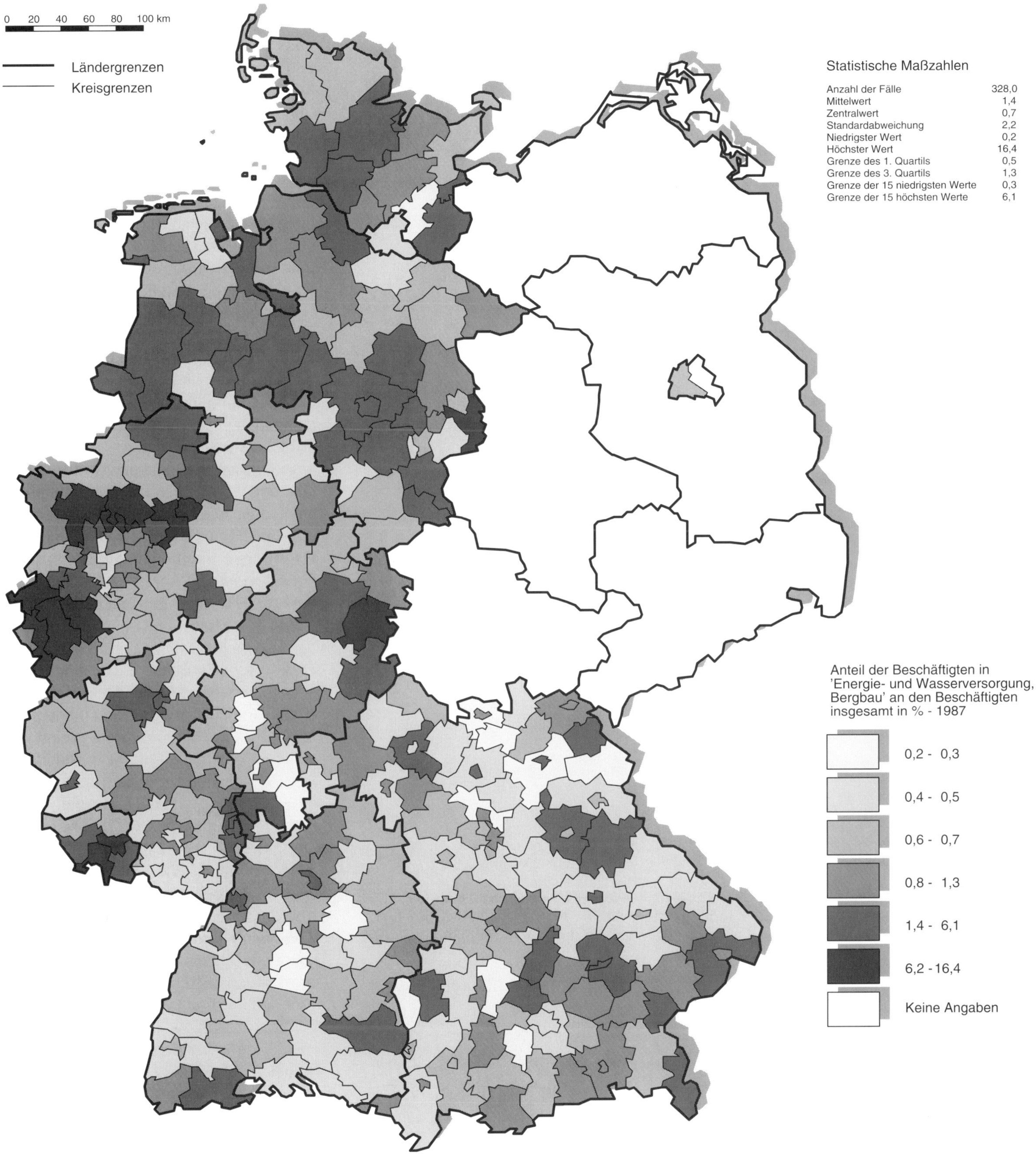

Statistische Maßzahlen

Anzahl der Fälle	328,0
Mittelwert	1,4
Zentralwert	0,7
Standardabweichung	2,2
Niedrigster Wert	0,2
Höchster Wert	16,4
Grenze des 1. Quartils	0,5
Grenze des 3. Quartils	1,3
Grenze der 15 niedrigsten Werte	0,3
Grenze der 15 höchsten Werte	6,1

Quelle: DJI-Regionaldatenbank, auf der Basis absoluter Zahlen der Statistischen Landesämter

Beschäftigte im Handel 1987

Kreise mit den niedrigsten Werten

Kreise	Kreisnr.	Werte*
Wolfsburg	3103	6,8
Ludwigshafen Stadt	7314	7,3
Coburg	9473	8,1
Neustadt/Waldnaab	9374	8,2
Dingolfing-Landau	9279	8,6

*) Werte siehe Kartenlegende

Kreise mit den höchsten Werten

Kreise	Kreisnr.	Werte*
Offenbach	6438	21,4
Diepholz	3251	21,8
Harburg	3353	23,0
Straubing	9263	23,1
Main-Taunus-Kreis	6436	23,6

Vergleich ausgewählter Variablen in Berlin (West), München Stadt und in den Kreisen mit den niedrigsten bzw. höchsten Anteilen an Beschäftigten im Handel

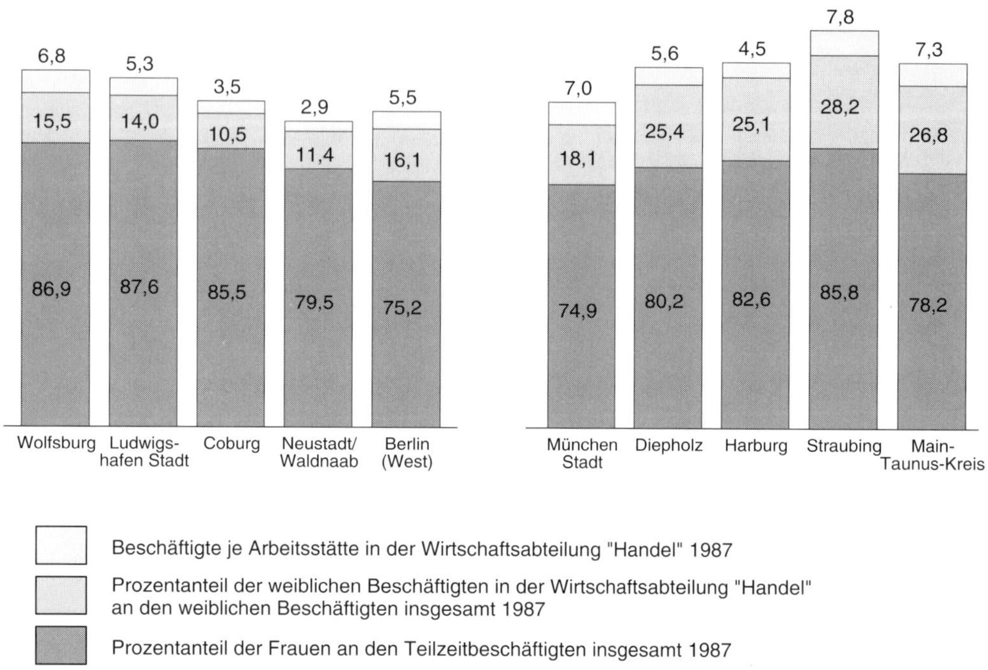

Mittelwerte der Standardvariablen in Kreisen mit sehr niedrigen bis sehr hohen Anteilen an Beschäftigten im Handel

	Anteile Beschäftigte im Handel			
Standardvariablen	sehr niedrig	niedrig	hoch	sehr hoch
Lebendgeborene pro 1000 Einwohner 1986	10,7	10,6	10,0	9,8
0-5jährige pro 100 Einwohner 1986	6,2	6,2	5,8	5,8
Kindergartenplätze pro 100 3-5jährige 1986	78,2	81,4	73,5	65,2
Quartanerquote 1989	52,3	59,0	63,7	71,8
Zuzüge pro 100 Fortzüge der 18-24jährigen 1986	95,7	103,8	110,4	111,0
Erwerbstätigenanteil der 30-39jährigen Frauen 1987 (in %)	56,2	53,8	52,7	52,9
Erwerbstätigenanteil der 40-49jährigen Frauen 1987 (in %)	54,1	52,4	52,6	54,1

Datenquelle: DJI-Regionaldatenbank

Bertram, Bayer, Bauereiß: Familien-Atlas, Opladen 1993

Die Entwicklung hin zur Dienstleistungsgesellschaft zeigt sich auch in der wachsenden Bedeutung des Handels in den letzten hundert Jahren. Zum Handel gehören alle Unternehmen, deren Hauptaufgabe im Vertrieb von Waren, also in der Mittlertätigkeit zwischen Produzenten und Verbrauchern besteht. Nach den Ergebnissen der Arbeitsstättenzählung 1987 arbeiten rd. vier Millionen Beschäftigte in etwa 585 000 Unternehmen bzw. 707 000 Arbeitsstätten des Handels (Groß- und Einzelhandel sowie Handelsvermittlung). Innerhalb des Handels ist der Einzelhandel mit einem Anteil von 64,8 % der Beschäftigten der bedeutendste, und darunter wiederum am beschäftigungsintensivsten der Handel mit Nahrungsmitteln, Getränken und Tabakwaren.

Anhand der Karte ist ein Nord-Süd-Gefälle bei den Anteilen der Beschäftigten im Handel zu erkennen. Dabei weisen die Kreise um die handelsorientierten Hafenstädte Hamburg und Bremen sehr hohe Anteile auf. An der Spitze liegen der Main-Taunus-Kreis und andere Kreise um Frankfurt, in denen jeder vierte bzw. fünfte Beschäftigte im Handel tätig ist. In vielen ländlichen, insbesondere südlichen Kreisen ist der Anteil der Beschäftigten im Handel niedrig. Allgemein zeigt sich die Tendenz zum Verbund- und Großeinkauf in Verbrauchermärkten und Selbstbedienungswarenhäuern, die wenig Personal benötigen, wodurch die 'Tante-Emma-Läden' verdrängt wurden.

Der Handel ist eine Frauendomäne, über die Hälfte der Beschäftigten ist weiblich, im Einzelhandel sind es sogar 62 %. So weisen auch die eher handelsorientierten Kreise einen höheren weiblichen Beschäftigtenanteil in diesem Bereich auf. Von großer Bedeutung ist die Teilzeitbeschäftigung: ein Viertel ist im Handel als Teilzeitkraft tätig, davon wiederum sind 84 % Frauen. Diese 'stille Reserve' wird an den Wochentagen und Tageszeiten eingesetzt, wenn besondere Belastungen vom Stammpersonal nicht bewältigt werden können.

Beschäftigte im Handel 1987

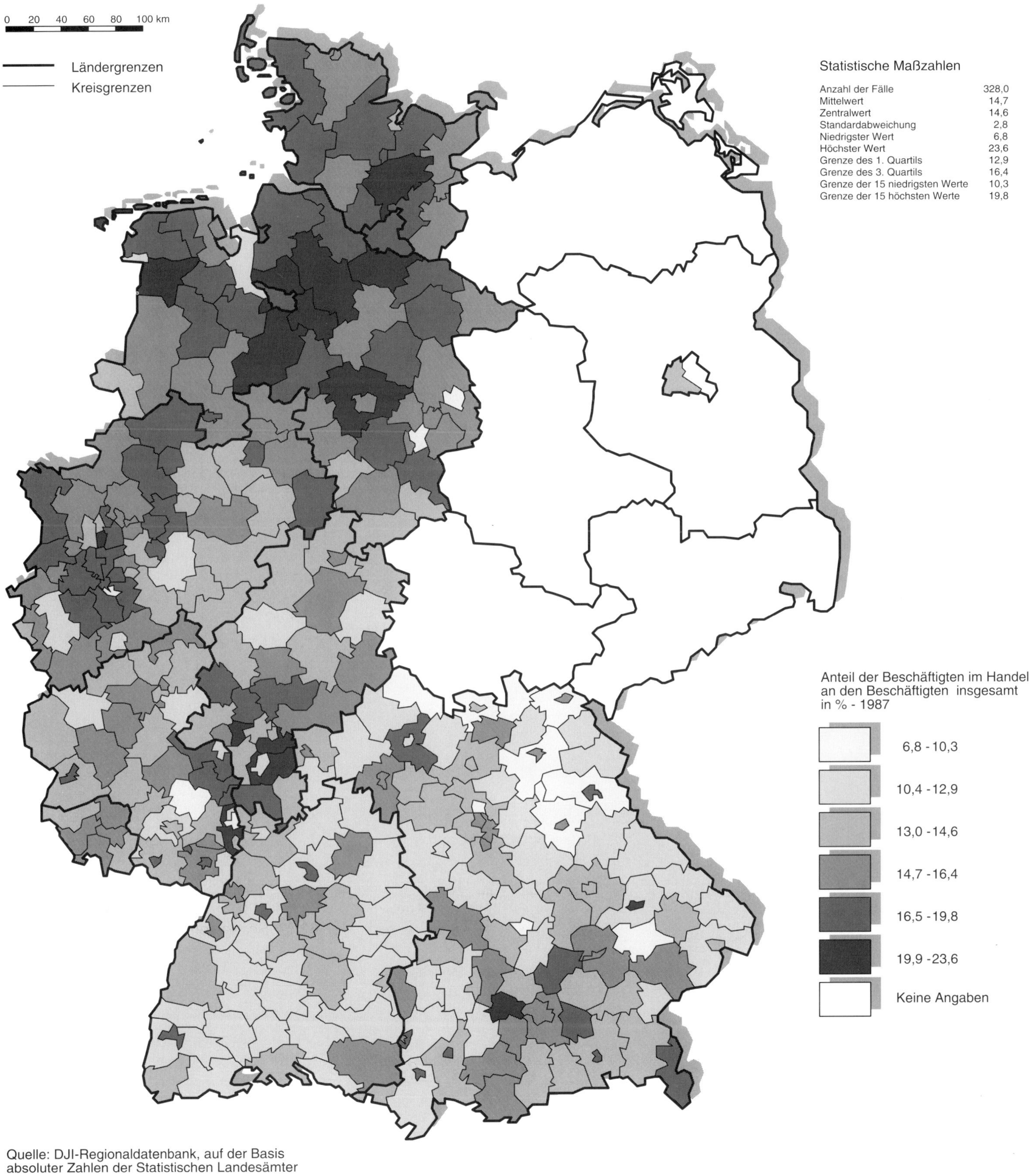

Statistische Maßzahlen

Anzahl der Fälle	328,0
Mittelwert	14,7
Zentralwert	14,6
Standardabweichung	2,8
Niedrigster Wert	6,8
Höchster Wert	23,6
Grenze des 1. Quartils	12,9
Grenze des 3. Quartils	16,4
Grenze der 15 niedrigsten Werte	10,3
Grenze der 15 höchsten Werte	19,8

Quelle: DJI-Regionaldatenbank, auf der Basis absoluter Zahlen der Statistischen Landesämter

Beschäftigte im verarbeitenden Gewerbe 1987

Kreise mit den niedrigsten Werten

Kreise	Kreisnr.	Werte*
Münster	5515	11,5
Wittmund	3462	11,9
Bonn	5314	12,1
Nordfriesland	1054	12,3
Aurich	3452	12,5

*) Werte siehe Kartenlegende

Kreise mit den höchsten Werten

Kreise	Kreisnr.	Werte*
Kronach	9476	55,3
Salzgitter	3102	57,8
Dingolfing-Landau	9279	65,2
Coburg	9473	65,8
Wolfsburg	3103	68,1

Anzahl der Arbeitsstätten und Beschäftigten in den Wirtschaftszweigen des verarbeitenden Gewerbes 1987

Wirtschaftszweig	Arbeitsstätten	Beschäftigte	Beschäftigte je Arbeitsst.
Chemische Industrie, Herstellung und Verarbeitung von Spalt- und Brutstoffen, Mineralölverarbeitung	4750	572968	121
Herstellung von Kunststoff- und Gummiwaren	8889	382074	43
Gewinnung und Verarbeitung von Steinen und Erden; Feinkeramik, Glasgewerbe	17536	323197	18
Metallerzeugung und -bearbeitung	30876	663688	21
Stahl-, Maschinen- und Fahrzeugbau; Herstellung von Büromaschinen, Datenverarbeitungsgeräten und -einrichtungen	65701	2518693	38
Elektrotechnik, Feinmechanik, Optik; Herstellung von Eisen-, Blech- und Metallwaren, Schmuck, Musikinstrumenten	58282	1676271	29
Holz-, Papier- und Druckgewerbe	60351	823821	14
Leder-, Textil- und Bekleidungsindustrie	51035	607087	12
Ernährungsgewerbe, Tabakverarbeitung	63043	784601	12
Verarbeitendes Gewerbe insgesamt	360463	8352400	23

Datenquelle:
Statistisches Bundesamt, Fachserie 2, Heft 3: Arbeitsstätten und Beschäftigte nach Beschäftigtengrößenklassen

Die Karte mit den Anteilen der Beschäftigten im verarbeitenden Gewerbe ist ein Spiegelbild der vorhergehenden Karte. Während sich im Norden die Beschäftigten im Handel konzentrieren, dominiert der Süden im verarbeitenden Gewerbe. Neben ihrer Rohstoff- und Verkehrsorientierung sind die Industriestandorte stark arbeitskräfteorientiert.

Alle großen Werke der chemischen Industrie liegen an größeren Flüssen, besonders am Rhein und am unteren Main (Leverkusen, Duisburg, Mainz, Frankfurt, Ludwigshafen). Sehr stark rohstofforientiert ist der Industriezweig der 'Steine und Erden', z.B. in der Westfälischen Bucht, im Rheinischen Schiefergebirge und auf der Schwäbisch-Fränkischen Alb.
Die Glaswaren-, Porzellan- und Keramikindustrie hat mehrere Standorte: die Zentren von Kristall- und Kunstgläsern sind Neugablonz, Schwäbisch-Gmünd und Bayreuth; Industrie- und Haushaltskeramik sind im Saarland und im Kannebäcker Ländchen bei Montabaur im Westerwald angesiedelt, Keramik und Porzellan vor allem in Oberfranken und in der Oberpfalz.
Die Metallwarenverarbeitung zeigt trotz weiter Streuung eine Konzentration in den Tälern des Bergisch-Märkischen Landes, im Siegerland, am mittleren Neckar und im Rednitztal um Nürnberg.
Im Bereich der Maschinenbauindustrie konzentriert sich der Schiffsbau auf drei Ostsee- und drei Nordseehäfen, während der Automobilbau weit verstreut ist (z.B. Emden, Bremen, Wolfsburg, Kassel, Bochum, Köln, Stuttgart, Sindelfingen, Rüsselsheim, Ingolstadt, Neckarsulm, Dingolfing, München).
Auch die elektrotechnische Industrie verteilt sich über das ganze Gebiet der alten Bundesländer, wobei die feinmechanische Industrie ihre Hauptstandorte in Südwestdeutschland hat.
Innerhalb der holzverarbeitenden Industrie ist die Möbelherstellung hauptsächlich im östlichen Westfalen zwischen Teutoburger Wald und Wiehengebirge und im Lipper Land angesiedelt.
Die Textilindustrie konzentriert sich hauptsächlich in drei Regionen: vom westfälischen Münsterland über Krefeld, Mönchengladbach, Wuppertal bis Aachen und von Bielefeld, Herford bis Osnabrück; in Süddeutschland vom schwäbischen Albvorland bis Aalen und im oberfränkischen Dreieck Bamberg-Bayreuth-Hof. Die Bekleidungsindustrie findet sich eher in Städten, wie Berlin, Frankfurt, Krefeld, Aschaffenburg, Nürnberg, Stuttgart und Wuppertal.
Die Nahrungs- und Genußmittelindustrie verarbeitet einheimische und importierte Rohstoffe. Daher hat sie ihre Standorte in den Anbaugebieten oder in der Nähe von Überseehäfen. Am stärksten ortsgebunden ist die Milchverarbeitung. Es lassen sich drei Schwerpunkte erkennen: das norddeutsche Viehhaltungsgebiet auf der Geest und in der Marsch, die Mittelgebirgsregionen und das Alpenvorland.

Datenquelle: DJI-Regionaldatenbank

Beschäftigte im verarbeitenden Gewerbe 1987

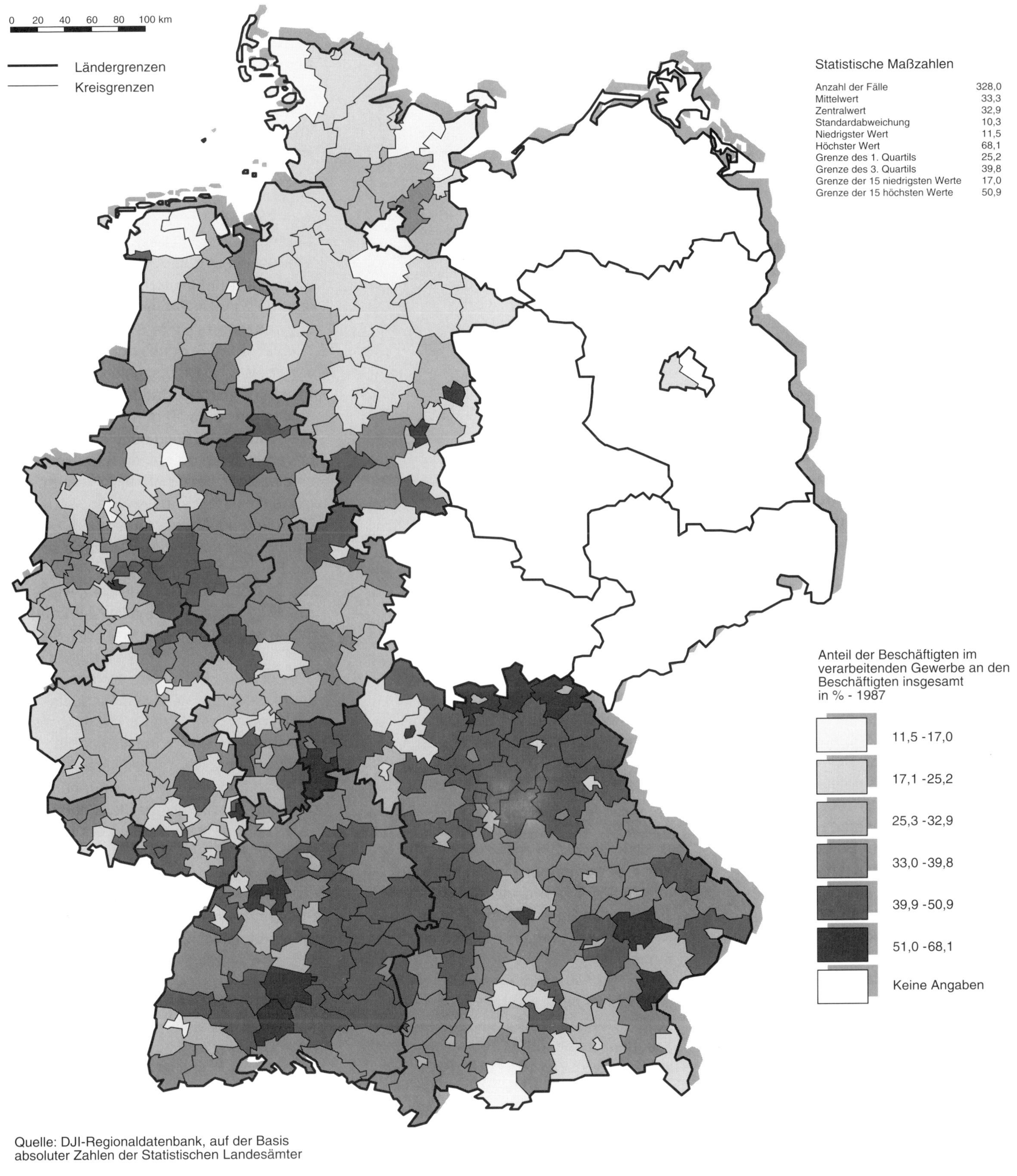

Statistische Maßzahlen

Anzahl der Fälle	328,0
Mittelwert	33,3
Zentralwert	32,9
Standardabweichung	10,3
Niedrigster Wert	11,5
Höchster Wert	68,1
Grenze des 1. Quartils	25,2
Grenze des 3. Quartils	39,8
Grenze der 15 niedrigsten Werte	17,0
Grenze der 15 höchsten Werte	50,9

Quelle: DJI-Regionaldatenbank, auf der Basis absoluter Zahlen der Statistischen Landesämter

Erwerbstätige/Beschäftigte in der Industrie 1987 bzw. 1989

Kreise mit den niedrigsten Werten in den neuen Bundesländern

Kreise	Kreisnr.	Werte*
Leipzig	151308	7,1
Hildburghausen	161102	7,6
Zwickau Stadt	151433	7,6
Zeitz	14820	8,2
Klingenthal	151418	8,4

Kreise mit den höchsten Werten in den neuen Bundesländern

Kreise	Kreisnr.	Werte*
Eisenach	16903	62,5
Suhl Stadt	161131	63,3
Neustrelitz	12306	68,1
Eisenhüttenstadt Stadt	13532	70,1
Döbeln	151304	75,0

Kreise mit den niedrigsten Werten in den alten Bundesländern

Kreise	Kreisnr.	Werte*
Münster	5515	19,2
Bonn	5314	19,7
Nordfriesland	1054	21,0
Oldenburg Stadt	3403	22,8
Koblenz	7111	22,9

Kreise mit den höchsten Werten in den alten Bundesländern

Kreise	Kreisnr.	Werte*
Miltenberg	9676	61,8
Coburg	9473	61,8
Zollernalbkreis	8417	63,4
Kronach	9476	64,4
Wolfsburg	3103	66,6

*) Werte siehe Kartenlegende

Ein Blick auf den Beschäftigtenanteil des hier thematisierten 'sekundären' Sektors im gesamten Bundesgebiet zeigt einen industrieschwachen Norden. Dabei verzeichnen Kreise in den neuen Bundesländern nur Anteile von sieben bis acht Prozent, während in den alten Bundesländern die Anteile nicht unter 19 % fallen. Bei den industriestärkeren Kreisen, die in den alten wie neuen Bundesländern vorwiegend im Süden liegen, bleiben die alten Bundesländer mit ihren Höchstwert von 66 % jedoch weit unter den neuen Bundesländern mit 75 %. Wie auf der Karte erwähnt, sind diese Werte aber nur eingeschränkt vergleichbar. Beim Vergleich finden sich die etwas unterschiedlich definierten Kategorien 'Industrie' und 'Produzierendes Gewerbe'.

1989 wurden bei der Berufstätigenerhebung in den jetzigen neuen Bundesländern 8,5 Mio. ständig Berufstätige ermittelt, v on denen 47,4 % im Sektor 'Industrie' tätig sind. Dieser Sektor, der im dichter besiedelten Süden vorherrscht, beinhaltet die Wirtschaftszweige Wasserwirtschaft, Energie- und Brennstoffindustrie, Chemische Industrie, Metallurgie, Maschinen- und Fahrzeugbau, Elektrogerätebau, Leicht-, Textil-, Lebensmittel- und Baumaterialindustrie sowie die Bauwirtschaft. Wichtige Industrierohstoffe für die Energieerzeugung und die Chemische Industrie sind Braunkohle und Kalisalze. Die Braunkohlenreviere in den neuen Bundesländern erstrecken sich einerseits im Halbkreis westlich um Leipzig, mit Bitterfeld, Halle und Borna, andererseits südlich von Cottbus, entlang der Grenze zwischen Brandenburg und Sachsen und weiter südlich entlang der Neiße. Weitere Standorte liegen an der Nordostflanke des Harzes und reichen nach Niedersachsen hinein. Die Kalisalzindustrie ist im nordwestlichen Thüringen und nordwestlich von Halle in Sachsen-Anhalt angesiedelt. Hauptstandorte sind Bad Salzungen, Nordhausen, Sondershausen und Wolmirstedt. Im Umfeld dieser Rohstoffe liegen die Standorte der chemischen Industrie. Deren Produktion konzentriert sich auf den Raum Halle-Leipzig mit den Kreisen Merseburg, Bitterfeld und Wittenberg.

Der größte Wirtschaftszweig in den neuen Bundesländern ist mit 1,03 Mio. Beschäftigten der Maschinen- und Fahrzeugbau. Die Standorte liegen verstreut, in Sachsen und Sachsen-Anhalt jedoch arbeitet ein überdurchschnittlicher Anteil der Beschäftigten in diesem Industriezweig. Der Elektrogerätebau ist der drittgrößte Industriezweig und konzentriert sich auf Berlin (Ost) und Thüringen. Weitere Standorte sind Potsdam, Dresden, Leipzig, Eisenach, Erfurt und Jena. Die Leicht- und Textilindustrie hat ihre regionalen Schwerpunkte in Thüringen und Sachsen (z.B. um Chemnitz und Zwickau). Die Baumaterialindustrie hat durch die Vorfabrikation von Bauelementen und Bauwirtschaft über das ganze Gebiet der neuen Bundesländer verteilt ihre Standorte.

In den alten Bundesländern sind nach der Volks- und Berufszählung 1987 41,8 % der Erwerbstätigen im produzierenden Gewerbe tätig. Bis Anfang der 70er Jahre fand noch gut die Hälfte der Erwerbstätigen dort einen Arbeitsplatz. Im einzelnen setzt sich das 'Produzierende Gewerbe' aus den Teilbereichen Energie- und Wasserversorgung, Bergbau und verarbeitendes Gewerbe sowie Baugewerbe zusammen.

Lokale Rohstoffe und Energien, wie z.B. Erze, Holzkohle und Wasserkraft, haben einst in entscheidender Weise die Entstehung und Entwicklung von Gewerbe und Industrie gefördert. Im Laufe der Zeit löste sich die Industrie jedoch immer mehr von den heimischen Rohstoffen und versorgt sich durch weltweite Importe. An heimischen Rohstoffen orientiert sind heute nur noch die Schwerindustrie der Steinkohlereviere an Ruhr und Saar und der Eisenerzlager um Salzgitter.

Die Karte zeigt, daß es in den traditionellen Industriegebieten im Rhein-Ruhr-Gebiet, im Rhein-Main-Gebiet und im Rhein-Neckar-Gebiet nach wie vor die höchsten Anteile an Erwerbstätigen im produzierenden Gewerbe gibt. Eine weitere Konzentration ist in Kreisen auf und am Rande der Schwäbisch-Fränkischen-Alb festzustellen, sowie im nördlichen Teil von Bayern.

Datenquelle: DJI-Regionaldatenbank

Erwerbstätige/Beschäftigte in der Industrie 1987 bzw. 1989*

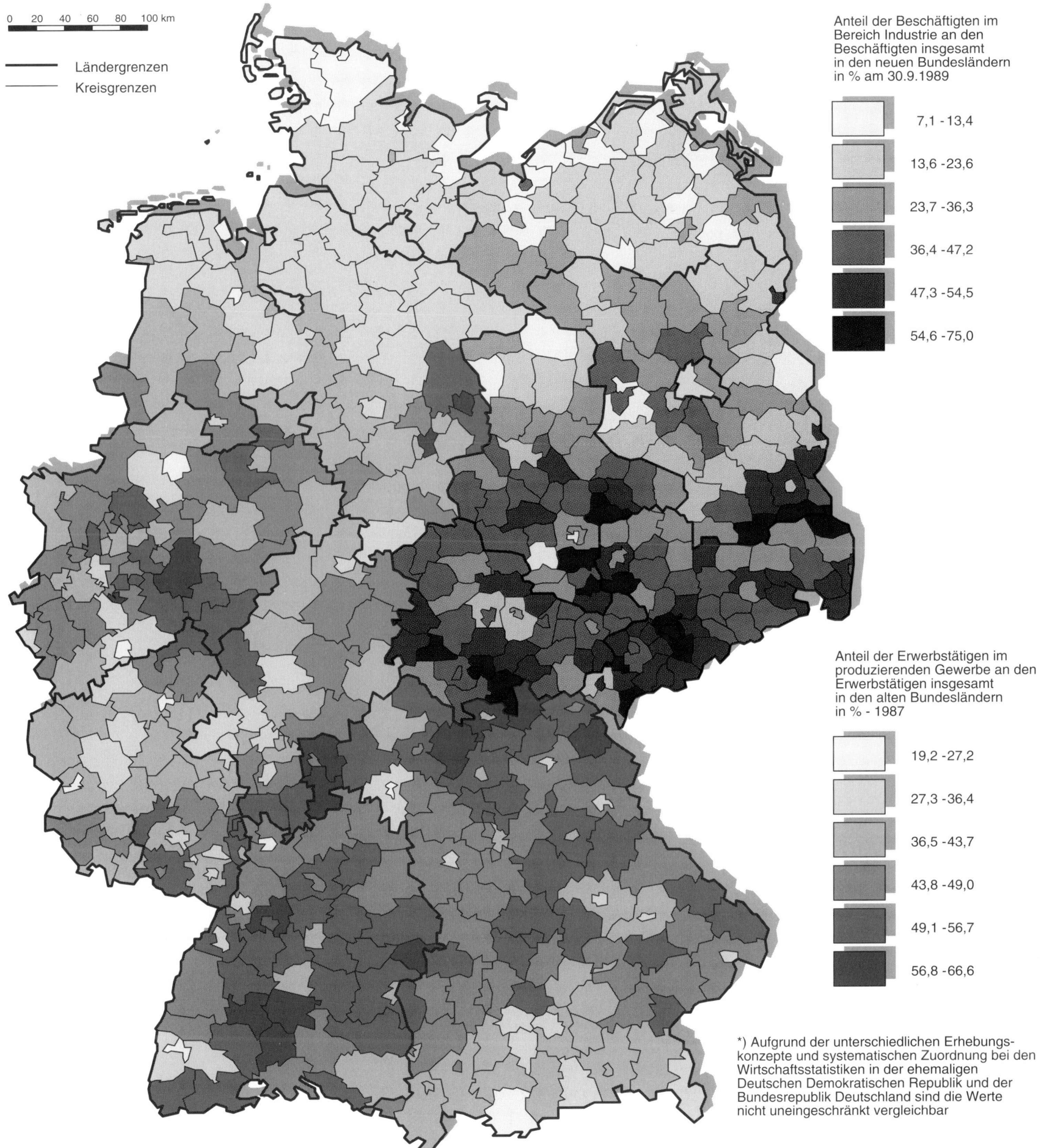

*) Aufgrund der unterschiedlichen Erhebungskonzepte und systematischen Zuordnung bei den Wirtschaftsstatistiken in der ehemaligen Deutschen Demokratischen Republik und der Bundesrepublik Deutschland sind die Werte nicht uneingeschränkt vergleichbar

Quelle: DJI-Regionaldatenbank, auf der Basis absoluter Zahlen der Statistischen Landesämter bzw. der Staatlichen Zentralverwaltung für Statistik der ehemaligen DDR

Erwerbstätige/Beschäftigte in Land- und Forstwirtschaft 1987 bzw. 1989

Kreise mit den niedrigsten Werten in den neuen Bundesländern

Kreise	Kreisnr.	Werte*
Glauchau	151408	0,0
Freital	151205	0,1
Bautzen	151201	0,1
Pasewalk	12307	0,1
Havelberg	14707	0,1

Kreise mit den höchsten Werten in den neuen Bundesländern

Kreise	Kreisnr.	Werte*
Auerbach	151403	50,2
Merseburg	14811	50,7
Zeitz	14820	51,0
Leipzig	151308	51,1
Oelsnitz	151413	53,0

Kreise mit den niedrigsten Werten in den alten Bundesländern

Kreise	Kreisnr.	Werte*
Offenbach Stadt	6413	0,4
München Stadt	9162	0,5
Hannover Stadt	3201	0,5
Saarbrücken Stadtv	10041	0,5
Kiel	1002	0,5

Kreise mit den höchsten Werten in den alten Bundesländern

Kreise	Kreisnr.	Werte*
Wittmund	3462	13,4
Straubing-Bogen	9278	14,2
Unterallgäu	9778	15,1
Rottal-Inn	9277	15,1
Neustadt/A.-B.Windsh.	9575	15,1

*) Werte siehe Kartenlegende

Die Angaben zu den Arbeitskräften des 'primären' Sektor sind, wie bei der vorhergehenden Karte, aufgrund der unterschiedlichen Definitionen zum Erhebungszeitpunkt in den alten und jetzigen neuen Bundesländern nur eingeschränkt vergleichbar. Trotzdem zeigt sich insgesamt im industrie- und bevölkerungsschwachen Norden eine Dominanz der Landwirtschaft. Weitere regionale Schwerpunkte dieses Bereiches liegen in Rheinland-Pfalz und Bayern. Die bayerischen Kreise mit den höchsten Anteilen der Beschäftigten in der Landwirtschaft liegen jedoch mit 15 % wesentlich niedriger als die Kreise mit den höchsten Werten in den neuen Bundesländern.

Die Bedeutung des Agrarsektors in den neuen Bundesländern schlägt sich 1989 mit einem Anteil von 9,2 % an der Bruttowertschöpfung nieder, in den alten Bundesländern beträgt er nur rd. 1,8 %. Die Anteile der landwirtschaftlich genutzten Fläche an der Gesamtfläche betragen dabei 57,9 % bzw. 48 %.

Nach der Berufstätigenerhebung von 1989 sind in den jetzigen neuen Bundesländern 10,4 % der Beschäftigten im Sektor 'Land- und Forstwirtschaft, Fischerei' tätig, zu denen auch die in der Lebensmittelindustrie zur Verarbeitung der landwirtschaftlichen Produkte Beschäftigten zählen. Die Kreise in Mecklenburg-Vorpommern, Brandenburg sowie im nördlichen Teil von Sachsen-Anhalt sind von der Landwirtschaft geprägt, die teilweise über 50 % der Arbeitskräfte beschäftigt. Auf der anderen Seite ist es wohl ein Ergebnis der Planwirtschaft, daß es Kreise gibt, die nur Anteile von 0,1 % aufweisen.

Bei der Volks- und Berufszählung 1987 werden in den alten Bundesländern 26,9 Mio. Erwerbstätige gezählt, davon sind 3,2 % im Bereich 'Land- und Forstwirtschaft, Fischerei' tätig. Hiervon stellen die Familienarbeitskräfte (Selbständige und mithelfende Familienangehörige) rund zwei Drittel.

Bei der Versorgung der Bevölkerung und der Sicherstellung der Ernährung erbringt der Wirtschaftsbereich 'Land- und Forstwirtschaft, Fischerei' auch in den alten Bundesländern eine bedeutende Leistung. Nahezu 80 % des Nahrungsbedarfs können aus heimischer Produktion gedeckt werden. In bezug auf Arbeitsplätze spielt die Land- und Forstwirtschaft jedoch nur eine untergeordnete Rolle: während um die Jahrhundertwende jeder dritte Erwerbstätige und 1950 noch jeder vierte in diesem Bereich tätig war, ist es 1987 noch etwa jeder dreißigste. In der Landwirtschaft erwirtschaften somit immer weniger Erwerbstätige immer mehr an landwirtschaftlichen Erzeugnissen. Die besseren Verdienstmöglichkeiten in anderen Bereichen veranlaßte nach dem Krieg viele Inhaber landwirtschaftlicher Betriebe und deren mithelfende Familienangehörige, ihre bisherige Tätigkeiten vollständig oder teilweise aufzugeben.

Dies führte unter anderem zu einer Umwandlung von Vollerwerbsbetrieben in Neben- und Zuerwerbsbetriebe. Erleichtert wurde diese Entwicklung durch den vermehrten Einsatz von Maschinen und die Anwendung rationeller Arbeitsverfahren.

Die Durchschnittsgröße der landwirtschaftlichen Betriebe liegt 1985 in den alten Bundesländern bei 16,6 ha, wobei erhebliche regionale Unterschiede bestehen. Aufgrund des alten Anerbenrechtes, bei dem der Hof im Erbfall ungeteilt an einen Nachfolger übergeben wurde, gibt es im größten Teil des Norddeutschen Tieflandes sehr viele große Betriebe, besonders im Bereich der Jungmoränenlandschaft von Schleswig-Holstein und in den Lößböden der Niederrheinischen Tieflandsbucht bis zum nördlichen Harzvorland.

Der Südwesten der alten Bundesländer und Nordbayern sind durch kleine Betriebsgrößen bestimmt, da hier das Teilerbrecht verbreitet war, d.h. im Erbfall wurde das Hofland unter die Erbberechtigten verteilt. Im Süden liegen auch die Schwerpunkte der Sonderkulturen, wie Wein, Obst, Hopfen und Gemüse, die auf kleinen Flächen bei intensivem Arbeitseinsatz hohe Erträge bringen und damit die Existenz kleinerer Betriebe ermöglichen. Diese Gebiete sind u.a. die Täler des Mittelrheins, der Mosel, der Saar, der Ruwer und der Nahe, das Oberrheingebiet mit der Rheinpfalz und das Markgräfler Land.

Datenquelle: DJI-Regionaldatenbank

Erwerbstätige/Beschäftigte in Land- und Forstwirtschaft 1987 bzw. 1989*

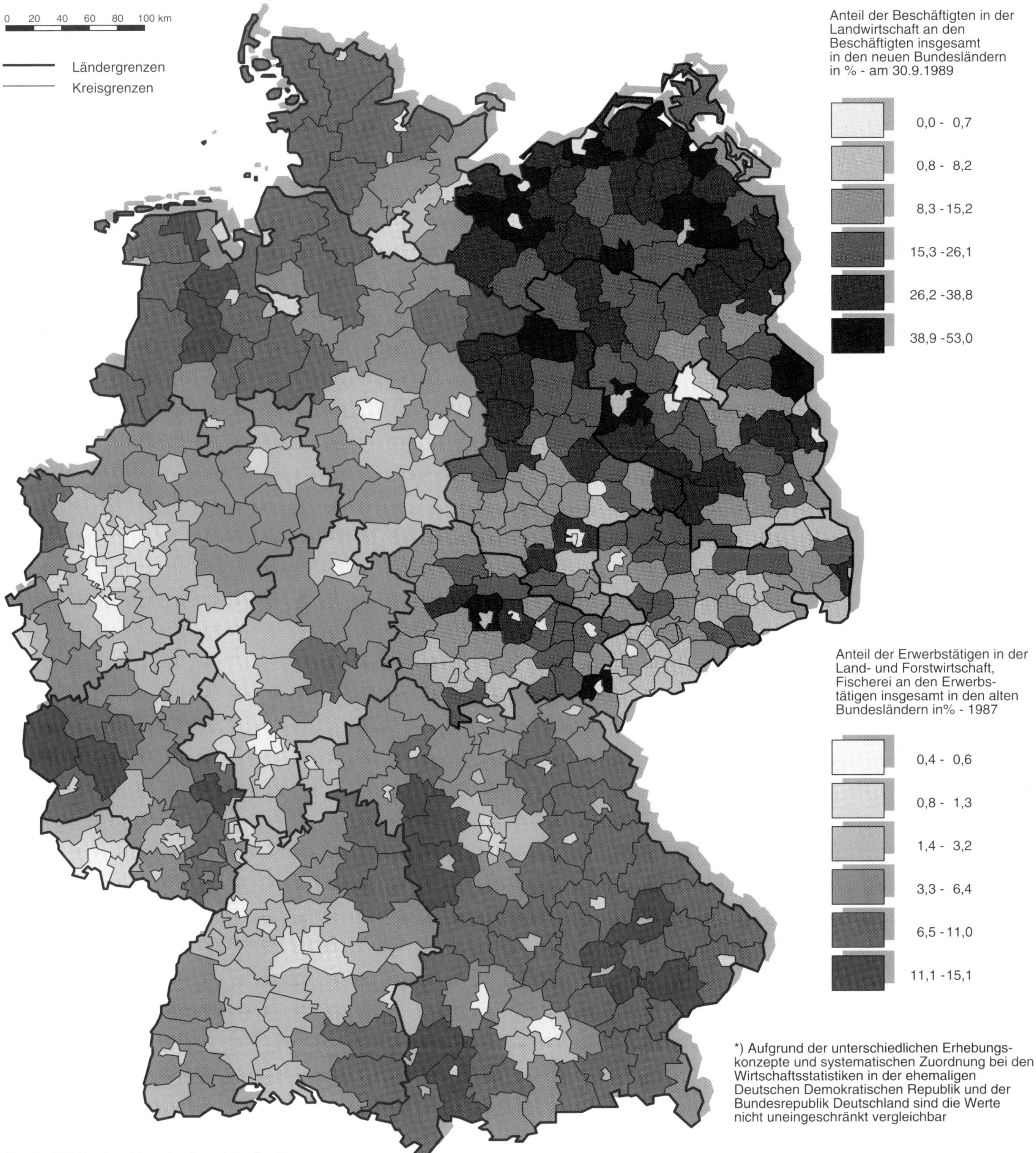

*) Aufgrund der unterschiedlichen Erhebungskonzepte und systematischen Zuordnung bei den Wirtschaftsstatistiken in der ehemaligen Deutschen Demokratischen Republik und der Bundesrepublik Deutschland sind die Werte nicht uneingeschränkt vergleichbar

Quelle: DJI-Regionaldatenbank, auf der Basis absoluter Zahlen der Statistischen Landesämter bzw. der Staatlichen Zentralverwaltung für Statistik der ehemaligen DDR

Kreise mit den niedrigsten Werten

Kreise	Kreisnr.	Werte*
Remscheid	5120	-41,6
Helmstedt	3154	-26,9
Hannover Stadt	3201	-20,9
Hersfeld-Rotenburg	6632	-20,5
Offenbach Stadt	6413	-20,3

*) Werte siehe Kartenlegende

Kreise mit den höchsten Werten

Kreise	Kreisnr.	Werte*
Neuss	5162	68,7
Starnberg	9188	77,6
Freising	9178	87,2
Fürstenfeldbruck	9179	113,5
München	9184	123,1

Entwicklung der Verteilung der Arbeitsstätten auf die einzelnen Wirtschaftsabteilungen und Veränderung der Arbeitsstättenzahlen innerhalb der Wirtschaftsabteilungen zwischen 1970 und 1987 in Prozent

Wirtschaftsabteilungen	*Arbeitsstättenanteil an den Arbeitsstätten der Wirtschaftsabteilungen insgesamt (in %)* 1970	1987	*Veränderung der Arbeitsstätten innerhalb der Wirtschaftsabteilung von 1970 bis 1987* in %
Kreditinstitute/Versicherungsgewerbe	3,0	4,7	74,7
Organisationen ohne Erwerbszweck	2,3	3,1	49,1
Dienstl.v.Untern. u. freien Berufen	25,2	33,3	48,7
Land-u.Forstwirtschaft,Fischerei	1,0	1,1	31,1
Gebietskörpersch./Sozialversicherung	4,2	4,3	14,7
Baugewerbe	7,4	7,2	9,8
Verkehr und Nachrichtenübermittlung	5,3	4,7	0,2
Handel	32,0	27,4	-3,5
Energie-u.Wasserversorgung,Bergbau	0,3	0,2	-3,8
Verarbeitendes Gewerbe	19,3	14,0	-18,3
Wirtschaftsabteilungen insg. in %	100,0	100,0	12,9
Wirtschaftsabteilungen insg. absolut	2285347	2581201	

Datenquelle:
Statistisches Bundesamt, FS 2, Heft 11, Arbeitsstätten, Unternehmen und Beschäftigte 1987, 1970, 1961, 1950

Mittelwerte der Standardvariablen in Kreisen mit sehr starker Abnahme bis sehr starker Zunahme der Arbeitsstätten

Standardvariablen	prozentuale Veränderung der Arbeitsstätten: starke Abnahme	leichte Zunahme	mittlere Zunahme	starke Zunahme
Lebendgeborene pro 1000 Einwohner 1986	9,5	10,6	10,9	10,2
0-5jährige pro 100 Einwohner 1986	5,4	6,1	6,4	6,0
Kindergartenplätze pro 100 3-5jährige 1986	67,9	84,2	75,9	76,9
Quartanerquote 1989	63,6	60,1	60,9	67,9
Zuzüge pro 100 Fortzüge der 18-24jährigen 1986	103,2	106,3	103,3	110,4
Erwerbstätigenanteil der 30-39jährigen Frauen 1987 (in %)	55,1	53,6	54,6	54,2
Erwerbstätigenanteil der 40-49jährigen Frauen 1987 (in %)	55,5	52,4	55,0	57,1

Datenquelle: DJI-Regionaldatenbank

Bertram, Bayer, Bauereiß: Familien-Atlas, Opladen 1993

Zu den wichtigen Ergebnissen der Arbeitsstättenzählung 1987 gehört die im Vergleich zu 1970 höhere Anzahl an Arbeitsstätten in den alten Bundesländern. Sie stieg in diesem Zeitraum um 296 000 (13 %). Als Arbeitsstätte gilt jede örtliche Einheit (ein Grundstück, eine abgegrenzte Räumlichkeit), in der eine oder mehrere Personen regelmäßig haupt- oder nebenberuflich tätig sind. Ausgenommen werden land- und forstwirtschaftliche Betriebe, soweit sie bei der Besteuerung nicht als Gewerbebetriebe gelten, Vertretungen ausländischer Staaten, Privatquartiere, private Haushalte sowie die Arbeitsstätten von ehrenamtlich Beschäftigten und Heimarbeitern.

Die Entwicklung der Arbeitsstätten in den einzelnen Wirtschaftsabteilungen liefert Belege für den Strukturwandel der Wirtschaft in Richtung Dienstleistungsgesellschaft. 1987 fällt jede dritte Arbeitsstätte in den Bereich 'Dienstleistungen von Unternehmen und freien Berufen'. Die Arbeitsstätten im Handel, die 1970 noch anteilsmäßig an erster Stelle lagen, besetzen 1987 den zweiten Platz. Den größten Arbeitsstättenzuwachs erzielten die Kreditinstitute und Versicherungen mit 74,7 %, gefolgt von den Organisationen ohne Erwerbszweck und den Dienstleistungen von Unternehmern und freien Berufen mit je 49 %. Das verarbeitende Gewerbe hat im Vergleich zu 1970 etwa 18 % seiner Arbeitsstätten verloren.

Die Karte zeigt, daß die Kreise um die Städte München, Nürnberg, Stuttgart, Frankfurt, Köln und Hamburg einen sehr hohen Zuwachs an Arbeitsstätten verzeichnen, wie z.B. die Landkreise Fürstenfeldbruck oder München, in denen sich die Arbeitsstätten mehr als verdoppelt haben. In den meisten Kreisen von Niedersachsen, Hessen, Rheinland-Pfalz und des Saarlands liegt die Veränderung unter dem Bundesdurchschnitt von 12,9 %. Hier finden sich Kreise (z.B. Remscheid), die in diesem Zeitraum eine Reduzierung der Arbeitsstätten bis zu 40 % in Kauf nehmen mußten.

Entwicklung der Arbeitsstätten 1970 - 1987

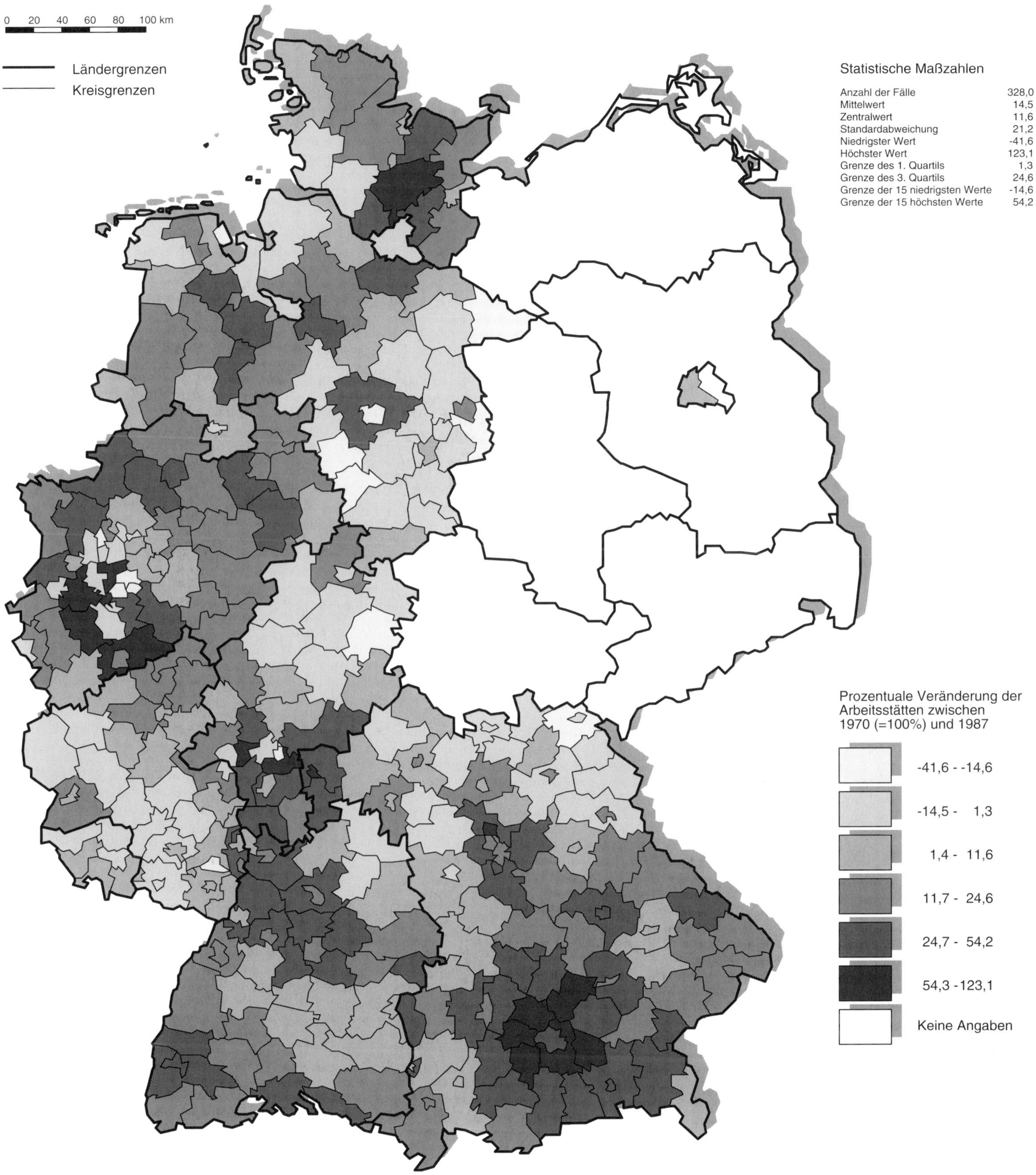

Statistische Maßzahlen

Anzahl der Fälle	328,0
Mittelwert	14,5
Zentralwert	11,6
Standardabweichung	21,2
Niedrigster Wert	-41,6
Höchster Wert	123,1
Grenze des 1. Quartils	1,3
Grenze des 3. Quartils	24,6
Grenze der 15 niedrigsten Werte	-14,6
Grenze der 15 höchsten Werte	54,2

Quelle: DJI-Regionaldatenbank, auf der Basis absoluter Zahlen der Statistischen Landesämter

Große Betriebe 1987

Kreise mit den niedrigsten Werten

Kreise	Kreisnr.	Werte*
Lüchow-Dannenberg	3354	0,3
Erding	9177	0,4
Harburg	3353	0,4
Miesbach	9182	0,4
Schweinfurt	9678	0,4

*) Werte siehe Kartenlegende

Kreise mit den höchsten Werten

Kreise	Kreisnr.	Werte*
Koblenz	7111	2,6
Würzburg Stadt	9663	2,7
Hannover Stadt	3201	2,7
Ulm	8421	2,9
Mainz	7315	3,0

Beschäftigungsstrukturen in Berlin (West), München Stadt und in den Kreisen mit den niedrigsten bzw. höchsten Anteilen an großen Betrieben

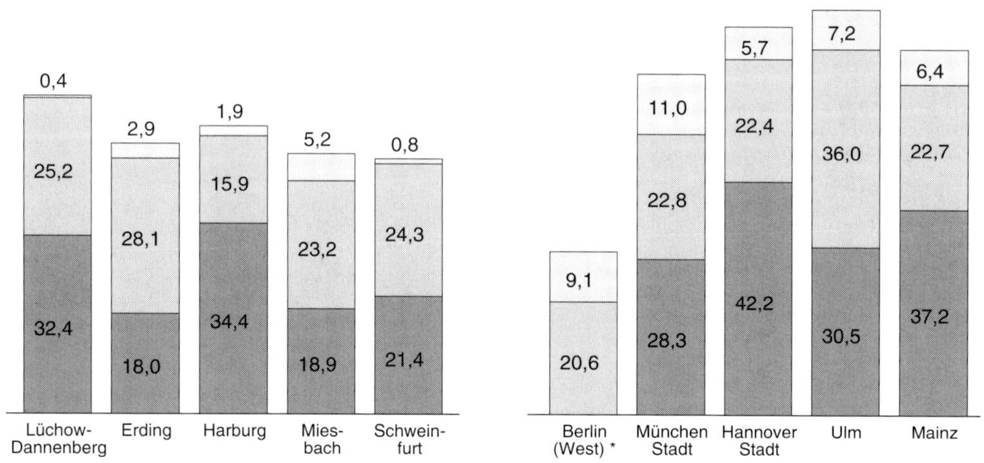

Prozentanteil der ausländischen Beschäftigten an den Beschäftigten insgesamt 1987

Prozentanteil der Beschäftigten in der Wirtschaftsabteilung "Verarbeitendes Gewerbe" an den Beschäftigten insgesamt 1987

Prozentanteil der Stimmen für die SPD an den gültigen Stimmen insgesamt bei der Europawahl 1989 *) kein Wert für Berlin (West)

Mittelwerte der Standardvariablen in Kreisen mit sehr niedrigen bis sehr hohen Anteilen an großen Betrieben

Standardvariablen	Anteile großer Betriebe sehr niedrig	niedrig	hoch	sehr hoch
Lebendgeborene pro 1000 Einwohner 1986	10,8	10,7	9,8	9,4
0-5jährige pro 100 Einwohner 1986	6,4	6,3	5,5	5,1
Kindergartenplätze pro 100 3-5jährige 1986	67,8	77,1	82,9	87,4
Quartanerquote 1989	51,5	59,7	65,2	71,1
Zuzüge pro 100 Fortzüge der 18-24jährigen 1986	103,6	100,1	120,8	129,8
Erwerbstätigenanteil der 30-39jährigen Frauen 1987 (in %)	52,2	51,9	55,9	58,8
Erwerbstätigenanteil der 40-49jährigen Frauen 1987 (in %)	50,1	50,7	55,5	58,3

Datenquelle: DJI-Regionaldatenbank

Bertram, Bayer, Bauereiß: Familien-Atlas, Opladen 1993

Im Jahre 1987 gibt es im Bundesgebiet laut Arbeitsstättenzählung insgesamt 2,6 Mio. Arbeitsstätten, auf die sich rd. 27 Mio. Beschäftigte verteilen. Dabei variieren die Betriebsgrößen nach Wirtschaftsbereichen: im Dienstleistungsbereich, mit Ausnahme der Organisationen ohne Erwerbszweck und der Gebietskörperschaften und Sozialversicherungen, gibt es viele kleine Betriebe, im verarbeitenden Gewerbe finden sich dagegen auch große Betriebe. Eindeutig großbetrieblich strukturiert ist der Bergbau, dessen Betriebe im Schnitt 370 Arbeitnehmer beschäftigen. Insgesamt sind zwar nur 1,3 % aller Arbeitsstätten Betriebe mit über 100 Beschäftigten, dort finden jedoch rd. 40 % aller Beschäftigten einen Arbeitsplatz.

Regional betrachtet sind die großen Betriebe vorwiegend in den Kreisen des Rhein-Ruhr-Gebietes, im Main-Neckar-Raum sowie in und um Stuttgart angesiedelt. Die höheren Anteile an großen Betrieben in den urbanen Zentren Hamburg, Berlin und München sowie allgemein in den kreisfreien Städten sind größtenteils auf die Niederlassungen von Unternehmen der Gebietskörperschaften und Sozialversicherungen zurückzuführen.
Es zeigt sich auch, daß der Anteil an ausländischen Beschäftigten in den Kreisen hoch ist, in denen es mehrere große Betriebe gibt. Desweiteren fällt auf, daß in den Kreisen mit dem Anteil an großen Betrieben auch die Anteile an SPD-Wählern zunehmen.

Mit wachsendem Anteil an großen Betrieben gelten Kreise als wirtschaftlich attraktiv und sind Ziel von überregionalen Wanderungsbewegungen. Darüberhinaus steigen die weiblichen Erwerbsquoten, während der Geburten- bzw. der Kinderanteil zurückgeht. Ob die bessere Versorgung mit Kindergartenplätzen in Kreisen mit höherer Anzahl an großen Betrieben die Ursache oder die Folge der verstärkten weiblichen Erwerbstätigkeit ist, muß allerdings unbeantwortet bleiben.

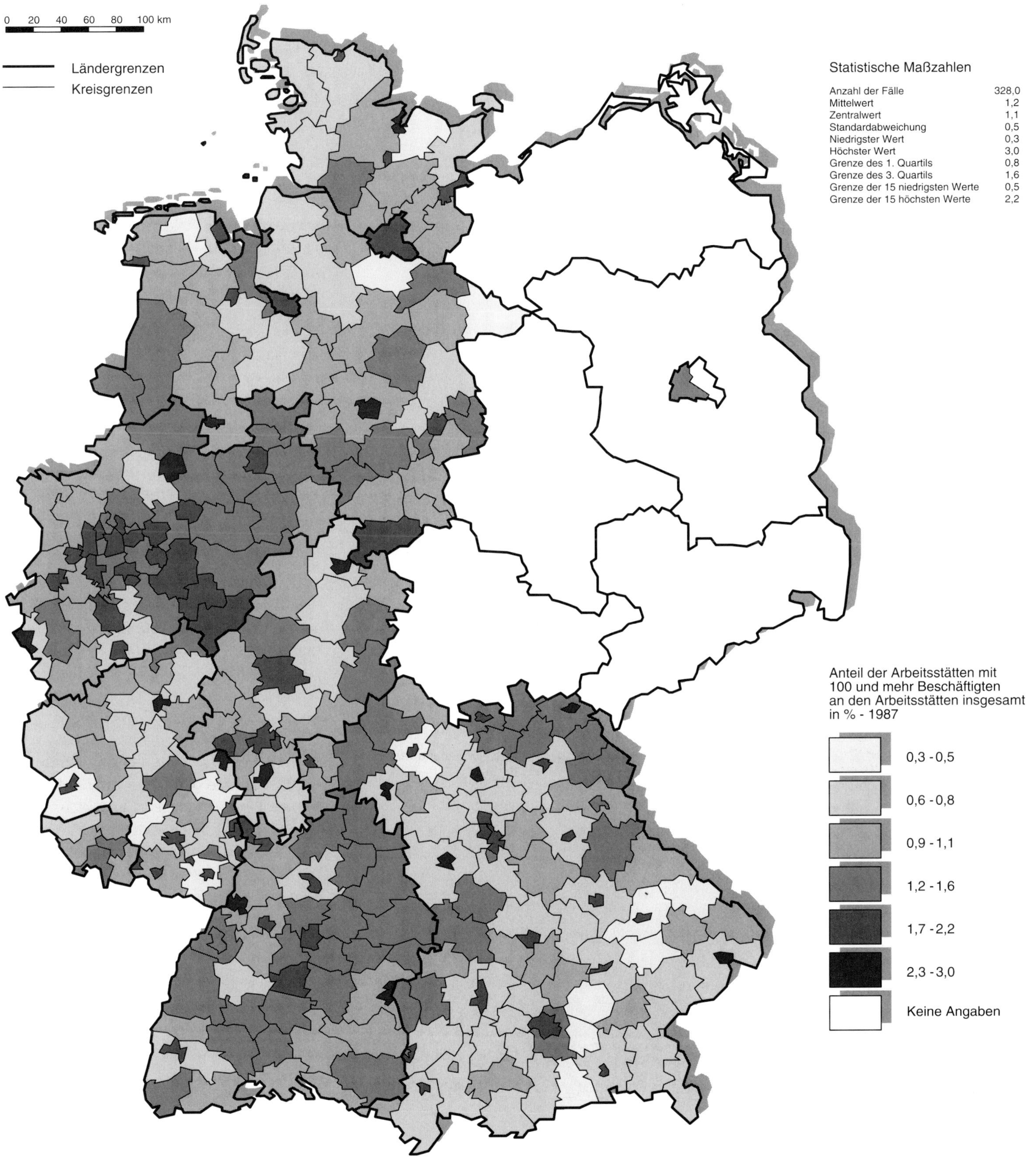

Statistische Maßzahlen

Anzahl der Fälle	328,0
Mittelwert	1,2
Zentralwert	1,1
Standardabweichung	0,5
Niedrigster Wert	0,3
Höchster Wert	3,0
Grenze des 1. Quartils	0,8
Grenze des 3. Quartils	1,6
Grenze der 15 niedrigsten Werte	0,5
Grenze der 15 höchsten Werte	2,2

Quelle: DJI-Regionaldatenbank, auf der Basis absoluter Zahlen der Statistischen Landesämter

WIRTSCHAFTSSTRUKTUR

Beschäftigte in kleinen Betrieben 1987

Kreise mit den niedrigsten Werten

Kreise	Kreisnr.	Werte*
Wolfsburg	3103	13,1
Schweinfurt Stadt	9662	18,0
Ludwigshafen Stadt	7314	18,3
Ingolstadt	9161	18,5
Leverkusen	5316	20,2

*) Werte siehe Kartenlegende

Kreise mit den höchsten Werten

Kreise	Kreisnr.	Werte*
Miesbach	9182	52,7
Harburg	3353	52,8
Schweinfurt	9678	53,5
Alzey-Worms	7331	53,9
Wittmund	3462	57,8

Beschäftigungsstrukturen in Berlin (West), München Stadt und in den Kreisen mit den niedrigsten und höchsten Beschäftigtenanteilen in kleinen Betrieben

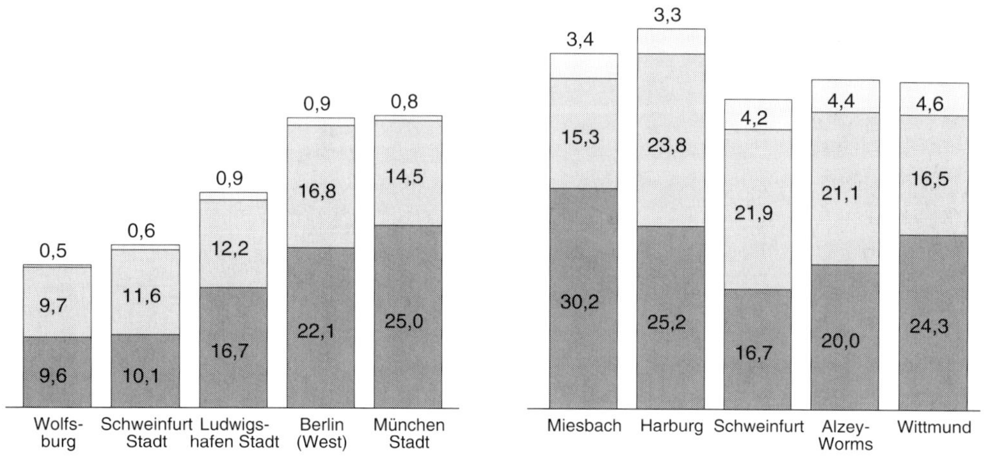

- ☐ Prozentanteil der unbezahlt mithelfenden Familienangehörigen an den Beschäftigten insgesamt 1987
- ☐ Prozentanteil der Arbeiter (ohne Fach- und Heimarbeiter) an den Arbeitern insgesamt 1987
- ■ Prozentanteil der Beschäftigten in der Wirtschaftsabteilung 'Dienstleistungen, soweit von Unternehmen und freien Berufen erbracht' an den Beschäftigten insgesamt 1987

Mittelwerte der Standardvariablen in Kreisen mit sehr niedrigen bis sehr hohen Anteilen an Beschäftigten in kleinen Betrieben

Standardvariablen	Beschäftigtenanteile in kleinen Betrieben sehr niedrig	niedrig	hoch	sehr hoch
Lebendgeborene pro 1000 Einwohner 1986	9,7	10,7	11,0	10,6
0-5jährige pro 100 Einwohner 1986	5,5	6,2	6,5	6,3
Kindergartenplätze pro 100 3-5jährige 1986	86,5	84,4	69,8	79,8
Quartanerquote 1989	69,7	61,3	55,0	47,7
Zuzüge pro 100 Fortzüge der 18-24jährigen 1986	119,1	100,5	101,5	103,1
Erwerbstätigenanteil der 30-39jährigen Frauen 1987 (in %)	141,1	54,1	52,3	52,1
Erwerbstätigenanteil der 40-49jährigen Frauen 1987 (in %)	54,0	53,3	51,6	49,4

Datenquelle: DJI-Regionaldatenbank

Bertram, Bayer, Bauereiß: Familien-Atlas, Opladen 1993

Jeder dritte Beschäftigte ist 1987 in Betrieben mit zwei bis 19 Beschäftigten tätig. Die Anzahl dieser Betriebe ist seit 1970 um 82 %, die Anzahl ihrer Beschäftigten um 69 % angestiegen. Diese Betriebsgröße wurde vor allem durch den Strukturwandel, d.h. den wachsenden Dienstleistungsbereich, begünstigt. Die Beschäftigten in den Bereichen 'Dienstleistungen von Unternehmen und freien Berufen' und 'Handel' sind zu je 55 % in Kleinbetrieben tätig. Überwiegend kleinbetrieblich strukturiert ist auch die gewerbliche Land- und Forstwirtschaft. Die zunehmende Bedeutung von Kleinbetrieben resultiert u.a. daraus, daß sie schneller auf veränderte Marktbedingungen reagieren und Marktnischen nutzen können. Andererseits sind Kleinbetriebe häufig nicht in der Lage, technischen Neuerungen zu folgen.

Die Karte zeigt, daß die eher ländlich geprägten Kreise von Schleswig-Holstein, Niedersachsen, Rheinland-Pfalz und Bayern die höchsten bzw. sehr hohe Anteile an Beschäftigten in Kleinbetrieben aufweisen. So haben die Landkreise Harburg, Wittmund, Alzey-Worms, Schweinfurt oder Miesbach Anteile von bis zu 58 % und liegen damit anteilsmäßig drei- bis viermal höher als die Städte Wolfsburg, Ludwigshafen oder Schweinfurt bzw. die urbanen Zentren Hamburg, Düsseldorf, Frankfurt, oder München.

Der Vergleich der Kreise mit den niedrigsten und den höchsten Anteilen an Beschäftigten in Kleinbetrieben bestätigt, daß es Kleinbetriebe hauptsächlich dort gibt, wo viele Beschäftigte im Dienstleistungsbereich tätig sind. Hier bieten Kleinbetriebe oftmals Teilzeitbeschäftigung. Daneben finden sich in dieser Betriebsgröße viele mithelfende Familienangehörige. Da es sich bei Kreisen mit einem hohen Anteil der Beschäftigten in Kleinbetrieben um eher ländlich strukturierte Kreise handelt, überrascht es nicht, daß die Erwerbsquoten von Frauen sowie die Versorgung mit Kindergartenplätzen oder die Quartanerquoten verhältnismäßig gering sind.

Beschäftigte in kleinen Betrieben 1987

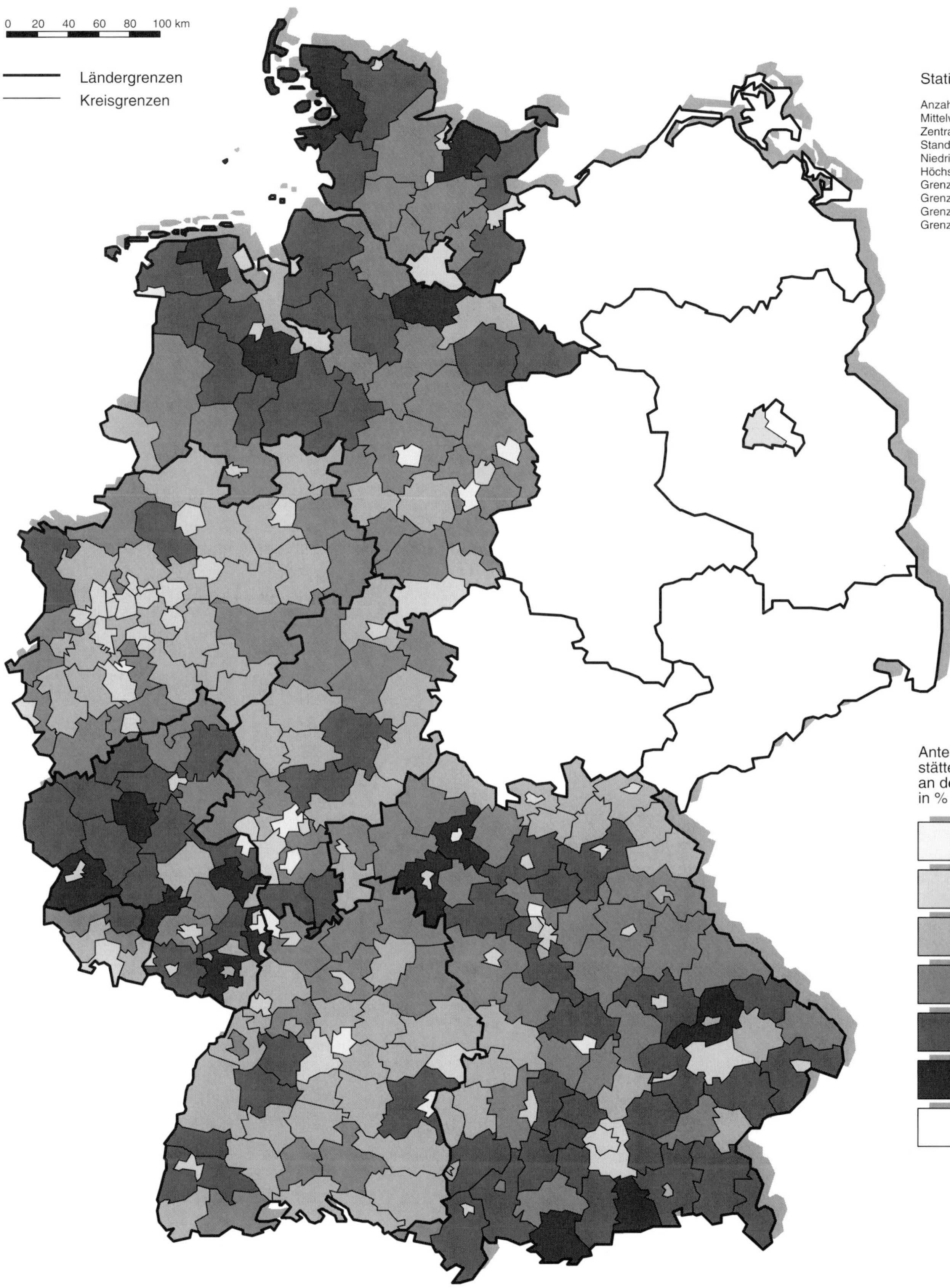

Statistische Maßzahlen

Anzahl der Fälle	328,0
Mittelwert	36,8
Zentralwert	37,2
Standardabweichung	8,1
Niedrigster Wert	13,1
Höchster Wert	57,8
Grenze des 1. Quartils	30,8
Grenze des 3. Quartils	42,3
Grenze der 15 niedrigsten Werte	22,7
Grenze der 15 höchsten Werte	49,5

Anteil der Beschäftigten in Arbeitsstätten mit 2 bis 19 Beschäftigten an den Beschäftigten insgesamt in % - 1987

- 13,1 -22,7
- 22,8 -30,8
- 30,9 -37,2
- 37,3 -42,3
- 42,4 -49,5
- 49,6 -57,8
- Keine Angaben

Quelle: DJI-Regionaldatenbank, auf der Basis absoluter Zahlen der Statistischen Landesämter

Kreise mit den niedrigsten Werten

Kreise	Kreisnr.	Werte*
Wittmund	3462	14,0
Miesbach	9182	14,7
Plön	1057	15,3
Lüchow-Dannenberg	3354	15,7
Alzey-Worms	7331	16,6

*) Werte siehe Kartenlegende

Kreise mit den höchsten Werten

Kreise	Kreisnr.	Werte*
Schweinfurt Stadt	9662	64,6
Ingolstadt	9161	64,8
Leverkusen	5316	66,3
Ludwigshafen Stadt	7314	67,8
Wolfsburg	3103	76,9

Beschäftigte nach Wirtschaftsabteilungen und Beschäftigtengrößenklassen 1987

	Anteil der Arbeitsstätten mit ... bis ... Beschäftigen in %			
Wirtschaftsabteilungen	1	2 - 19	20 - 99	100 u. mehr
Land- u. Forstwirtsch., Fischerei	6,1	68,1	21,6	4,2
Energie u. Wasservers., Bergbau	0,2	6,2	13,1	80,6
Verarbeitendes Gewerbe	0,8	17,6	18,3	63,3
Baugewerbe	1,5	47,4	32,3	18,8
Handel	4,8	54,2	24,0	17,1
Verkehr u. Nachrichtenübermittlungen	2,3	25,0	24,0	48,7
Kreditinst. u. Versicherungsgewerbe	4,9	31,2	22,1	41,9
Dienstl. v. Untern. u. fr .Berufen	5,1	55,0	14,3	25,5
Organisationen o. Erwerbszweck	0,9	31,5	28,9	38,8
Gebietskörpersch. u. Sozialversich.	0,3	12,6	34,1	52,9
Wirtschaftsabteilungen insgesamt	2,4	32,6	22,4	42,5

Datenquelle: Statistisches Bundesamt, Wirtschaft und Statistik 11/1989

Mittelwerte der Standardvariablen in Kreisen mit sehr niedrigen bis sehr hohen Anteilen an Beschäftigten in größeren Betrieben

	Beschäftigtenanteile in größeren Betrieben			
Standardvariablen	sehr niedrig	niedrig	hoch	sehr hoch
Lebendgeborene pro 1000 Einwohner 1986	10,5	10,7	9,7	9,9
0-5jährige pro 100 Einwohner 1986	6,3	6,3	5,4	5,6
Kindergartenplätze pro 100 3-5jährige 1986	67,9	77,5	82,1	88,0
Quartanerquote 1989	49,7	59,3	66,3	70,2
Zuzüge pro 100 Fortzüge der 18-24jährigen 1986	104,2	101,0	120,3	116,1
Erwerbstätigenanteil der 30-39jährigen Frauen 1987 (in %)	53,2	53,8	55,4	55,0
Erwerbstätigenanteil der 40-49jährigen Frauen 1987 (in %)	51,7	52,9	54,7	53,2

Datenquelle: DJI-Regionaldatenbank

Bertram, Bayer, Bauereiß: Familien-Atlas, Opladen 1993

1987 sind zwei Fünftel der Beschäftigten (42,5 %) in größeren Betrieben mit mindestens 100 Arbeitnehmern tätig. Größere Betriebe haben einerseits zwar Vorteile in den Bereichen Kostensenkung, Eigenkapitaldecke und bei der Fremdkapitalbeschaffung, andererseits können sie aufgrund ihrer Betriebsorganisation nur eine eingeschränkte Anpassungsflexibilität auf veränderte Wettbewerbsbedingungen aufweisen. So haben sich insbesondere Betriebe mit Monostrukturen z.B. im Montan- und Werftbereich oder auch im Fahrzeugbau als sehr krisenanfällig gezeigt.

Es sind die Unternehmen der Energie- und Wasserversorgung, des Bergbaus, des verarbeitenden Gewerbes sowie der Gebietskörperschaften und Sozialversicherungen, die großbetrieblich organisiert sind.

Trotz des wirtschaftlichen Strukturwandels, der besonders in Bremen, im Ruhrgebiet und im Saarland zu Arbeitsplatzverlusten führte, konzentrieren sich dort Kreise mit hohen Beschäftigtenanteilen in größeren Betrieben. Ferner zeigt die Karte sehr hohe Anteile in den urbanen Zentren Hamburg, Berlin, Frankfurt, Stuttgart und München. Dort sind im Schnitt 75 % der Arbeitnehmer in größeren Betrieben tätig. Die Kreise mit den höchsten Anteilen sind Standorte von Chemiekonzernen, z.B. Ludwigshafen und Leverkusen, oder Standorte von Fahrzeugbaubetrieben, wie z.B. Wolfsburg und Ingolstadt.

Es ist nicht überraschend, daß diese Kreise und allgemein die Kreise mit hohen Anteilen an Beschäftigten in größeren Betrieben sehr oft das Ziel von jüngeren Arbeitssuchenden sind. Es zeigt sich auch, daß diese Unternehmen wie auch die der Schwermetallindustrie sehr wenige Arbeitsplätze für Frauen bieten. Die Stadtgebundenheit von größeren Betrieben führt zu einer niedrigen Präsenz dieser Betriebsgröße in ländlich geprägten Kreisen von Schleswig-Holstein, Niedersachsen, Rheinland-Pfalz und von Bayern.

Beschäftigte in größeren Betrieben 1987

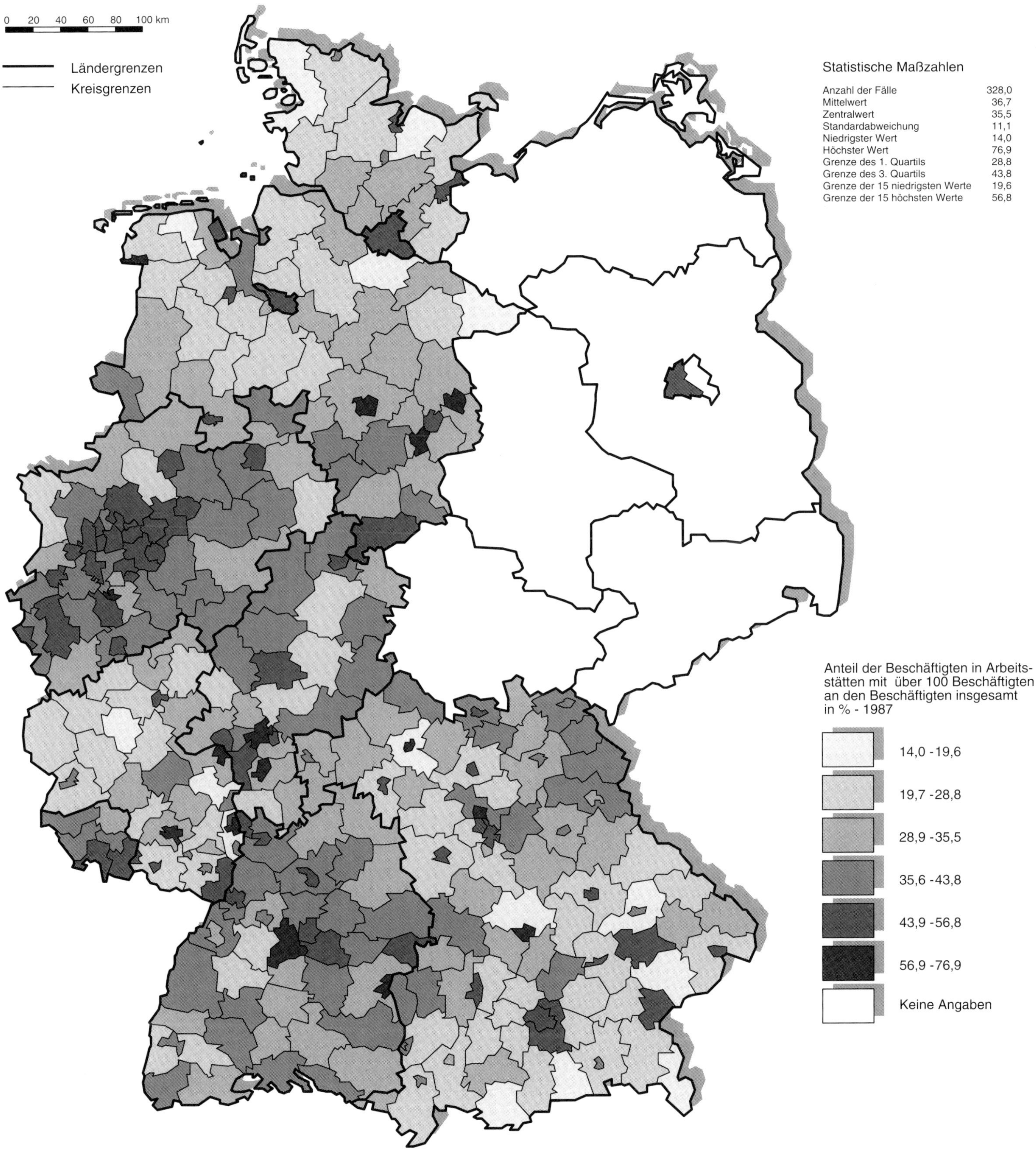

Statistische Maßzahlen

Anzahl der Fälle	328,0
Mittelwert	36,7
Zentralwert	35,5
Standardabweichung	11,1
Niedrigster Wert	14,0
Höchster Wert	76,9
Grenze des 1. Quartils	28,8
Grenze des 3. Quartils	43,8
Grenze der 15 niedrigsten Werte	19,6
Grenze der 15 höchsten Werte	56,8

Quelle: DJI-Regionaldatenbank, auf der Basis absoluter Zahlen der Statistischen Landesämter

Entwicklung der Beschäftigtenzahlen 1970 - 1987

Kreise mit den niedrigsten Werten

Kreise	Kreisnr.	Werte
Remscheid	5120	-22,3
Solingen	5122	-21,7
Hagen	5914	-17,5
Essen	5113	-15,9
Wuppertal	5124	-15,9

Kreise mit den höchsten Werten

Kreise	Kreisnr.	Werte
Main-Taunus-Kreis	6436	72,4
Ebersberg	9175	74,4
Dingolfing-Landau	9279	87,4
Fürstenfeldbruck	9179	95,5
München	9184	106,7

*) Werte siehe Kartenlegende

Entwicklung der Verteilung der Beschäftigten auf die einzelnen Bundesländer und Veränderung der Beschäftigtenzahlen innerhalb der Bundesländer zwischen 1970 und 1987

Bundesländer	*Prozentanteil der Beschäftigten* 1970	1987	*Veränderung 1987 gegenüber 1970* in %
Bayern	16,7	18,6	23,1
Schleswig-Holstein	3,3	3,5	16,2
Baden-Württemberg	15,9	16,7	15,5
Hessen	9,4	9,5	11,8
Rheinland-Pfalz	5,3	5,3	10,5
Niedersachsen	10,6	10,2	6,2
Nordrhein-Westfalen	27,6	26,1	4,8
Saarland	1,7	1,6	3,9
Berlin (West)	3,9	3,6	2,1
Hamburg	4,0	3,5	-2,1
Bremen	1,5	1,3	-4,1
Bundesgebiet in %	100,0	100,0	10,6
Bundesgebiet absolut	24397602	26972933	

Datenquelle:
Statistisches Bundesamt, FS 2, Heft 11, Arbeitsstätten, Unternehmen und Beschäftigte 1989, 1970, 1961, 1950

Mittelwerte der Standardvariablen in Kreisen mit starkem Rückgang bis starkem Zuwachs der Beschäftigtenzahlen

Standardvariablen	Veränderung der Beschäftigtenzahlen: starker Rückgang	leichter Zuwachs	mittlerer Zuwachs	starker Zuwachs
Lebendgeborene pro 1000 Einwohner 1986	9,5	10,4	11,4	10,0
0-5jährige pro 100 Einwohner 1986	5,4	6,0	6,7	5,5
Kindergartenplätze pro 100 3-5jährige 1986	73,5	85,8	71,5	95,6
Quartanerquote 1989	61,7	60,8	65,2	66,3
Zuzüge pro 100 Fortzüge der 18-24jährigen 1986	103,2	108,7	103,8	109,8
Erwerbstätigenanteil der 30-39jährigen Frauen 1987 (in %)	54,8	54,7	52,1	54,6
Erwerbstätigenanteil der 40-49jährigen Frauen 1987 (in %)	54,4	54,0	51,6	56,5

Datenquelle: DJI-Regionaldatenbank

Bertram, Bayer, Bauereiß: Familien-Atlas, Opladen 1993

Die bei der Arbeitsstättenzählung 1987 erfaßten rd. 27 Mio. Beschäftigten bedeuten gegenüber 1970 einen Zuwachs von 10,5 %.
Als Beschäftigte gelten, unabhängig von der Arbeitszeit, alle Personen, die in einem Arbeitsverhältnis stehen und in der Lohn- und Gehaltsliste geführt werden, sowie tätige Inhaber und unbezahlt mithelfende Familienangehörige. Hinzu kommen Außendienstmitarbeiter (z.B. Reisende, Wartungstechniker), Frauen im Mutterschutz, Personen im Erziehungsurlaub, Personen, die im Rahmen der Arbeitsbeschaffungsmaßnahmen beschäftigt sind sowie das Personal auf Bau- und Montagestellen, Fahrzeugen und Schiffen. Ausgenommen sind Personen, die zur Ableistung des Wehr- bzw. Zivildienstes einberufen sind, im Ausland beschäftigte Personen, Zeitarbeitnehmer, freie Mitarbeiter, Empfänger von Vorruhestandsgeld sowie Heimarbeiter.

Analog zur Karte der Arbeitsstättenentwicklung ergibt sich zwischen 1970 und 1987 eine überdurchschnittliche Zunahme der Beschäftigtenzahlen für die meisten Kreise von Schleswig-Holstein, Baden-Württemberg und insbesondere von Bayern. In Bayern liegen die vier Kreise mit den höchsten Zuwachsraten: z.B. in den Landkreisen München und Fürstenfeldbruck haben sich die Beschäftigtenzahlen verdoppelt.
Nordrhein-Westfalen kann mit fast einem Viertel aller Beschäftigten auch 1987 seine Stellung als Bundesland mit den meisten Beschäftigten behaupten, obwohl dort die Beschäftigtenzahlen in weit geringerem Umfang als in den obengenannten Ländern zunahmen. Hier liegen überdies die Kreise mit dem stärksten Rückgang der Beschäftigtenzahlen von bis zu 22 % (Remscheid, Solingen, Hagen, Essen und Wuppertal). Eine negative Entwicklung verzeichnen auch die Stadtstaaten Hamburg und Bremen.

Entwicklung der Beschäftigtenzahlen 1970 - 1987

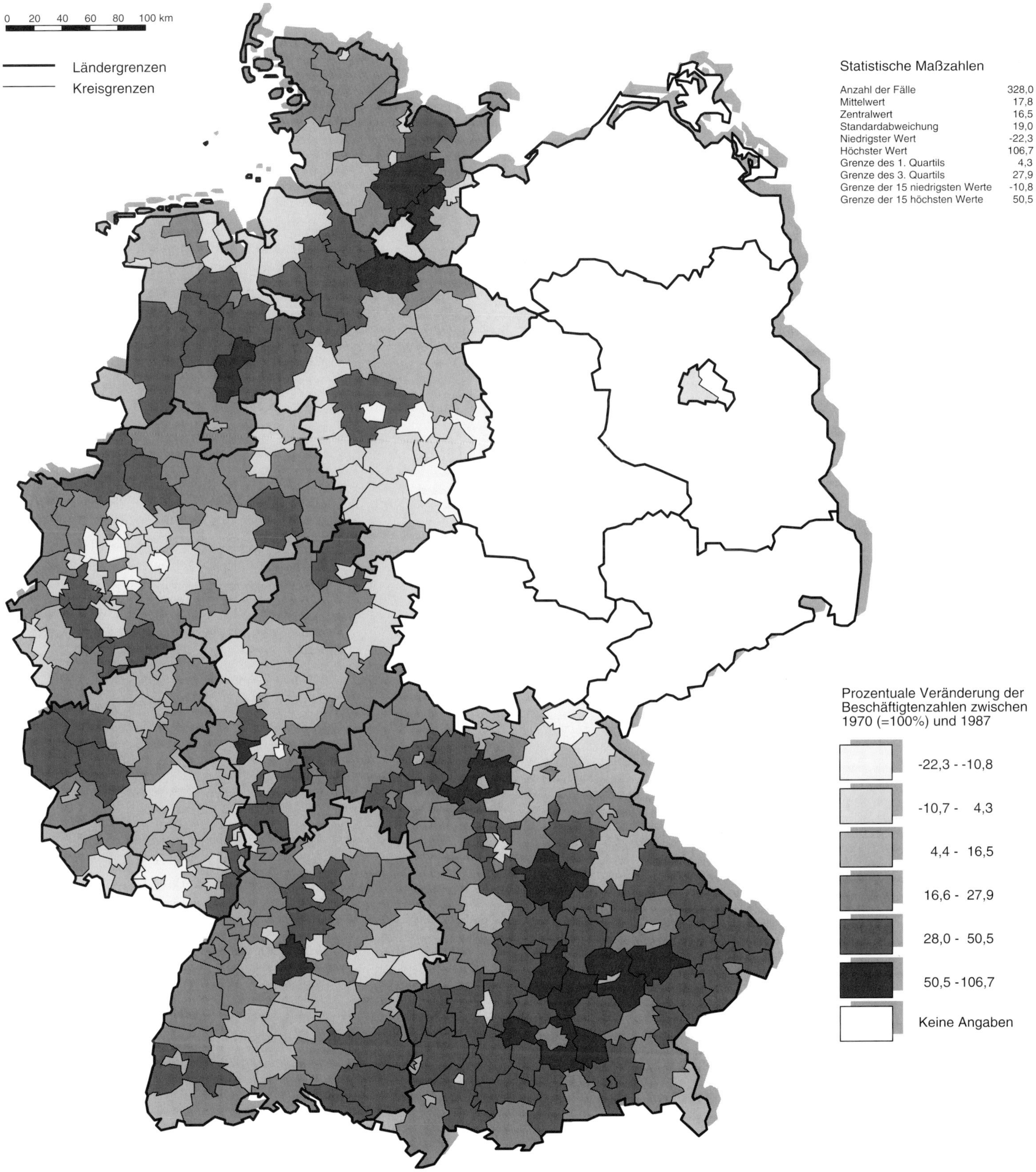

Statistische Maßzahlen

Anzahl der Fälle	328,0
Mittelwert	17,8
Zentralwert	16,5
Standardabweichung	19,0
Niedrigster Wert	-22,3
Höchster Wert	106,7
Grenze des 1. Quartils	4,3
Grenze des 3. Quartils	27,9
Grenze der 15 niedrigsten Werte	-10,8
Grenze der 15 höchsten Werte	50,5

Quelle: DJI-Regionaldatenbank, auf der Basis absoluter Zahlen der Statistischen Landesämter

Entwicklung der Beschäftigtenzahlen von Männern 1970 - 1987

Kreise mit den niedrigsten Werten

Kreise	Kreisnr.	Werte*
Remscheid	5120	-30,9
Solingen	5122	-28,5
Peine	3157	-27,7
Hagen	5914	-27,4
Essen	5113	-26,5

*) Werte siehe Kartenlegende

Kreise mit den höchsten Werten

Kreise	Kreisnr.	Werte*
Landshut	9274	58,3
Ebersberg	9175	62,4
Fürstenfeldbruck	9179	75,2
München	9184	93,3
Dingolfing-Landau	9279	99,0

Prozentuale Veränderung von Beschäftigten nach Geschlecht 1987 gegenüber 1970 nach Wirtschaftsabteilungen

	Veränderung der Beschäftigtenzahlen (in %)		
Wirtschaftsabteilungen	Männer und Frauen	Männer	Frauen
Organisationen o. Erwerbszweck	99,0	105,5	96,2
Dienstlstg. v. Untern. u. fr. Berufen	95,6	95,2	95,9
Land- u. Forstwirtschaft, Fischerei	58,2	46,6	90,4
Kreditinst. u. Versicherungsgewerbe	46,4	38,4	55,8
Gebietskörpersch. u. Sozialvers.	45,9	31,1	68,8
Handel	8,1	2,4	13,9
Verkehr u. Nachrichtenübermittlung	5,5	-2,0	39,1
Verarbeitendes Gewerbe	-17,5	-14,7	-24,0
Energie- u. Wasservers., Bergbau	-18,0	-19,6	3,0
Baugewerbe	-17,7	-21,3	33,9
Wirtschaftsabteilungen insgesamt	10,6	1,8	27,0

Datenquelle:
Statistisches Bundesamt, FS 2, Heft 11, Arbeitsstätten, Unternehmen und Beschäftigte 1987, 1970, 1961, 1950

Mittelwerte der Standardvariablen in Kreisen mit starkem Rückgang bis starkem Zuwachs der männlichen Beschäftigtenzahlen von 1970 bis 1987

	Veränderung der männl.Beschäftigtenzahlen			
Standardvariablen	starker Rückgang	leichter Zuwachs	mittlerer Zuwachs	starker Zuwachs
Lebendgeborene pro 1000 Einwohner 1986	9,7	10,2	11,5	11,1
0-5jährige pro 100 Einwohner 1986	5,4	5,9	6,7	6,7
Kindergartenplätze pro 100 3-5jährige 1986	73,8	86,5	75,1	63,8
Quartanerquote 1989	65,8	61,8	55,1	59,3
Zuzüge pro 100 Fortzüge der 18-24jährigen 1986	104,7	108,7	103,0	106,9
Erwerbstätigenanteil der 30-39jährigen Frauen 1987 (in %)	51,4	55,0	52,7	54,6
Erwerbstätigenanteil der 40-49jährigen Frauen 1987 (in %)	50,0	54,3	52,2	55,3

Datenquelle: DJI-Regionaldatenbank

Bertram, Bayer, Bauereiß: Familien-Atlas, Opladen 1993

Die Beschäftigtenzahl erhöhte sich von 1970 bis 1987 um 10,6 %. Dabei ist die Zuwachsrate bei den Frauen 15mal höher als bei den Männern. Die Veränderung der Beschäftigtenzahlen in den einzelnen Wirtschaftsabteilungen liefert Belege für den Strukturwandel der Wirtschaft hin zur Dienstleistungsgesellschaft: in den Organisationen ohne Erwerbszweck und den Dienstleistungen von Unternehmen und freien Berufen verdoppelten sich die Beschäftigtenzahlen nahezu, bedingt durch etwa gleiche Zuwachsraten bei Männern und Frauen. Der Anstieg bei Kreditinstituten und Versicherungen sowie bei Gebietskörperschaften und Sozialversicherungen um je 46 % verlief nur zu einem Drittel zugunsten der männlichen Beschäftigten. Auch der Beschäftigtenanstieg im Handel ist wieder größtenteils den Frauen zuzuschreiben

Dem Zuwachs im tertiären Sektor steht der Bedeutungsverlust des sekundären Sektors gegenüber: bei Energie- und Wasserversorgung, im Bergbau, im verarbeitenden Gewerbe und im Baugewerbe ging die Anzahl der Beschäftigten stark zurück. Dennoch sind 1987 noch 37 % der männlichen Beschäftigten im verarbeitenden Gewerbe tätig.

Unter den Bundesländern zeigt die Mehrzahl der Kreise in Bayern hohe Zuwachsraten an männlichen Beschäftigten, so z.B. die Landkreise Dingolfing-Landau, München, Fürstenfeldbruck, Ebersberg oder Landshut bis zu 99 %. Eine Zunahme ist z.B. auch in Kreisen mit Autoindustrie (Köln, Wolfsburg, Böblingen, Ingolstadt) festzustellen. Einen extremen Rückgang der männlichen Beschäftigten von 1970 auf 1987 verzeichnet vor allem das Ruhrgebiet aufgrund des Abbaus vieler Arbeitsplätze im Bergbau.

Die Veränderungen der Beschäftigtenzahlen in den einzelnen Bereichen bzw. Regionen hängt unmittelbar vom Auf- und Abbau von Betrieben ab. Dahinter verbergen sich nicht unerhebliche arbeitsbedingte Mobilitätsanforderungen an Arbeitskräfte sowie deren Familien.

Entwicklung der Beschäftigtenzahlen von Männern 1970 - 1987

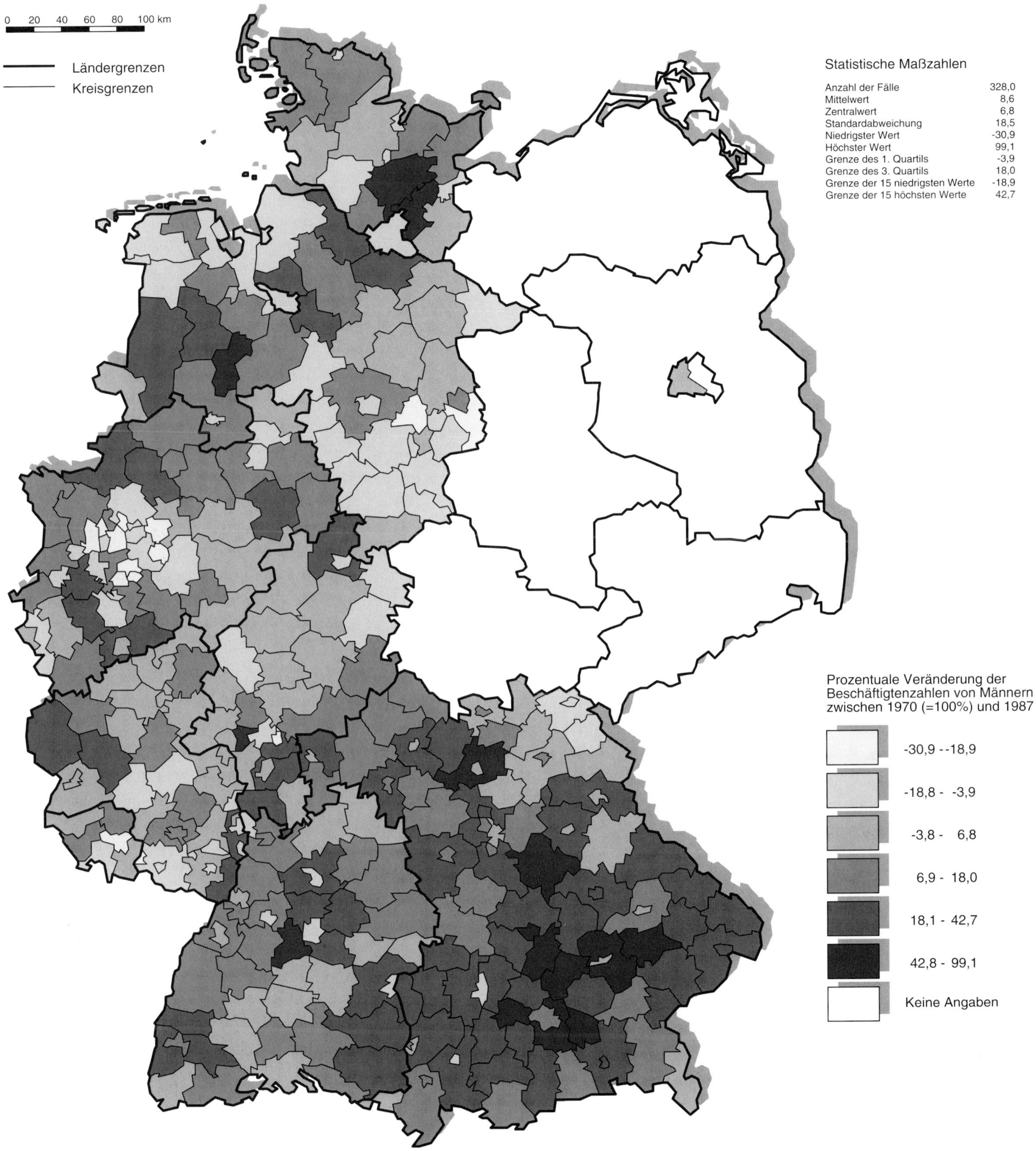

Statistische Maßzahlen

Anzahl der Fälle	328,0
Mittelwert	8,6
Zentralwert	6,8
Standardabweichung	18,5
Niedrigster Wert	-30,9
Höchster Wert	99,1
Grenze des 1. Quartils	-3,9
Grenze des 3. Quartils	18,0
Grenze der 15 niedrigsten Werte	-18,9
Grenze der 15 höchsten Werte	42,7

Quelle: DJI-Regionaldatenbank, auf der Basis absoluter Zahlen der Statistischen Landesämter

Beschäftigtenanteil von Frauen 1987

Kreise mit den niedrigsten Werten

Kreise	Kreisnr.	Werte*
Emden	3402	26,7
Wolfsburg	3103	29,2
Dingolfing-Landau	9279	30,5
Ludwigshafen Stadt	7314	31,4
Groß-Gerau	6433	31,4

*) Werte siehe Kartenlegende

Kreise mit den höchsten Werten

Kreise	Kreisnr.	Werte*
Harburg	3353	46,4
Oldenburg Stadt	3403	46,5
Pirmasens	7340	46,6
Delmenhorst	3401	46,8
Baden-Baden	8211	46,9

Beschäftigtenstrukturen in Berlin (West), München Stadt und in den Kreisen mit den niedrigsten bzw. höchsten Beschäftigtenanteilen von Frauen

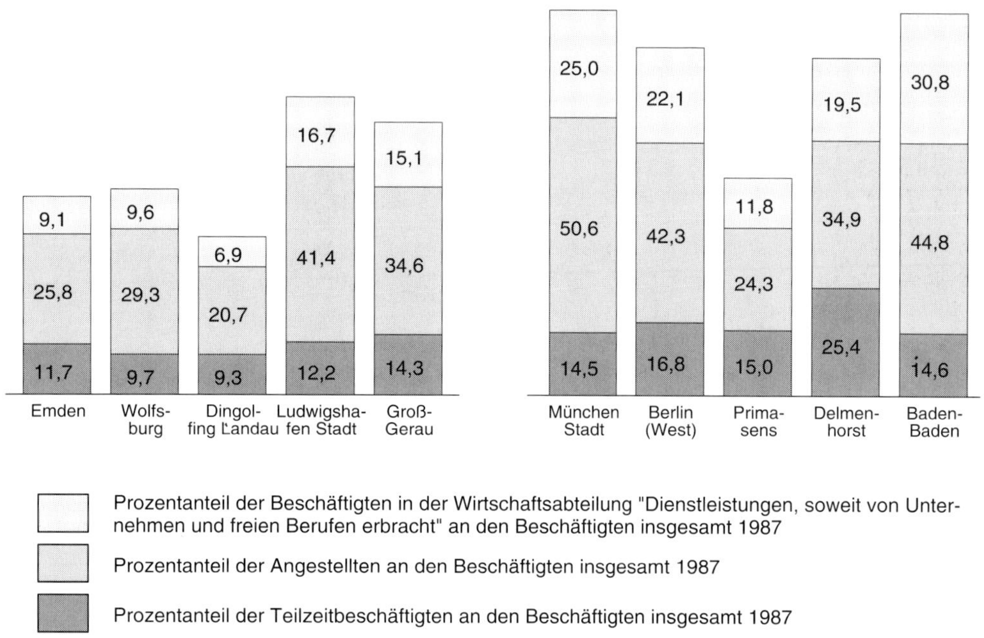

Mittelwerte der Standardvariablen in Kreisen mit sehr niedrigen bis sehr hohen Beschäftigtenanteilen von Frauen

	Beschäftigtenanteile von Frauen			
Standardvariablen	sehr niedrig	niedrig	hoch	sehr hoch
Lebendgeborene pro 1000 Einwohner 1986	10,1	10,7	10,0	9,9
0-5jährige pro 100 Einwohner 1986	5,9	6,2	5,9	5,6
Kindergartenplätze pro 100 3-5jährige 1986	76,6	83,9	75,6	77,1
Quartanerquote 1989	67,3	60,3	61,2	62,4
Zuzüge pro 100 Fortzüge der 18-24jährigen 1986	99,1	105,7	109,5	123,9
Erwerbstätigenanteil der 30-39jährigen Frauen 1987 (in %)	49,2	53,8	56,5	57,7
Erwerbstätigenanteil der 40-49jährigen Frauen 1987 (in %)	47,1	53,2	57,2	58,2

Datenquelle: DJI-Regionaldatenbank

Bertram, Bayer, Bauereiß: Familien-Atlas, Opladen 1993

Die Ergebnisse der Arbeitsstättenzählung 1987 weisen auf die zunehmende volkswirtschaftliche Bedeutung der Frauenbeschäftigung hin: vier von zehn Beschäftigten sind weiblich. Ein Viertel der Frauen ist in land- und forstwirtschaftlichen Betrieben sowie im produzierenden Gewerbe tätig, drei Viertel gehen einer Beschäftigung im Dienstleistungssektor nach. Dieser Sektor ist eine Frauendomäne geworden, über die Hälfte der Beschäftigten dort sind Frauen.

Die Karte zeigt deutlich den Einfluß der regional unterschiedlichen Wirtschaftsstruktur auf die weiblichen Beschäftigtenanteile: in den Kreisen im Ruhrgebiet und im Saarland sind die Anteile sehr niedrig, was auf das durch die Schwerindustrie geprägte Arbeitsplatzangebot zurückzuführen ist. Auch die landwirtschaftlich strukturierten Kreise von Niedersachsen, Rheinland-Pfalz und Bayern bieten für Frauen keine entsprechenden Arbeitsplätze. Hohe weibliche Beschäftigtenanteile finden sich dagegen in Kreisen mit viel Fremdenverkehr, z.B. im Alpenvorland, am Bodensee, im Schwarzwald, im Pfälzer Wald, im Rheingau sowie in den Naherholungsgebieten im Süden der Lüneburger Heide. Die höheren Anteile in den kreisfreien Städten sind u.a. auf die Niederlassungen von Gebietskörperschaften und Sozialversicherungen sowie von Organisationen ohne Erwerbszweck zurückzuführen.

Der Vergleich zwischen den Kreisen mit den höchsten und den niedrigsten weiblichen Beschäftigtenanteilen macht noch einmal deutlich, daß sich ein größeres Arbeitsplatzangebot im Dienstleistungsbereich, eine höhere Angestelltenquote sowie ein größeres Angebot an Teilzeitarbeitsplätzen in den Kreisen fördernd auf die weibliche Erwerbstätigkeit auswirken. Die Kreise mit vielen Arbeitsplätzen für Frauen verzeichnen niedrige Geburten- bzw. Kinderanteile, jedoch hohe Zuzugsraten junger Menschen.

Beschäftigtenanteil von Frauen 1987

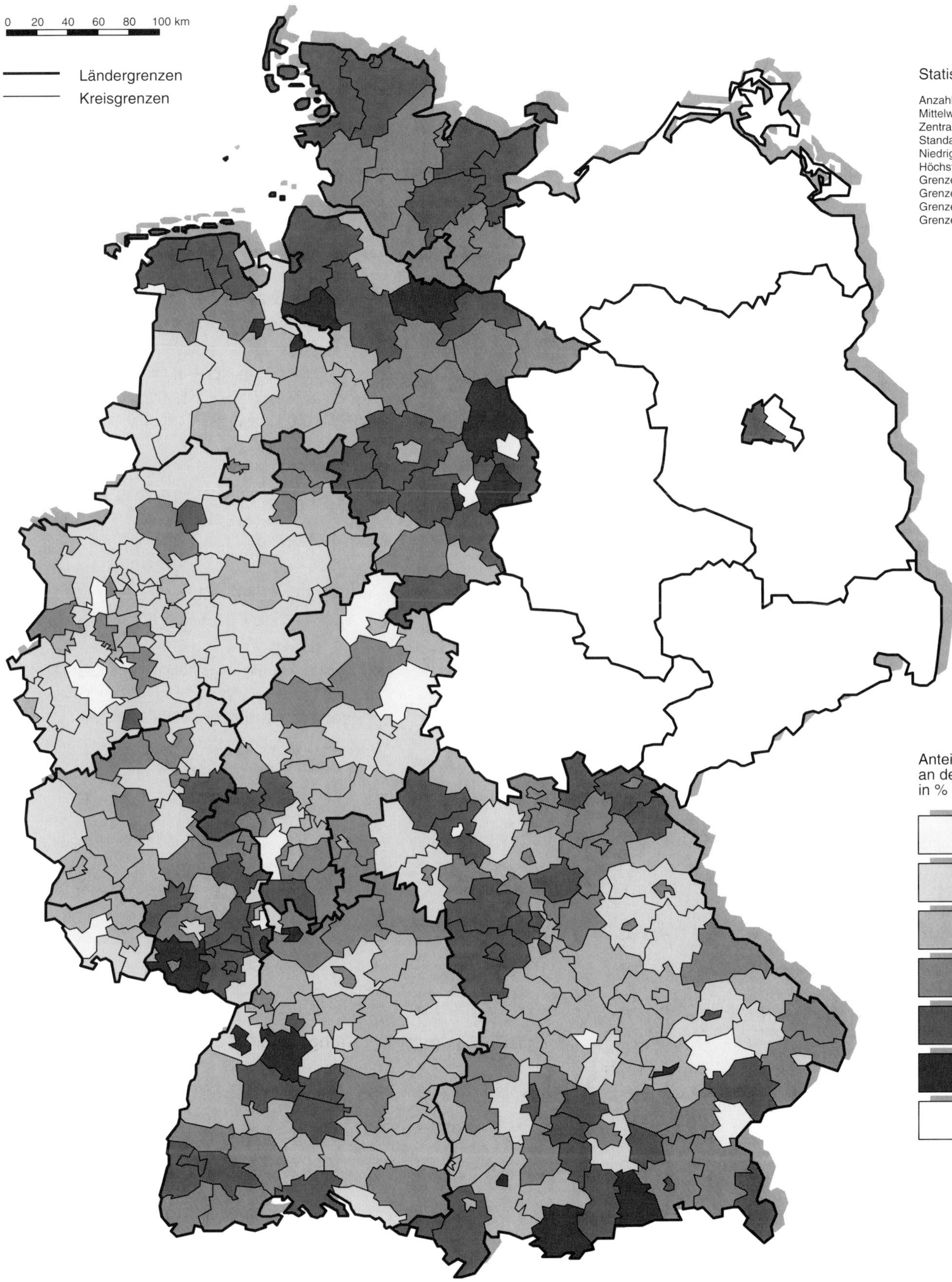

Statistische Maßzahlen

Anzahl der Fälle	328,0
Mittelwert	40,4
Zentralwert	40,5
Standardabweichung	3,1
Niedrigster Wert	26,7
Höchster Wert	46,9
Grenze des 1. Quartils	38,7
Grenze des 3. Quartils	42,5
Grenze der 15 niedrigsten Werte	35,0
Grenze der 15 höchsten Werte	45,5

Anteil der weiblichen Beschäftigten an den Beschäftigten insgesamt in % - 1987

- 26,7 -35,0
- 35,1 -38,7
- 38,8 -40,5
- 40,6 -42,5
- 42,6 -45,5
- 45,5 -46,9
- Keine Angaben

Quelle: DJI-Regionaldatenbank, auf der Basis absoluter Zahlen der Statistischen Landesämter

WIRTSCHAFTSSTRUKTUR

Weibliche Teilzeitbeschäftigte 1987

Kreise mit den niedrigsten Werten

Kreise	Kreisnr.	Werte*
Passau	9275	22,4
Pirmasens Stadt	7317	23,8
Freyung-Grafenau	9272	23,8
Ingolstadt	9161	24,1
Frankfurt	6412	24,5

*) Werte siehe Kartenlegende

Kreise mit den höchsten Werten

Kreise	Kreisnr.	Werte*
Schaumburg	3257	41,2
Rhein-Lahn-Kreis	7141	41,8
Harburg	3353	42,4
Delmenhorst	3401	44,5
Oberhausen	5119	48,9

Beschäftigungsstrukturen in Berlin (West), München Stadt und in den Kreisen mit den niedrigsten bzw. höchsten Anteilen an weiblichen Teilzeitbeschäftigten

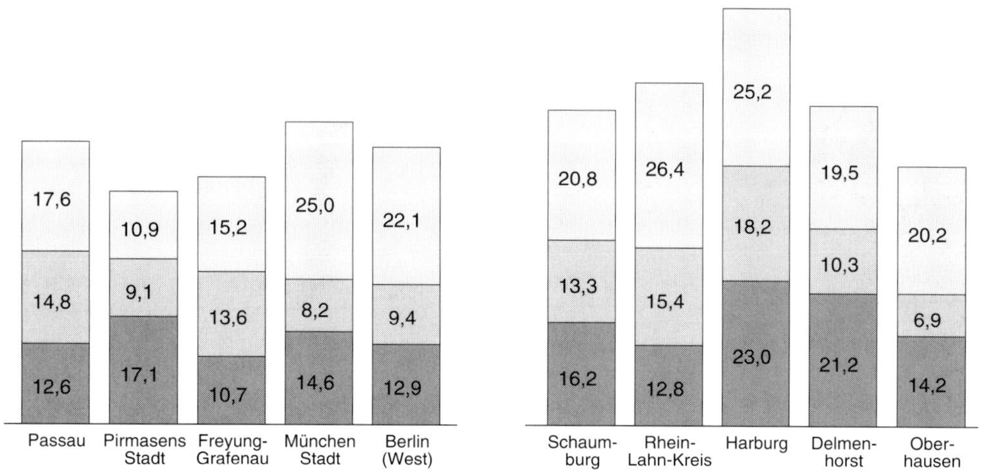

- ☐ (weiß) Prozentanteil der Beschäftigten in der Wirtschaftsabteilung "Dienstleistungen, soweit von Unternehmen und freien Berufen erbracht" an den Beschäftigten insgesamt 1987
- ☐ (hellgrau) Prozentanteil der Beschäftigten in Arbeitsstätten mit 2-4 Beschäftigten an den Beschäftigten insgesamt 1987
- ☐ (dunkelgrau) Prozentanteil der Beschäftigten in der Wirtschaftsabteilung Handel an den Beschäftigten insgesamt 1987

Mittelwerte der Standardvariablen in Kreisen mit sehr niedrigen bis sehr hohen Anteilen an weiblichen Teilzeitbeschäftigten

Standardvariablen	Anteile weiblicher Teilzeitbeschäftigter sehr niedrig	niedrig	hoch	sehr hoch
Lebendgeborene pro 1000 Einwohner 1986	10,7	10,6	10,3	9,5
0-5jährige pro 100 Einwohner 1986	6,2	6,1	6,0	5,6
Kindergartenplätze pro 100 3-5jährige 1986	63,6	88,6	70,7	67,7
Quartanerquote 1989	54,0	60,1	62,3	66,7
Zuzüge pro 100 Fortzüge der 18-24jährigen 1986	105,4	105,2	105,8	112,9
Erwerbstätigenanteil der 30-39jährigen Frauen 1987 (in %)	56,0	54,6	50,5	52,5
Erwerbstätigenanteil der 40-49jährigen Frauen 1987 (in %)	51,3	55,1	49,8	52,6

Datenquelle: DJI-Regionaldatenbank

Bertram, Bayer, Bauereiß: Familien-Atlas, Opladen 1993

In den letzten Jahrzehnten hat sich in den alten Bundesländern die Zahl der Teilzeitkräfte erhöht, wobei dies fast ausschließlich auf den Anstieg der weiblichen Teilzeitkräfte zurückzuführen ist. 1987 stellen die Frauen mit ca. 80 % den größten Anteil an den Teilzeitkräften, bzw. 32,5 % der weiblichen Beschäftigten haben eine Teilzeitstelle. Als Teilzeitbeschäftigte gelten in der Arbeitsstättenzählung alle tätigen Personen (einschließlich tätiger Inhaber und unbezahlt mithelfender Familienangehöriger), die für eine kürzere als die orts-, branchen- oder betriebsüblichen Wochenarbeitszeiten eingestellt sind. Kurzarbeit gilt nicht als Teilzeitbeschäftigung.

Teilzeitarbeit spielt für Frauen vor allem während der 'Familienphase' eine wichtige Rolle. Für sie ist oftmals wegen ihrer familiären Verpflichtungen und der geschlechtsspezifischen Rollenverteilung eine Vollzeitarbeit nicht möglich. Die Wirtschaftszweige mit den höchsten Frauenquoten stehen auch bei den weiblichen Teilzeitquoten an erster Stelle. Betriebe mit Dienstleistungen von Unternehmen und freien Berufen zeigen sich in der Gestaltung der Arbeitszeit weit flexibler als z.B. Unternehmen des verarbeitenden Gewerbes. Desweiteren haben land- und forstwirtschaftliche Betriebe, Kreditinstitute und Versicherungsgesellschaften sowie Unternehmen der Verkehrs- bzw. Nachrichtenübermittlung nur zu einem geringen Anteil weibliche Teilzeitbeschäftigte.

Auf der Karte ist ein deutliches Nord-Süd-Gefälle zu erkennen. Während die Kreise mit hohen weiblichen Teilzeitquoten im Norden Werte bis zu 49 % aufweisen, hat sowohl Bayern als auch BadenWürttemberg sehr viele Kreise mit weniger als 30 %. Die Kreise mit den höchsten Quoten haben hohe Beschäftigtenanteile in Dienstleistungsunternehmen und freien Berufen sowie im Handel. Diese Variablen sind jedoch nicht so durchschlagend wie die regionalen Einflüsse, z.B. die teilzeitfreundlichen Einstellungen im Norden.

Weibliche Teilzeitbeschäftigte 1987

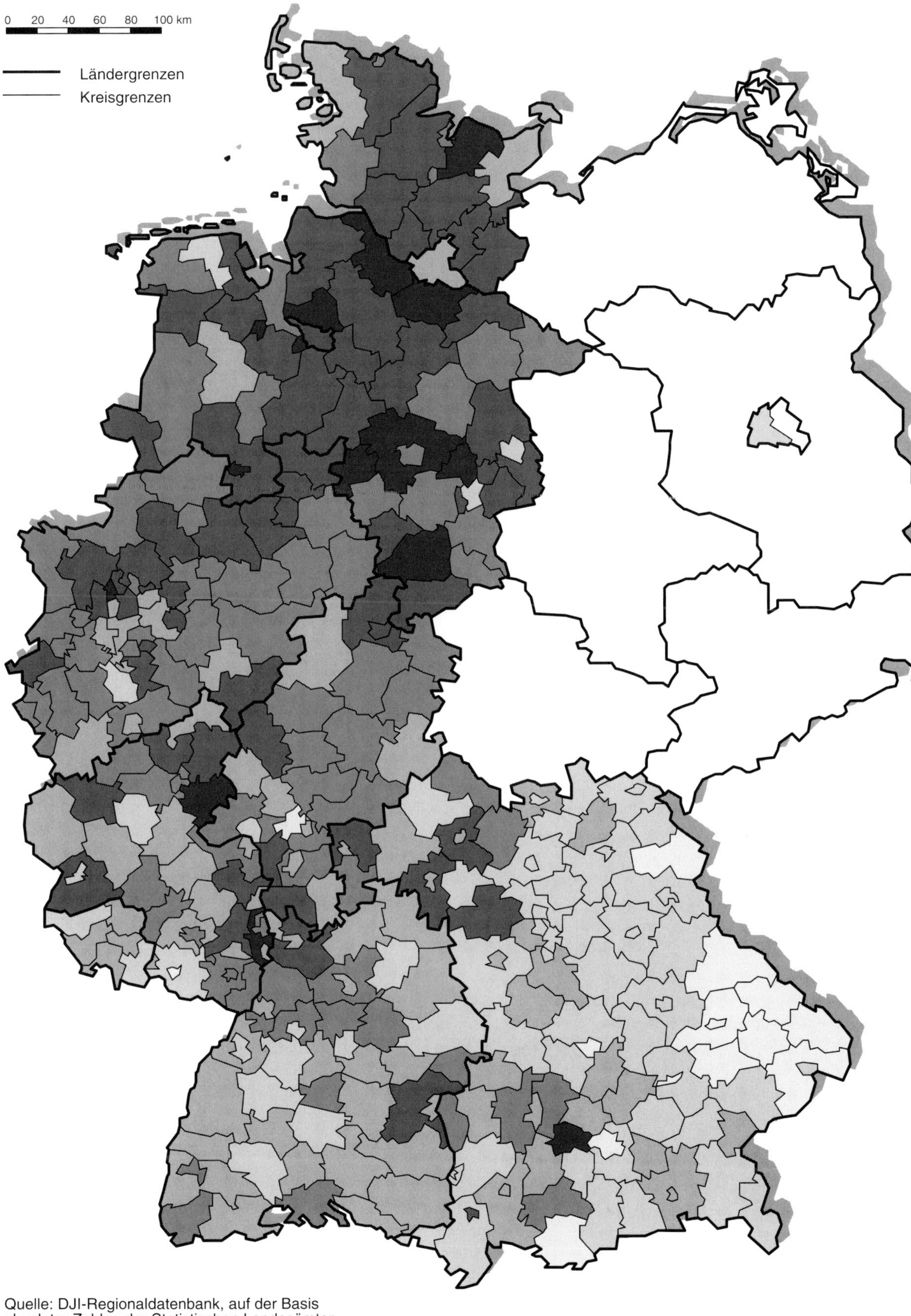

Statistische Maßzahlen

Anzahl der Fälle	328,0
Mittelwert	32,8
Zentralwert	32,9
Standardabweichung	3,7
Niedrigster Wert	22,4
Höchster Wert	48,9
Grenze des 1. Quartils	30,4
Grenze des 3. Quartils	35,0
Grenze der 15 niedrigsten Werte	26,3
Grenze der 15 höchsten Werte	38,8

Anteil der Teilzeitbeschäftigten an den weiblichen Beschäftigten insgesamt in % - 1987

- 22,4 -26,3
- 26,4 -30,4
- 30,5 -32,9
- 33,0 -35,0
- 35,1 -38,8
- 38,8 -48,9
- Keine Angaben

Quelle: DJI-Regionaldatenbank, auf der Basis absoluter Zahlen der Statistischen Landesämter

Ausländische Beschäftigte 1987

Kreise mit den niedrigsten Werten

Kreise	Kreisnr.	Werte*
Cham	9372	0,3
Regen	9276	0,4
Wittmund	3462	0,4
Lüchow-Dannenberg	3354	0,4
Leer	3457	0,5

*) Werte siehe Kartenlegende

Kreise mit den höchsten Werten

Kreise	Kreisnr.	Werte*
Offenbach Stadt	6413	12,5
Stuttgart	8111	12,9
Groß-Gerau	6433	13,2
Esslingen	8116	13,4
Böblingen	8115	13,6

Beschäftigtenstrukturen in Berlin (West), München Stadt und in den Kreisen mit den niedrigsten bzw. höchsten Anteilen an ausländischen Beschäftigten

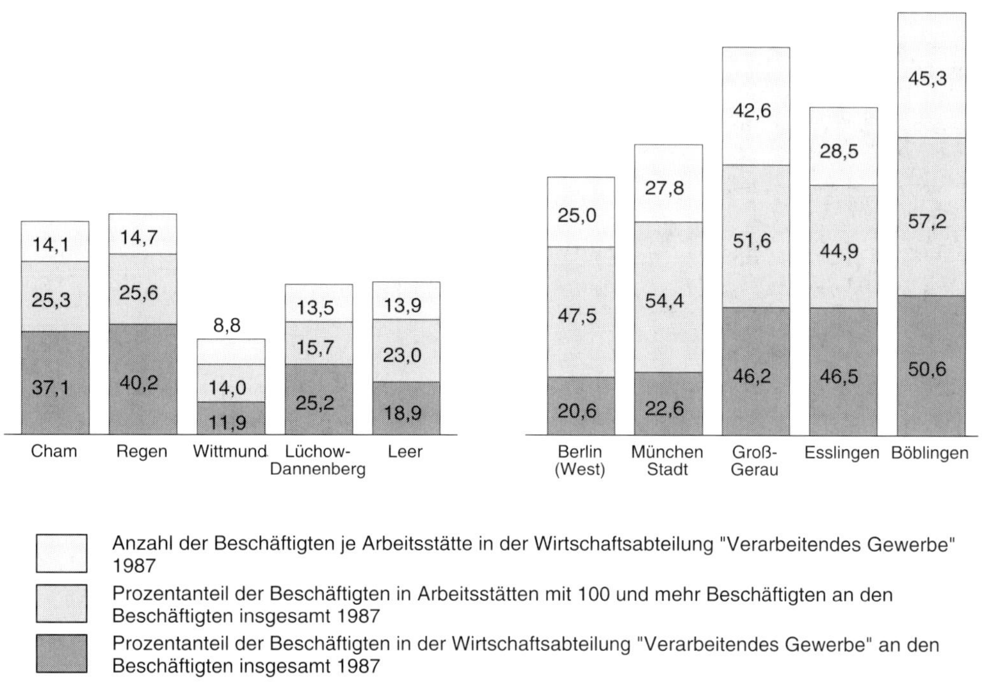

Mittelwerte der Standardvariablen in Kreisen mit sehr niedrigen bis sehr hohen Anteilen an ausländischen Beschäftigten

Standardvariablen	Anteile ausländischer Beschäftigter sehr niedrig	niedrig	hoch	sehr hoch
Lebendgeborene pro 1000 Einwohner 1986	11,3	10,4	10,3	10,3
0-5jährige pro 100 Einwohner 1986	6,7	6,0	5,9	5,9
Kindergartenplätze pro 100 3-5jährige 1986	63,7	77,2	87,1	94,6
Quartanerquote 1989	50,0	60,3	64,8	65,9
Zuzüge pro 100 Fortzüge der 18-24jährigen 1986	99,7	101,7	113,3	120,8
Erwerbstätigenanteil der 30-39jährigen Frauen 1987 (in %)	47,7	53,3	56,0	58,9
Erwerbstätigenanteil der 40-49jährigen Frauen 1987 (in %)	44,5	53,0	56,7	59,6

Datenquelle: DJI-Regionaldatenbank

Bertram, Bayer, Bauereiß: Familien-Atlas, Opladen 1993

Als ausländische Beschäftigte zählen in der Arbeitsstättenzählung 1987 alle Personen ohne deutsche Staatsangehörigkeit, einschließlich der Staatenlosen und Personen mit ungeklärter Staatsangehörigkeit. Die in Deutschland anwesenden, nichtdeutschen Flüchtlinge, die den Status eines heimatlosen Ausländers oder eines ausländischen Flüchtlings besitzen, zählen zur ausländischen Wohnbevölkerung. Personen, die sowohl die deutsche als auch eine fremde Staatsangehörigkeit haben, gelten als Deutsche.

1987 sind in den alten Bundesländern 1,56 Mio. Ausländer beschäftigt. Die meisten stammen aus den Agrargebieten der Mittelmeerländer, wobei Türken in der Mehrzahl sind, gefolgt von Jugoslawen, Italienern und Griechen. Während der wirtschaftlichen Hochkonjunktur wurden in den 60iger Jahren ausländische Arbeitskräfte von der deutschen Industrie mit staatlicher Unterstützung angeworben. Mit abnehmender Konjunktur und zunehmender Arbeitslosigkeit kam es 1973 zu einem Anwerbestopp. Etwa 80 % der ausländischen Beschäftigten sind 1987 im verarbeitenden Gewerbe, im Baugewerbe und in den Dienstleistungen von Unternehmen und freien Berufen tätig.

Hohe ausländische Beschäftigtenquoten finden sich in den von Bergbau und Schwerindustrie geprägten Kreisen des Ruhrreviers, insbesondere in und um Solingen und Remscheid. Auch in den Kreisen im Main-Neckar-Raum, z.B. Frankfurt, Groß-Gerau und Offenbach, sind die ausländischen Beschäftigtenanteile sehr hoch. Die flächenmäßig größte Konzentration ist jedoch in Baden-Württemberg. Im Stuttgarter Ballungsraum ist jeder achte Beschäftigte Ausländer. Entsprechend der Verteilung der ausländischen Wohnbevölkerung haben die industrieschwachen, noch stark landwirtschaftlich geprägten Kreise in Schleswig-Holstein, Niedersachsen, Rheinland-Pfalz und Bayern nur vereinzelt über 2 % ausländische Beschäftigte.

Ausländische Beschäftigte 1987

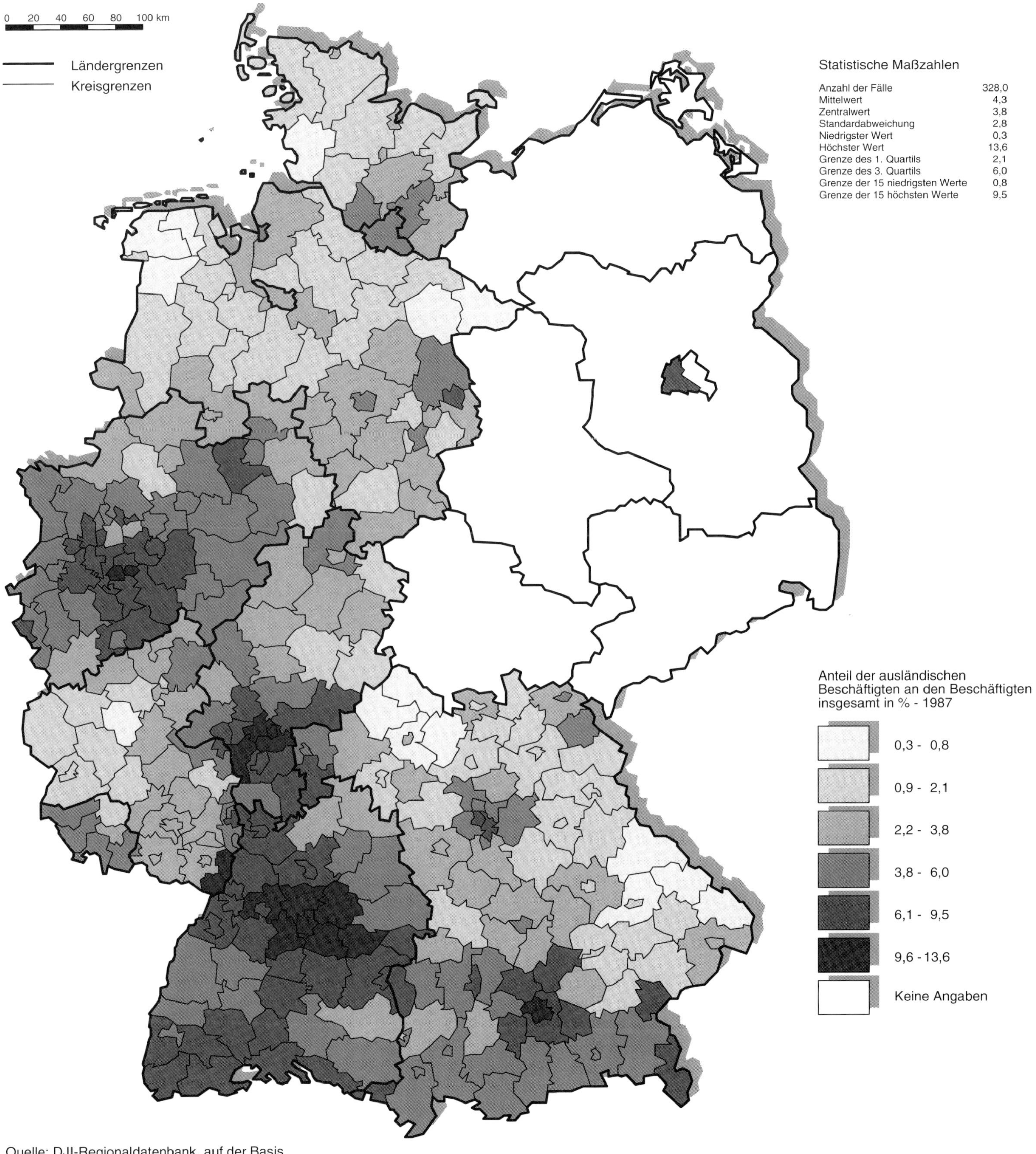

Quelle: DJI-Regionaldatenbank, auf der Basis absoluter Zahlen der Statistischen Landesämter

Kreise mit den niedrigsten Werten

Kreise	Kreisnr.	Werte*
Freyung-Grafenau	9272	19,9
Cham	9372	20,3
Regen	9276	20,9
Rottal-Inn	9277	21,9
Straubing-Bogen	9278	21,9

*) Werte siehe Kartenlegende

Kreise mit den höchsten Werten

Kreise	Kreisnr.	Werte*
Frankfurt	6412	49,9
München	9184	52,4
Erlangen	9562	53,0
Hochtaunuskreis	6434	53,4
Main-Taunus-Kreis	6436	53,5

Vergleich ausgewählter Variablen in Berlin (West), München Stadt und in den Kreisen mit den niedrigsten bzw. höchsten Anteilen an Angestellten

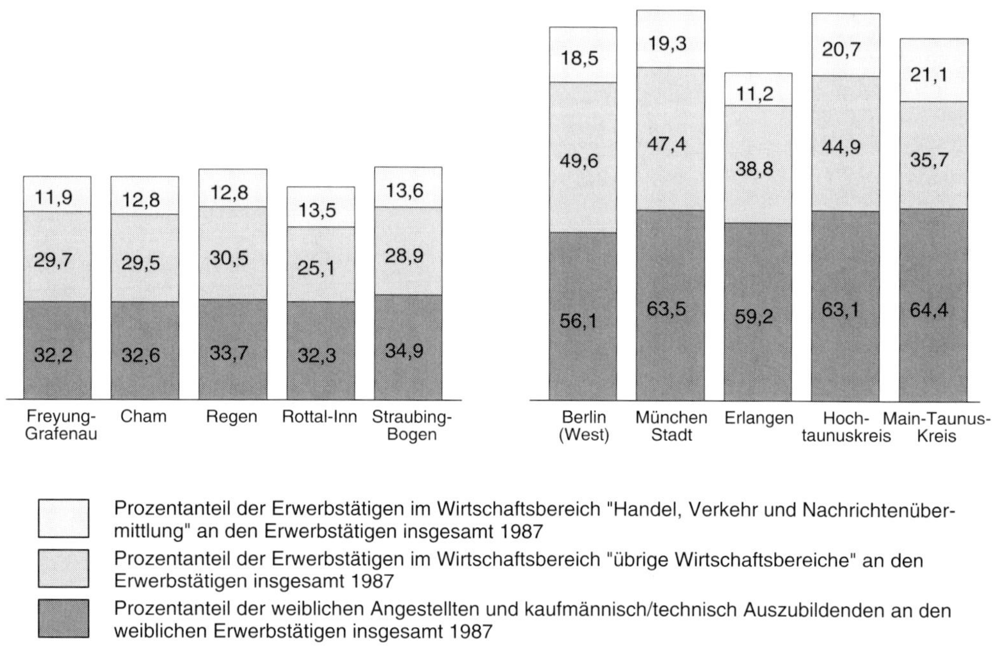

Mittelwerte der Standardvariablen in Kreisen mit sehr niedrigen bis sehr hohen Anteilen an Angestellten

Standardvariablen	Angestelltenanteile sehr niedrig	niedrig	hoch	sehr hoch
Lebendgeborene pro 1000 Einwohner 1986	11,8	10,7	9,8	9,1
0-5jährige pro 100 Einwohner 1986	7,1	6,2	5,6	5,2
Kindergartenplätze pro 100 3-5jährige 1986	59,8	78,1	83,7	85,5
Quartanerquote 1989	44,6	58,0	69,1	69,8
Zuzüge pro 100 Fortzüge der 18-24jährigen 1986	90,2	99,5	120,6	126,2
Erwerbstätigenanteil der 30-39jährigen Frauen 1987 (in %)	53,9	51,8	56,2	60,2
Erwerbstätigenanteil der 40-49jährigen Frauen 1987 (in %)	50,6	50,2	57,5	59,5

Datenquelle: DJI-Regionaldatenbank

Bertram, Bayer, Bauereiß: Familien-Atlas, Opladen 1993

Der Anteil der Angestellten an der erwerbstätigen Bevölkerung lag zur Zeit der ersten Berufszählung im Deutschen Reich (1882) noch unter 5 %. 1987 sind rd. 41 % der gesamten Erwerbstätigen im Angestelltenverhältnis, wobei 57,9 % der weiblichen Erwerbstätigen diese Berufsstellung einnehmen. Zu den Angestellten werden alle nichtbeamteten Gehaltsempfänger gezählt, also alle kaufmännischen und technischen Angestellten sowie Verwaltungsangestellte, auch wenn sie in leitender Position tätig sind. Maßgebend für die Zuordnung ist der Arbeitsvertrag, nicht die Art der Rentenversicherung. Angestellte mit Beamtenbesoldung, z.B. bei Sozialversicherungsträgern oder kommunalen Spitzenverbänden, gelten ebenfalls als Angestellte. Ferner zählen auch Diakonissen, Nonnen, Gemeindeschwestern und Ordensbrüder zu den Angestellten.

Die ständige Vergrößerung des Dienstleistungssektors (Büroarbeit, Verkauf, öffentlicher Dienst etc.) führte seit den 20er Jahren dieses Jahrhunderts zu einem kontinuierlichen Anstieg der Angestelltenzahl. Dieser Strukturwandel der Wirtschaft führte zu einer allgemeinen Umschichtung der Erwerbstätigen in bezug auf ihre Stellung im Beruf: lagen 1970 noch die Arbeiter mit einem Anteil von 45,6 % an der Spitze (1987: 39,6 %), so nehmen 1987 die Angestellten mit 41 % (1970: 31,1 %) den ersten Platz ein.

Die Betrachtung auf Kreisebene zeigt, daß insbesondere die urbanen Zentren und kreisfreien Städte sehr hohe Angestelltenanteile aufweisen. Dort stehen viele Arbeitsplätze in den Bereichen 'Handel, Verkehr und Nachrichtenübermittlung' sowie in den 'übrigen Wirtschaftsbereichen' (z.B. Kreditinstitute, Versicherungsgewerbe, Gebietskörperschaften, Sozialversicherung) zur Verfügung. Die hohen Angestelltenanteile von rd. 50 % in den urbanen Zentren erklären sich auch durch die überdurchschnittliche Frauenerwerbsbeteiligung.

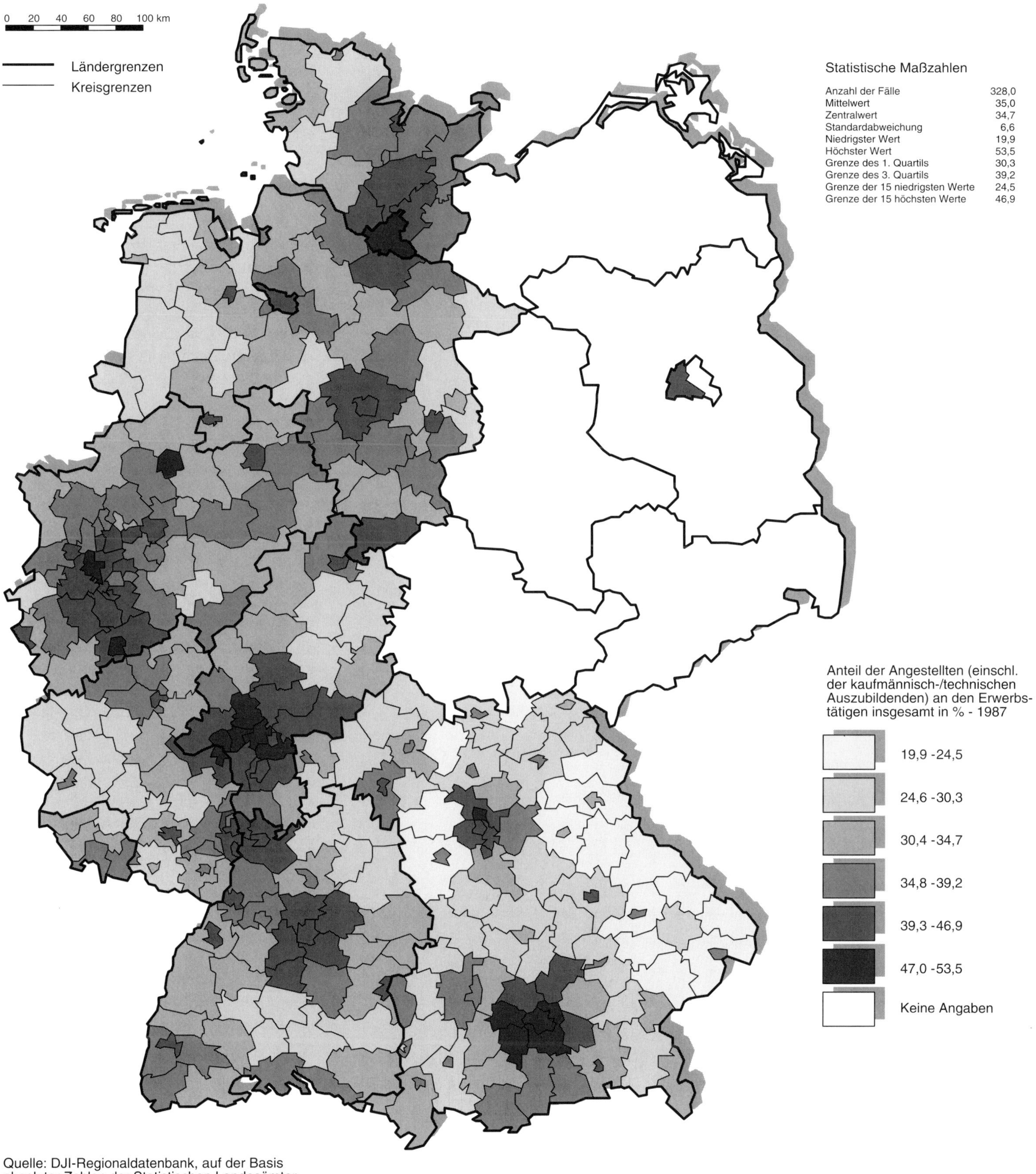

Quelle: DJI-Regionaldatenbank, auf der Basis absoluter Zahlen der Statistischen Landesämter

Arbeiter/Arbeiterinnen 1987

Kreise mit den niedrigsten Werten

Kreise	Kreisnr.	Werte*
Münster	5515	18,8
Bonn	5314	20,3
Starnberg	9188	20,5
München	9184	20,5
Hochtaunuskreis	6434	21,7

*) Werte siehe Kartenlegende

Kreise mit den höchsten Werten

Kreise	Kreisnr.	Werte*
Haßberge	9674	50,0
Freyung-Grafenau	9272	51,0
Coburg	9473	51,7
Wolfsburg	3103	52,2
Kronach	9476	55,7

Vergleich ausgewählter Variablen in Berlin (West), München Stadt und in den Kreisen mit den niedrigsten bzw. höchsten Anteilen an Arbeitern/Arbeiterinnen

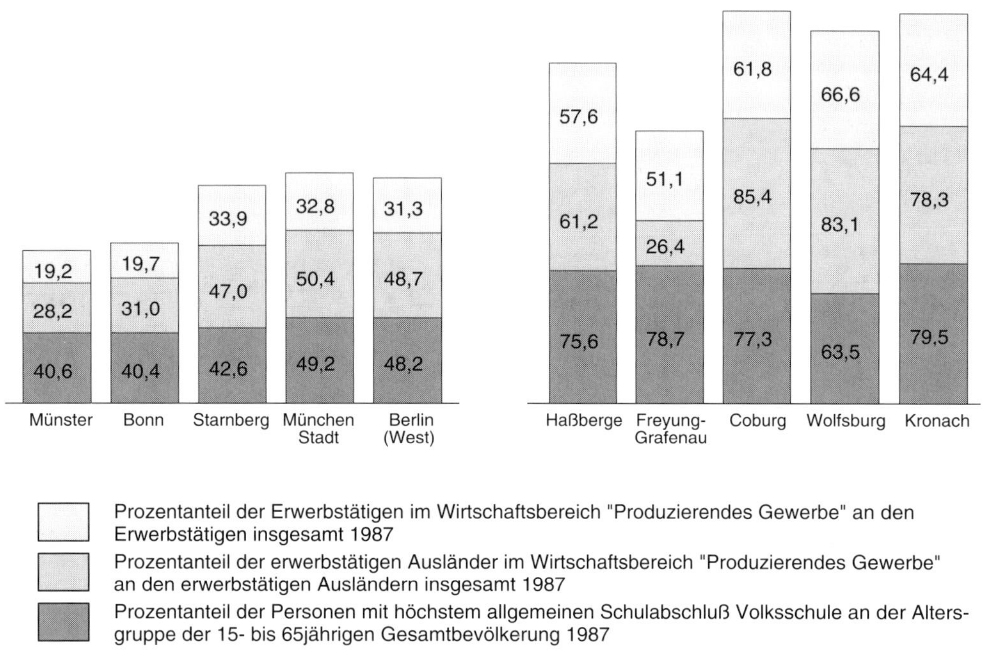

Mittelwerte der Standardvariablen in Kreisen mit sehr niedrigen bis sehr hohen Anteilen an Arbeitern/Arbeiterinnen

	Anteile an Arbeitern/Arbeiterinnen			
Standardvariablen	sehr niedrig	niedrig	hoch	sehr hoch
Lebendgeborene pro 1000 Einwohner 1986	9,4	10,3	11,2	10,9
0-5jährige pro 100 Einwohner 1986	5,4	6,0	6,6	6,5
Kindergartenplätze pro 100 3-5jährige 1986	82,5	79,1	79,9	76,1
Quartanerquote 1989	75,1	61,3	52,1	51,6
Zuzüge pro 100 Fortzüge der 18-24jährigen 1986	125,6	106,3	95,6	90,2
Erwerbstätigenanteil der 30-39jährigen Frauen 1987 (in %)	58,0	53,3	53,6	56,3
Erwerbstätigenanteil der 40-49jährigen Frauen 1987 (in %)	59,6	52,7	51,6	54,3

Datenquelle: DJI-Regionaldatenbank

Bertram, Bayer, Bauereiß: Familien-Atlas, Opladen 1993

Von den 26,9 Mio. Erwerbstätigen ist 1987der Arbeiteranteil 39,6 %. Davon sind rd. ein Viertel Frauen, bzw. 10,5 % der erwerbstätigen Frauen sind Arbeiterinnen. Als Arbeiter zählen alle Lohnempfänger, unabhängig von der Lohnzahlungsperiode und der Qualifikation. Maßgeblich ist die Vereinbarung im Arbeitsvertrag. Zu den Arbeitern zählen neben Facharbeitern auch die sonstigen Arbeiter, wie z.B. angelernte und ungelernte Arbeiter, Hilfsarbeiter, Hausgehilfinnen, sofern diese nicht in der Angestelltenversicherung pflichtversichert sind, sowie Heimarbeiter.

Wurde zu Beginn der Industrialisierung der Arbeiter als 'Ungelernter' eingestuft, so sind in den letzten 150 Jahren mit der zunehmenden Technisierung die Anforderungen und der Bedarf an Facharbeitern gestiegen. Die traditionelle Aufgliederung nach der Stellung im Beruf (Selbständige, mithelfende Familienangehörige, Beamte, Angestellte und Arbeiter) spiegelt nur noch sehr eingeschränkt die soziale Struktur der Erwerbstätigen wider, da jede Gruppe eine große Spannweite hierarchischer Einstufungsmöglichkeiten bietet.

Die Standorte der großen Industriefirmen ziehen viele Arbeiter an (z.B. VW in Wolfsburg). Neben den großen Industriestandorten überwiegen die Arbeiter gerade in ländlich strukturierten Kreisen, insbesondere in Bayern, z.B. in Kronach, Coburg, Freyung-Grafenau oder Haßberge, da es dort vor allem im produzierenden Gewerbe Arbeitsplätze gibt. Dementsprechend weisen städtische Regionen geringe Arbeiterquoten auf, denn dort bestimmt der Dienstleistungssektor den Arbeitsmarkt.
Die Kreise mit den höchsten Arbeiterquoten haben einen hohen Anteil an Personen mit weniger qualifiziertem Schulabschluß. Auffallend ist auch, daß mit dem Arbeiteranteil die Geburten und damit die Anzahl der Kinder ansteigen, umgekehrt aber die Erwerbstätigkeit der Frauen und die Versorgung mit Kindergartenplätzen sinken.

Arbeiter/Arbeiterinnen 1987

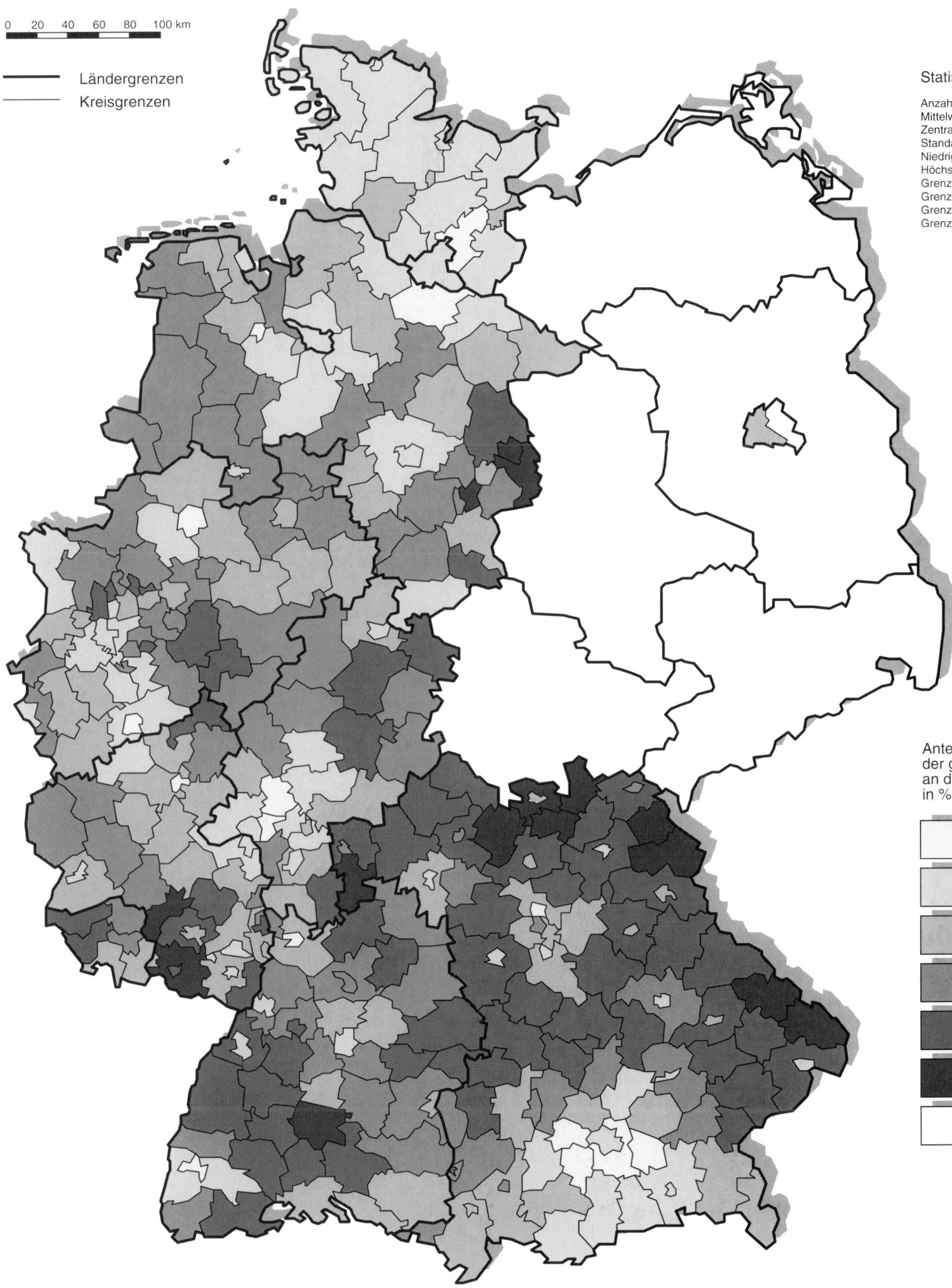

Statistische Maßzahlen

Anzahl der Fälle	328,0
Mittelwert	37,4
Zentralwert	37,7
Standardabweichung	6,3
Niedrigster Wert	18,8
Höchster Wert	55,7
Grenze des 1. Quartils	33,3
Grenze des 3. Quartils	41,8
Grenze der 15 niedrigsten Werte	25,7
Grenze der 15 höchsten Werte	48,1

Anteil der Arbeiter/-innen (einschl. der gewerblichen Auszubildenden) an den Erwerbstätigen insgesamt in % - 1987

- 18,8 -25,7
- 25,8 -33,3
- 33,4 -37,7
- 37,8 -41,8
- 41,9 -48,1
- 48,2 -55,7
- Keine Angaben

Quelle: DJI-Regionaldatenbank, auf der Basis absoluter Zahlen der Statistischen Landesämter

Weibliche mithelfende Familienangehörige 1987

Kreise mit den niedrigsten Werten

Kreise	Kreisnr.	Werte*
Berlin (West)	11001	0,9
München Stadt	9162	1,1
Augsburg Stadt	9761	1,1
Kiel	1002	1,2
Hannover Stadt	3201	1,2

*) Werte siehe Kartenlegende

Kreise mit den höchsten Werten

Kreise	Kreisnr.	Werte*
Ostallgäu	9777	12,3
Straubing-Bogen	9278	14,0
Neustadt/A.-B.Windsh.	9575	14,2
Rottal-Inn	9277	14,4
Unterallgäu	9778	14,6

Vergleich ausgewählter Variablen in den Kreisen mit den niedrigsten bzw. höchsten Anteilen an weiblichen mithelfenden Familienangehörigen

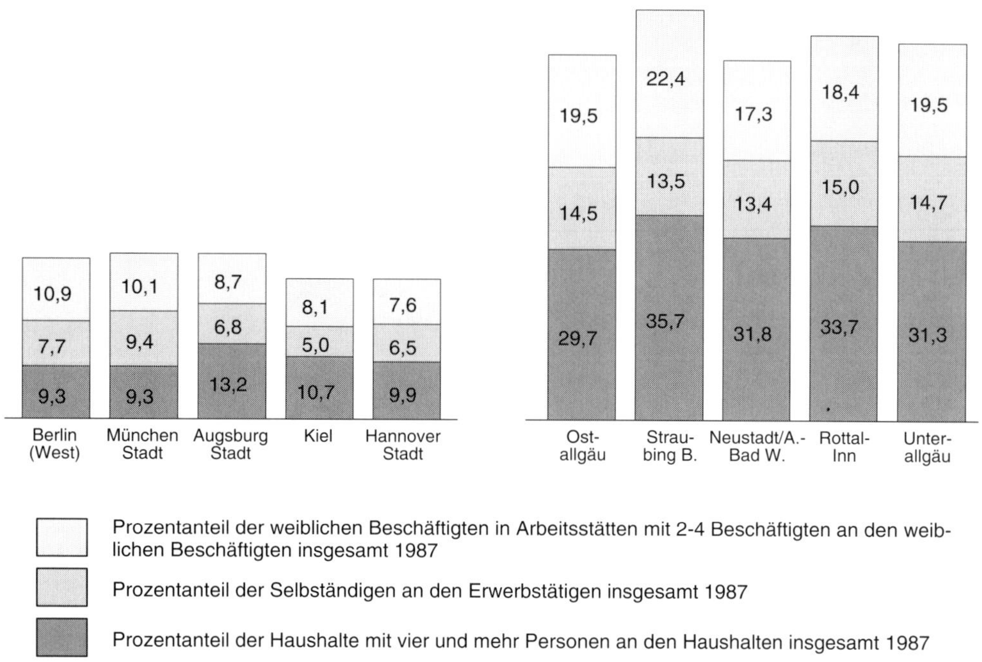

Mittelwerte der Standardvariablen in Kreisen mit sehr niedrigen bis sehr hohen Anteilen an weiblichen mithelfenden Familienangehörigen

Standardvariablen	Anteile weibl. mithelfende Familienangehörige sehr niedrig	niedrig	hoch	sehr hoch
Lebendgeborene pro 1000 Einwohner 1986	9,3	10,3	11,5	11,2
0-5jährige pro 100 Einwohner 1986	5,1	6,0	6,8	6,8
Kindergartenplätze pro 100 3-5jährige 1986	79,6	85,2	68,2	76,9
Quartanerquote 1989	68,9	64,2	52,0	45,8
Zuzüge pro 100 Fortzüge der 18-24jährigen 1986	133,0	105,7	97,2	97,0
Erwerbstätigenanteil der 30-39jährigen Frauen 1987 (in %)	60,0	55,1	51,5	53,5
Erwerbstätigenanteil der 40-49jährigen Frauen 1987 (in %)	59,3	54,7	51,0	51,4

Datenquelle: DJI-Regionaldatenbank

Bertram, Bayer, Bauereiß: Familien-Atlas, Opladen 1993

Als mithelfende Familienangehörige zählen jene Haushaltsmitglieder, die in einem landwirtschaftlichen oder gewerblichen Betrieb eines Familienangehörigen mitarbeiten, aber weder Lohn noch Gehalt empfangen und auch keine Rentenversicherungsbeiträge entrichten.
Im Jahr 1882 war noch nahezu jeder zweite Erwerbstätige in der Land- und Forstwirtschaft oder Fischerei tätig, 1987 dagegen nur noch 3,2 %. Der starke Rückgang in diesem Wirtschaftsbereich hat insbesondere die Gruppe der Selbständigen und mithelfenden Familienangehörigen sehr stark reduziert. Der Anteil der Frauen, die als mithelfende Familienangehörige tätig sind, fiel von 31 % im Jahr 1950 auf 3,8 % im Jahr 1987. Davon sind fast die Hälfte (44,7 %) in der Land- und Forstwirtschaft tätig, 21,5 % in Dienstleistungen von Unternehmen und freien Berufen, 16,3 % im produzierenden Gewerbe und 15,7 % in Handel, Verkehr und Nachrichtenübermittlung.

Auf der Karte fallen die hohen Quoten der weiblichen mithelfenden Familienangehörigen in den weniger dicht besiedelten Landkreisen von Schleswig-Holstein, Niedersachsen, Rheinland-Pfalz und insbesondere in Bayern ins Auge. Dort steigen die Quoten bis fast 15 % an. Die urbanen Zentren sowie die kreisfreien Städte weisen die niedrigsten Quoten auf. Die Landkreise mit den höchsten Quoten haben im Gegensatz zu den Städten wesentlich mehr größere Haushalte, mehr Selbständige und dort sind bedeutend mehr Frauen in personell kleinen Arbeitsstätten beschäftigt. Allgemein steigt die Geburtenrate bzw. der Anteil der Kinder mit der Quote der weiblichen mithelfenden Familienangehörigen an.
Bei den mithelfenden Familienangehörigen besteht noch die traditionelle Koppelung von Berufs- und Familienleben. Diese Lebensform scheint der Realisierung von Kinderwünschen entgegenzukommen.

Weibliche mithelfende Familienangehörige 1987

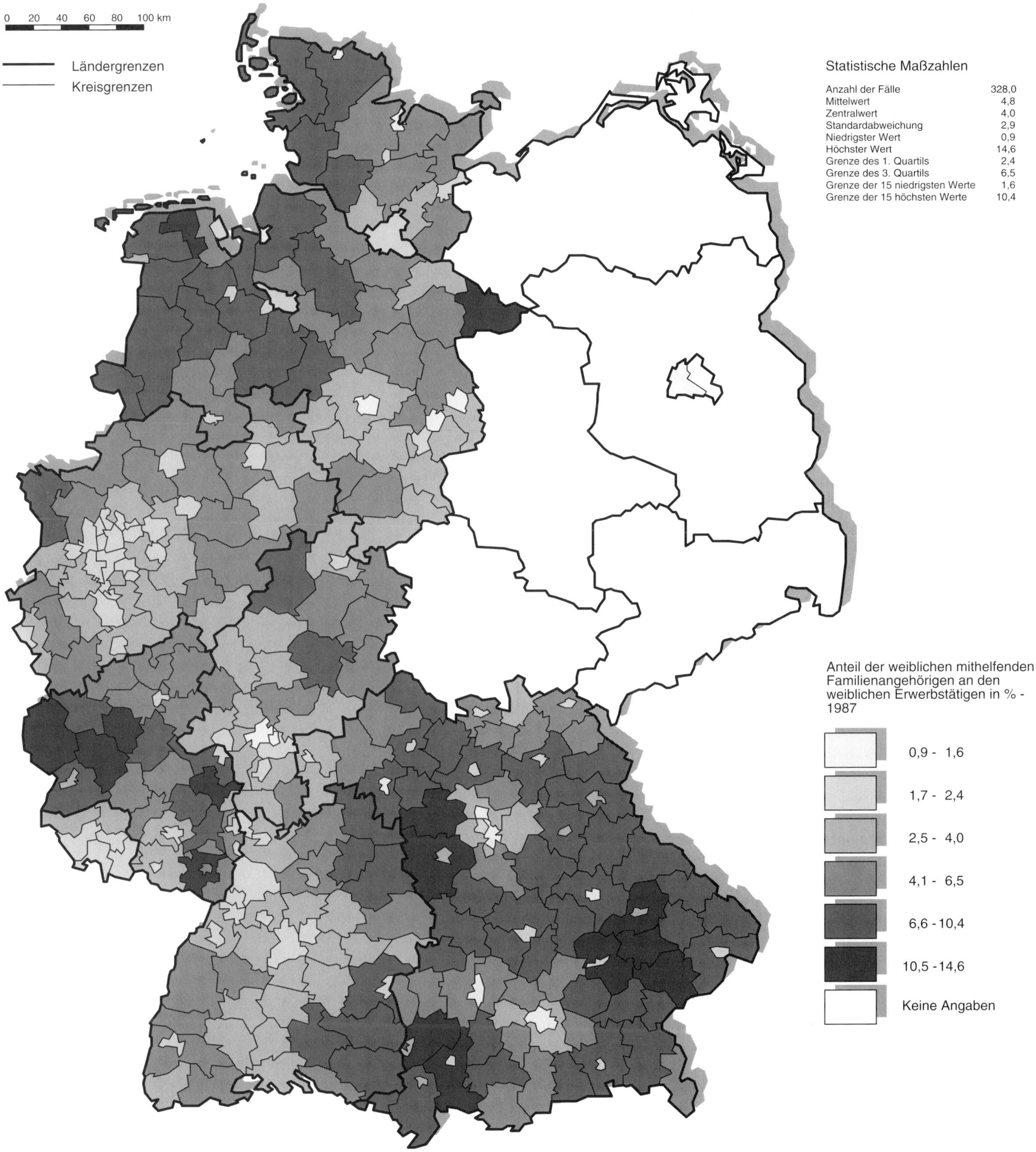

Quelle: DJI-Regionaldatenbank, auf der Basis absoluter Zahlen der Statistischen Landesämter

Kaufkraft 1988

Kreise mit den niedrigsten Werten

Kreise	Kreisnr.	Werte*
Cham	9372	74,5
Freyung-Grafenau	9272	74,6
Wittmund	3462	75,5
Bitburg-Prüm	7232	76,9
Regen	9276	78,0

*) Werte siehe Kartenlegende

Kreise mit den höchsten Werten

Kreise	Kreisnr.	Werte*
Düsseldorf	5111	123,1
Stuttgart	8111	124,0
Baden-Baden	8211	128,5
Hochtaunuskreis	6434	129,6
Starnberg	9188	135,2

Vergleich ausgewählter Variablen in Berlin (West), München Stadt und in den Kreisen mit der niedrigsten bzw. höchsten Kaufkraft

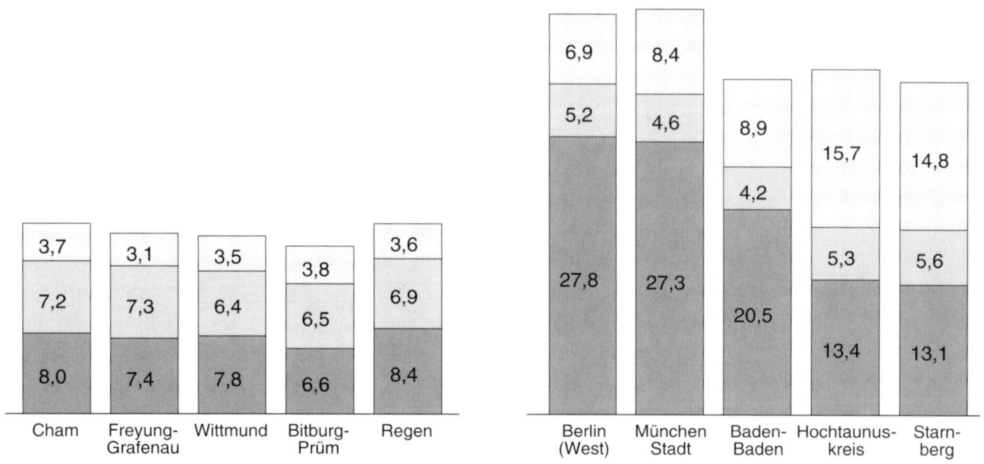

Prozentanteil der Einkommenssteuerpflichtigen mit einem Gesamtbetrag der Einkünfte von über 100 000 DM pro Jahr an allen Einkommenssteuerpflichtigen 1986

0- bis 5jährige pro 100 Einwohner 1987

Prozentanteil der Personen in Einpersonenhaushaushalten an der Bevölkerung in Privathaushalten insgesamt 1987

Mittelwerte der Standardvariablen in Kreisen mit sehr niedriger bis sehr hoher Kaufkraftkennziffer

Standardvariablen	Kaufkraftkennziffer sehr niedrig	niedrig	hoch	sehr hoch
Lebendgeborene pro 1000 Einwohner 1986	11,6	10,6	9,9	9,5
0-5jährige pro 100 Einwohner 1986	7,0	6,2	5,7	5,5
Kindergartenplätze pro 100 3-5jährige 1986	59,4	75,6	82,9	96,4
Quartanerquote 1989	49,8	59,2	64,6	72,0
Zuzüge pro 100 Fortzüge der 18-24jährigen 1986	103,8	101,4	111,6	131,3
Erwerbstätigenanteil der 30-39jährigen Frauen 1987 (in %)	47,3	52,5	56,3	61,5
Erwerbstätigenanteil der 40-49jährigen Frauen 1987 (in %)	43,3	50,7	57,6	61,4

Datenquelle: DJI-Regionaldatenbank

Bertram, Bayer, Bauereiß: Familien-Atlas, Opladen 1993

Die in der Karte dargestellte relative Kaufkraft der Bevölkerung 1988 in den kreisfreien Städten und Kreisen wurde von der Gesellschaft für Konsum, Markt- und Absatzforschung in Nürnberg berechnet. Dieser Berechnung liegen Angaben über die Nettoeinkommen der Lohn- und Einkommenssteuerpflichtigen unter Berücksichtigung des Gemeindeanteils an der Einkommenssteuer und der steuerlichen Vergünstigung für die Landwirtschaft zugrunde. Die relative Kaufkraft je Einwohner ist die Abweichung bezogen auf den Bundesdurchschnitt von 100.

Innerhalb der Stadt- und Landkreise gibt es große Unterschiede, z.B. zwischen den Kreisen Cham oder Freyung-Grafenau mit einer Kennziffer von je 75 gegenüber dem Kreis Starnberg mit 135. Die höchste Kaufkraft haben die urbanen Zentren Hamburg, Düsseldorf, Frankfurt, Stuttgart und München sowie deren angrenzende Kreise, also Regionen mit hohem Freizeitwert und attraktiven Wohnlagen. Hierzu gehören in erster Linie Starnberg im Nahbereich von München, am Schwarzwaldrand Baden-Baden und der Hochtaunuskreis am Rande des Frankfurter Raumes. Insgesamt sind die Kreise der südlichen Bundesländer etwas reicher als die nördlichen.

Die Kreise mit der niedrigsten Kaufkraft liegen im Emsland, in der Eifel, in der Rhön und im Bayerischen Wald. Diese ländlich strukturierten Kreise sind in Bezug auf Wohnungs-, Freizeit- und Arbeitsmöglichkeiten weniger attraktiv und haben deshalb u.a. eine geringe Bevölkerungsdichte bzw. eine Bevölkerungsstagnation.

Die Kreise mit der niedrigsten Kaufkraft verzeichnen einen wesentlich geringeren Anteil an Einpersonenhaushalten und Besserverdienenden als die Kreise mit der höchsten Kaufkraft. Mit steigender Kaufkraft sinken in den Kreisen allgemein die Kinderanteile, während die Zuzüge von Jugendlichen und die Frauenerwerbstätigkeit deutlich ansteigen.

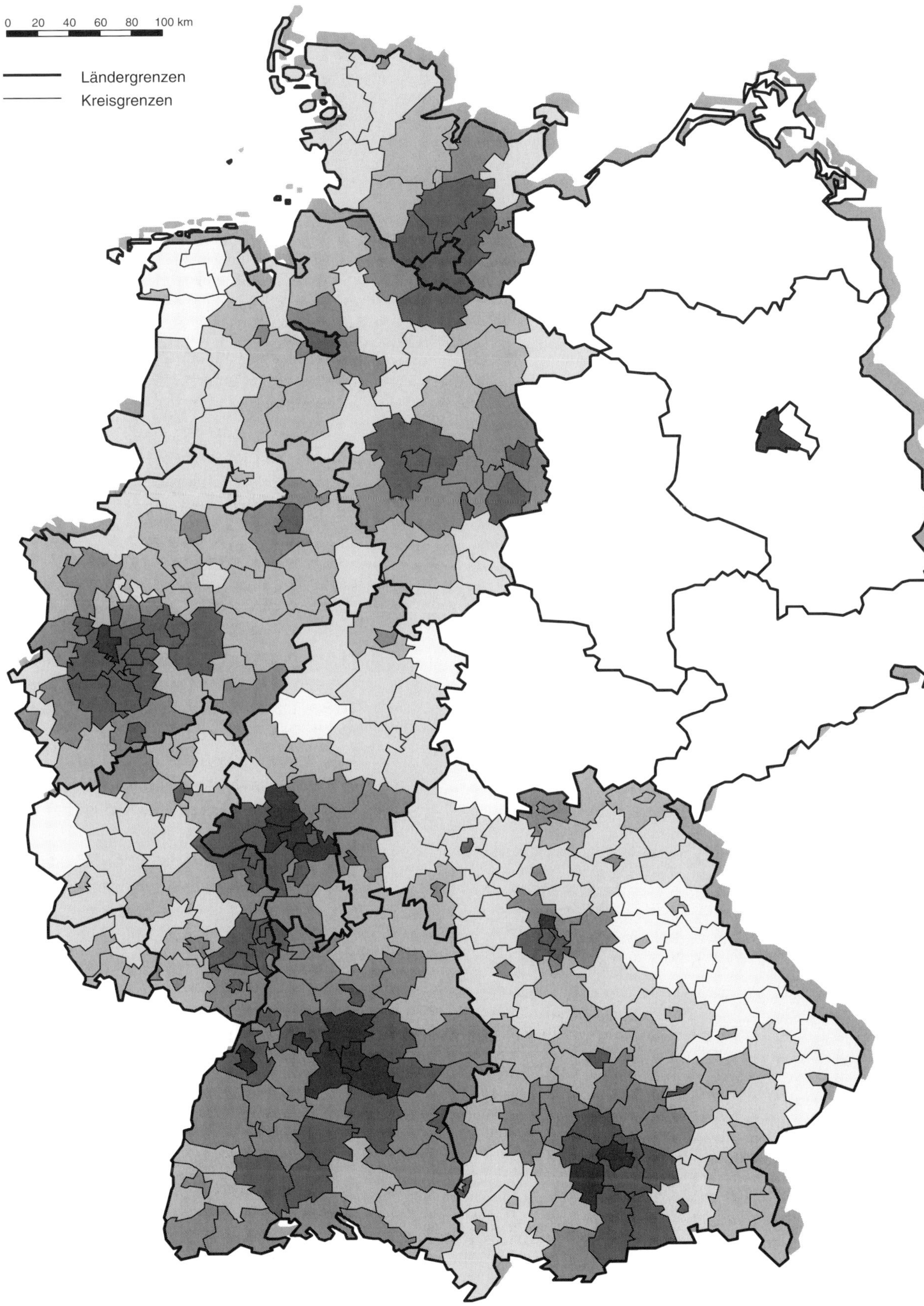

Statistische Maßzahlen

Anzahl der Fälle	328,0
Mittelwert	96,4
Zentralwert	94,9
Standardabweichung	10,4
Niedrigster Wert	74,5
Höchster Wert	135,2
Grenze des 1. Quartils	88,4
Grenze des 3. Quartils	102,5
Grenze der 15 niedrigsten Werte	82,2
Grenze der 15 höchsten Werte	117,3

Kaufkraftkennziffer je Einwohner (bezogen auf den Bundesdurchschnitt von 100,0) - 1988

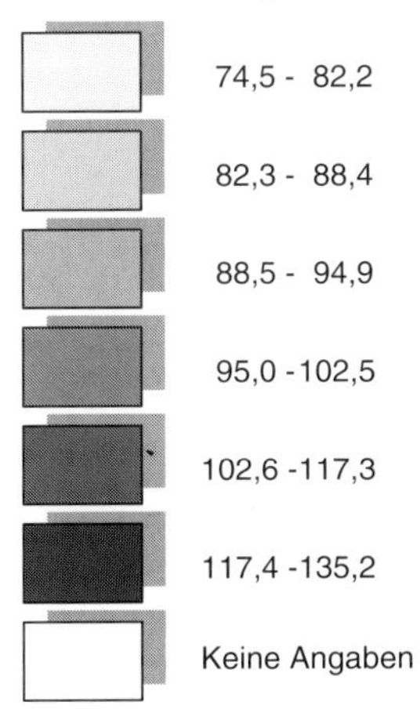

Quelle: DJI-Regionaldatenbank,
Gesellschaft für Konsumforschung Nürnberg

Entwicklung der Bruttowertschöpfung im Bereich 'Produzierendes Gewerbe' 1980 - 1986

Kreise mit den niedrigsten Werten

Kreise	Kreisnr.	Werte*
Speyer	7318	-40,4
Wesel	5170	-17,8
Bottrop	5512	-11,5
Wilhelmshaven	3405	-8,6
Cochem-Zell	7135	-7,7

*) Werte siehe Kartenlegende

Kreise mit den höchsten Werten

Kreise	Kreisnr.	Werte*
Dillingen/Donau	9773	77,8
Dingolfing-Landau	9279	83,0
Ansbach Stadt	9561	83,7
Landsberg	9181	90,0
Starnberg	9188	99,4

Vergleich ausgewählter Variablen in Berlin (West), München Stadt und in den Kreisen mit der stärksten Zunahme bzw. Abnahme der Bruttowertschöpfung im Bereich 'Produzierendes Gewerbe'

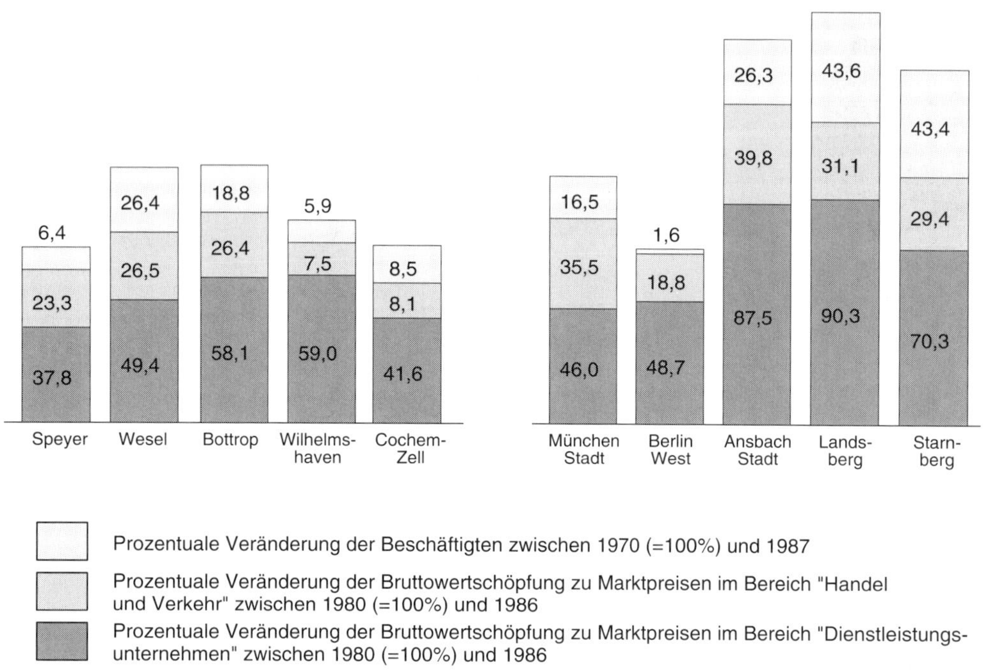

Mittelwerte der Standardvariablen in Kreisen mit starker Abnahme bis starker Zunahme der Bruttowertschöpfung im Bereich 'Produzierendes Gewerbe'

Standardvariablen	Entw. d. BWS im produzierenden Gewerbe: starke Abnahme	geringe Zunahme	mittlere Zunahme	starke Zunahme
Lebendgeborene pro 1000 Einwohner 1986	10,3	10,3	10,9	10,9
0-5jährige pro 100 Einwohner 1986	6,0	6,0	6,3	6,3
Kindergartenplätze pro 100 3-5jährige 1986	76,8	78,0	80,5	68,3
Quartanerquote 1989	57,2	60,8	59,1	59,8
Zuzüge pro 100 Fortzüge der 18-24jährigen 1986	106,5	103,7	104,8	103,5
Erwerbstätigenanteil der 30-39jährigen Frauen 1987 (in %)	46,4	53,2	55,5	55,5
Erwerbstätigenanteil der 40-49jährigen Frauen 1987 (in %)	43,1	52,1	55,5	55,3

Datenquelle: DJI-Regionaldatenbank

Bertram, Bayer, Bauereiß: Familien-Atlas, Opladen 1993

Das wirtschaftliche Geschehen wird in den Sozialproduktberechnungen von drei Seiten untersucht: die Entstehungsseite erfaßt die Produktion von Sachgütern und Dienstleistungen, die Verteilungsseite die Einkommen der an der Produktion beteiligten Produktionsfaktoren und die Verwendungsseite den privaten und staatlichen Verbrauch der produzierten Güter sowie die Investitionen und den Außenbeitrag. Die Bruttowertschöpfung ist ein Aggregat der Entstehungsrechnung. Sie umfaßt die innerhalb eines abgegrenzten Wirtschaftsbereichs für einen bestimmten Zeitraum erbrachte wirtschaftliche Leistung. Sie ist also Ausdruck des Wertes aller in der betreffenden Periode produzierten Sachgüter und Dienstleistungen abzüglich des Wertes der bei der Produktion verbrauchten Güter.

Das gesamte produzierende Gewerbe, also die Energiewirtschaft, das verarbeitende Gewerbe sowie die Bauwirtschaft, hatte 1970 noch einen Anteil an der Bruttowertschöpfung von 51,7 %. Dieser verringerte sich bis 1980 auf 44,8 % und schließlich bis 1986 mit 790,2 Mrd. DM auf rd. 42 %. Trotz seiner abnehmenden Bedeutung ist das produzierende Gewerbe in vielen Kreisen nach wie vor Hauptwirtschaftsträger.

Von 1980 auf 1986 hatte Süddeutschland den stärksten Anstieg der Bruttowertschöpfung zu Marktpreisen im Bereich 'Produzierendes Gewerbe'. Die fünf höchsten Zuwachsraten zwischen 78 % und 100 % finden sich in bayerischen Kreisen. Diese Kreise haben in diesen Zeitraum auch hohe Veränderungsraten in Dienstleistungsunternehmen und im Handel und Verkehr sowie seit 1970 einen hohen Anstieg der Beschäftigtenzahlen.In einigen Kreisen in Niedersachsen, Nordrhein-Westfalen und Rheinland-Pfalz hingegen sank die Bruttowertschöpfung zu Marktpreisen im produzierenden Gewerbe. Hier sind auch die Veränderungsraten in Handel und Verkehr, der Beschäftigtenzuwachs und die Veränderungsraten in Dienstleistungsunternehmen geringer.

Entwicklung der Bruttowertschöpfung im Bereich 'Produzierendes Gewerbe' 1980 - 1986

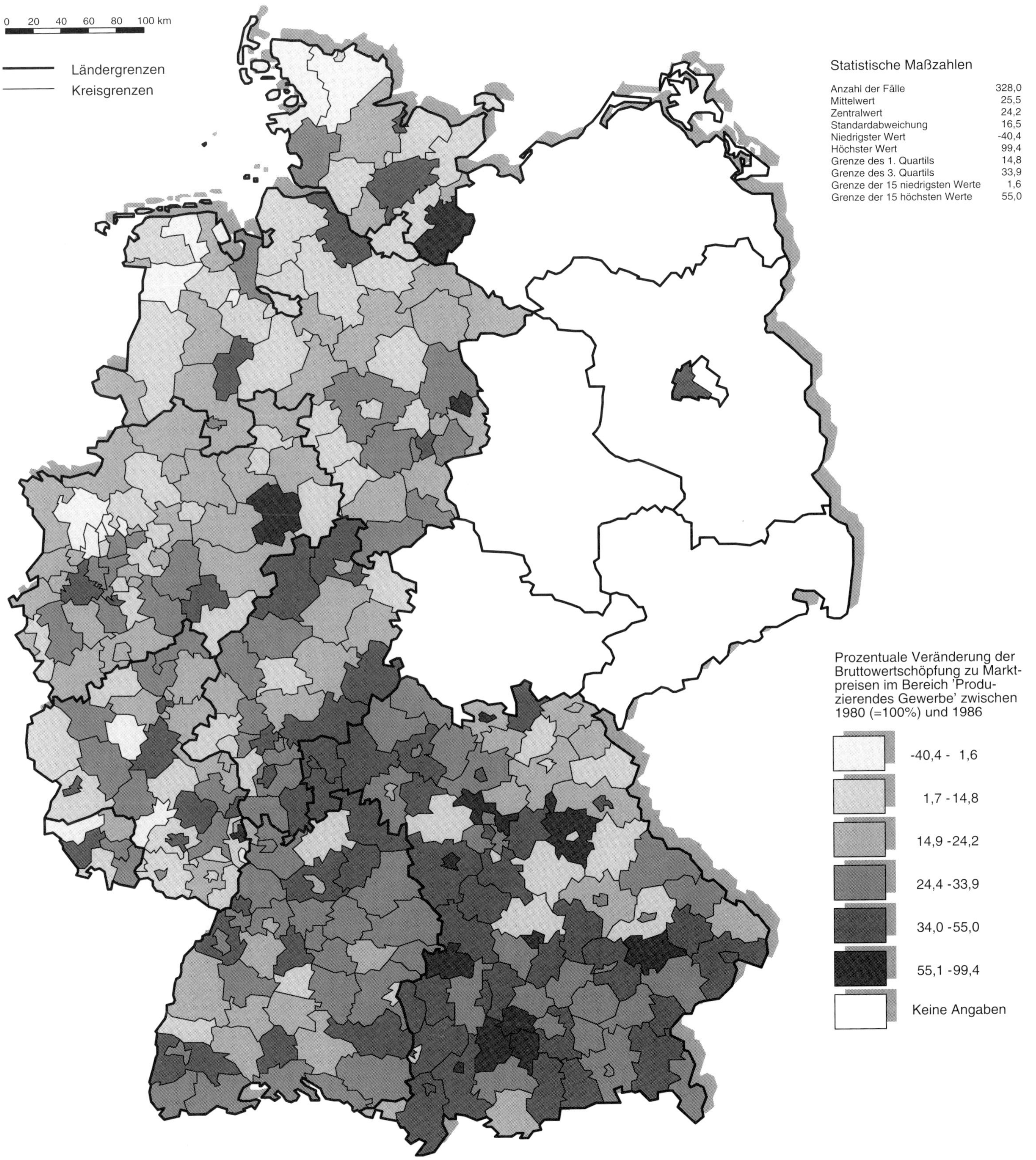

Quelle: DJI-Regionaldatenbank, auf der Basis absoluter Zahlen der Statistischen Landesämter

Entwicklung der Bruttowertschöpfung im Bereich 'Dienstleistungsunternehmen' 1980 bis 1986

Kreise mit den niedrigsten Werten

Kreise	Kreisnr.	Werte*
Herne	5916	7,9
Steinburg	1061	9,1
Fürth Stadt	9563	11,8
Kaufbeuren	9762	18,5
Ludwigshafen Stadt	7314	19,9

*) Werte siehe Kartenlegende

Kreise mit den höchsten Werten

Kreise	Kreisnr.	Werte*
Stormarn	1062	138,1
Schwandorf	9376	188,5
Erlangen-Höchstadt	9572	196,5
Mayen-Koblenz	7137	231,0
Günzburg	9774	483,4

Veränderung der Bruttowertschöpfung zu Marktpreisen im Bereich 'Dienstleistungsunternehmen' 1986 gegenüber 1980 nach Bundesländern

Bundesland	*durchschnittliche Veränderung in %* Land	kreisfr. Städte	Land-kreise	*Anzahl der krfr. Städte und Landkreise mit Veränderung* unter Bundesdurchschnitt (55,7 %)	über Bundesdurchschnitt (55,7 %)
Bayern	62,8	52,0	76,7	24	72
Baden-Württemberg	58,4	53,2	61,4	13	31
Niedersachsen	52,6	50,2	54,1	26	21
Hessen	55,7	53,8	58,0	11	15
Nordrhein-Westfalen	46,0	40,3	53,9	40	14
Rheinland-Pfalz	54,0	44,0	62,9	30	6
Saarland	63,8	68,1	61,8	3	3
Schleswig-Holstein	38,7	32,6	41,6	14	1
Bremen	41,2			2	
Berlin	48,7			1	
Hamburg	53,1			1	

Datenquelle: Gemeinschaftsveröffentlichung der Statistischen Landesämte: Bruttowertschöpfung der kreisfreien Städte und Landkreise in der Bundesrepublik Deutschland, Heft 18

Mittelwerte der Standardvariablen in Kreisen mit geringer bis starker Zunahme der Bruttowertschöpfung im Bereich 'Dienstleistungsunternehmen'

Standardvariablen	Entw. d. BWS im Dienstleistungsbereich: geringe Zunahme	mittlere Zunahme	starke Zunahme	sehr starke Zunahme
Lebendgeborene pro 1000 Einwohner 1986	9,8	10,3	11,1	11,0
0-5jährige pro 100 Einwohner 1986	5,7	6,0	6,5	6,5
Kindergartenplätze pro 100 3-5jährige 1986	68,6	80,5	75,1	71,9
Quartanerquote 1989	61,9	61,1	56,3	55,3
Zuzüge pro 100 Fortzüge der 18-24jährigen 1986	106,8	104,2	103,5	106,4
Erwerbstätigenanteil der 30-39jährigen Frauen 1987 (in %)	53,8	52,9	54,9	55,6
Erwerbstätigenanteil der 40-49jährigen Frauen 1987 (in %)	55,5	51,0	54,3	55,1

Datenquelle: DJI-Regionaldatenbank

Bertram, Bayer, Bauereiß: Familien-Atlas, Opladen 1993

In den volkswirtschaftlichen Gesamtrechnungen werden ökonomische Größen, die mit der Entstehung, Verwendung und Verteilung der gesamtwirtschaftlichen Leistung in Zusammenhang stehen, in einer Ex-post-Analyse ermittelt und zu aussagefähigen Indikatoren aufbereitet. Die Tiefe des statistischen Datenmaterials nimmt dabei mit zunehmender Regionalisierung ab. So wird z.B. für das Bundesgebiet die Bruttowertschöpfung für 58 Wirtschaftsbereiche ausgewiesen, während sie auf Bundesländerebene nur noch 35 Bereiche umfaßt. Unterhalb der Länderebene wird für die kreisfreien Städte und die Landkreise die Bruttowertschöpfung schließlich nur noch nach sechs Wirtschaftsbereichen aufgeschlüsselt.

In den volkswirtschaftlichen Gesamtrechnungen umfaßt der Wirtschaftsbereich 'Dienstleistungsunternehmen' die Zweige Kredit- und sonstige Finanzierungsinstitute, Versicherungsunternehmen, Wohnungsvermietung, Gaststätten- und Beherbergungsgewerbe, Wissenschaft, Bildung, Kunst und Publizistik, Gesundheits- und Veterinärwesen und 'übrige', von Unternehmen und freien Berufen erbrachte Dienstleistungen.

Bundesweit stieg die Bruttowertschöpfung zu Marktpreisen in Dienstleistungsunternehmen von 1980 auf 1986 um 55,7 % auf 514 Mrd. DM und hat damit 1986 einen Anteil von 27,3 % an der gesamten Bruttowertschöpfung. Im Durchschnitt liegen die Zuwachsraten in den Landkreisen höher als in den kreisfreien Städten, wobei in Bayern und Rheinland-Pfalz diese Differenz am größten ist. Anhand der Karte ist zu erkennen, daß in rd. zwei Dritteln der Kreise des Saarlands, Bayerns und Baden-Württembergs und ein überdurchschnittlicher Anstieg der Bruttowertschöpfung stattfand. Wie im produzierenden Gewerbe ist auch in den Dienstleistungsunternehmen des Südens ein höheres Wirtschaftswachstum festzustellen: Kreise wie z.B. Mayen-Koblenz, Erlangen-Höchstadt oder Schwandorf haben Zuwachsraten von ca. 200 %.

Entwicklung der Bruttowertschöpfung im Bereich 'Dienstleistungsunternehmen' 1980 - 1986

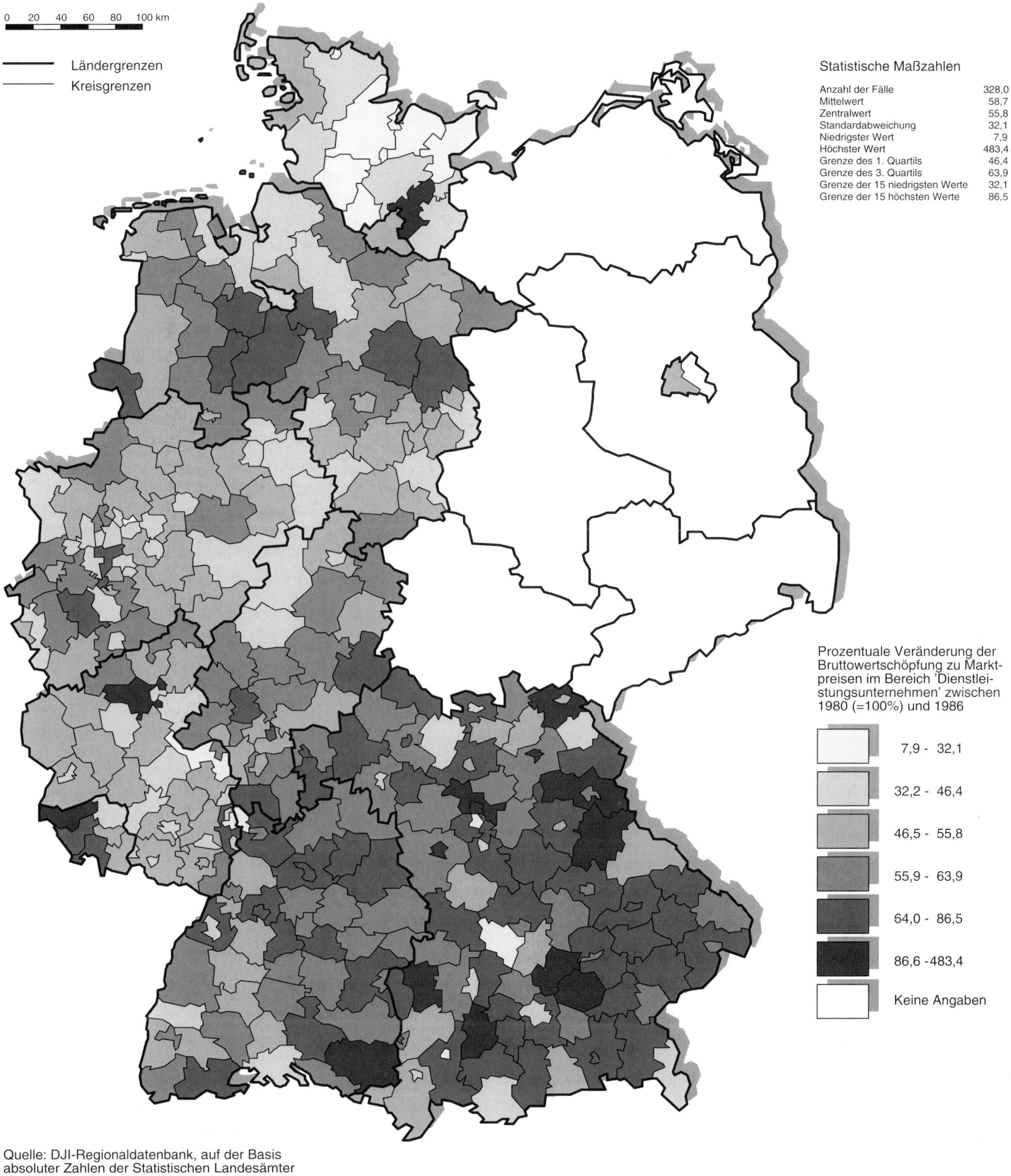

Statistische Maßzahlen

Anzahl der Fälle	328,0
Mittelwert	58,7
Zentralwert	55,8
Standardabweichung	32,1
Niedrigster Wert	7,9
Höchster Wert	483,4
Grenze des 1. Quartils	46,4
Grenze des 3. Quartils	63,9
Grenze der 15 niedrigsten Werte	32,1
Grenze der 15 höchsten Werte	86,5

Quelle: DJI-Regionaldatenbank, auf der Basis absoluter Zahlen der Statistischen Landesämter

Entwicklung der Bruttowertschöpfung im Bereich 'Handel und Verkehr' 1980 - 1987

Kreise mit den niedrigsten Werten

Kreise	Kreisnr.	Werte*
Fürth Stadt	9563	-45,8
Wesermarsch	3461	0,7
Ebersberg	9175	1,5
Kassel	6633	1,5
Coburg	9473	2,1

*) Werte siehe Kartenlegende

Kreise mit den höchsten Werten

Kreise	Kreisnr.	Werte*
München	9184	59,3
Ostallgäu	9777	68,0
Straubing	9263	71,7
Schwabach	9565	93,0
Erlangen-Höchstadt	9572	171,5

Bruttowertschöpfung zu Marktpreisen nach Wirtschaftsbereichen 1970 bis 1986

Jahr	Bruttowertschöpfung zu Marktpreisen insgesamt	Land- und Forstwirtschaft	Produzierendes Gewerbe	Handel u. Verkehr	Dienstleistungsunternehmen	Staat, private Haushalte, private Organisationen ohne Erwerbszweck
			in Milliarden DM			
1970	645,9	21,8	333,7	103,5	114,4	72,6
1975	995,9	28,5	454,9	157,3	213,4	141,8
1980	1425,8	30,9	639,4	226,0	330,2	199,4
1986	1880,0	34,0	790,2	284,8	514,0	257,1
			Anteil an der Bruttowertschöpfung zu Marktpreisen insgesamt in Prozent			
1970	100	3,4	51,7	16,0	17,7	11,2
1975	100	2,9	45,7	15,8	21,4	14,2
1980	100	2,2	44,8	15,8	23,2	14,0
1986	100	1,8	42,0	15,1	27,3	13,7
			Veränderung gegenüber dem vorherigen Zeitpunkt in Prozent			
1970						
1975	54,2	30,7	36,3	52,1	86,5	95,5
1980	43,2	8,5	40,6	43,6	54,7	40,6
1986	31,9	10,1	23,6	26,0	55,7	29,0

Datenquelle: Gemeinschaftsveröffentlichung der Statistischen Landesämter
Bruttowertschöpfung der kreisfreien Städte und Landkreise in der Bundesrepublik Deutschland, Heft 16 und 18

Mittelwerte der Standardvariablen in Kreisen mit starker Abnahme bis starker Zunahme der Bruttowertschöpfung im Bereich 'Handel und Verkehr'

Standardvariablen	Entw. d. BWS in Handel und Verkehr: starke Abnahme	geringe Zunahme	mittlere Zunahme	starke Zunahme
Lebendgeborene pro 1000 Einwohner 1986	10,6	10,5	10,7	10,7
0-5jährige pro 100 Einwohner 1986	6,2	6,1	6,2	6,3
Kindergartenplätze pro 100 3-5jährige 1986	76,0	75,6	86,1	62,8
Quartanerquote 1989	61,1	61,0	58,3	61,6
Zuzüge pro 100 Fortzüge der 18-24jährigen 1986	96,9	106,6	108,2	102,2
Erwerbstätigenanteil der 30-39jährigen Frauen 1987 (in %)	56,6	52,9	56,7	55,4
Erwerbstätigenanteil der 40-49jährigen Frauen 1987 (in %)	57,2	52,8	56,0	56,5

Datenquelle: DJI-Regionaldatenbank

Bertram, Bayer, Bauereiß: Familien-Atlas, Opladen 1993

Auf Bundes- und Landesebene liegen den Ergebnissen der volkswirtschaftlichen Gesamtrechnungen zwar Daten aus Primärerhebungen zugrunde, für eine regional tiefere Gliederung der gesamtwirtschaftlichen Leistung reicht das statistische Zahlenmaterial jedoch nicht aus. Regionalberechnungen unterhalb der Länderebene werden daher anhand differenzierter Schätzverfahren erstellt. Ausgangsbasis sind die originär berechneten Ländererergebnisse. Diese werden mit Hilfe von Schlüsselgrößen, z.B. Umsätze, Beschäftigtenzahlen oder Personalkosten auf die Kreisgebiete aufgeteilt und für maximal sechs Wirtschaftsbereiche ausgewiesen.

Im Wirtschaftsbereich 'Handel und Verkehr' stieg die Bruttowertschöpfung zu Marktpreisen zwischen 1980 und 1986 in den alten Bundesländern um 26 % auf 284,8 Mrd. DM. Trotz dieses Anstiegs bleiben Handel und Verkehr hinter der Entwicklung in Dienstleistungsunternehmen zurück. Dies unterstreicht den Trend zur 'Dienstleistungsgesellschaft',der bezeichnend ist für alle modernen Industrienationen.

Besonders hohen Zuwachs der Bruttowertschöpfung zu Marktpreisen im Bereich 'Handel und Verkehr' verzeichnen zwischen 1980 und 1986 Kreise in Süddeutschland. In Bayern treffen hierbei die Extremkreise, d.h. sowohl die Kreise mit den höchsten als auch mit den niedrigsten oder sogar negativen Veränderungsraten zusammen. So verzeichnet z.B. Erlangen-Höchstadt einen Zuwachs von 170 %, während die benachbarte Stadt Fürth eine Abnahme von 45,8°% aufweist. Wie in den beiden vorhergehenden Karten zeigt sich wiederum ein starkes Wirtschaftswachstum in den südlichen Bundesländern: in der überwiegenden Mehrheit der Kreise in Baden-Württemberg liegen hohe Zuwachsraten von 34 bis 50 % vor. In den nördlichen Bundesländern konzentrieren sich höhere Zuwachsraten lediglich um die urbanen Zentren Hamburg und Düsseldorf.

Entwicklung der Bruttowertschöpfung im Bereich 'Handel und Verkehr' 1980 - 1986

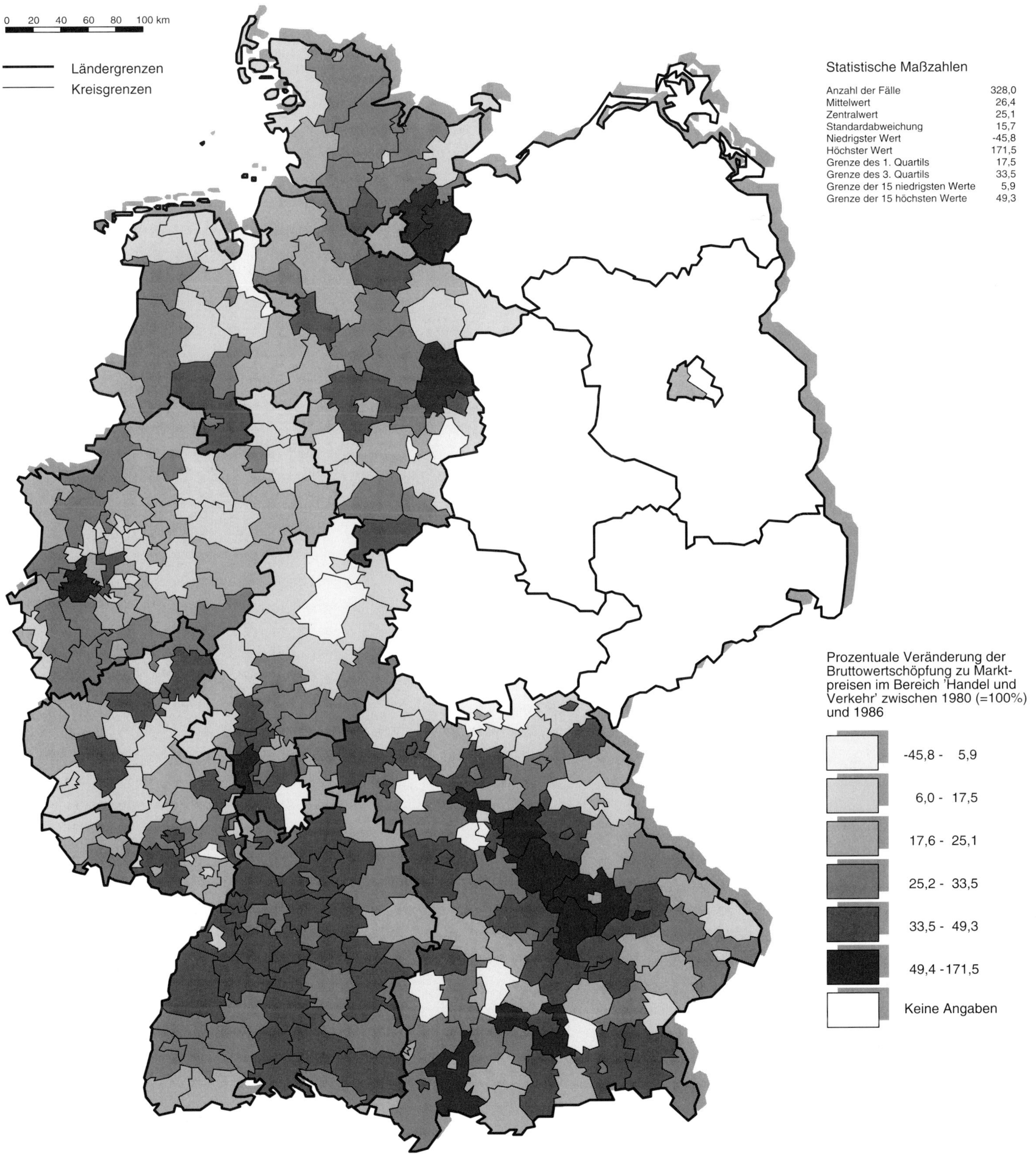

Statistische Maßzahlen

Anzahl der Fälle	328,0
Mittelwert	26,4
Zentralwert	25,1
Standardabweichung	15,7
Niedrigster Wert	-45,8
Höchster Wert	171,5
Grenze des 1. Quartils	17,5
Grenze des 3. Quartils	33,5
Grenze der 15 niedrigsten Werte	5,9
Grenze der 15 höchsten Werte	49,3

Quelle: DJI-Regionaldatenbank, auf der Basis absoluter Zahlen der Statistischen Landesämter

DATENQUELLEN ZU 'KINDER, EHE UND FAMILIE'

Bevölkerung nach Familienstand;
Statistische Landesämter: Kreisstatistik (Tabellen 3 und 7) des Tabellenprogramms der Volks-, Berufs-, Gebäude- und Wohnungszählung 1987, 1990
Bevölkerung insgesamt, Bevölkerung nach Altersgruppen (alte Bundesländer, aus Volks- und Berufszählung);
Statistische Landesämter: Gemeindeblatt der Volks- und Berufszählung 1987, 1990
Ausländische Bevölkerung, ausländische Bevölkerung nach Altersgruppen (aus Volks- und Berufszählung);
Statistische Landesämter: Gemeindeblatt der Volks- und Berufszählung 1987, 1990
Bevölkerung insgesamt, Bevölkerung nach Altersgruppen, Geburten insgesamt (neue Bundesländer);
Statistisches Amt der ehemaligen DDR/Institut für Marktforschung Leipzig, 1991
Ausländische Bevölkerung, ausländische Bevölkerung nach Altersgruppen (aus Bevölkerungsfortschreibung);
Statistische Landesämter: MKRO - Katalog, 1989
Geburten insgesamt, Geburten junger und älterer Mütter (alte Bundesländer);
Statistische Landesämter: MKRO - Katalog, 1989
Eheschließungen (alte Bundesländer);
Niedersächsisches Landesverwaltungsamt, Statistisches Landesamt Berlin, Statistisches Landesamt Bremen, Statistisches Landesamt Hamburg, Statistisches Landesamt Schleswig-Holstein: Übermittlung der zuständigen Referate, 1989
Statistisches Landesamt Baden-Württemberg: Statistische Berichte des Statistischen Landesamtes Baden-Württemberg: A II 1 - j/86, Eheschließungen, Geborene und Gestorbene 1986
Bayerisches Landesamt für Statistik und Datenverarbeitung: Statistische Berichte des Bayerischen Landesamtes für Statistik und Datenverarbeitung: A II 1 - j/86, Die natürliche Bevölkerungsbewegung in Bayern 1986
Hessisches Statistisches Landesamt: Statistische Berichte des hessischen Statistischen Landesamtes: A I 1, A I 3, A I 4 - j/86, A II 1, AII 2 - j/86, A III 1, A III 2 - j/86, A IV 3 - j/86, Bevölkerungsvorgänge in Hessen 1986
Landesamt für Datenverarbeitung und Statistik Nordrhein-Westfalen: Statistische Berichte des Landesamtes für Datenverarbeitung und Statistik Nordrhein-Westfalen: A II 1 - j/86, Eheschliessungen, Geborene und Gestorbene in Nordrhein-Westfalen 1986
Statistisches Landesamt Rheinland-Pfalz: Statistische Berichte Rheinland-Pfalz: A I 1, 3, 4 j/86, A II 1 j/86, A III 1 j/86, Bevölkerungsvorgänge im Jahr 1986
Statistisches Amt des Saarlandes: Statistische Berichte des Statistischen Amtes des Saarlandes: A II 1 - j/86, Natürliche Bevölkerungsbewegung 1986
Eheschließungen (neue Bundesländer);
Statistisches Amt der ehemaligen DDR/Institut für Marktforschung Leipzig; 1991
Haushalte insgesamt, Haushaltsgröße, Single-Haushalte nach Geschlecht, ausländische Haushalte insgesamt, ausländische Haushalte nach Haushaltsgröße (alte Bundesländer);
Statistische Landesämter: Gemeindeblatt der Volks- und Berufszählung 1987, 1990
Haushalte insgesamt, Haushaltsgröße (neue Bundesländer);
Statistisches Amt der ehemaligen DDR/Institut für Marktforschung Leipzig; 1991
Ehescheidungen (alte Bundesländer);
Statistisches Landesamt Baden-Württemberg: Statistische Berichte des Statistischen Landesamtes Baden-Württemberg: A II 2 - j/86, Gerichtliche Ehelösungen 1986
Bayerisches Landesamt für Statistik und Datenverarbeitung: Statistische Berichte des Bayerischen Landesamtes für Statistik und Datenverarbeitung: A II 2 - j/86, Gerichtliche Ehelösungen in Bayern 1986
Niedersächsisches Landesverwaltungsamt: Statistische Berichte Niedersachsen: A II 2 - j/86, Gerichtliche Ehelösungen 1986
Landesamt für Datenverarbeitung und Statistik Nordrhein-Westfalen: Statistische Berichte

des Landesamtes für Datenverarbeitung und Statistik Nordrhein-Westfalen: A II 2 - j/86, Gerichtliche Ehelösungen in Nordrhein-Westfalen 1986
Statistisches Landesamt Rheinland-Pfalz: Statistische Berichte Rheinland-Pfalz: A II 2 - j/86, Gerichtliche Ehelösungen im Jahre 1986
Statistisches Amt des Saarlandes: Statistische Berichte des Statistischen Amtes des Saarlandes: A II 2 - j/86, Gerichtliche Ehelösungen 1986
Statistisches Landesamt Schleswig-Holstein: Statistische Berichte des Statistischen Landesamtes Schleswig-Holstein: A II 2 - j/86, Die gerichtlichen Ehelösungen in Schleswig-Holstein 1986
Statistisches Bundesamt: FS 1, Reihe 1, Gebiet und Bevölkerung 1986
Ehescheidungen (neue Bundesländer);
Statistisches Amt der ehemaligen DDR/Institut für Marktforschung Leipzig; 1991

DATENQUELLEN ZU 'BEVÖLKERUNG'

Altersaufbau der Bevölkerung auf Bundesebene;
Statistisches Bundesamt: Statistisches Jahrbuch 1952, 1963, 1972 und 1982
Statistisches Bundesamt: FS 1, Heft 3, Teil 1, Demographische Struktur der Bevölkerung - Altersaufbau nach ausgewählten Merkmalen -, 1990
Altersaufbau der Bevölkerung in den Bundesländern 1987;
Statistisches Bundesamt: FS 1, Heft 3, Teil 1, Demographische Struktur der Bevölkerung - Altersaufbau nach ausgewählten Merkmalen -,1990
Bevölkerungsdichte, Veränderung der Bevölkerungsdichte (alte Bundesländer);
Bundesforschungsanstalt für Landeskunde und Raumordnung: 1991
Mobilität (Zuzüge/Fortzüge) nach Altersgruppen;
Statistische Landesämter: MKRO - Katalog, 1989
Ausländische Bevölkerung, ausländische Bevölkerung nach Altersgruppen (aus Volks- und Berufszählung);
Statistische Landesämter: Gemeindeblatt der Volks- und Berufszählung 1987, 1990
Bevölkerungsdichte (alte Bundesländer);
Statistische Landesämter: MKRO - Katalog, 1989
Bevölkerungsdichte (neue Bundesländer);
Statistisches Amt der ehemaligen DDR/Institut für Marktforschung Leipzig; 1991

DATENQUELLEN ZU 'WERTE'

Bevölkerung nach Konfession (Protestantenanteil, Katholikenanteil);
Statistische Landesämter: Gemeindeblatt der Volks- und Berufszählung 1987, 1990
CDU/CSU - SPD-Hochburgen, Hochburgen von FDP und Grünen;
Statistisches Bundesamt: Fachserie 1, Heft 3, Wahl der Abgeordneten des Europäischen Parlaments aus der Bundesrepublik Deutschland am 18. Juni 1989, 1989
Ausprägung der Erziehungsorientierung zu 'Kooperation und Selbstverwirklichung', Wertschätzung der Kinder als Lebenssinn, Wertschätzung der Ehe als Lebenssinn, Ausprägung der Erziehungsorientierung 'Pflicht und Leistung', Politische Orientierung, Häufigkeit des Kirchgangs;
DJI-Projekt 'Wandel und Entwicklung familialer Lebensformen in den alten und neuen Bundesländern', 1988/1990

DATENQUELLEN ZU 'INFRASTRUKTUR'

Plätze in Kindergärten, -horten und -krippen (alte Bundesländer);
Statistisches Landesamt Baden-Württemberg, Statistisches Landesamt Berlin,

Statistisches Landesamt Bremen, Bayerisches Landesamt für Statistik und Datenverarbeitung, Statistisches Landesamt Hamburg, Hessisches Statistisches Landesamt, Niedersächsisches Landesverwaltungsamt, Statistisches Landesamt Schleswig-Holstein: Übermittlung der zuständigen Referate, 1989
Landesamt für Datenverarbeitung und Statistik Nordrhein-Westfalen: Statistische Berichte des Landesamtes für Datenverarbeitung und Statistik Nordrhein-Westfalen: K I 4 - 4j/86, Einrichtungen und Personalstruktur in der Jugendhilfe in Nordrhein-Westfalen am 31.Dezember 1986
Statistisches Landesamt Rheinland-Pfalz: Statistische Berichte Rheinland-Pfalz: K I 4 - 4 j/1986, Jugendhilfe 1986, Teil III Einrichtungen und tätige Personen am 31. Dezember 1986
Statistisches Amt des Saarlandes: Statistische Berichte des Statistischen Amtes des Saarlandes: K I 3 - 4j 1986, Öffentliche Jugendhilfe im Jahr 1986, Teil III - Einrichtungen und tätige Personen am 31. Dezember 1986

Plätze in Kinderkrippen und -gärten (alte und neue Bundesländer);
Bundesforschungsanstalt für Landeskunde und Raumordnung: 1991

Ärzte mit der Gebietsbezeichnung 'Allgemeinmedizin', Ärzte mit der Gebietsbezeichnung 'Kinderheilkunde';
Statistisches Landesamt Berlin, Statistisches Landesamt Bremen, Bayerisches Landesamt für Statistik und Datenverarbeitung, Statistisches Landesamt Hamburg, Niedersächsisches Landesverwaltungsamt, Statistisches Landesamt Rheinland-Pfalz, Statistisches Landesamt Schleswig-Holstein: Übermittlung der zuständigen Referate, 1989
Hessisches Statistisches Landesamt: Statistische Berichte des Hessischen Statistischen Landesamtes: A IV 1 - j/86, Im Gesundheitswesen tätige Personen in Hessen am 31.Dezember 1986
Landesamt für Datenverarbeitung und Statistik Nordrhein-Westfalen: Beiträge zur Statistik des Landes Nordrhein-Westfalen, Heft 611, Das Gesundheitswesen in Nordrhein-Westfalen 1986

Minderjährige mit Erziehungshilfe, Minderjährige unter Amtspflegeschaft, finanzieller Aufwand für Jugendhilfe, finanzieller Aufwand für Heimpflege;
Statistisches Landesamt Berlin, Statistisches Landesamt Bremen: Statistisches Landesamt Hamburg, Statistisches Amt des Saarlandes, Statistisches Landesamt Schleswig-Holstein; Übermittlung der zuständigen Referate, 1989
Statistisches Landesamt Baden-Württemberg: Statistische Berichte: K I 3 - j/86 Teil I bzw. Teil IV, Jugendhilfe 1986 - Teil I: Erzieherische Hilfen, Teil IV: Aufwand aus öffentlichen Mitteln
Bayerisches Landesamt für Statistik und Datenverarbeitung: Statistische Berichte: K I 3 - j/86, Die öffentliche Jugendhilfe in Bayern 1986
Hessisches Statistisches Landesamt: Statistischer Bericht: K I 3 - j/86, Die Jugendhilfe in Hessen 1986
Niedersächsisches Landesverwaltungsamt: Statistischer Bericht: K I 3 - j/86, Öffentliche Jugendhilfe 1986 - Aufwand aus öffentlichen Mitteln für Jugendhilfe
Landesamt für Datenverarbeitung und Statistik Nordrhein-Westfalen: Statistische Berichte: K I 3- j/86, Die Jugendhilfe in Nordrhein-Westfalen 1986
Statistisches Landesamt Rheinland-Pfalz: Statistischer Bericht: K I 3 - j/86, Jugendhilfe 1986

DATENQUELLEN ZU 'BILDUNG'

Quartanerquote, Veränderung der Quartanerquote;
Bundesforschungsanstalt für Landeskunde und Raumordnung: 1991

SchülerInnen, StudentInnen (aus Volks- und Berufszählung);
Statistische Landesämter: Gemeindeblatt der Volks- und Berufszählung 1987, 1990

Ausländische Schüler und Schülerinnen an Hauptschulen;
Statistisches Landesamt Baden-Württemberg, Bayerisches Landesamt für Statistik und

Datenverarbeitung, Hessisches Statistisches Landesamt, Niedersächsisches Landesverwaltungsamt, Landesamt für Datenverarbeitung und Statistik Nordrhein-Westfalen, Statistisches Landesamt Rheinland-Pfalz: Sonderauszählung, 1989
Statistisches Landesamt Berlin, Statistisches Landesamt Bremen, Statistisches Landesamt Hamburg, Statistisches Amt des Saarlandes, Statistisches Landesamt Schleswig-Holstein: Übermittlung der zuständigen Referate, 1989

Schulabgänger/-abgängerinnen insgesamt, Schulabgänger/-abgängerinnen ohne Hauptschulabschluß, Schulabgänger/-abgängerinnen mit Hochschulreife;
Statistische Landesämter: MKRO - Katalog, 1989

Auszubildende (aus Arbeitsstättenzählung);
Statistische Landesämter: Gemeindeblatt der Arbeitsstättenzählung 1987, 1989

15- bis 64jährige Bevölkerung mit Volkschul- bzw. Hauptschulabschluß, 15- bis 64jährige Bevölkerung mit Hochschul-/Fachhochschulreife (aus Volks- und Berufszählung);
Statistische Landesämter: Gemeindeblatt der Volks- und Berufszählung 1987, 1989

DATENQUELLEN ZU 'SOZIALE SICHERHEIT'

Sozialhilfeempfänger-/empfängerinnen mit laufender Hilfe zum Lebensunterhalt außerhalb von Einrichtungen in der Altersgruppe der 0- bis 6jährigen, der 0- bis 17jährigen, der 21- bis 24jährigen und insgesamt; Haushalte mit Empfängern laufender Hilfe zum Lebensunterhallt, Bruttoausgaben örtlicher Träger für Sozialhilfe innerhalb und außerhalb von Einrichtungen je Einwohner in DM;

Statistisches Landesamt Baden-Württemberg: Statistische Berichte des Statistischen Landesamtes Baden-Württemberg: K I 1 - j/86 Teil 1 bzw. Teil 2, Sozialhilfe und Jugendhilfe 1986; Teil 1: Ausgaben und Einnahmen der Sozialhilfe, Teil 2: Empfänger von Sozialhilfe

Statistisches Landesamt Berlin: Statistische Berichte des Statistischen Landesamtes Berlin: K I 1- j/86 Teil 1 bzw. Teil 2, Sozialhilfe 1986; Teil 1: Ausgaben und Einnahmen, Teil 2: Empfänger

Statistisches Landesamt Bremen: Statistische Berichte des Statistischen Landesamtes Bremen: K I 1- j/86 Teil 1 bzw. Teil 2, Die Sozialhilfe im Lande Bremen 1986; Teil 1: Ausgaben und Einnahmen, Teil 2: Empfänger

Bayerisches Landesamt für Statistik und Datenverarbeitung: Statistische Berichte des Bayerischen Landesamtes für Statistik und Datenverarbeitung: K I 1 - j/86 Teil 1 bzw. Teil 2, Die Sozialhilfe in Bayern 1986; Teil 1: Ausgaben und Einnahmen, Teil 2: Empfänger

Statistisches Landesamt Hamburg: Statistische Berichte des Statistischen Landesamtes der Freien und Hansestadt Hamburg, Sozialhilfe und Jugendhilfe; Teil 1: Sozialhilfe nach dem Bundessozialhilfegesetz (BSHG) und weitere Leistungen des Trägers der Sozialhilfe 1986, Teil 2: Empfänger von Sozialhilfe 1986

Hessisches Statistisches Landesamt: Statistische Berichte des Hessischen Statistischen Landesamtes: K I 1 - j/86 Teil 1 bzw. Teil 2, Die Sozialhilfe in Hessen im Jahre 1986; Teil 1: Ausgaben und Einnahmen, Teil 2: Sozialhilfeempfänger

Niedersächsisches Landesverwaltungsamt: Statistische Berichte Niedersachsen: K I 1 - j/86 Teil 1 bzw Teil 2, Sozialhilfe 1986; Teil 1: Ausgaben und Einnahmen, Teil 2: Empfänger

Landesamt für Datenverarbeitung und Statistik Nordrhein-Westfalen: Statistische Berichte des Landesamtes für Datenverarbeitung und Statistik Nordrhein-Westfalen: K I 1- j/86 Teil 1 bzw. Teil 2, Die Sozialhilfe in Nordrhein-Westfalen 1986; Teil 1: Ausgaben und Einnahmen, Teil 2: Empfänger von Sozialhilfe

Statistisches Landesamt Rheinland-Pfalz: Statistische Berichte Rheinland-Pfalz: K I 1 - j/86 Teil 1 bzw. Teil 2, Sozialhilfe 1986; Teil 1: Einnahmen und Ausgaben, Teil 2: Empfänger

Statistisches Amt des Saarlandes: Statistische Berichte des Statistischen Amtes des Saarlandes: K I 1 - j/86 Teil 1 bzw. Teil 2, Sozialhilfe im Saarland 1986; Teil 1: Ausgaben und Einnahmen, Teil 2: Empfängerkreis

Statistisches Landesamt Schleswig-Holstein: Statistische Berichte des Statistischen Landesamtes Schleswig-Holstein: K I 1- j/86 Teil 1 bzw. Teil 2, Die Sozialhilfe in

Schleswig-Holstein im Jahre 1986; Teil 1: Ausgaben und Einnahmen, Teil 2: Empfänger von Sozialhilfe
Wohngeldempfänger/-empfängerinnen;
Statistisches Landesamt Baden-Württemberg, Statistisches Landesamt Berlin, Statistisches Landesamt Bremen, Bayerisches Landesamt für Statistik und Datenverarbeitung, Statistisches Landesamt Hamburg, Hessisches Statistisches Landesamt, Niedersächsisches Landesverwaltungsamt, Landesamt für Datenverarbeitung und Statistik Nordrhein-Westfalen, Statistisches Landesamt Rheinland-Pfalz, Statistisches Amt des Saarlandes, Statistisches Landesamt Schleswig-Holstein; Übermittlung der zuständigen Referate, 1990

DATENQUELLEN ZU 'RISIKEN'

Gestorbene insgesamt, Gestorbene nach Altersgruppen;
Statistische Landesämter: MKRO - Katalog, 1989
Im Straßenverkehr verletzte Kleinkinder (0 bis 5 Jahre), verletzte Kinder (6 bis 14 Jahre), verletzte Jugendliche (18 bis 20 Jahre) und getötete Jugendliche (18 bis 20 Jahre);
Statistisches Bundesamt: Übermittlung des zuständigen Referats, 1989

DATENQUELLEN ZU 'EINKOMMEN UND WOHLSTAND'

Lohnsteuerpflichtige mit niedrigen Einkünften von unter 8000 DM im Jahr;
Einkommenssteuerpflichtige mit Einkünften von 75 000 DM bis unter 100 000 DM im Jahr, mit Einkünften von über 100 000 DM im Jahr;
Statistisches Landesamt Baden-Württemberg, Statistisches Landesamt Berlin, Statistisches Landesamt Bremen, Bayerisches Landesamt für Statistik und Datenverarbeitung, Statistisches Landesamt Hamburg, Hessisches Statistisches Landesamt, Niedersächsisches Landesverwaltungsamt, Landesamt für Datenverarbeitung und Statistik Nordrhein-Westfalen, Statistisches Landesamt Rheinland-Pfalz, Statistisches Amt des Saarlandes, Statistisches Landesamt Schleswig-Holstein: Übermittlung der zuständigen Referate, 1990
Veränderung der Einkommenssteuerpflichtigen mit Einkünften von über 100.000 DM im Jahr zwischen 1983 und 1986 (Zahlen für Jahr 1983);
Gesellschaft für Konsum-, Markt- und Absatzforschung in Nürnberg, Übermittlung 1988
Wohneigentümerquote, Anzahl der Wohnräume je Person, durschnittliche Wohnungsmieten, niedrige monatliche Wohnungsmieten, Ausländerhaushalte an den Haushalten in Mietwohnungen, Arbeiterhaushalte an den Haushalten in Mietwohnungen, Wohnfläche je Person in bewohnten Wohnungen (aus Gebäude- und Wohnungszählung);
Statistische Landesämter: Gemeindeblatt der Gebäude- und Wohnungszählung 1987, 1990
Erwerbslosenquote, ausländische Erwerbslose (aus Volks- und Berufszählung);
Statistische Landesämter: Gemeindeblatt der Volks- und Berufszählung 1987, 1990

DATENQUELLEN ZU 'WIRTSCHAFTSSTRUKTUR'

Beschäftigte in 'Energie- und Wasserversorgung, Bergbau', Beschäftigte im 'Handel', Beschäftigte im 'Verarbeitenden Gewerbe', Entwicklung der Arbeitsstätten zwischen 1970 und 1987, Arbeitsstätten mit 100 und mehr Beschäftigten, Beschäftigte in kleinen Betrieben mit 2 bis 19 Beschäftigten, Beschäftigte in größeren Betrieben mit mindestens 100 Beschäftigten, Entwicklung der Beschäftigtenzahlen zwischen 1970 und 1987, Entwicklung der Beschäftigtenzahlen von Männern zwischen 1970 und 1987, Beschäftigtenanteil von Frauen, weibliche Teilzeitbeschäftigte und ausländische Beschäftigte, Erwerbstätige/Beschäftige in Land- und Forstwirtschaft, Erwerbstätige/Beschäftigte in der Industrie (alte Bundesländer);

Statistische Landesämter: Gemeindeblatt der Arbeitsstättenzählung 1987, 1990

Erwerbstätige/Beschäftigte in Land- und Forstwirtschaft, Erwerbstätige/Beschäftige in der Industrie (neue Bundesländer);

Statistisches Amt der ehemaligen DDR/Institut für Marktforschung Leipzig; 1991

Angestellte, ArbeiterInnen, weibliche mithelfende Familienangehörige (aus Volks- und Berufszählung);

Statistische Landesämter: Gemeindeblatt der Volks- und Berufszählung 1987, 1990

Kaufkraftkennziffer je Einwohner;

Gesellschaft für Konsum-, Markt- und Absatzforschung in Nürnberg: Basiszahlen zur Berechnung regionaler Absatzkennziffern, Teil 1 und Teil 2, 1988

Bruttowertschöpfung im Bereich 'Produzierendes Gewerbe', Bruttowertschöpfung im Bereich 'Dienstleistungsunternehmen', Bruttowertschöpfung im Bereich 'Handel und Verkehr';

Statistisches Landesamt Baden-Württemberg: Gemeinschaftsveröffentlichung der Statistischen Landesämter, Heft 16, 1988; Volkswirtschafliche Gesamtrechnungen der Länder, Bruttowertschöpfung der kreisfreien Städte und Landkreise in der Bundesrepublik Deutschland 1980, 1982 und 1984

Statistisches Landesamt Baden-Württemberg: Gemeinschaftsveröffentlichung der Statistischen Landesämter, Heft 18, 1989; Volkswirtschaftliche Gesamtrechnungen der Länder, Bruttowertschöpfung der kreisfreien Städte und Landkreise in der Bundesrepublik Deutschland 1980 und 1986

Zusammenstellung der Kreise, die im Atlas als Extremkreise auftreten:

Kreisname (Kreiskennziffer) Seitenangaben

**Faltblatt
zum Aufklappen
Seite 236 - 238**

KREISKENNZIFFERN

Zuordnung der Kreiskennziffern zu den Kreisnamen

1000	SCHLESWIG-HOLSTEIN
1001	Flensburg
1002	Kiel
1003	Lübeck
1004	Neumünster
1051	Dithmarschen
1053	Herzogtum Lauenburg
1054	Nordfriesland
1055	Ostholstein
1056	Pinneberg
1057	Plön
1058	Rendsburg-Eckernförde
1059	Schleswig-Flensburg
1060	Bad Segeberg
1061	Steinburg
1062	Stormarn
2000	HAMBURG
3000	NIEDERSACHSEN
3101	Braunschweig
3102	Salzgitter
3103	Wolfsburg
3151	Gifhorn
3152	Göttingen
3153	Goslar
3154	Helmstedt
3155	Northeim
3156	Osterode a.Harz
3157	Peine
3158	Wolfenbüttel
3201	Hannover Stadt
3251	Diepholz
3252	Hameln-Pyrmont
3253	Hannover
3254	Hildesheim
3255	Holzminden
3256	Nienburg (Weser)
3257	Schaumburg
3351	Celle
3352	Cuxhaven
3353	Harburg
3354	Lüchow-Dannenberg
3355	Lüneburg
3356	Osterholz
3357	Rotenburg (Wümme)
3358	Soltau-Fallingbostel
3359	Stade
3360	Uelzen
3361	Verden
3401	Delmenhorst
3402	Emden
3403	Oldenburg Stadt
3404	Osnabrück Stadt
3405	Wilhelmshaven
3451	Ammerland
3452	Aurich
3453	Cloppenburg
3454	Emsland
3455	Friesland
3456	Grafschaft Bentheim
3457	Leer
3458	Oldenburg
3459	Osnabrück
3460	Vechta
3461	Wesermarsch
3462	Wittmund
4000	BREMEN
4011	Bremen
4012	Bremerhaven
5000	NORDRHEIN-WESTFALEN
5111	Düsseldorf
5112	Duisburg
5113	Essen
5114	Krefeld
5116	Mönchengladbach
5117	Mühlheim a.d.Ruhr
5119	Oberhausen
5120	Remscheid
5122	Solingen
5124	Wuppertal
5154	Kleve
5158	Mettmann
5162	Neuss
5166	Viersen
5170	Wesel
5313	Aachen Stadt
5314	Bonn
5315	Köln
5316	Leverkusen
5354	Aachen
5358	Düren
5362	Erftkreis
5366	Euskirchen
5370	Heinsberg
5374	Oberbergischer Kreis
5378	Rheinisch-Bergischer-Kreis
5382	Rhein-Sieg-Kreis
5512	Bottrop
5513	Gelsenkirchen
5515	Münster (Westf.)
5554	Borken
5558	Coesfeld
5562	Recklinghausen
5566	Steinfurt
5570	Warendorf
5711	Bielefeld
5754	Gütersloh
5758	Herford
5762	Höxter
5766	Lippe
5770	Minden-Lübbecke
5774	Paderborn
5911	Bochum
5913	Dortmund
5914	Hagen
5915	Hamm
5916	Herne
5954	Ennepe-Ruhr-Kreis
5958	Hochsauerlandkreis
5962	Märkischer Kreis
5966	Olpe
5970	Siegen
5974	Soest
5978	Unna
6000	HESSEN
6411	Darmstadt
6412	Frankfurt am Main
6413	Offenbach am Main
6414	Wiesbaden
6431	Bergstraße
6432	Darmstadt-Dieburg
6433	Groß-Gerau
6434	Hochtaunuskreis
6435	Main-Kinzig-Kreis
6436	Main-Taunus-Kreis
6437	Odenwaldkreis
6438	Offenbach
6439	Rheingau-Taunus-Kreis
6440	Wetteraukreis
6531	Gießen
6532	Lahn-Dill-Kreis
6533	Limburg-Weilburg
6534	Marburg-Biedenkopf
6535	Vogelsbergkreis
6611	Kassel Stadt
6631	Fulda
6632	Hersfeld-Rotenburg
6633	Kassel
6634	Schwalm-Eder-Kreis
6635	Waldeck-Frankenberg
6636	Werra-Meissner-Kreis
7000	RHEINLAND-PFALZ
7111	Koblenz
7131	Ahrweiler
7132	Altenkirchen (Westerwald)
7133	Bad Kreuznach
7134	Birkenfeld
7135	Cochem-Zell
7137	Mayen-Koblenz
7138	Neuwied
7140	Rhein-Hunsrück-Kreis
7141	Rhein-Lahn-Kreis
7143	Westerwald-Kreis
7211	Trier
7231	Bernkastel-Wittlich
7232	Bitburg-Prüm
7233	Daun
7235	Trier-Saarburg
7311	Frankenthal (Pfalz)
7312	Kaiserslautern Stadt
7313	Landau (Pfalz)
7314	Ludwigshafen a.Rhein
7315	Mainz
7316	Neustadt a.d.Weinstr.
7317	Pirmasens Stadt
7318	Speyer
7319	Worms
7320	Zweibrücken
7331	Alzey-Worms
7332	Bad Dürkheim
7333	Donnersbergkreis
7334	Germersheim
7335	Kaiserslautern
7336	Kusel
7337	Südliche Weinstraße
7338	Ludwigshafen
7339	Mainz-Bingen
7340	Pirmasens
8000	BADEN-WÜRTTEMBERG
8111	Stuttgart
8115	Böblingen
8116	Esslingen
8117	Göppingen
8118	Ludwigsburg
8119	Rems-Murr-Kreis
8121	Heilbronn Stadt
8125	Heilbronn
8126	Hohenlohekreis
8127	Schwäbisch Hall
8128	Main-Tauber-Kreis
8135	Heidenheim
8136	Ostalbkreis
8211	Baden-Baden
8212	Karlsruhe Stadt
8215	Karlsruhe
8216	Rastatt
8221	Heidelberg
8222	Mannheim
8225	Neckar-Odenwald-Kreis
8226	Rhein-Neckar-Kreis
8231	Pforzheim Stadt
8235	Calw
8236	Enzkreis
8237	Freudenstadt
8311	Freiburg i.Breisgau
8315	Breisgau-Hochschwarzwald
8316	Emmendingen
8317	Ortenaukreis
8325	Rottweil
8326	Schwarzwald-Baar-Kreis
8327	Tuttlingen
8335	Konstanz
8336	Lörrach
8337	Waldshut
8415	Reutlingen
8416	Tübingen
8417	Zollernalbkreis
8421	Ulm Stadt
8425	Alb-Donau-Kreis
8426	Biberach
8435	Bodenseekreis
8436	Ravensburg
8437	Sigmaringen
9000	BAYERN
9161	Ingolstadt
9162	München Stadt
9163	Rosenheim Stadt
9171	Altötting
9172	Berchtesgadener Land
9173	Bad Tölz-Wolfratshausen
9174	Dachau
9175	Ebersberg
9176	Eichstätt
9177	Erding
9178	Freising
9179	Fürstenfeldbruck
9180	Garmisch-Partenkirchen
9181	Landsberg a.Lech
9182	Miesbach
9183	Mühldorf a. Inn
9184	München
9185	Neuburg-Schrobenhausen
9186	Pfaffenhofen a.d. Ilm
9187	Rosenheim
9188	Starnberg
9189	Traunstein
9190	Weilheim-Schongau
9261	Landshut Stadt
9262	Passau Stadt
9263	Straubing
9271	Deggendorf
9272	Freyung-Grafenau
9273	Kelheim
9274	Landshut
9275	Passau
9276	Regen
9277	Rottal-Inn
9278	Straubing-Bogen
9279	Dingolfing-Landau
9361	Amberg
9362	Regensburg Stadt
9363	Weiden i.d.Opf.
9371	Amberg-Sulzach
9372	Cham
9373	Neumarkt i.d.Opf.
9374	Neustadt a.d.Waldnaab
9375	Regensburg
9376	Schwandorf
9377	Tirschenreuth
9461	Bamberg Stadt
9462	Bayreuth Stadt
9463	Coburg Stadt
9464	Hof Stadt
9471	Bamberg
9472	Bayreuth
9473	Coburg
9474	Forchheim
9475	Hof
9476	Kronach
9477	Kulmbach
9478	Lichtenfels
9479	Wunsiedel i.Fichtelgeb.
9561	Ansbach Stadt
9562	Erlangen Stadt
9563	Fürth Stadt
9564	Nürnberg Stadt
9565	Schwabach

Zuordnung der Kreiskennziffern zu den Kreisnamen

9571	Ansbach
9572	Erlangen-Höchstadt
9573	Fürth
9574	Nürnberger Land
9575	Neustadt a.d.Aisch-Windshm.
9576	Roth
9577	Weißenburg-Gunzenhausen
9661	Aschaffenburg Stadt
9662	Schweinfurt Stadt
9663	Würzburg Stadt
9671	Aschaffenburg
9672	Bad Kissingen
9673	Rhön-Grabfeld
9674	Haßberge
9675	Kitzingen
9676	Miltenberg
9677	Main-Spessart
9678	Schweinfurt
9679	Würzburg
9761	Augsburg Stadt
9762	Kaufbeuren
9763	Kempten (Allgäu)
9764	Memmingen
9771	Aichach-Friedberg
9772	Augsburg
9773	Dillingen a.d.Donau
9774	Günzburg
9775	Neu-Ulm
9776	Lindau (Bodensee)
9777	Ostallgäu
9778	Unterallgäu
9779	Donau-Ries
9780	Oberallgäu
10000	SAARLAND
10041	Saarbrücken Stadtverb.
10042	Merzig-Wadern
10043	Neunkirchen
10044	Saarlouis
10045	Saar-Pfalz-Kreis
10046	Sankt Wendel
11000	BERLIN
11001	Berlin (West)
11002	Berlin (Ost)
12000	MECKLENBURG-VORPOMMERN
12101	Bad Doberan
12103	Ribnitz-Damgarten
12105	Greifswald
12106	Grevesmühlen
12107	Grimmen
12108	Rostock
12109	Stralsund
12110	Wismar
12111	Wolgast
12112	Rügen
12131	Rostock Stadt
12132	Stralsund Stadt
12133	Wismar Stadt
12134	Greifswald Stadt
12201	Bützow
12202	Gadebusch
12203	Güstrow
12204	Hagenow
12205	Ludwigslust
12206	Lübz
12207	Parchim
12208	Perleberg (Brandenburg)
12209	Schwerin
12210	Sternberg
12231	Schwerin Stadt
12301	Altentreptow
12302	Anklam
12303	Demmin
12304	Malchin
12305	Neubrandenburg
12306	Neustrelitz
12307	Pasewalk
12309	Röbel/Müritz
12310	Strasburg
12312	Teterow
12313	Ueckermünde
12314	Waren
12331	Neubrandenburg Stadt
13000	BRANDENBURG
12208	Perleberg
13308	Prenzlau
13311	Templin
13401	Belzig
13402	Brandenburg
13403	Gransee
13405	Jüterbog
13407	Königs-Wusterhausen
13408	Kyritz
13409	Luckenwalde
13410	Nauen
13411	Neuruppin
13412	Potsdam
13413	Pritzwalk
13414	Oranienburg
13415	Rathenow
13416	Wittstock
13417	Zossen
13431	Brandenburg Stadt
13432	Potsdam Stadt
13501	Angermünde
13502	Beeskow
13503	Bernau
13504	Eberswalde
13505	Bad Freienwalde
13506	Eisenhüttenstadt
13507	Fürstenwalde
13508	Seelow
13509	Strausberg
13531	Frankfurt a.d. Oder
13532	Eisenhüttenstadt Stadt
13533	Schwedt a.d.Oder
13601	Bad Liebenwerda
13602	Calau
13603	Cottbus
13605	Finsterwalde
13606	Forst
13607	Guben
13609	Lübben
13610	Luckau
13611	Senftenberg
13612	Spremberg
13631	Cottbus Stadt
14614	Herzberg
14000	SACHSEN-ANHALT
14614	Herzberg (Brandenburg)
14615	Jessen
14701	Burg
14703	Gardelegen
14704	Genthin
14705	Halberstadt
14706	Haldensleben
14707	Havelberg
14709	Klötze
14710	Wolmirstedt
14711	Oschersleben
14712	Osterburg
14713	Salzwedel
14714	Schönebeck
14716	Staßfurt
14717	Stendal
14719	Wanzleben
14720	Wernigerode
14721	Zerbst
14732	Magdeburg Stadt
14802	Aschersleben
14803	Bernburg
14804	Bitterfeld
14805	Eisleben
14806	Gräfenhainichen
14807	Saalkreis
14808	Hettstedt
14809	Köthen
14810	Nebra
14811	Merseburg
14812	Naumburg
14813	Quedlinburg
14814	Querfurt
14815	Roßlau
14816	Sangershausen
14817	Hohenmölsen
14818	Weißenfels
14819	Wittenberg
14820	Zeitz
14831	Dessau Stadt
14832	Halle a.d.Saale
14833	Halle-Neustadt
15000	SACHSEN
15608	Hoyerswerda
15613	Weißwasser
151201	Bautzen
151202	Bischofswerda
151203	Dippoldiswalde
151204	Dresden
151205	Freital
151206	Görlitz
151207	Großenhain
151208	Kamenz
151210	Löbau
151211	Meißen
151212	Niesky
151213	Pirna
151214	Riesa
151215	Sebnitz
151216	Zittau
151231	Dresden Stadt
151232	Görlitz Stadt
151302	Borna
151303	Delitzsch
151304	Döbeln
151305	Eilenburg
151306	Geithain
151307	Grimma
151308	Leipzig
151309	Oschatz
151311	Torgau
151312	Wurzen
151331	Leipzig Stadt
151401	Annaberg
151402	Aue
151403	Auerbach
151404	Brand-Erbisdorf
151405	Chemnitz
151406	Flöha
151407	Freiberg
151408	Glauchau
151409	Stollberg
151410	Hainichen
151411	Hohenstein-Ernstthal
151412	Marienberg
151413	Oelsnitz
151414	Plauen
151415	Reichenbach
151416	Rochlitz
151417	Schwarzenberg
151418	Klingenthal
151419	Werdau
151420	Zschopau
151421	Zwickau
151431	Chemnitz Stadt
151432	Plauen Stadt
151433	Zwickau Stadt
16000	THÜRINGEN
16801	Artern
16901	Arnstadt
16902	Apolda
16903	Eisenach
16904	Erfurt
16905	Gotha
16906	Heiligenstadt
16907	Langensalza
16908	Worbis
16909	Mühlhausen
16910	Nordhausen
16911	Sömmerda
16912	Sondershausen
16913	Weimar
16931	Weimar Stadt
16932	Erfurt Stadt
161001	Eisenberg
161002	Gera
161003	Jena
161004	Lobenstein
161005	Pößneck
161006	Rudolstadt
161007	Saalfeld
161008	Schleiz
161009	Stadtroda
161010	Zeulenroda
161011	Greiz
161031	Gera Stadt
161032	Jena Stadt
161101	Bad Salzungen
161102	Hildburghausen
161103	Ilmenau
161104	Neuhaus a. Rennsteig
161105	Meiningen
161106	Schmalkalden
161107	Sonneberg
161108	Suhl
161131	Suhl Stadt
161301	Altenburg
161310	Schmölln

Bemerkung:
Stand der Kreisgrenzen 1989
Stand der Ländergrenzen 1991

KARTE DER BUNDESREPUBLIK DEUTSCHLAND

Kreiskennziffern und Verwaltungsgrenzen

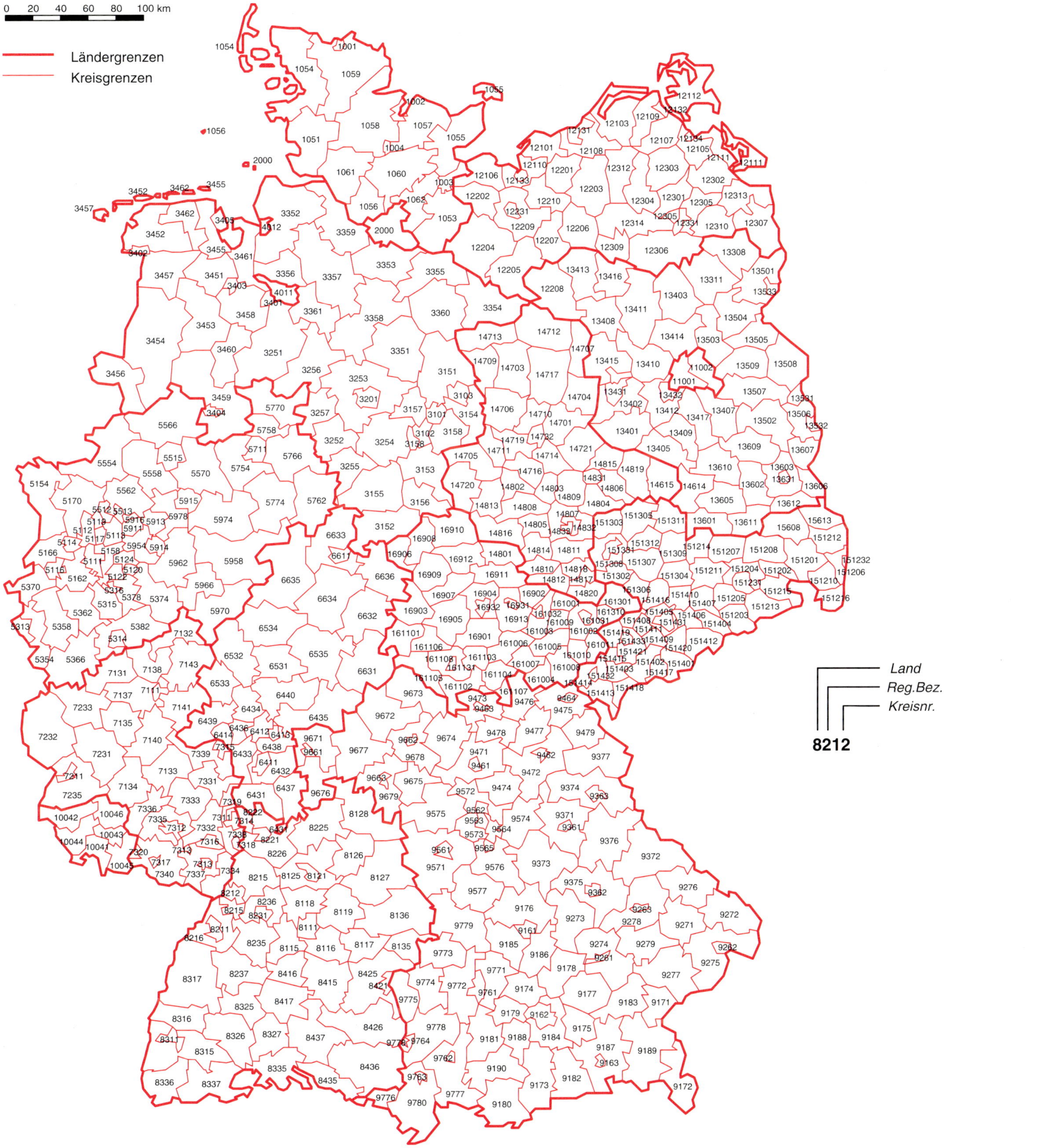

Quelle: DJI-Regionalbank, Stand 1989